采购员是怎样炼成的

李 亮◎著

Buyer Evolution

经济管理出版社
ECONOMY & MANAGEMENT PUBLISHING HOUSE

图书在版编目（CIP）数据

采购员是怎样炼成的／李亮著．—北京：经济管理出版社，2022.12
ISBN 978-7-5096-8855-7

Ⅰ.①采…　Ⅱ.①李…　Ⅲ.①采购管理　Ⅳ.①F253.2

中国版本图书馆 CIP 数据核字（2022）第 244833 号

组稿编辑：王玉林
责任编辑：高　娅　张玉珠
责任印制：许　艳
责任校对：陈　颖

出版发行：经济管理出版社
（北京市海淀区北蜂窝 8 号中雅大厦 A 座 11 层　100038）
网　　址：www.E-mp.com.cn
电　　话：（010）51915602
印　　刷：唐山昊达印刷有限公司
经　　销：新华书店
开　　本：710mm×1000mm／16
印　　张：22.5
字　　数：390 千字
版　　次：2023 年 6 月第 1 版　　2023 年 6 月第 1 次印刷
书　　号：ISBN 978-7-5096-8855-7
定　　价：68.00 元

联系地址：北京市海淀区北蜂窝 8 号中雅大厦 11 层
电话：（010）68022974　　邮编：100038

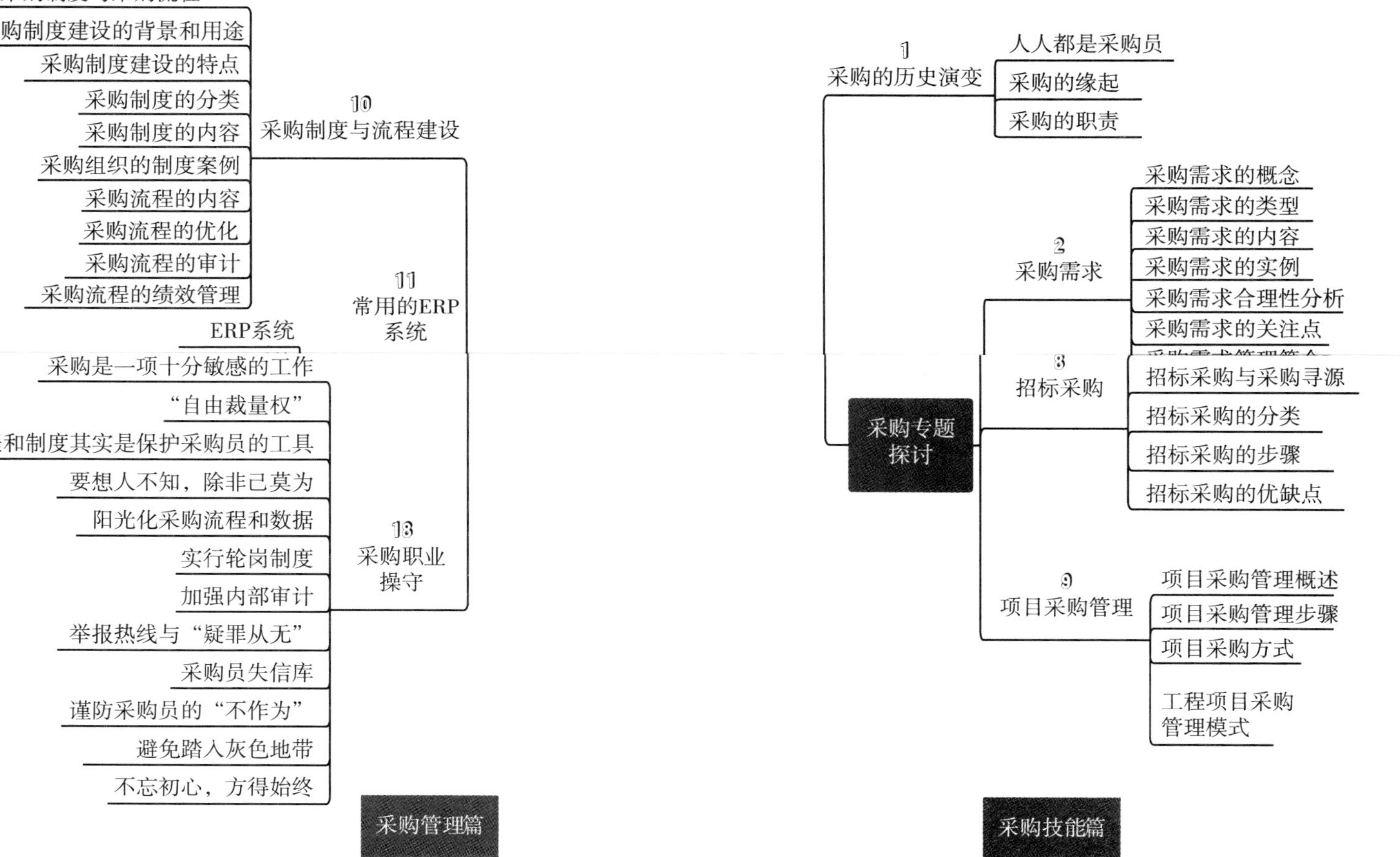
采购制度与采购流程
采购制度建设的背景和用途
采购制度建设的特点
采购制度的分类
采购制度的内容
采购组织的制度案例
采购流程的内容
采购流程的优化
采购流程的审计
采购流程的绩效管理
10
采购制度与流程建设
11
常用的ERP系统
ERP系统
采购是一项十分敏感的工作
“自由裁量权”
流程和制度其实是保护采购员的工具
要想人不知，除非己莫为
阳光化采购流程和数据
实行轮岗制度
加强内部审计
举报热线与“疑罪从无”
采购员失信库
谨防采购员的“不作为”
避免踏入灰色地带
不忘初心，方得始终
13
采购职业操守
采购管理篇
1
采购的历史演变
人人都是采购员
采购的缘起
采购的职责
2
采购需求
采购需求的概念
采购需求的类型
采购需求的内容
采购需求的实例
采购需求合理性分析
采购需求的关注点
8
招标采购
招标采购与采购寻源
招标采购的分类
招标采购的步骤
招标采购的优缺点
采购专题探讨
9
项目采购管理
项目采购管理概述
项目采购管理步骤
项目采购方式
工程项目采购管理模式
采购技能篇

本书思维导图

前　言

笔者自毕业之后，就一直从事与采购相关的工作。采购这个岗位，不像研发、生产等岗位有较强的专业性和理论性，它更多的是需要实际操作经验。大多数采购员都是在工作中慢慢地学习和理解，所以学习到的经验多半取决于业务需求。加之当前的企业分工越来越细，不少岗位所负责的仅仅是采购整体业务中的某一部分环节，这对于采购员掌握整体业务流程也是很不利的。记得当年笔者从事具体业务时，常常会有“迷茫”的时候。那时，笔者也看了很多书，但说实话，书中有用的并不多，要么是很理论的教材，逻辑性虽然强但和实际操作相去甚远；要么是采购员日常手册，有些场景虽然可以借鉴，但不具备扩展性，碰到不同的业务就捉襟见肘；要么是行业内资深人士的著作，他们的书中不乏闪光点，有些评论切中要害，读起来干货满满，但干货更多的是以片段化的经验来体现，在整个业务逻辑中不够全面。

所以笔者一直希望能从一个普通采购员的视角入手，写一本兼顾业务实际操作和整体逻辑的书。业务实际操作就是“采购员该怎么做业务，采购员每天都在干什么”。整体逻辑就是按照从采购需求到采购付款结束每个业务中的采购步骤，每个步骤需要有什么输入、什么输出，需要什么方法和模板，需要和什么部门的人员沟通，等等；采购管理中的规则是什么，有什么用，如何而来，如何构建；这些业务涉及的各种技巧及技巧背后的原因。这个写作思路来源于众多采购员的职业生涯感悟、在每个阶段他们会碰到的实际问题和解决办法，这些逐渐累积后就形成了本书的采购理论和实践体系，用思维导图来说明。本书按照采购技能篇（内容适用于采购员/采购经理这个层级）、采购管理篇（内容适用于采购总监/采购副总裁这个层级）逐步展开，这是因为大多数采购员职业发展的晋级之路就是“采购专员/采购工程师→采购经理→采购总监”。

本书主要分为两个部分。第一个部分是采购技能篇，共分九章，第一章介绍采购的历史演变；第二章到第六章将采购需求、采购寻源、采购谈判、合同签署和采购执行各列一章；第七章到第九章以专题形式讲述 TCO 降本方法、招标采购方法和项目采购管理。第二个部分是采购管理篇，也分九章，第十章讲述采购制度与流程建设；第十一章介绍常用的 ERP 系统；第十二章讲述物料管理，包括物料的分类管理和收发存管理等；第十三章讲述供应商管理，以供应商生命周期为主线，从入库、履约、绩效、变更四方面讲述供应商的管理方式；第十四章讲述供应链协同，包括内部、外部和平台的协同；第十五章讲述采购组织结构设计；第十六章讲述采购绩效管理，包括 KPI 设定和考核办法的制定；第十七章讲述采购员工培训和轮岗的操作办法及国内外相关采购认证；第十八章谈谈采购职业操守。

本书的内容整体框架是按照采购员的工作流程和专业能力提升的思路设定的，采购技能篇更关注于具体方法的描述和介绍，希望能帮助采购员从整体逻辑上理解采购业务，并在工作中将本书当作“类工具书”来借鉴和参考，所谓“知其然”；采购管理篇则是“知其所以然”，帮助采购员能站在部门和公司的角度，从其制度和规范的制定原因入手，优化流程制度、采购需求、供应商管理和系统平台，从而将效率改善切实落地，并从采购组织的角度来考虑问题，将组织部门作为整体，看如何满足现代企业中“采购”职位的要求。

本书的适读人群：一是当前从事采购业务的企业职员，包括初级采购员、采购经理、采购总监。无论他们从事的是哪种类型的采购业务（生产、非生产、直接、间接、MRO、工程等），都可以从本书的不同章节中获得一些经验和方法。二是对采购有兴趣的人员，包括大学生、社会人员。通读本书，他们能全面地了解采购，理解采购的过程。本书的特色在于从一个普通采购员的视角，思考其所思考，赋能其所赋能，切实地给予帮助，使他们能更快地成长起来。同时，笔者从事采购多年，也发现不少兄弟部门的同事对于采购存在偏见：一是“门槛很低，谁都能做”；二是“有灰色收入”。因此，笔者也希望通过本书为采购这个职业正名。

本书是基于笔者和很多同事近 20 年采购职业生涯中的一些经验总结，这些同事来自世界各地，包括北美、南美、欧洲、日韩、东南亚、中国等，其级别覆盖了从采购专员到采购副总裁，其工作的企业包括世界 500 强外企、国内顶级民企等不同性质，其从事的行业涉及化工、传统能源、新能源、地产、金融等多个行业。在和他们的工作交流、日常沟通中，笔者逐渐形成了对采购这个职业的理解。在这里，笔者要对曾经服务过的公司及其同事（特别是采购部门的同事）表示衷心的感谢，还要感谢家人对笔者的支持，他们是笔者最坚实的后盾，让笔者能够专心地完成本书的创作。在成书过程中，笔者参考了大量的书籍和文献，吸收了众多学者、行业大咖的经验，在此对相关作者一并表示感谢。

最后想说的是，采购是一门见仁见智的职业，每个出色的采购员都有一套适用自身的工作方法，本书的介绍也是尽力而为，但难免挂一漏万。加之笔者水平有限，撰写时间仓促，书中存在的遗漏和不妥之处，敬请读者谅解和批评指正，对此将不胜感激。

李亮

2022 年 10 月于上海

目　录

第一篇・采购技能篇

第一篇 ▸▸▸

采购技能篇

第一章　采购的历史演变

一、人人都是采购员

打酱油的故事

20 世纪 80 年代，在北方一座小城的一个家属院中有一个小男孩，他已经到了能到处跑来跑去的年纪。这一天适逢中午，妈妈下了班，匆匆赶回家做饭，突然发现酱油用完了，于是把正在玩耍的儿子叫回来，“快去给妈妈打两斤酱油来”，此时正在玩耍的小男孩，只能极其不情愿地从妈妈的手中接过一元钱，找到自家的酱油瓶，出门去打酱油。

那时，整个家属院不是很大，大院入口处排列了不少的店铺，有的有房子，有的只是个摊点，卖各种各样的生活必需品。小男孩出了大院，一拐弯就来到了酱油铺。“大爷，给额来两斤酱油。”大爷道：“好嘞，马上就好。”不多时，两斤酱油已顺利地通过漏斗灌入小男孩的酱油瓶中。“大娘，这是一元钱。”大娘道：“找你两毛，给。”小男孩拿着略带酱油味的两毛钱，提着两斤酱油，一溜烟地回家去了。

回到家，小男孩先把两斤酱油递给妈妈，然后再把剩余的两毛钱也给了妈妈。“好孩子，真懂事，帮了妈妈大忙”。于是乎，皆大欢喜。

上述情节对每一位出生、成长在 20 世纪 80 年代左右的人来说，都不陌生，其中或许还能回忆起那时的情景。我们常用“我家孩子都会打酱油了”来表明孩子长大了，其实大家都知道，那时的“小男孩”还很小，仅是初涉人世而已。但即使是“小男孩”，他从头到尾的熟练操作也体现了当今现代企业制度中一个非常重要的角色职能，那就是采购。

中国有句俗语，“麻雀虽小，五脏俱全”。从这个简单的故事中，我们可以引出一些有关采购的概念，而这些概念对于我们理解这项职能也是至关重要的。

第一个概念便是“采购需求”。这个故事中的“快去给妈妈打两斤酱油来”所体现的内容，就是完整的采购需求，它包含了采购需求的四个概念：

（1）需求方（需求部门）：妈妈。

（2）采购数量：两斤。

（3）采购物料（或品类）：酱油。

（4）采购周期：快去。

以这样的思路来对比思考，我们还可以发现其他十个概念：

（1）采购预算：一元钱。

（2）采购寻源：一拐弯。

（3）供应商：酱油铺。

（4）销售员：大爷。

（5）运输方式：漏斗。

（6）仓库：酱油瓶。

（7）收货：灌入酱油瓶。

（8）供应商财务：大妈。

（9）采购员：小男孩。

（10）绩效评估：好孩子。

接下来，我们再来看另外一个小故事。

买香烟的故事

回到家中，小男孩继续玩耍。此时，爸爸回来了，一看饭还没做好，于是随手拿起当天的报纸看了起来。这时，爸爸突然发现手中少了什么东西，一摸口袋发现昨天买的香烟抽完了。于是，爸爸说道：“儿子，去给爸爸买包‘宇宙牌’香烟来。”小男孩把脸拉得老长，但惧于老爸的威严，不得不从老爸手中接过5毛钱，磨磨蹭蹭地又出了家门。

这次小男孩来到了一家香烟铺，说道：“大叔，给我一包宇宙牌香烟。”大叔道：“好嘞。”付完香烟钱还剩一毛钱，小男孩屁颠屁颠地又回家了。

回到家，小男孩先把香烟递给爸爸，正要离开时，爸爸说：“涨价了吗？不是四毛钱一包吗？”小男孩不情愿地把剩余的一毛钱也给了爸爸。爸爸说：“真调皮，不过你还是帮了爸爸。”于是，爸爸很开心。

对于这个故事，相信大家也不会感到陌生。相比打酱油的故事而言，这个“采购”过程除了再次体现上述的相关概念外，还有一个新增的关于采购需求的概念，那就是指定品牌。至于爸爸对于价格的质疑、小男孩的磨磨蹭蹭以及后来不情愿地退还一毛钱，都是需求部门对采购绩效相对负面的评价。

这两个小故事体现的就是最简单的采购过程。通过与现代企业中的采购职能进行类比和总结，我们可以归纳出 16 个极为重要的采购概念：

（1）需求方（需求部门）：提出采购需求并掌握采购预算的人或部门。

（2）采购物料（或称采购标的）：需要购买的物料、品类、服务等。

（3）采购数量：需求购买的数量、体积、质量等。

（4）采购周期：完成采购的限定时期。

（5）采购需求：包含需求方（需求部门）、采购物料（或品类）、采购数量、采购周期。简言之，就是谁要求采购员在多长时间内买回多少数量的某种物料。

（6）供应商：为公司提供某种物料、品类、服务的个人、组织或公司。

（7）确认供应资格（供应商入库）：对找到的潜在供应商进行判定，确认其具备提供采购需求的物料、品类或服务的能力。

（8）采购价格：通过询价，确认供应商供应的物料、品类或服务的价格和付款方式等。

（9）订单下达：生成购买意愿并以订单的方式发送给供应商，从而达成买卖双方事实上的契约行为。

（10）产品交付：供应商将订单中所需的物料、品类或服务提供给买方的过程。

（11）物流：供应商通过某种工具或途径实现产品交付的行为。

（12）收货：买方用来接收供应商物料、品类或服务的工具、地点等。

（13）付款：根据合同/订单约定，由买方发起的给供应商付钱的行为。

（14）绩效评估：采购过程结束后，需求方、需求部门或绩效评估部门对整个采购行为过程中采购员和采购结果的评价。

（15）采购过程：包含寻找供应商、确认供应资格（本故事未涉及）、订单下达、产品交付、物流、收货、付款、绩效评估。简言之，采购过程就是采购员找到一个供应商，购买一定数量的产品或服务后收货并付款结清的过程。

（16）指定品牌：采购需求中由需求方（需求部门）指定购买的某一品牌的物料、品类或服务。

采购对于每个人来说并不算陌生，正如本部分标题所言，人人都是采购员，大家或多或少都有一些采购经验，采购行为在日常生活中也是屡见不鲜。但是，人人都是合格的采购员吗？答案显然是值得商榷的。事实上，企业运营过程中的采购工作是逻辑性很强的一项业务活动，即便是打酱油这样的简单工作，也不例外。“坚持把简单的事情做好就是不简单”，本书也正是基于这样的想法，从最简单的故事谈起，“见微知著”，逐步讲述如何才能一步步成为一位合格的采购员。

二、采购的缘起

现代意义上的“采购”概念是随着现代企业的兴起而进入人们视野的，现代企业兴起于19世纪末，以流水线为主的超级工业化大生产的出现为标志。因此，现代意义上的“采购”，也是伴随着工业化大生产发展起来的。但是，“采购”一词本身所代表的货品交换行为，却早已存在于人类的货品交易中。应该说，采购这种行为的出现，代表了人类文明发展到了一定阶段，它使人们通过贸易交换而不是征税、掠夺等方式来获得想要的东西，这是一种古老的商业行为，也是在交换双方自愿的情况下进行的共同行为。

尽管采购的历史悠久，但其重要性在20世纪中叶后才得到广泛认可。这并不是因为古人没有意识到采购的重要性，而是因为古代意义上的“采购”和现代意义上的“采购”是有差异的。现代意义上的“采购”，无论从广度还是从深度上都远远超过了古代意义上的“采购”，因为采购对企业的经营状况有重要的影响，所以其重要性才得到认可。为了更好地了解采购的发展，我们需要对采购的历史演变进行全面的梳理。

1. 古代采购介绍

采购作为一种购买职能，很早就存在于人类的生活方式中。但在现代企业兴起之前，所谓的采购，只是相对简单的购买行为。我们先从购买主体出发来介绍古代采购，其一般分为民间采购和政府采购两个部分。

就其采购的目的而言，民间采购大多是为了满足自家生活需求的行为，即使存在某些组织（如行会等）的采购行为，其数量和品种也不会很多，基本上以粮食、茶叶、丝绸为主。与生活息息相关的几类产品，如盐、铁等的采购，也都由官方的办事机构来操作。同时，考虑到运输问题，这也极大地限制了民间采购组织规模的发展。到了明朝中期，随着商业的进一步发展，资本主义开始萌芽，如苏州、杭州的丝织业，广东佛山的冶铁业，江西景德镇的制瓷业。但是由于政府的限制，这些行业发展都极其缓慢。这一时期欧洲国家的小作坊会雇用家庭外的帮工和学徒，但由于行会制度的存在，对其生产品种、数量、质量、雇用工人数量、价格都有规定，因此即便外部市场存在，也无法推动这些小作坊扩大规模。所以总体来说，民间采购的发展是有限的。

相比于民间采购，政府采购具备现代企业对采购职能的要求，这是由于在古代生产力较为低下的情况下，如果要完成一个浩大的项目，往往都由政府牵头，集中全国力量协调配合。例如，古埃及的金字塔，法老们是如何获得建造的货物、工程施工和相关服务的？为之服务的都是什么样的组织？早在公元前 2500 年左右，古埃及就对供应材料与工人建造金字塔的注意事项进行了有序管理，他们甚至设置了书记员职位，将金字塔建造中所需的材料及工程进度逐一备案。2000 年前就开始修建的我国的长城，其建造所用的石料、夯土、人工等材料，必定也有相应的管理办法。从广度和深度上来说，古代的政府采购会比民间采购更加复杂一些。现代意义上的政府采购，或者说公共采购，距今只有 200 多年的历史，其主体是政府机构或履行政府职能的部门，作为国家管理政府公共支出的一种基本手段。世界上最早制定的有关采购的立法是 1761 年美国的《联邦采购法》。

综上所述，采购作为一种职能，早就存在于古代社会中，但当时民间采购的广度和深度都远远不及现代企业中的采购，因而并没有引起人们的研究兴趣。古代的政府采购虽然具备现代企业采购职能的要求，但毕竟采购数量有限，所以直到现代企业兴起后，人们才开始关注采购的重要性。接下来，我们就现代企业中的采购理论，做一个简要的介绍。

2. 现代采购理论简介

随着现代企业的兴起，对于采购理论的研究应运而生。目前有关采购类的书籍，大多在近两个世纪内出版发行。*Purchasing*：*Its Economic Aspects and Proper Methods* 是最早的有关采购的书籍，于 1915 年出版，其出版距今也仅有 100 多年。该书作者 Twyford 先生曾预言：如果一名采购员对物料使用的特殊需求没有一点经验，那么他就不能抓住对于他的部门来说最本质的东西。他处理的将不是人和事物，而只是文件和账目。Twyford 的预言，今天看起来对我们仍然有极强的指导意义。作为采购员，如果对自己将要购买的东西一无所知，那么他只能是一名操作者而非一名思考者。

有关采购的第一本大学教材是由哈佛大学 Howard T. Lewis 于 1993 年写作出版的。哈佛大学很早就注意到了采购的重要性，其有关采购的第一门课程在

1917 年开设。当前，《哈佛商业评论》也在出版有关采购的文章，来延续哈佛大学对采购的研究传统。

虽然在 100 年前就已经有关于采购的研究团体和研究主题，但对采购理论的研究并没有得到充分的发展，其中一个很重要的原因就是以前的高层管理者，他们的兴趣都集中在市场营销、研发、财务和生产上。其实这也不难理解，因为自从 19 世纪末现代企业兴起后，各行各业都在快速发展。例如，在电视机行业，电视机发明之后经过量产进入千家万户，其市场需求量是无比巨大的。这个时候，整个电视机行业处在供不应求的市场中，那么高层管理者不用担心产品卖不出去，只需考虑是否能生产出足够量的电视机。此时，采购的核心职能远没有现在多样和复杂，只要保证供应就好，甚至在组织结构上也是处于从属地位。所以，这个时期的采购理论，其关注点在于如何能够用最经济的方式订货和保证库存，以便以最大产能状态连续生产，这就是基于库存管理的企业采购管理理论。

（1）以单家企业优化为主的采购管理理论。

20 世纪初，随着现代企业的发展，各行各业的需求被不断地激发出来。在这种以生产为导向的市场环境下，采购的目的是保持一定的库存水平以维持连续的生产活动。此时的管理理论更多的是关注如何用科学的方法来优化自己的管理费用和降低成本。在这个时期，采购的作用是比较薄弱的，因此学者和管理者的关注点在于研究最佳订货量和订货周期，用最少的费用和最低的库存量获取最高的利润。

Harris 于 1915 年引入数学方法对采购进行研究，以最少订货费用和最低库存成本作为决策变量，将订货周期和批量作为因变量，得到了著名的经济订购批量公式（EOQ 公式）。虽然当时并未被重视，但 Wilson 在 1934 年再次提出该公式后，这个公式被认可并被命名为 Wilson 公式。后来，这个公式的假设条件不断被修改，使基于库存的采购管理理论得到了进一步的丰富和完善。

20 世纪计算机技术的迅猛发展，也催生了 MRP 的采购模式。MRP 也是一种基于采购需求和库存的采购方式，常用于生产企业的物料采购。MRP 通过对终端成品的分解（BOM），及时更新物料的库存和使用情况，从而在考虑安全库存、生产用度及交货时间等因素后，及时下达订单保证最大效率的生产计划。

商业的进一步发展使企业产能迅速扩张以满足需求，原料采购也逐渐形成了规模效应，各行各业不再是一个个“孤岛”，而是通过联结形成网状的供应链模式。同时，专业分工的不断细化，出现了很多在某一节点上的专业公司，这也就派生出很多供应链上下游企业，采购的业务也就越来越复杂，企业的需求数量和品种也迅速扩增，采购的复杂度进一步加强。这一时期，买卖双方的谈判地位逐渐接近，为了配合此时的业务需求，采购理论进一步发展。这个时期的采购理论增加了谈判机制，即作为买方的采购人员，要尽力使企业获得更好的成本优势。买卖双方会一起研究如何通过合作，使双方达到利益最优的目标。例如，折扣谈判，一方面可以使卖方获得更稳定的订单，从而降低生产成本；另一方面买方可以从中获得更优惠的价格。这便是基于供应链整体协调优化的采购管理理论。

（2）以供应链整体协调优化为主的采购管理理论。

采购管理理论的研究方向由关注如何最优化库存和订货数量转向供应链整体，这也是顺应了市场由卖方市场变为买方市场的趋势。买家具有了更多的谈判话语权，因此可以提出“各种要求”。另外，终端价格由于市场竞争而不断降低，使采购成本在销售价格中的占比越来越高，作为销售方，则是通过提供各种差异化、优质的服务，获得比竞争对手更高的利润，从而可以在市场上立足。但企业很快就发现仅靠单家企业是不能优化整个市场的，于是将自己的供应商也纳入进来，这样就形成了“供应链”。与供应商的紧密合作，就是企业以“组团”的方式来应对竞争。

20 世纪六七十年代，日本的汽车公司丰田在北美地区建厂，其供应商便也在北美地区建设分公司，虽然它们属于不同的公司实体，但丰田及供应商却能同心协力，持续改进生产，在质量和价格上不断优化。这个时期被学者和企业广泛采纳的采购管理理论就是著名的 JIT 理论。

JIT 理论中有关采购的基本思想是“追求零库存，彻底杜绝一切浪费”；具体做法是“在需要的时候，将符合品种、数量、质量要求的物料送达目标地点”。这种即时送达，要做到既不早又不晚，既不多又不少，既保证需要又不增加库存。该理论说起来容易，但做起来却是非常困难的。以汽车行业为例，该行业需要众多小批量多品种的配件，由于“牛鞭效应”的存在，协调配件的难度是很大的，如果对这些小品种配件都设置安全库存，这给企业造成的资金压力是可想而知的。JIT 理论极为重视人的作用以及对物流的控制，丰田公司周边的众多小型供应商便是最好的证明。这些小型供应商帮助丰田公司对全过程各阶段进行控制管理和需求预测。

JIT 理论主要针对制造业，因其具备整条供应链上各个职能单元，如原料采购、生产加工、库存管理、物流运输。对于贸易商而言，最能提高“用户体验”的方式就是建立快速反应采购系统。贸易商通过快速反应采购系统可以实现最低的库存水平和最短的交货时间。为了最优化“用户体验”，贸易商通过自建采购平台和物流团队，将“用户体验”做到极致。近年来在这个方面表现较好的有京东等。

基于企业和供应商协调的典型例子就是寄售（Consignment）和供应商管理库存（Vendor Managed Inventory，VMI），前者是把货物放在企业这里，使用的时候才付款；后者是企业把库存管理交给供应商，自己并不保留。寄售的方式适用于大卖场，方便快捷；供应商管理库存适合于供应商集中对库存进行管理，至于货物的存放地点可以在供应商这里，也可以在企业那里，还可以在第三方仓库。使用这两种方式的企业一般都较为强势，要求供应商配合其生产，而企业的库存很少，所以对资金的占用比例很低。

总的来讲，EOQ 采购、MRP 采购、JIT 采购都是在科学理论的指导下，采用科学的方法和现代科技手段实施的采购方法，所以也有学者将其统称为科学采购。

（3）“采购”向“供应管理”（Supply Management）的转化。

对于采购，很多学者也给出了不同的定义，如“以购买的方式，由买方支付对等的代价，向卖方获取物品的行为过程，在这个过程中发生了所有权的转移”。但这个定义并不准确：一是企业采购的不只是物品，也包括服务；二是这样的定义没有体现企业和个人购买行为的区别。也有学者将采购定义为“以最能满足企业要求的形式为企业的经营、生存和生产及辅助业务活动提供从外部引入产品、服务、技术和信息的活动”。这个定义解释了企业和个人购买的区别，也涵盖了企业购买的范围，但对企业为何购买并没有做出说明。还有一种关于采购的定义，“采购是指企业为实现经营目标，在现实市场环境下，根据企业的经营能力，运用恰当的方法和策略，通过付出相应费用而向外界获得原材料和服务的行为，是企业产品增值过程的起点”。这个定义比较准确地反映了企业采购的原因、方法、范围，即为什么买、买什么、怎么买（Why to buy，What to buy，How to buy）。

当采购的职能越来越重要、承担的角色越来越多时，这个定义也不再能满足当前企业对于采购的要求，甚至“采购”这一词也不能覆盖行业未来研究重点的全部内容。因此，美国供应管理协会（ISM）用“供应管理”（Supply Management）一词代替“采购”一词，并对供应管理给出了新的定义，即为了达成战略目标，组织对需要或潜在需要的资源及相关能力的识别、获得、使用、定位及管理。

从 ISM 对供应管理的定义中，我们可以看到 ISM 对采购的要求已经不仅仅是购买这个行为，还包括：识别，是识别采购需求，只有明确采购需求，才会避免后续工作中的不确定性；获得，不仅是用金钱购买，也包括战略合作等更多方式；使用，对原物料的使用未必就一定拥有所有权，租赁也是一种方式，这种方式早就在企业中频繁使用；定位，对于采购的定位，是要求采购员理解供应市场，清晰认识自身企业在市场里的位置，从而做出最适合企业的采购策略；管理，是对整个采购过程的管理，如标准化管理，通过这样的管理方式实现真正意义上的供应管理。所以，从 ISM 对供应管理的定义，我们可以看到采购的未来方向。事实上，已经有企业在践行 ISM 的管理理念。笔者曾经任职的某世界 500 强公司，其采购部早在 10 多年前就改名为“供应管理部”，这就是对这种管理理念的践行。

三、采购的职责

经过 100 多年的发展，采购作为现代企业的核心职能，已经开始承担更多与企业最高决策方面有关的工作；从组织架构上，采购部门也远远不是几十年前归属于生产部的从属地位，其最高领导已经是集团副总裁层级。例如，在本田集团的美国分公司，其采购的最高领导是高级执行副总裁。这些都表明了企业高层已经越来越重视采购在整个企业发展过程中的作用。接下来，本书就采购的主要职责进行简单的介绍。

（1）保证供应是采购第一要务。

当前企业对采购员有诸多的指标考核，但对于采购而言，最核心的职责是保证供应。如果不能保证供应，那企业后续的产品质量、成本、库存等都无法得到保证。这些指标的持续改善获得的收益和断货导致的损失相比是九牛一毛。笔者曾参加过的一次采购会议的主题，是对某物料的断供问题进行追责。当该物料的采购负责人解释供应商的价格是多么高，交货周期多么长，他又如何和供应商据理力争等时，公司总经理一句“你做采购的，东西都买不来你算哪门子采购”就让这位同事哑口无言。所以，一定要记住采购的第一要务是保证供应，不要在众多考核指标中迷失这个岗位的最基本职责。

（2）采购需求下的质量最优。

20 世纪 50 年代，美国通用电气公司质量管理专家朱兰提出全面质量管理（TQM）的概念。他以产品质量为核心，建立了一套科学、严密、高效的质量体系，以提供满足用户需要的产品或服务。如果企业购买的物料质量有缺陷，无论后续的生产、品管如何改进，都难以避免最终产品的不合格。采购员作为企业生产物料的提供者，是质量严格把关的第一道防线，因此需要采购员熟悉了解所购买的物料，不能只依赖技术、品管部门的同事，采购员要树立“对质量负责”的态度。同时，企业对于质量的要求要基于采购实际情况，而不是无限制地夸大。质量越高，成本也就越高，质量过度对于企业来说也是一种浪费。

（3）所有权总成本最优。

保证物料供应和质量合格之后，降低采购成本就是采购员需要关注的问题了。采购成本的降低对于提高企业净利润率的影响是十分明显的，但采购价格不应该是采购员考虑的唯一因素，采购员要善于从所有权总成本（TCO）的角度来考虑这个问题。因为采购价格只是 TCO 的一部分，企业为了后续的生产经营，还需要投入人力、物力、财力，所以实际付出的成本是要高于采购价格的。价格的付款方式、送货方式、质量情况、技术培训，都对 TCO 有影响，所以要关注 TCO，而不仅是价格本身。

也许这里会有人说，现在企业里有多少人真的关注 TCO？所谓的降本，其实不就是价格的降低吗？笔者承认这个现实，毕竟价格是最透明的数字，作为衡量指标是最合适的。对于采购员而言，其考核绩效中物料进价的权重比其他指标要重要得多，至于对送货方式、质量情况、服务质量、培训等衡量的标准都比较主观，也不如采购价格指标那样明显、直观，如果不增加这部分的指标考核，自然关注 TCO 的采购员就更少了。考核指标常常决定着员工的工作方式，要改变这种“本位”主义，企业需要培养采购员的大局观，使其从企业管理者的角度出发来考虑问题才可以避免这个问题。因此，企业应给予采购员更多的职责，这样才能让其真正地关注 TCO，努力做到 TCO 最优。

（4）保证库存最低。

一般情况下，采购量越大，物料价格折扣就越高，采购员能够谈判的空间也就越大。因此，采购员为了降低采购价格，常常提高采购量。但过多的采购量会造成库存急剧上升，如果前期的预测计划不准确，便会造成呆料增加，不仅占用大量资金，也会占用有限的库存空间。因此，在采购价格和库存积压两个决策变量之间，采购员还要考虑预测计划的准确性，具体问题具体分析（Case by Case），找到一个最佳的平衡点。

（5）国际化寻源。

21 世纪初，全球采购（Global Sourcing）成为降低采购成本的有力武器之一。全球采购之所以能实现，很大程度上借助于互联网和物流产业的发展。互联网使买卖双方有了更多的接触机会，物流产业的发展使运输成本降低，这些都提高了交易成功率。为此，很多跨国公司都进行了专门的研究，如对低成本国家采购（LCCS）进行研究。笔者曾任职的公司就进行过相关研究，以当时南亚某个国家为目标研究国，考虑是否可以将部分物料转移到该国采购或建厂生产。当时，笔者对当地的基础设施、国家政策、上下游产品、终端市场、运输状况等逐一收集相关资料并进行模拟，形成分析报告，最终认为不适合在该国进行物料采购及建立生产基地。按照以上标准评估，中国的优势还是非常明显的。由此可知，企业可以借助互联网和物流的发展，从全球范围内找到更有竞争力的供应商。

（6）标准化采购流程。

为了应对企业复杂的采购需求，采购员需要运用不同的采购方法。因此，采购流程的标准化至关重要，这也是“阳光化采购”的重要步骤之一。透明的采购流程不仅可以提示业务人员采购的流程步骤，也可以在企业内部形成良好的监督氛围。作为采购员，应该根据企业的采购需求，将整个采购流程标准化，以规章制度的形式将采购流程制定出来，并征求各方意见后发布企业采购流程规定，让采购员有章可循。

（7）标准化采购需求。

所有采购流程都是从采购需求的申请开始的。采购申请所涉及的需求内容十分广泛，企业可以通过 MRP 自动生成物料常规采购需求，还有一些是企业常见的业务需求，如礼品采购、行政办公品采购、业务咨询服务等。对于不同的需求，企业必须根据现有的资源合理分配，以获得最高效率。因此，企业对于采购需求的标准化处理，即需求管理，就十分必要了。针对企业的采购需求，部分由专门的部门管理，如原物料的管理归属技术研发部，工程类物料归属工程管理中心；部分可能缺乏相应的部门管理。因此为了后续的采购标准化，采购员需要主导或协调相关部门，进行采购需求的标准化管理。这个过程是十分复杂的，必须要在公司内部达成一致意见后统一开展，否则很容易半途而废，或者仅是做了表面工作，实际的执行效果并不理想。

（8）采购系统优化及培训。

企业制定了相应的采购流程制度后，就要建立采购系统。这时，采购员要依据自身的采购管理要求，开发相应的采购系统和模块，将制度中的管理需求按照严格的管理逻辑，在采购系统中得以实现。系统的建立和完成离不开人员的操作，因此对相关人员的培训是必不可少的，这也是采购部门的职责之一。

企业通过有效的培训，规范采购员的操作，整合大量的基础数据；通过系统的权限分级公开、业务报表分析、事中实时监督和事后管理追责，实现整个采购管理过程的闭环操作。

（9）主导/协调跨部门合作关系。

从某种意义上来说，采购部是企业最无私的部门，因为采购员千辛万苦购买来的物料绝大部分都不是给自己用的，也就是说物料的使用权并不属于采购部门。例如，原物料是生产部门在使用，研发设备是研发部门在使用，而行政办公品则是所有员工都在使用。在很多情况下，采购需要不同部门的合作，以此来完成某个采购项目。这就需要采购员学会从中主导或协调相关部门，共同为项目努力。

（10）持续的求知欲。

一般来说，持续学习似乎不太适合作为职责放在这里，但对于采购人员而言，持续学习是采购员的职责。在采购活动中，常听到的一句话便是“专业的人做专业的事”。但企业的采购需求多样复杂，企业经常会碰到找不到对需要采购的产品或服务熟悉或精通的人员的情况，甚至组织跨部门团队也不能解决这个问题，这样采购员在与供应商谈判时便处于被动地位。因此，求知欲对于采购员来说是一种职责，是企业对其的硬性要求。

经过100多年的发展，采购逐渐成为企业高层日益关注的核心岗位，同时也对任职人员提出了更高的要求。以上的采购职责，或许部分职责尚未在企业中充分表现出来，但随着采购角色的进一步加强，这些职责都会成为采购员的考核标准。

采购的前世今生

“采购”这一词的出现要追溯到现代企业的兴起，但这个职能却早已存在了几千年。一个实体，如一家企业，在制造某项产品或提供某项服务时，很少有能覆盖产业全链条的情况。例如，粮食加工企业并不需要从种地开始，经过漫长的周期获得原材料（粮食），而只要从农民手中收购即可。对于大多数以提供某项产品或服务的企业而言，其主营业务基本上涉及这条供应链的一个或多个环节，因此需要上游企业提供产品或服务。通过货币等价交换的方式来获取产品或服务，就是采购的起源。

企业采购是为了满足生产的需求，而生产的目的是为了满足销售的需求，也就是下游客户的需求。循环往复，每家企业都处在这样的供应链条上，环环相扣地生产出最终的产品或服务。因此，企业采购归根结底是源于行业的最终端需求。如果我们把整个供应链看作一家公司，那么这个链条上的各个节点（企业）就是一个个生产车间。上游车间的输出是下游车间的输入，原始的物料经过一道道工序，最终形成满足客户需求的产品或服务。

企业采购的发展得益于卖方市场向买方市场的转变。试想一下，终端需求在最初被激发出来的时候，其规模和数量也有一个循序渐进的增长过程。这个时候的市场往往是供不应求的，对于采购业务而言，能够体现采购员绩效的机会并不多，主要是为了保证供应。随着市场逐步转向供过于求，此时采购员就会有更多的选择机会，采购绩效对于企业来说就很重要了。因此，企业采购的发展离不开市场尤其是供应市场的发展。

供应市场的发展迫使采购员越来越专业，同时采购作为企业的重要职能之一，采购绩效对于企业的发展也起到越来越关键的作用。因此，我们可以预计，随着市场的进一步完善和发展，采购的重要性会越来越凸显。采购不再仅是保证供应，而逐渐会成为企业业务决策制定的关键因素之一。

所以，体现采购职能的采购岗位（如采购专员/采购工程师、采购经理、采购总监等），必定会是一个“有良好预期”的岗位。未来的采购，不会再是那种“谁都能做”的低门槛岗位，也不会是“采购曾经是一个人在公司的最后一站”①，而会是一个充满挑战和机遇的岗位。为了更好地证明自己及自己岗位的价值，每个采购员都需要“做好准备”。

① 引自刘宝红的《采购与供应链管理：一个实践者的角度》。

第二章　采购需求

采购需求是采购活动的第一步，是后续采购寻源、合同签订、履约评价的重要依据。对于采购需求的理解和编制对整个采购活动的成功起着至关重要的作用，同时采购需求的复杂性，也是后续采购活动复杂性的根源。要想获得高效且优质的采购绩效，采购员可以在采购寻源、采购谈判、供应商管理、采购过程优化、合同完善、供应商履约等方面下功夫，但这些方面都会归结到最初的源头，即采购需求。毫不夸张地讲，采购员对采购需求的理解程度决定着最终采购绩效的高低。因此，作为一名采购员，其要深入了解采购需求的产生及结果，不仅要“知其然”，更要“知其所以然”。这一步是基础，基础打得越牢固，后续的采购工作才会越得心应手。

一、采购需求的概念

要讲述采购需求，首先要介绍需求的概念。需求泛指为了满足某种目的，针对某种物品、服务、权力等资源的一种获得性要求。之所以这里强调的是物品，而不是商品，是因为这种获得途径并不仅限于等价交换，也可以通过竞争、侵犯、欺骗、掠夺等手段。采购活动是人类社会进入文明阶段的一个重要体现，人们通过采购的方式满足自己的需求，这个途径是以竞争并且公平竞争的方式来完成的。因此，本书中的采购需求，体现的是现代企业的行为，是指企业为了维持经营，通过采购的方式获得某种物品或服务。

采购需求在不同的业务环境、不同性质的公司中的称呼是有差异的。以使用 ERP 系统的制造业企业为例，其采购需求简称为 PR，来源于物资需求计划（MRP）系统，是制造业企业中生产性物料采购业务的源头。采购申请（PR）一般是以稳定需求物料的框架协议为基础的，也就是说企业和供应商已经签订了长期合作协议，价格、付款方式、送货方式、送货地点等已经在合同中约定，企业只需每日按照实际业务需求的数量，由 MRP 系统经过 PR

后转为订单（PO），发送给供应商。PR 在制造业企业中使用率很高，是比较常规的采购需求。此外，还有一种采购需求，其非常复杂，很多时候需要专门编制一本手册来对其进行详细说明，这样的文件叫作“技术规范”或“工作量清单”等，是招标文件的一部分。招标文件常被用在工程建设项目中，是建设单位实施工程建设的工作依据。关于招标文件的详细介绍会在后续章节中讨论，在这里仅做简单说明。所以说，采购需求虽然是一个统一的概念，但是在不同的业务和项目下，其名称也是不同的，并且编制采购需求的难度也是千差万别的。但无论是哪种方式，采购需求对于后续的采购活动，都是至关重要的。

二、采购需求的类型

采购需求生成后，一般系统会自动（或有专人）分配采购员。由于采购需求类型繁多，常用的与生产相关的原物料采购需求每天都会从 MRP 系统中自动“跑”（RUN）出来。除了这种常规需求之外，对于各个部门的服务类需求、固定资产类需求、费用类需求，员工可以通过手动方式进行添加，以满足各种临时的业务需求。同时，考虑到企业在突发情况下会出现紧急业务需求，企业一般也会设立紧急采购申请，并为紧急采购申请在后续的审批、寻源、订单等环节开通“绿色通道”。但紧急采购申请的数量是受严格管理的，并且企业会定期统计紧急采购申请的数量，将其作为考核业务人员的绩效指标之一。

以上是采购申请的产生方式。采购员，根据其岗位职责要求，一般都只需面对某一类型的采购需求，若公司人员有限，也会有一岗多职的情况。采购需求类型会根据企业的业态类型、经营规模、发展阶段、组织架构分成不同的需求类型。本书以制造业企业为例：

（1）按照与主营业务相关性，可以分为生产性（Production Item）需求、非生产性（Non-Production Item）需求，有些企业也称为直接物料（Direct Material）需求、间接物料（Indirect Material）需求。

（2）按照采购需求本身的性质，可以分为原材料、包装材料、设备类、物资类、工程类、固定资产类、服务类、咨询类、广宣品类、物流类、商旅类、专业服务类、后勤类、IT 服务类等需求。

（3）按照部门来源，一般分为生产需求、工程基建需求、设备维修需求、行政用品需求、信息类（含软件、平台）需求等。

目前，大多数制造业企业是按照第一种方式对采购需求进行分类的。

第一种分类方式的优点在于：一是类别的专业性较强，可以加强采购员的采购经验；二是这个分类易于计算最终成品的成本构成，当市场竞争激烈时，企业可以通过计算成本找到其薄弱环节并加以改进，降低最终成品成本。一般情况下，生产性需求等同于直接物料需求，非生产性需求等同于间接物料需求。总之，大多数制造业企业按照企业的成本最优、效率最优、人力最优的方式来分类就可以了。

第二种分类方式主要考虑了采购业务的专业性。如要做好物流类需求的采购，采购员需要对物流行业的各种运输方式、政策法规、行业法规、国际商务术语十分熟悉；再如 IT 服务类需求的采购就更加专业了，采购员如果不清楚各种软件证书的差异和范围，很容易在采购中吃亏。其他诸如广宣品类、后勤类需求，对采购员的专业性要求都不低，笔者也是在多年采购实操之后才知道各行各业都有具体的“行业规则”。因此，这样的分类方式是为了使采购员更加专业地应对这些采购需求。

第三种分类方式更多的是便于划定成本中心。各需求部门都会事先申请采购预算，然后提出相应的业务需求，有的企业称之为 Capex 需求。这种分类便于采购部门整体管理，而且专业性很强，各需求部门在采购过程中也可以为采购员提供专业意见，集团的管理层也便于通过经费和预算对企业运营情况进行了解。

采购需求的分类对于采购业务的全局管理是十分重要的一步，因为分类规则往往也是划分采购部组织架构的基础。采购部门需要对同一类型的采购需求进行整合，交由某个专业采购团队负责，这样便于采购员专业能力的提高，同时也便于后续对此类物料成本进行分析。

在企业的实际业务中，生产性需求一般来说是比较稳定的，无论从种类上还是数量上，基本上都是可预期的，而且生产性物料在整个业务中的成本占比往往也是最大的，因此生产性物料采购团队承担了最大的采购职责，其对采购员的专业性要求也是最高的，需要采购员具有良好的专业素养。对于非生产性物料采购团队而言，虽然非生产性物料在整个业务中的成本占比较小，但是其采购难度却是最高的。非生产性需求往往包罗万象，可以说，企业中除了常规的生产性需求外，其他需求都可以划分到非生产性需求中。大到工程基建、项目管理，小到行政办公用品、会务、商旅，都属于非生产性需求的范畴。由于非生产性物料在成本中占比较小，所以相应的人员分配就不会太多，这样就形成一个“事实”：非生产性采购员需要处理很多临时性的、非常规的、各种类型的采购需求，有些采购需求的频率是极低的。为了更好地应对采购需求，这就需要采购员具有很强的快速学习能力，尽快熟悉采购需求业务，从市场供应情况、供应商资质要求、目标产品选择、企业定位等方面做出最准确的判断，尽快把自己培养成一名“专家”。因此，相比生产性物料采购员来说，非生产性采购员需要具备更强的应对这种不熟悉业务的能力。

针对采购周期较短、采购金额较小的非生产性项目，采购员可以凭借自己的业务能力来处理。但针对有些大型项目，由于其采购周期很长，采购金额很高，对采购员的技术要求也很高，这时最有效的处理办法便是成立“项目组”。例如，企业为了扩大再生产，新建工厂或生产线，那“项目组”的组成人员就要涵盖基建、采购、运营多个方面，采购部便需根据业务需求派驻兼职或专职人员进行支持。项目组利用这种“群策群力”的方式，最大限度使项目成功实施，降低项目执行中的各种决策风险。

三、采购需求的内容

简单地说，采购需求就是需求部门要购买什么。购买的可以是有形的商品，也可以是服务，还可以是某种使用权。总之，采购需求就是要明确需要购买的物品或服务。当然，仅明确是什么物品或服务是不够的，还要包括具体的数量、规格、到货时间等。为了规范各个部门提出的采购需求，企业需要对采购需求设计标准化的模板文件，模板中包含了该需求的常见内容。以生产性物料需求为例，需求的常见内容一般要包括物料的质量、性能、规格、功能、体积、数量、交付时间、验收要求、培训要求、品牌等。采购人员在收到这样的采购需求后，首先应核对采购需求填写得是否充分完整，然后寻找与需求相近的供应商进行沟通。如果供应商对具体要求有疑问，采购员应及时安排相关人员和供应商沟通，确保供应商充分了解采购需求，从而得到最准确的报价。

关于采购需求，《政府采购货物和服务招标投标管理办法》中的第十一条明确了采购需求内容如下：

（一）采购标的需实现的功能或者目标，以及为落实政府采购政策需满足的要求；

（二）采购标的需执行的国家相关标准、行业标准、地方标准或者其他标准、规范；

（三）采购标的需满足的质量、安全、技术规格、物理特性等要求；

（四）采购标的的数量、采购项目交付或者实施的时间和地点；

（五）采购标的需满足的服务标准、期限、效率等要求；

（六）采购标的的验收标准；

（七）采购标的的其他技术、服务等要求。

从政府发布的管理办法中，我们也可以看到采购需求的内容十分复杂，不同的采购需求会有不同的具体要求。从企业的角度来看，为了规范采购需求，企业很有必要针对不同的采购需求制定相应的需求模板，这些模板文件是企业标准化制度的组成部分。即使企业面对的采购需求种类十分复杂，但还是要对近几年的采购需求进行统计，从中筛选出最主要的几类采购需求，并制定相应的模板。模板不仅能规范采购需求，还能让需求部门在填写的过程中不经意地按照标准化的思路仔细考虑自身的真实需求。也许有人会说，需求部门怎么会不清楚自己的需求？但实际上，对于比较复杂或者新兴的业务而言，需求部门在前期对其采购需求不清楚的情况确实存在。此时，采购人员应组织需求部门和潜在供应商多次沟通，就企业的详细需求进行逐步分解，必要时也可以从外部邀请行业专家介入，共同制定最准确的采购需求。

相对简单的采购需求可以通过设立模板的方式来进行规范，但如果是比较复杂的采购需求，还需要需求部门提供技术规范、质量标准、设计图纸等，以便供应商能够更准确地了解采购需求。针对这样复杂的采购需求，仅凭借需求模板是不够的，此时最适宜的做法是编制招标文件。招标文件在编制过程中有着更为严格的要求，本书将在后续的章节中详细描述。

采购员在与供应商的报价沟通中，常常会碰到的一个问题是供应商提供的方案与企业想要的采购需求存在差异，这正是因为对采购需求的技术规范还不清楚、不完整所造成的。所以在初期采购业务开展时，即使采购需求还未流转到采购部门，采购员也应适当地“早期介入”，协助供应商和需求部门沟通。需求部门从业务的需求角度来考虑，而采购部门则从需求通用性和成本的角度来考虑，双方应及时补上各种“暗坑”，以防在后期合同执行过程中出现“扯皮”现象。为了减少类似的情况发生，采购或需求部门人员，不应过分依赖少数几家供应商推荐的方案，更应着重从需求的普适性入手，参考多家供应商的报价方案。同时，除确有必要，不要设置一些过高的技术配置要求，这样会将很多潜在的供应商拦在门外，不仅会耗费企业有限的经济资源，也会造成后期的资源闲置和浪费。

在实操过程中，有些采购员也许会认为“早期介入”说起来容易做起来难，因为前期项目众多，采购员普遍都很忙，没有精力介入所有的项目，而且需求部门也未必能及时告知采购员有新的业务需求。要解决这个问题，一是从部门间沟通方面下功夫，建立稳定的沟通渠道；二是选择性地介入，抓大放小，提高业务需求沟通的效率。

四、采购需求的实例

采购需求的种类和内容纷繁复杂，我们在这里以某制造业 N 集团为例，简单阐述采购需求的种类及相应内容。

N 集团是国内某行业知名公司，其生产中会有多种类型的采购需求，一般分为生产性物料需求和非生产性物料需求，相应的采购组织结构也是按照这个分类进行设置的。N 集团的生产性物料需求，基于销售部门的生产性物料预测，相较而言比较稳定，除促销期间外，其他时期的变化较小；非生产性物料需求因依据类型不同，并且与企业的组织结构、审批方式等有关，其计划性相较生产性物料需求而言较弱。

为了更好地管理采购业务，N 集团首先应从采购需求的分类入手。生产性物料需求按照其产品属性并结合市场供应商的供应情况，可以分成若干个产品类别，每个类别均分别指定采购员负责。同类别对应的供应商大多业务相近，因此采购员在供应商寻源和技术沟通上都有更多的机会共享。对于非生产性物料需求，为了工作方便，应尽量做到细分，换句话说，就是尽量不出现“包括但不限于”“等等”此类词汇，因此需要对企业近几年的业务进行罗列，再细小的采购需求也要考虑到，在这样的细分和归类基础上完成采购需求业务的全闭合。如果有新的需求产生，则应该及时更新分类规则并将其纳入相应的制度中，以保证制度与业务实操的一致性。

1. 生产性物料需求类别

生产性物料，一般用于制造业中，主要指与生产制造相关的物料，如原材料、包装材料、半成品、辅料。

（1）原材料。

原材料常指生产过程中用于构成最终产品的组成部分。其生产过程可分为物理变化过程和化学变化过程。在发生物理变化的生产过程中，原材料常常是组成最终产品的机械部件、设备、备品备件；在发生化学变化的生产过程中，原材料常常是生产所需的化学原料，通过化学反应生成最终产品。

（2）包装材料。

包装材料指用于最终产品的包装，以形成完整的销售成品。其常用类型包含铁制品、塑料制品、纸制品。

（3）半成品。

半成品指初级成品。其再经过简单的加工工序，或几步化学反应，就可以成为最终产品。

（4）辅料。

辅料指生产过程中除原料之外的消耗材料，如催化剂。

2. 非生产性需求类别

非生产性物料，指除生产性物料之外的，或者说不计入最终产品成本，而计入费用核算的其他需求的物料总称。常见的有工程基建类、固定资产类、行政办公类、生产消耗类、零部件及维保类、广告类、咨询服务类物料。

（1）工程基建类物料。

工程基建类物料指厂房、办公楼建设，配套安装工程，装修装饰工程需要的物料。工程基建类采购需求的复杂性更高且涉及的金额更大，需要多个部门的整体协作，且在有限的时间内完成。

（2）固定资产类物料。

固定资产类物料指生产过程中使用的大型机械设备，如化工企业的反应器、设备制造企业的车床。

（3）行政办公类物料。

行政办公类物料指用于满足公司各部门人员办公需求的物料，小到笔记本、打印纸张、水杯、饮水机，大到打印设备、装饰材料、公车、班车。

（4）生产消耗类物料。

生产消耗类物料指在生产过程中用到的一些消耗品或备品备件，如润滑油、轴承、阀门。

（5）零部件及维保类物料。

零部件及维保类物料指配合固定设备的相关辅助备件及由于生产过程造成的损耗而产生的更新的零部件。

（6）广告类物料。

广告类物料指企业用于宣传，如广告投放、企业视频、展厅展示，而产生的需求物料。

（7）咨询服务类物料。

咨询服务类物料分类更为庞杂，一般没有具体的产品形态，主要以服务的方式满足企业的需求，如猎头服务、技术服务、市场服务、IT 服务、软件服务。

以上分类并非绝对，N 集团常常根据企业的实际需求进行不断的调整。例如，广告类物料，在企业早期，其采购费用不高，那时只作为一般消耗品。当企业发展到一定规模后，该采购费用就成为一项重要的支出，因此在分类上就需要单独划出一个类别。在人员配置上，之前这个采购职能由其他岗位的人员兼任，后续就需要指定专职的采购员来负责，通过外部招聘或内部竞聘，将这个岗位从兼岗兼职转为专岗专职。随着企业规模的扩大和业务的多元化，后续还会有更多的需求类型出现，因此根据业务的需求适时地对采购需求进行调整，可以使采购员最大限度地匹配业务的需求。

接下来，本书对不同分类的采购需求的具体内容进行介绍。如前文所述，对于不同的采购需求，企业已经设置了相应的需求模板。对于生产性物料而言，采购需求中的规格、质量、性能、功能、体积等要求已经作为物料主数据在企业管理系统中加以维护完善。有形的采购需求可以通过其物理或化学属性进行描述，而那些无形的采购需求，如不具有实体的但具有使用价值和价值的产品，包括咨询服务、专利、品牌、设计、广告服务等，考虑到需求的复杂性，常常根据实际业务的需求单独设计。例如，在技术咨询服务采购需求中，需要对技术咨询服务的范围、进度安排、人员安排、考评方案等进行约定，必要的话会单独撰写附录，作为合同的一部分。

在这里，笔者以早年负责的一个液碱氢氧化钠（NaOH）跨国采购项目为例进行介绍。

（1）采购方：印度尼西亚的一家化工集团，主营粘胶纤维和硫酸钠。

（2）生产工艺：离子交换膜法。

（3）规格参数，如表 2-1 所示。

表 2-1 规格参数

指标项	单位	要求
NaOH	质量百分比浓度（%）	>48%
Na_2CO_3	质量百分比浓度（%）	<0.15%
NaCl	质量百分比浓度（%）	<0.01%
Na_2SO_4	质量百分比浓度（%）	<0.005%
Fe	ppm	<5ppm

注：ppm 指溶质质量占全部溶液质量的百万分比来表示的浓度，也称百万分比浓度。

（4）用量：168000 吨/年。

（5）运输方式：槽车运输。

（6）交货时间：周一到周六每日到货 500~600 吨。

（7）交货地点：该集团的印度尼西亚工厂厂内储罐。

（8）报价方式：DDP 或 CIF，以美元为结算货币。

以上就是一个关于化工品的采购需求，包含该物料的生产工艺、详细参数、用量、运输要求、交货时间、报价方式、交货地点。采购员就是基于这样的采购需求去寻找能够满足这些要求的潜在供应商。

我们再举一个固定资产 Capex① 的采购需求例子，以某工厂根据生产需要增加一台封箱机为例，看看实际业务中的文件是什么样的，如表 2-2 所示。

这个有关固定资产的需求，通过固定的需求模板，包含申请单位、申请部门、申请人员、项目预算（或年度项目总预算）、申请原因及分析、资产类别、产品类别、预计花费等，经工厂管理层和总部或区域职能部门共同审核后，形成一份有效的采购需求，而采购员基于这样的采购需求来寻找合适的供应商。在信息化程度较高的企业中，这些表单大部分都已固化到系统中，不再通过线下纸张的审批方式来进行。

除了以上类型的采购需求外，工程建设类需求更为复杂，涉及的需求描述常常千差万别，其采购需求描述还包括大量的设计图纸、规格标准等，在这里先不赘述，后续在招标采购和项目采购管理内容中再详细说明。

---

① Capex 即资本性支出，一般指资金或固定资产、无形资产、递延资产的投入。这类资产在使用过程中会持续多个计费期间，需要在使用过程中将其资本化，并分期将成本转为费用。

表 2-2　资产请购单

申请号：______________

<table>
<tr><td colspan="4">单位：某工厂</td><td colspan="3">部门：生产部门</td></tr>
<tr><td colspan="4">申请人：张三</td><td colspan="3">日期：××××-××-××</td></tr>
<tr><td colspan="7">项目名称：封箱机增加项目</td></tr>
<tr><td colspan="7">申请总额：RMB12500</td></tr>
<tr><td colspan="4">年度预算项目号：PROJ08-012</td><td colspan="3">年度预算总额：RMB300000</td></tr>
<tr><td colspan="7">如超预算，请说明：</td></tr>
<tr><td colspan="7">申请原因：
（1）目前工厂在用封箱机有 4 台，其中 3 台已使用 6 年以上，需要经常性维修。
（2）若同时出现大的故障，会影响现场的生产秩序。
（3）经过部门和工厂分管领导研究讨论，需要增加一台封箱机。</td></tr>
<tr><td colspan="7">其他选择方案（如果没有，请说明原因）：
目前没有备份的封箱机，所以若在用封箱机出现故障，会直接影响生产的正常运行。</td></tr>
<tr><td>资产类别</td><td colspan="6">□ 建筑　□ 办公室设备　■ 工厂设备　□ 汽车　□ 其他</td></tr>
<tr><td>产品名称</td><td colspan="6">工厂某主营产品名称</td></tr>
<tr><td>项目类别</td><td colspan="6">□ 产能相关　□ 技术革新　□ 品牌提升　■ 制造优化
□ SHE&CSR（安环 & 职业健康 & 企业社会责任）　□ 基础建设　□ 其他</td></tr>
<tr><td colspan="7">支出细节</td></tr>
<tr><td rowspan="3">预计花费</td><td colspan="3">年份（年）</td><td colspan="3">金额（元）</td></tr>
<tr><td colspan="3">2×××</td><td colspan="3">12500</td></tr>
<tr><td colspan="3"></td><td colspan="3"></td></tr>
<tr><td colspan="2">安全检查是否完成</td><td>不需要</td><td colspan="2">安全协调专员审核</td><td colspan="2">李四</td></tr>
<tr><td colspan="2">签名</td><td></td><td colspan="2">签字</td><td colspan="2">日期</td></tr>
<tr><td rowspan="5">审核批准</td><td rowspan="3">工厂管理层</td><td colspan="2">需求部门：</td><td colspan="2">手工签名 1</td><td>时间 1</td></tr>
<tr><td colspan="2">供应链：</td><td colspan="2">手工签名 2</td><td>时间 2</td></tr>
<tr><td colspan="2">财务：</td><td colspan="2">手工签名 3</td><td>时间 3</td></tr>
<tr><td rowspan="2">区域管理中心</td><td colspan="2">区域供应链：</td><td colspan="2">手工签名 4</td><td>时间 4</td></tr>
<tr><td colspan="2">其他部门：</td><td colspan="2">手工签名 5</td><td>时间 5</td></tr>
</table>

五、采购需求合理性分析

之所以在这里提到分析，就是要强调采购员需要经常对采购需求问“为什么”。采购员对采购需求不要只是被动地接受，而是要深入地去了解。尤其对于采购需求的特殊要求，采购员要“知其所以然”，因为特殊要求会将很多潜在的供应商排除在外，增加寻源难度，不利于采购员后续寻源工作的开展。

这里先介绍一个针对采购需求不断深究的案例，笔者当年曾经负责过某化工品的采购，在从技术部那边拿到规格表后，发现有一项指标是对草酸含量的严格控制。笔者当时在调查了国内外主要生产商后，发现很多企业的这项指标都不能达标，于是向技术人员了解该项指标的作用，同时查阅相关资料。以下是笔者“不间断问为什么”方法的使用场景回顾。

问：为什么要控制草酸含量？

答：经过技术人员的解释，在企业后续的生产过程中，混在该化工品中的草酸，含量达到一定程度会对我司的中间产品造成部分污染，对终端产品的影响就被持续放大，严重影响最终产品品质。

问：为什么要关注这个指标呢？

答：因为在当时的国内该化工品的生产工艺中，是由上游原料经过两步氧化法而来，而生产中对于温度的控制工艺很严格，稍有偏差就会出现过度氧化，导致该化工品进一步氧化为草酸，因此普通产品中都难以避免有草酸的杂质，关键是其含量的高低，所以要关注这个指标。

问：为什么有的供应商的草酸含量很低？

答：经过实地考察，部分供应商在产品工艺的后期，增加了一段去除草酸的工艺，所以可以保证草酸达标。

问：那为什么很多供应商不增加这个装置？

答：一是成本原因，二是在该化工品的所有下游客户中，因为只有我司企业所在行业才需要对草酸加以控制，其他行业并无此类要求，因而当供应商的下游客户不涉及我司所在行业时，他们并不会增加此项工艺投入。

除上述第一个原因是技术人员的回复外，其他问题的原因都是笔者查阅资料研究后得出的。经过了这个过程，在后续开发新供应商时，笔者只要了解该供应商现有的客户群体，了解一下其生产工艺路线，再让供应商拍摄几张现场工艺流程照片，基本上就可以判断这个供应商是不是目标潜在供应商，进而有针对性地选择几家供应商进行实地考察，节省了大量的时间和费用。事实上，笔者还可以将上述“不间断地问为什么”的过程继续下去，相信还会有更多新的认识。

六、采购需求的关注点

如前文所述，所有的采购活动都是从采购需求开始，但每个岗位对于采购需求的感受是不一样的。例如，对于负责大宗原物料的采购员，因为原物料的供应对于工厂连续性生产至关重要，所以一般签订的都是框架协议，偶尔会有个别现货购买（Spot Buy）协议或订单，以应对临时性的采购需求。框架协议一般都是一年或半年签一次，签订好后按照日常实际需求在系统内下达订单即可，订单中有关采购需求物料的指标大多没有发生变化，主要是根据实际需要对数量、到货时间进行约定。此类采购员更关注的是供应商能否及时交货、物料质量是否稳定、成本是否下降，以及新的供应商的情况。对于负责非生产性物料的采购员，以 Capex 采购为例，因为每次的采购需求都不相同，所以需要对需求内容仔细研读，如果之前有类似的采购需求，可以参考当初的做法；如果没有，则咨询熟悉此类业务的同事，同时尽快了解该需求采购的相关内容，包括市场供应、供应商情况等。因此，该类采购员对每次采购需求的来源和背景都会印象深刻，也会更加了解采购需求对于采购业务顺利开展的重要性。

七、采购需求管理简介

企业在管理采购的过程中，针对不同的采购阶段也都有相应的管理办法，只是有的很有效，有的却不那么有效。如果我们对采购业务的每类问题仔细研究，可以发现很多问题都会归结到最初的采购需求上。因此，采购需求管理是整个采购管理的“桥头堡”。这就好比常说的“防火重于灭火”，加强对采购需求的管理，是最大化降低后续采购风险的有效途径。采购需求管理对企业的运营是十分重要的，同时也是一项非常有难度的管理任务。

从本质上讲，采购活动的复杂性在很大程度上是因为采购需求的复杂性。本书开篇列举了“打酱油的故事”，这个故事里采购活动之所以可以由一个小孩子顺利完成，主要原因是采购需求简单明了，小孩子只需要按步骤做事，并不需要在其中进行过多的选择和判断。作为采购员而言，其面对的是整个企业各种各样的采购需求，这些都是由于自身无法生产或成本过高而转向外部，通过市场化的手段来获得。这样的需求，由于专业壁垒的限制，必然存在很多问题。尤其对于创新业务，在这样的条件下“摸着石头过河”，才是采购员真正面对的状况。

除了部分采购需求中的关键要素描述不够清晰准确外，采购需求的复杂性高也常常是困扰企业的痛点之一。对于需求频率不高且不均衡的采购需求，在有限的采购资源配置中既照顾到各种采购需求，又关注到效率，这是采购员常常要考虑的问题。因此，采购需求的梳理就十分重要，正如本章前面提到的“细分”，就是尽可能地将现有业务归类，按照发生频率和可预测性，有针对性地分类管理。当前企业大多通过企业管理系统来进行生产和运营，那么这些需求如何在企业管理系统中体现呢？这里就会涉及物料的编码体系，同时企业也常常采用目录管理方式来规范非生产性的采购需求（尤其是服务类采购需求）。企业在企业管理系统中通过构建物料库和目录库，来对采购需求进行区分和管理，这些内容会在后文章节加以介绍。

采购需求怎么重视都不为过

作为采购的起点，采购需求的重要性不言而喻，毕竟后续所有的采购活动都是围绕着采购需求来进行的。我们常说的采购 5R 原则（5R Rule），即适时（Right Time）、适质（Right Quality）、适量（Right Quantity）、适价（Right Price）、适地（Right Place），简言之，就是在适当的时候以适当的价格从适当的供应商处买回所需数量物品的活动。这里需要注意的一个关键词就是 Right，而不是 Good/Excellent。采购员对于采购需求的理解至关重要，这其中可能会涉及很多专业知识，因此在操作层面上并非那么容易。

那如何才能更好地理解采购需求呢？在本章，我们给出了很多采购需求的类型及分析需求的方法。对于经常性重复采购的需求，我们能够学习的机会较多，随着经验的不断积累，我们对采购需求的理解也会越来越深入。而对于那种采购频率较低，或者采购需求本身就是新兴行业，我们并没有足够的案例、时间、精力去了解，那如何用最短的时间掌握采购需求的关键因素？我们不妨从 5R 原则来考虑。

5R 原则中的 Right 表示“恰好合适”，而采购需求中的“恰好合适”与供应商提供的产品特性并不一定是一一对应的。也就是说，供应商关注的产品特性和企业采购所需要的可能会存在差异。企业需求方有些时候对于“合适”程度的理解也是模糊的。相比之下，供应商因为接触过大量的客户，反而会更了解客户真正的需求，在沟通过程中往往能起到“引导”作用。只是这种“引导”是基于供应商的利益，还是基于企业的利益，或者两者皆有，这就需要采购人员来甄别了。

采购员要做的第一件事就是将供应商提供的产品或服务按照等级逐项罗列出来。例如，供应商的产品分为 A、B、C 三个等级，每个等级的质量、规格、产地、价格可能都会有差别，这些差别关乎企业的生产成本和销售价格。然后，采购员再分析企业的需求，着重看哪些是与成本相关的需求，哪些需求与成本关系不大，将企业的需求按照与成本的关系进行排序，与之前罗列的供应商的产品等级做对比，涉及成本且重要性排序靠前的部分，尽可能将需求“改造”成供应商提供的标准化产品，避免定制化。这个过程未必一轮就可以完成，可以经过多轮磋商逐步达到目的。

以上这个过程，我们称之为“需求再造”。一名采购员，如果总是被动地接受需求方给出的要求，那其自身能力就很难得到提高。通过“需求再造”，主动牵引需求部门，将它们的需求明晰化、标准化，对于买到“恰好合适”的产品很重要。因此，可以说，我们对分析和理解“采购需求”这个阶段，怎么重视都不为过。

第三章　采购寻源

承接上一章，采购员在获得采购需求后，就进入采购寻源的环节。采购寻源，即寻找货源。在企业的采购业务中，狭义的“寻源”就是指寻找新的合格供应商并签订合同，广义的“寻源”是指在现有供应商中发掘新的业务机会，也可以指找到供应货源的更优方式，并不一定是新的供应商。一般来说，采购业务常常分为“寻源+采购”，即“Sourcing + Purchasing”。前者指根据企业的需求，寻找合适的货源，并完成与供应商在产品规格、供货能力、价格、付款方式等方面的确认，包括与供应商的谈判，谈妥后制定相应的合同，并把相关的合同信息配置到系统中。后者则是在前期业务完成的基础上，根据采购需求向 ERP 系统内的供应商按照合同配置好的价格下达订单、确认、跟催、收货，直至付款的一系列过程，通常也称之为“采购过程”。由于寻源对采购员的专业性要求更强，因此寻源和采购往往是分开设置的，本章到第五章按照寻找供应商、采购谈判、合同签署的顺序讲述整个采购寻源的过程。

一、采购寻源的内容

寻源是采购员日常工作中最常见的一项内容，一般指在获得生产、业务等部门的采购需求后，根据采购需求通过各种途径找到适合的供应商，直至签订合同的一系列活动。其主要有以下五个步骤：

（1）采购需求的供应市场洞察、需求定位和策略制定。

（2）供应商的寻找、沟通和筛选（包括供应商资质的审核与准入）。

（3）供应商技术规格的进一步沟通与确认（包括相应的送样测试、打样等）。

（4）供应商的价格、付款条件等条款的谈判。

（5）供应商协议或合同的签署。

寻源并不是一次性的工作，而是一项持续的工作。采购员需要时刻发现和观察市场上的潜在供应商，一方面可以激励现有供应商，另一方面可以及时发现潜在降本的机会。

二、为什么要采购寻源

采购寻源的目的在于为企业找到最适合的供应商。作为业务的起始点，良好的寻源结果可以帮助企业高效运营。企业的发展战略要求采购员的寻源具备计划性、连续性和针对性，并实现降本目标。企业对降本的衡量标准，绝不仅是价格的下降，而是企业供应链综合成本的降低。有效的寻源结果可以帮助企业更好地面对挑战，并在以下方面获得提升：

（1）提升采购降本能力。

其中包括直接的采购支出成本，以及人力、时间和风险等间接的支出成本。

（2）制定标准的采购寻源流程。

将采购流程按照品类、使用部门或企业的个性化需求固定下来，实现采购寻源标准化。

（3）跟踪寻源采购活动。

保存历史寻源过程记录等内容以便审查，同时对采购业务进行分析，增强采购业务的透明度。

（4）缩减采购寻源周期。

通过与企业其他部门的合作，提高采购业务的效率。

（5）建立寻源业务全程监控。

通过项目式管理和采购标准流程实现过程全程监控，保证合规。

（6）建设企业采购寻源最佳实践和知识库。

（7）通过流程梳理和采购分析，积累有关采购业务、产品或服务、市场供应方面的经验，以支持企业采购业务不断革新。

三、如何有效地采购寻源

1. 采购需求分析

在进行寻源工作之前，仔细了解采购需求的供应市场是十分必要的。采购员在这个阶段花费一些时间进行深入的沟通和分析，对于后续的寻源工作是很有帮助的。在实际工作中，采购员负责的采购需求种类繁多，如果对所有需求都进行深度分析，则会降低工作效率。因此，采购员需要对自己负责的采购需求分类处理，对于核心的、采购金额高、重要性强的物料一定要做市场分析；对于普通物料可以做较为简单的市场分析。从业务执行的角度来看，采购员对于其负责的采购需求都应该进行供应市场分析，只是详细程度可以有所区别，一来这是专业性的体现，二来便于日后经验的积累。总之，采购员可以一时“不懂”，但不能一直“不懂”。

对于采购需求的分析，一方面是对采购需求自身的分析，该内容已在上一章进行了描述，这里不再赘述；另一方面是对采购需求的外部市场分析，企业需要引入外部资源来解决供应问题。那么外部市场是怎么样的？企业的采购需求在这样的市场中处于什么位置？针对这样的定位，什么样的采购策略是适合企业的？这就是接下来我们要考虑的内容。

2. 采购需求供应市场分析

也许会有采购员质疑，为什么一定要进行供应市场分析呢？事实上很多采购员觉得自己没有进行过市场分析，但购买的物料质量也不错，价格也不高，因此这样的分析是在浪费时间，只是纸面文章（Paperwork）而已。

的确，很多采购员都觉得没有必要对市场进行分析，但是这里提到的供应市场分析，并不仅是我们理解的“一板一眼”地查文献、找资料、写报告。一名尽职的采购员购买物料前总会先了解购买的是什么、有哪些供应商在销售、价格如何、服务如何等。在这个的过程中，采购员其实已经完成了供应市场分析，只是这个分析的过程并不像规范作业那样程序化。标准化的供应市场分析会帮助采购员积累经验。

为了更详细地描述供应市场分析，我们先介绍一下供应市场分析的作用有哪些，再以企业的大宗核心物料为例，介绍如何进行供应市场分析。

第一，供应市场分析的作用。

所谓“没有调查就没有发言权”，此话充分地说明了供应市场分析对于制定合理有效的采购策略是十分必要的，也是采购员的基本工作技能之一。其作用主要体现在以下几个方面：

（1）供应市场分析是企业做出准确决策的基础。

采购业务的复杂性取决于采购需求的复杂性。不同的采购需求因其属于不同的采购市场，往往需要的采购方式也大相径庭。因此，在采购业务开展前，充分地了解“市场”，才能有效地保证企业的决策基础是“靠谱”且“有效”的。

（2）供应市场分析有利于采购计划的顺利执行。

对采购市场进行调研并了解该物料的市场情况，可以帮助采购员针对市场类型做出准确的判断（完全竞争市场、垄断竞争市场、寡头垄断市场、完全垄断市场）。针对不同的市场类型，采购员可以制订相适宜的采购方案，这样可以最大限度地配合采购计划的执行，既不会造成物料供应的短缺，也不会造成过度的库存压力。

（3）供应市场分析是进一步改善采购业务的基础。

市场是多变的，这就需要采购人员能够实时对市场的变化做出反应。对采购市场进行调研，可以帮助采购员了解市场的变化，明白其背后变化的原因，从而针对性地对采购策略做出调整，改善采购业务。

（4）供应市场分析是获得理想谈判结果的前提。

充分了解采购市场能够帮助采购员在与供应商沟通时，避免因“信息不对称”导致的“盲目采购”情况发生。只有充分了解市场，采购人员才能准确地判断供应商报价的合理性，在谈判过程中获得理想的结果。

第二，如何进行供应市场分析。

如何才能进行有效的供应市场分析，是每位采购员的必修课之一。在当今互联网发达的时代，信息的易获得性给了采购员足够多的资源去获得相应的数据。但是在这些庞杂无序的海量信息面前，如何才能“去粗取精、抽丝剥茧”，获得最有效的结论，这些都在考验每位采购员的业务能力。在这里，我们可以学习咨询公司的项目操作方法。咨询公司的专业人士一般会按照这四个步骤来逐步推进，即信息收集（Information Collection）→信息分析（Information Analysis）→形成结论（Conclusion）→给出建议（Advices）。这是一套完整的从初始信息到筛选、提炼、归纳成结论，最后提供给客户建议的过程。我们可以参考这个过程来制定市场分析流程，最后一步改为采购策略（Buying Strategy），如图 3-1 所示。

（1）信息收集。

常见的有以下几个方法：

1）网络搜索。通过网络搜索与采购需求相关的关键词，我们可以获得相关的知识，包括生产工艺、供应范围，也可以查询到生产此类商品的供应商。通过访问供应商的主页，我们可以了解供应商的相关信息。对于供应商的合规性，我们可以通过查询一些企业网站，了解供应商的注册情况、股东信息、失信记录等，如“企查查”“天眼查”“启信宝”等。

图 3-1 分析供应市场的步骤

2）电话调查和面对面沟通。仅从网站上了解的信息有限，为了进一步获得更多采购需求的信息，采购员可以电话联系对方的销售人员，通过电话了解对方的产品结构、生产能力、物流运输等情况。如果是距离较近的供应商，那么采购员可以邀请对方到企业进行沟通和洽谈，更详尽地了解供应商的情况。

3）上市公司查询。如果该供应商是上市公司，那么采购员可以通过上市公司的季度报表、年度报表了解供应商的整体经营情况。另外，网上对于上市公司的分析文章很多，分析内容包括产品、经营、市场地位等，采购员可以查看供应商近 3 年的财务报表来深入了解供应商。

4）商务平台查询。面对海量的信息，为了高效地从庞杂的信息中获得最需要的信息，提高采购员的工作效率，很多商务平台如雨后春笋般涌现。企业对企业（B2B）的电商平台有阿里巴巴、慧聪等；企业对个人（B2C）的电商平台有天猫、京东等；个人对个人（C2C）的电商平台包括闲鱼、淘宝等。根据企业的不同需求，采购员在对应的平台上通过搜索产品关键词，可以找到潜在的供应商。

5）人员推荐。通过网络平台，采购员可以找到潜在的供应商，但每个供应商的实际履约能力在真正合作之前，还需要进一步考察。采购员一方面可以通过论坛了解供应商的履约能力，另一方面也可以通过其他熟悉其行业业务的人员推荐，这样能大幅度地降低了采购风险。

6）实地调查。采购员在和供应商多次沟通后，为了保证核心物料供应的可靠性，还需要实地调查。在实地调查之前，采购员需要对供应商的情况进行了解，包括但不限于地址、人员、生产能力、销售情况等。在实地调查的现场，采购员往往还要对供应商的供应商、质检、生产、质控、包装、人员、现场、物流、仓储、记录、追溯性、管理体系进行全面深入的调查。由于这个过程涉及的专业知识较广，往往需要企业相关部门成立调查小组，针对供应商的不同方面分别打分，最终形成一个对供应商的全面评估。这部分内容会在后续的供应商管理章节深入讨论。

7）行业协会或定期举办的论坛。当某一行业发展到一定规模时，往往会成立非营利性的行业协会，主办方可能是政府相关部门，或者由行业内知名的龙头企业发起，定期组织一些活动来促进企业交流，包括技术、研发、生产、销售等。采购员参加协会举办的活动，是认识供应商的有效途径之一。同时，在这样的会展、论坛上，也会有关于行业的生产工艺、技术壁垒、资源配置、行业分析等方面的介绍，这对帮助采购员迅速了解整个行业情况十分有效。

从效率上而言，参加行业展会、论坛是最有效的了解供应市场的手段，这样的论坛往往持续2~3天，供应商、供应商的供应商、贸易商、服务提供商、客户、客户的客户都会参加。采购员可以选择与他们面对面沟通，讨论与产品、市场、行业前景相关的话题，用心积累信息，采购员会在这2~3天内收获很多知识。

经过一段时期的信息收集后，采购员掌握了大量的原始数据，接下来就是对这些数据进行汇总和分析。采购员可以通过波特的“五力模型”，从买方的角度来分析行业市场情况。

（2）信息分析。

信息分析分为当前市场分析和历史数据分析。

1）当前市场分析。

➢ 产品分析。分析采购的产品或服务，包括其主要用途、适用范围、替代产品或服务，了解该产品的市场供应能力、需求能力、物流配套等。

➢ 上游市场分析。针对此类产品或服务在市场上的供应情况，收集相关的供应商构成、生产工艺、成本结构、上游的上游市场概况。

➢ 下游市场分析。分析本产品的其他下游市场，包括市场客户分布、需求量、技术要求，以及下游的下游市场概况。

➢ 潜在进入者分析。对于目标产品而言，潜在进入者的增加使需求量增加，客观上会带来供应市场变动，所以要时刻关注行业需求的变动。

➢ 外部政策分析。针对不同的产品，国家的支持力度有所不同。分析近几年内的政策变化，可以帮助采购员预判该产品的发展前景。

➢ 替代品。所谓替代品，就是假设该产品退出市场后，什么样的产品可以替代其现有功能，进一步分析为何目前该产品没有被替代，找到替代品和该产品的差异。对替代品的分析，有利于采购员了解该产品在供应市场上的重要性和份额。

以下是波特的五力分析模型，如图 3-2 所示。

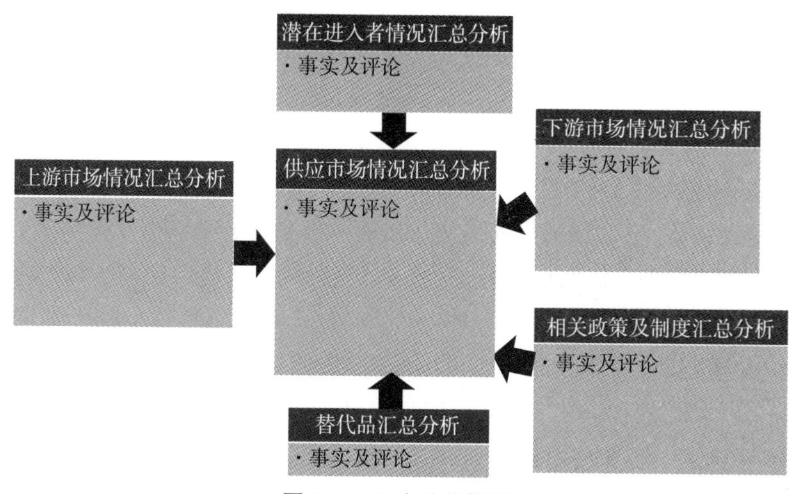

图 3-2　五力分析模型

除了五力分析模型，SWOT 分析法、PEST 分析法都可供采购员选择。SWOT 分析法关注的是企业的优势（Strength）、劣势（Weakness）、机会（Opportunity）和威胁（Threaten），PEST 分析法则是从政治（Politics）、经济（Economy）、社会（Society）、技术（Technology）四个方面来分析。这些方法都给采购员提供了一种分析的思路和规范，但在实际运用中也不必过分拘泥。如遇到关乎国计民生的产品采购，则一定要考虑国家、地方的政策规章。总之，采购员要尽可能地考虑目标产品的方方面面，深入了解市场，这样的分析报告才会有说服力。

关于分析方法，笔者想再三强调的最核心的问题就是供需（Supply & Demand）矛盾。美国著名经济学家萨缪尔森曾经说过："学习经济学是再简单不过的事了，你只要掌握两件事，一个叫供给，一个叫需求。"所有关于市场分析的结论，不能仅是个人主观的感觉，或是猜测，而是要有清晰的论据支持，而这个分析的基础就是供应和需求，这也是经济学的核心问题。本章前期收集的所有市场信息、数据，最终都要归结为供应和需求问题，在后续的市场报告实例中，大家可以看到供需关系始终是报告分析的核心。

经过严密分析和逻辑判断后，采购员对该物料的市场状况有了一个比较明确的认识，从而得出相应的一些结论，如该市场是供过于求（Long Market），还是供不应求（Short Market）；市场的类型是完全竞争、垄断竞争、寡头垄断，还是完全垄断市场；市场后续几年的发展趋势大致会是怎么样的；等等。

2）采购需求历史数据分析。

➢ 历史数据汇总分析——采购目标产品/服务。通过系统导出、线下收集等方式，汇总企业在近 3~5 年物料使用的规格、用量、标准、金额和范围，包括分析用量的分布是按月均匀分布还是各月用量不均衡，并重点分析需求的变化与时间的关系。例如，某企业常常在 4 月有大批量的促销活动，因此 3~4 月对物料的需求往往比其他月份高很多。累积 3~5 年的历史数据，采购员可以对未来一年的物料需求分布进行比较准确的预测。

➢ 历史数据分析——供应商。汇总供应商的履约情况，获得对供应商的全面且客观的综合评价，将这些情况纳入与供应商的后续沟通中。如果对于某物料需求，企业有固定的供应商，那么采购员对现有供应商在近年来的供应情况，也可以从价格、服务、履约情况等方面进行综合评价，作为下年度采购的预测依据。

➢ 历史数据分析——供应半径。按照规格要求、地区分布及用量，结合物流费用、供应半径，以供应量和需求量的对比为基础，判断企业需求在市场中的定位。这里需要注意的是，不能笼统地将供应商范围归纳为“全国地区”“亚洲地区”等。例如对于危化品，供应半径很重要，太远了运费太高，交易无法达成。因此，分析供需要结合供应半径，分地区客观分析并得出合理结论。

完成需求定位之后，采购员接下来要寻找目标供应商并进行后续工作，包括指标确认、送样分析、打样测试、价格谈判。事实上这些工作可以和供应市场分析同时进行，并没有严格的前后区分，采购员应在和供应商沟通的过程中不断积累信息。

指标确认一般是供应商对企业采购产品的一系列指标进行对比确认的过程，但仅有确认还是不够的，供应商需要提供少量样品供企业技术部门进行测试，测试通过后，还要进行打样或小订单操作。打样一般是采购员针对印刷品、包装品等，通过打样测试来判断供应商的产品是否真正符合企业要求。而对于化学品，则更多的是通过下达小量的订单，检查供应商生产出的半成品或成品是否出现品质差异。化学品由于生产的复杂性，配方中某一物料的变化可能会产生不可预计的问题，所以替换供应商的操作一般都十分谨慎，不是一次测试通过就可以认定的，往往需要若干个批次产品质量没有问题，才可以正式替换供应商。

当产品确认没有问题后，后续就是与供应商商谈长期供应协议，这里我们不做详细描述，后续会有“采购谈判”章节专门进行阐述。采购员和几个潜在目标供应商沟通后，供应商会提供相应的报价，采购员针对报价进行比较分析后就可以给出最终的采购策略。

(3) 形成结论。

撰写市场分析报告形成结论的第一个原则就是要基于供需关系进行分析。这里的供需关系，是在某一段时间内、某一地区、某一场景下的供需关系。因为大部分情况下，采购员不可能把全世界的供应商都找来，也就是说，寻源半径不能无限制的延长，因此市场分析报告其实就是在一定约束条件下的最优分析决策。例如，采购人员对某种产品的寻源，考虑到采购数量、寻源时效、技术指标等因素，往往是某一特定范围内的寻源，在该范围内的众多潜在供应商中选择最优的供应商。

第二个原则是市场分析报告需要遵循一条逻辑思路主线，所有的内容要围绕这条逻辑主线进行。之所以提到这个问题，主要原因是报告最终要向领导汇报并获得同意，每位领导都有各自的教育背景和思维定式，所以采购员的逻辑主线必须简单、直接和明确，不能模棱两可，整个分析报告要能“自圆其说”。

第三个原则是分析报告要有后续方向。市场是在不断变化的，采购员收集到的数据可能会有一定的水分，其分析的方式也难免会有疏漏，所以分析报告要对不足的部分加以描述，给出相应的原因和后续的解决办法。这样的分析报告具有连续性，也具备相当的说服力。

接下来，笔者以标准化的汇报模板为例，简要介绍一下分析报告的主要内容。

原料（或原料小类）名——市场分析报告

报告目录

- 原料（或原料小类）市场全貌
  - 原料（或原料小类）的市场历史、现状及发展趋势预测（1~3 年）
    - 主要供应商、产品的 TCO、供应地图、供应量、产能、开工率、新计划等
  - 下游需求的历史、现状及发展趋势预测（1~3 年）

    - 包括主要下游需求类别、需求地图、新增计划、开工率等
  - 上游原料的历史、现状和发展趋势预测（1~3年）
    - 包括上游原料的供应、新增计划、开工率等
  - 价格的历史、现状及趋势预测（1~3年）
    - 该原料及主要上游原料的价格历史图及未来预测，合并对比
- 企业采购分析
  - 企业的需求现状和预测（1~3年）
  - 企业的供应现状
    - 采购量、采购金额分布分析
    - 现有供应商的竞争力分析（现有供应商之间的对比、现有供应商与潜在供应商之间的对比）
- 针对性的策略计划
  - 包括供应商选择、数量分配、定价策略、降低供应风险、协同合作策略等

1）企业采购需求及供应现状表。

这个部分主要是介绍当前的采购情况，包括采购金额、采购量、使用工厂等主要信息，并附上供应商的当前执行合同。同时，为了后续的改进，可以增加供应商绩效的评估分析。通过绩效评估，可以了解供应商的合作意愿和能力，将这样的结果纳入对供应商的最终评估和决策中，这样采购员就对当前的供应现状有了一个比较全面的认识。

2）与公司内部其他部门的分工。

及时、良好的供应方案离不开其他部门的支持。采购员在规划下一年度的采购方案中，应考虑各个部门需要配合的职责界限、时间进度等，并以制度的方式确定下来，设置专门的督办跟踪小组，以保证方案的推进和落地。采购部门作为供应管理部门，常常起着重要的协调和跟踪职责。

3）目标产品的成本分析。

这个部分主要探讨目标产品的成本分解，这个过程不是一蹴而就的。真实的成本信息不容易得到，需要采购员长期的积累，加上平时的分析才能总结出来。这个分析过程对于了解供应商的成本很有帮助，通过比较不同的供应商，采购员才能在采购策略制定上有针对性的办法。

4）供需情况分析。

这里再一次提到了供需分析，如前文所述，所有的数据最终都要归结到供

应和需求上。我们需要考虑到各个方面的供应和需求，包括本地生产、本地消耗、进出口、新项目、淘汰业务等。

➢ 供应方面。我们要全面了解有能力的潜在供应商，分析其区域分布、成本结构、产能产量、物流运输、质量状况、开工率及停工计划等。部分市场数据来源于某些市场咨询机构，采购员要同时结合与供应商的面谈，尽可能地对供应市场有较为准确的判断。同时，采购员也要基于企业的采购需求，建立成本模型，即计算潜在供应商供应本公司所需物料的成本。基于这个成本预测，我们可以有效地筛选出最可能合作的供应商名单。

➢ 需求方面。我们要试着站在供应商销售的角度来考虑问题。一般来说，每类产品在不同的需求分支领域都会有一定的销售份额。例如，a 产品有 A、B、C、D 四个领域，每个领域的市场份额大约有多少，每个领域都有哪些客户，整个市场有多大，这些问题是要思考的。不同的市场，结合供应商自身不同的发展战略，供应商会有不同的销售策略。分析这个需求，是为了更好地明确本公司所需物料在市场中的定位。

因此，在供应方面，我们还需考虑进口、出口、新产线、淘汰产线等各种影响整体或局部市场的因素；在需求方面，我们同样要考虑是否有新需求出现，是否有新下游出现。综合以上变化，采购员对下一年度的供需市场情况做出比较准确的判断。

5）产品价格分析。

采购员应统计历年该产品的市场价格、本公司采购价格，市场价格可以选用某一市场标准机构的数据，本公司采购价格可取自系统订单数据。

找出影响该产品价格的最大成本因素，并将该产品和最大成本因素价格进行对比。如果该因素确是影响该产品价格的最大因素，那么该产品和该影响因素的价格波动趋势应有一定的相似性和联动性。如果价格波动没有相似性和联动性，那么目前的市场结构存在垄断的可能。

若成本影响因素众多，采购员也可以将主要成本因素打包，作为一个整体与该产品的价格进行对比。这样做的目的是为了找到一个或一组可以定期跟踪的成本指标。事实上一个产品的价格往往由多种因素左右，我们很难考虑所有因素，但只要能抓住最重要的部分，就能最大可能地“预判”上游产品对目标产品的影响。这个过程绝不是一蹴而就的，只能循序渐进。这样的能力，正是一名采购员的“专业”所在，绝不仅仅是被动的“随行就市”，这也是一名采购员让其他部门“认可你”的关键能力。

分析不同市场下的产品价格趋势，并判断该产品所在市场属于哪种类型，如垄断市场、寡头垄断市场、自由竞争市场，针对不同的市场，结合价格和成本因素分析，可以帮助采购员对后期价格进行预测。

完成价格分析后，采购员将上述所有信息汇总到一张图表中，形成最后的供应市场结论图，接下来是对潜在供应商的报价进行分析。

6）供应商报价分析。

供应商的报价方式有多种，常见的有：①单一锁定价格；②与市场联动的公式价格；③基于用量的阶梯价格；④基于用量的返点。

根据企业的需求计划、供应风险和成本要求，采购员要求供应商提供相应的报价方法。其中，若是提供与市场联动的公式价格，采购员需要了解作为市场标准机构的价格决定机制。例如，某市场机构定期发布的某产品指导价格，一般是取自行业内几家有代表性的生产商、贸易商当月该产品的成交价格。若企业选择的潜在供应商是该市场上唯一的供应商时，则存在该供应商操纵价格的可能性，此时采购员要十分警惕供应商建议的报价机制，尤其是其中关键的参数。除此之外，采购员要尽可能地选择中立的第三方机构建议的报价机制，或与供应商无关的报价机制。

如果供应商提供的是不同的报价机制，那如何去比较其方案优劣呢？在这里笔者推荐一种“回溯历史”的方法，以此来应对不同的供应商报价。具体做法是，统计过去3~5年的市场公示价格，将市场公示价格代入供应商提供的报价公式中，从而计算得出3~5年供应商在价格机制下的实际价格，并与市场价格进行对比，由此可以判断出供应商的报价方式是否合理。

如果报价不是基于与市场的联动机制，而是单一价格，那么笔者在这里提供一种分析报价的方法，即要求供应商提供相应的报价分解。通过对不同供应商的报价进行分解、对比，采购员可以找到供应商报价中的不合理之处，以便在谈判中对报价进行针对性的质疑。这个部分会在后续的“采购谈判”章节中详细讲述。

7）供应商选择的最终判定。

供应商的报价并非唯一的判断标准，采购员在与需求部门、财务部门、品管部门沟通后，才能制定影响采购的各项因素占比。一般而言，影响采购的因素有如下几项：①价格因素；②质量因素；③供应风险（常与供应商生产基地和物流能力有关）；④供应商配合度（即履约评估的相关指标）。综合分析后，多部门参与打分排名，按照最终结果选择供应商和供应比例。

（4）采购策略。

采购员最终归纳以上所有信息，将它们整合到一起，形成最终采购策略，如图 3-3 所示。

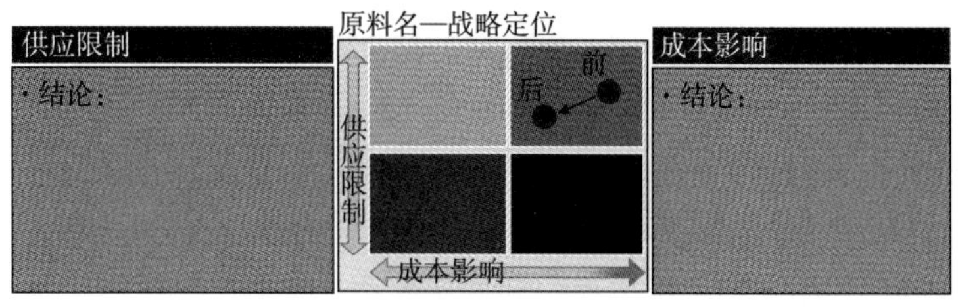

（a）类别策略定位

建议的采购策略：

策略1：

策略2：

策略3：

（b）策略建立

图 3-3　策略分析

最终采购策略的结论分为两个部分：第一部分是综合所有因素后对供应商的选择；第二部分是基于供应商选择基础的整体供应方案。这样就形成了一个完整的采购策略方案，经过集团的采购评审委员会或相应的授权机构评审后即可正式执行。

四、供应市场报告实例

善于撰写一份令人“印象深刻的”的报告（PPT）在职场中是非常重要的。人力资源培训的课程往往也会有专门针对做汇报的培训课程。这个课题足以作为一个专题进行详细描述，这里仅简单说明一下。

一个优秀的报告与报告的内容、逻辑、切合点，以及演说人的表达能力、演讲思路都有关系。一份报告往往包括 10~20 页 PPT，各 PPT 内容之间存在一定的逻辑关系，共同表达一个完整的观点和建议。作为组成该报告的每一页 PPT，就好比是最小的内容单元，只有做好每一页 PPT，整个报告才会具有说服力。诚然，每家企业的文化不同，对 PPT 的要求也不完全一样。笔者倾向于每一页 PPT 都是一个小的自成体系的观点或建议，考虑到报告内容的充实性，与之相关的论据都会整合在同一页中。这里有个生动的比喻，看 PPT 就像从高空看向地面，首先映入眼帘的是最大的结论，即本页说明了什么问题、什么观点或什么建议；如果被汇报人想要详细了解，可以进一步接近地面，则会看到更为详细的论据；如果再想了解更加详细的基础数据，那么需要以附件等方式来呈现。这样的一页 PPT，就是自成一体的独立内容单元，适用于不同被汇报人的阅读习惯。

写好每一页 PPT 内容后，汇报人要梳理整体的报告逻辑，这也是体现汇报人能力的重要衡量标准。为了说服被汇报人接受自己的观点或建议，严谨的逻辑、全面的分析、翔实的数据，都是必不可少的。如果考虑篇幅问题，补充说明的文件可以放到 Backup Slides 中，待被汇报人有疑问时再提供。下面这个示例，虽然不到 20 页 PPT，但后续补充的 PPT 却不少于 30 页，这都是为了应对被汇报人的各种疑问。汇报的过程类似于博士论文答辩，博士论文答辩的英文说法叫作 Defense（谋划抵御），即在答辩过程中抵御各种质疑，并表达自己观点和建议的行为，该词用在这里再合适不过了。

另外，汇报的 PPT 最好不要通篇文字，尽量用图形的方式来表达观点。文字不如图形直观，文字过多很容易让汇报人习惯照着 PPT 朗读，这是大忌。曾记得笔者的一次经历，那是一次全英文汇报，笔者上去一紧张就照着 PPT 念，结果被汇报人当场打断："Please，Leon，I can read!" 所以让人印象深刻的汇报很少是照着 PPT 念的，PPT 只是一个引子，被汇报人更希望听汇报人"讲故事"。

既然是讲故事，就得让被汇报人认可，这就需要十分缜密的汇报逻辑。这里可以推荐一种撰写 PPT 的方法：首先，用文字将整个分析报告书的各部分内容写出来，包括报告的研究背景、主要现状、历史演变、数据来源、前后分析、结论和建议等；其次，用精练的语言将以上内容整合成一个个独立且上下关联的语句；再次，把每个语句用一张或多张 PPT 的方式来展现；最后，用 PPT 的目录将整个报告全部串联，并运用合适的过渡方式连接前后内容，形成最后汇报报告。这种方式可以简称为"总体梳理—分段表述—整体串联"的总分总写作模式。

好的汇报方式绝不会仅有一种，这和企业管理层文化、被汇报领导的风格有关。大家在工作期间会逐渐形成自己的汇报风格，只要适用就好。接下来，笔者以早年前的一次汇报为例（部分有删节，虽然写得很一般），希望能给读者一些启迪，期望达到"抛砖引玉"的效果（见图 3-4）。

COMPANY
LOGO
公司品牌

Speaker（演讲者）-XXX
China（中国）-XX/XX/20XX

Commodity A Buying Strategy（A产品采购策略）

- Enterprise Coach（企业导师）: XXX
- Purchasing Manager（采购经理）: XXX
- Project Cycle（项目周期）: XXXX XXXX
- Sourcing Decision Committee（采购决策委员会）

A - Category Assessment（产品现状评估）
Spend & Current suppliers（年消耗及当前供应商）

Category Data（产品采购数据）	Supplier Portfolio（当前供应商）
• Spend: Euro XX million in 2011（年预计消耗金额：2011年XX欧元） • Volume: 13 kt forecast in 2011（年预计消耗量：2011年13000吨） • Volatile price: Price drivers are（价格波动：价格驱动因素有） - Driver 1（驱动因素1） - Driver 2（驱动因素2） - …… • Product has stringent technical requirement, higher than standard grade.（产品具有很严格的技术要求，高于行业普遍标准）	• Three active suppliers in 2010:（2010年有3个在用供应商） - Supplier1.（供应商1） • Contract: Aug 2009-Dec 2010（合同2009年8月到2010年12月） • Payment terms: 90 days L/C（付款方式：LC 90天） • Formula pricing（公式报价）: • Origin（货源产地）: - Supplier2（供应商2） • Yearly contract（年度合同）: • Payment terms: 90 days L/C（付款方式：LC 90天） • Formula pricing（公式报价）: • Origin（货源产地）: - Supplier3（供应商3） • Yearly contract（年度合同）: • Payment terms: Cash against delivery（付款方式：预付款） • Monthly weight price（月度均价）:

图 3-4　A 产品采购策略汇报

A–Category Assessment（产品现状评估）
Needs and Purchasing Process（需求和采购过程）

Purchasing Process 采购过程	Who/What？(谁/做什么)	Comments（备注）
Needs characteristics （需求特征）	· Raw materials for production lines.（生产所需原料） · High quality requirement for final products.（产品质量要求） · On time continuous supply.（持续按时供应）	
Define the needs （定义需求）	· Done by enterprise（100%）（事业部完成）	No involvement of Purchasing; Part of tech needs can not described on spec. （采购不介入）
Analyse supplier market （分析供应市场）	Buyer take leadership（100%）（采购完成）	
Define strategy （定义策略）	Buyer send proposal（60%）and validated by Enterprise（40%）（采购完成60%，事业部确认40%）	
Prospect and select suppliers （供应商选择）	Buyer（30%）for commercial part, QA in ××× and Enterprise（70%）for quality part（采购负责商务部分30%，在×××的质量部门负责70%）	Check the possibility of cultivate Shanghai lab for lab analysis and test.（考虑本地化）
Negotiate and Contract （谈判并签订合同）	Buyer handle it（70%）and validated by Enterprise（30%）.（采购70%，事业部评估30%）	
Order receive and pay （订单跟催和付款）	Buyer handover the contract（20%）, procurement place order and follow up the order（20%）, supply chain send PR receive the goods（40%）and financial arrange payment（20%）.（寻源采购20%，采购执行20%，供应链40%，财务20%）	
Evaluate suppliers and follow up （供应商评估和跟踪）		No systematic evaluation procedure and standard （目前尚无评估标准）

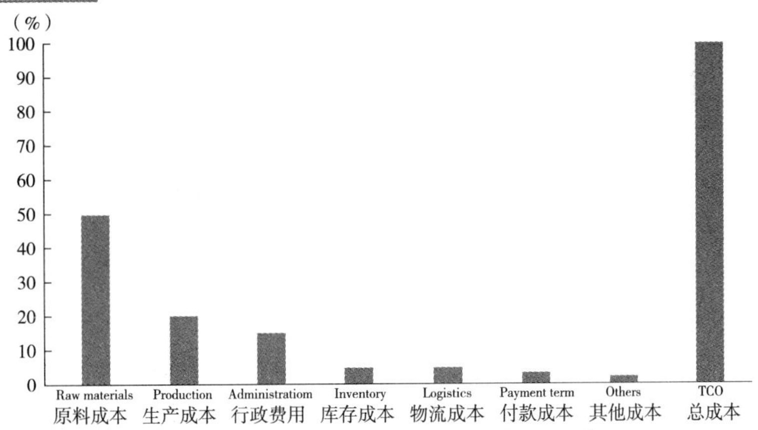

Conclusion（Summarize key point in one sentence for this page）：____________.

结论（用一句话对本页的关键内容加以概括）：____________。

TCO Breakdown

（成本分解）

Data Source: Supplier public report，meeting forum .

资料来源：供应商公开报告、会议论坛。

图 3–4　A 产品采购策略汇报（续图）

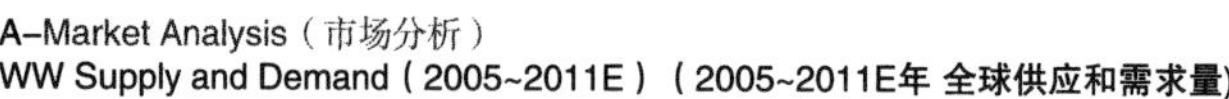

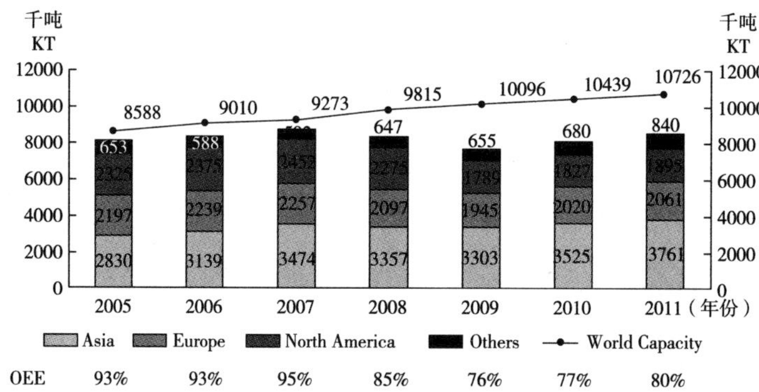

Conclusion: WW capacity is over demand, actual output is based on demand.

结论：全球供过于求，实际产量根据需求生产。

A WW Supply and Demand
A产品全球供应和需求

Data Source: Public report, industry report.
资料来源：公开报告、行业报告。

A–Market Analysis（市场分析）
WW, Asia, China Evolution（2005~2008）（2005~2008年全球、亚洲、中国市场趋势）

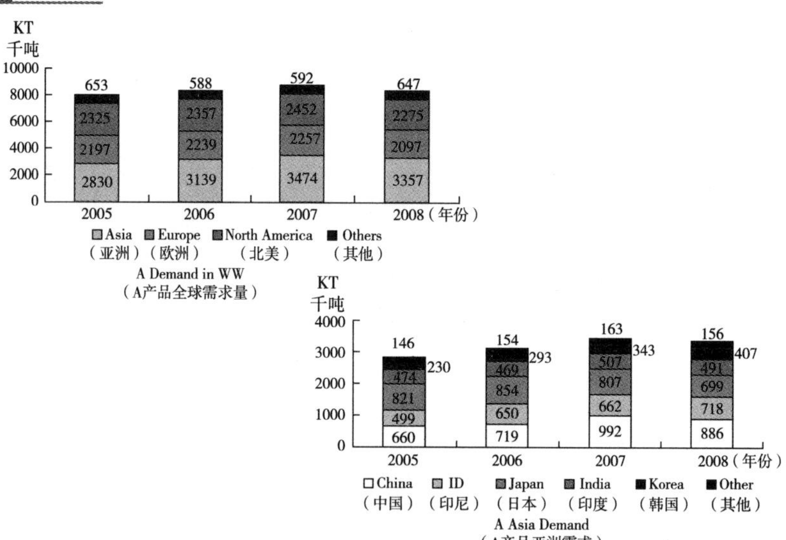

Conclusion: Based on 2008 data, Asia take up the biggest share (40%) in WW, and China take up the biggest share (26.4%) in Asia.

结论：基于2008年数据，亚洲占全球份额40%，中国占亚洲26.4%。
Dala Source: Public report.
资料来源：公开报告。

图 3-4 A 产品采购策略汇报（续图）

A-Market Analysis（市场分析）
China Demand（2005~2011E）（2005~2011E 中国需求）

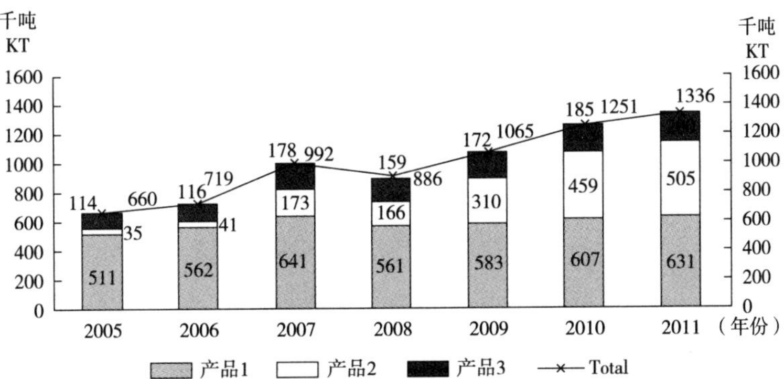

Conclusion: Domestic demand in China will increase 7% (1336 *KT*) *in* 2011, *main from* ××× *and* ×××.
结论：中国国内需求2011年预计增加7%（1336千吨），主要来源于下游×××和×××。

A China Demand by Application
中国A产品的需求量（按下游）

Data Source: Public report，industry report.
资料来源：公开报告、行业报告。

A-Market Analysis（市场分析）
China Import Evolution（中国A产品进口趋势图）

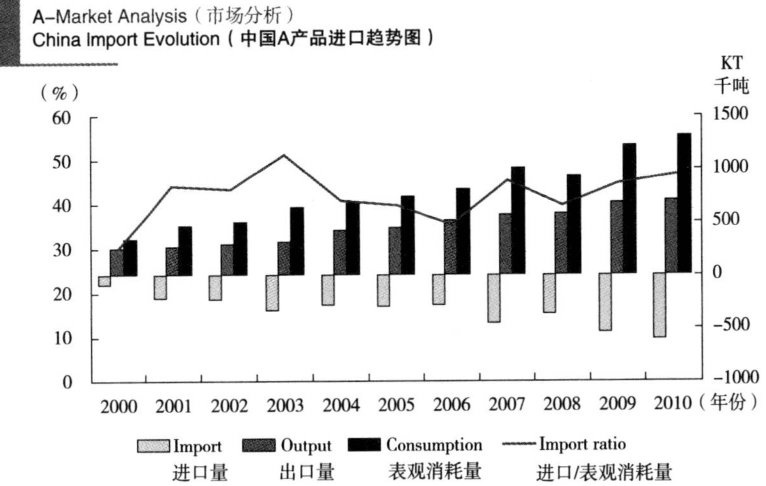

Conclusion: Import will still play important role in 2011.
结论：2011年进口仍然是重要部分。

A China lmport Evolution
中国A产品进口趋势

Data Source: Public report, China official website.
资料来源：公开报告、官方网站。

图 3-4　A 产品采购策略汇报（续图）

A-Market Analysis（市场分析）
New Project（2011~2014）（2011~2014年新建项目）

Country 国家	Fixed plan（已建成）				Under construction（在建中）			
	Supplier 供应商	Location 位置	Capacity（KT）设计产能（千吨）	Timing 时间	Supplier 供应商	Location 位置	Capacity（KT）设计产能（千吨）	Timing 时间
China中国	供应商1	Tianjin	220	2011	供应商2	Jilin	156	Not Confirmed
		Caojing	40	2011	供应商1	Yanshan	70	Not Confirmed
					供应商3	Shenyang	125	Not Confirmed
					供应商4		200	Not Confirmed
					供应商5	Changzhou	185	Not Confirmed
					供应商6	Zhang jiagang	400	2013
Japan日本					供应商7		250	2012
Korea韩国					供应商8		200	2014
Singpore 新加坡					供应商9		300	2012
Thailand 泰国	供应商10		50	2011	供应商10		200	2013
Total总和			310					

Conclusion: 310KT capacity expansion in 2011 in Asia.

结论：2011亚洲会有31万吨新增产能。

New Project（2011~2014）Information
新建项目（2011~2014）信息

Data Source: Public report, research report.
资料来源：公开报告、官方网站。

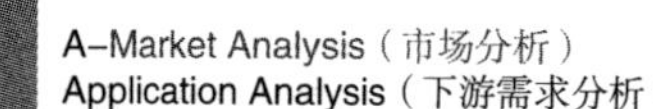

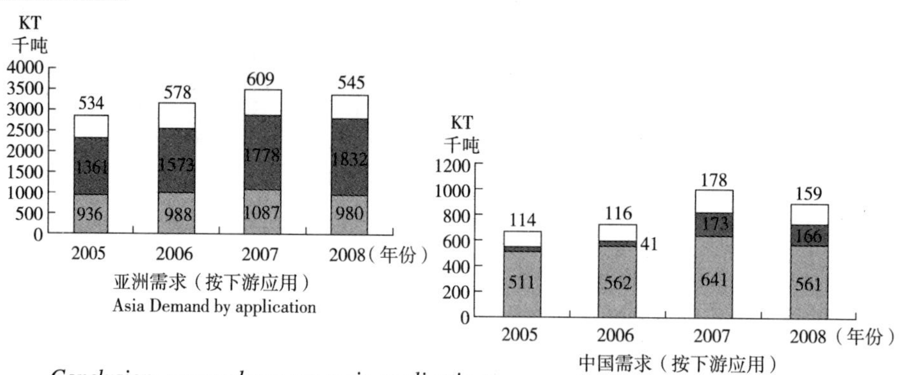

Conclusion: ××× and ××× are main applications.

结论：×××和×××是主要的下游。

Application Analysis
下游需求分析

Data Source: Public report.
资料来源：公开报告。

图 3-4　A 产品采购策略汇报（续图）

A–Market Analysis（市场分析）
Supply Market Overview（供应市场概览）

New Entrants+Entry barriers 新进入者 2

- 2011–供应商1 220kt/a
- 2011–供应商1 扩产40kt/a
- 2011–供应商2 50kt/a
- 2013–供应商3 新项目650kt/a

Upstream Suppliers（"Tier 2"）上游供应商 1

- In 2010, annual capacity of XX is 7.2 million ton with operation rate 75% around in China.

2010年，上游核心原材料XX的产能是720万吨，中国工厂的开工率在75%左右

- Main production area comes from US, Europe, Asia.

主要的生产厂家来自美国、欧洲和亚洲

- XX price is volatile driven by oil price and supply–demand situation

上游XX的价格驱动取决于石油和供需关系

Supply Market（供应市场）For a given geographical area 2

- In 2010, China imported more than 600kt A, which take around 40% of demand in China 2010年，中国A产品进口60万吨，占总消耗量的40%。
- 5 producers in China, with capacity 844KT in China. 国内5个生产商共84.4万吨产能。
- A price is volatile driven by supply–demand situation. A产品价格驱动主要取决于供需。
- Japan is biggest import region in China in 2008. 2008年日本是最大的进口国
- Current Contract现行合同如下
  - Supplier 1: Jan–Dec 2010
  - Supplier 2: Jan–Dec 2010
  - Supplier 3: Aug 09 · Dec 10
- None of the suppliers can supply full demand in 2010 2010年的供应商不止一家。

Demand需求 5

- WW demand on A is increasing 4% each year mainly from A resin and XXX/XXX.全球A产品消耗量年均增长率4%，主要是下游1和下游2.
- Total XXX capacity in China is 510 KT by the end of 2009, 200KT more than before.下游2009年产能在国内51万吨，比2008年增加20万吨
- Due to limited A new project until 2011, A supply will keep tight A产品后续市场会持续紧缺
- Company demand takes around 1% of China demand 我司需求大约占比1%

Government action政策 4

- Update news: China antidumping duty on A from Japan, Korea, US continue, which is effective from 31st Jan, 2010 to 31st, Jan 2015.
- 0% I.D and 0% A.D.D for ASEAN origin A from 1st Jan 2009.

反倾销税会持续到2015年1月31日。

Substitutes替代品 3

- No substitutes（无替代品）

Supply Market Overview
供应市场概览

A–Price Analysis（价格分析）
A and B Price Evolution（in RMB）（产品A与核心原料B价格趋势对比图）

Conclusion: Current price is close to historic high, more market than cost.
结论：当前价格接近历史高位，市场因素多于成本因素。

A and B Price Evolution
产品A和核心原料B价格趋势对比

Data Source: Public website.
资料来源：公开报告。

图 3–4 A 产品采购策略汇报（续图）

A-Price Analysis（市场分析）
Proposals From Qualified Supplier（Example）（供应商报价汇总）示例

- Supplier 1（I.D X%，A.D.D X%）供应商1（关税X%，反倾销税X%）
  - Product origin 货源地
  - Quotation and payment term 报价和付款方式
  - Contract period 合同周期
  - Others 其他信息
- Supplier 2（I.D X%，A.D.D X%）供应商2（关税X%，反倾销税X%）
  - Product origin 货源地
  - Quotation and payment term 报价和付款方式
  - Contract period 合同周期
  - Others 其他信息
- Supplier 3（I.D X%，A.D.D X%）供应商3（关税X%，反倾销税X%）
  - Product origin 货源地
  - Quotation and payment term 报价和付款方式
  - Contract period 合同周期
  - Others 其他信息
- Supplier 4（I.D X%，A.D.D X%）供应商4（关税X%，反倾销税X%）
  - Product origin 货源地
  - Quotation and payment term 报价和付款方式
  - Contract period 合同周期
  - Others 其他信息

Proposals from Qualified Supplier（Example）
供应商报价汇总（示例）

A-Price Analysis（市场分析）
Simulation（2005~2009）（Example）（2005~2009年报价模拟分析）

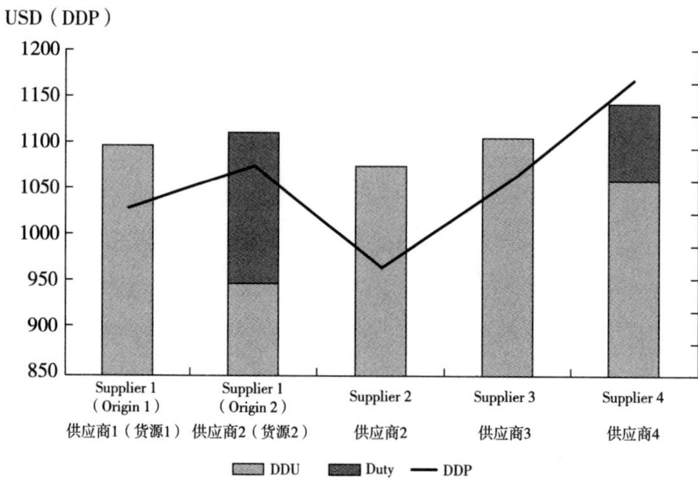

Conclusion: Supplier 2 proposal is the most competitive.
结论：供应商2的价格最具竞争力。
Period: 2005~2009.
时期：2005~2009年。

Simulation（2005~2009）
报价模拟分析（2005~2009年）

图 3-4　A 产品采购策略汇报（续图）

A-Economic Analysis（经济分析）
Risk Analysis and Supplier Selection（风险分析和供应商选择）

Supplier Decision grid

	Weight	Comparative Solutions			
Supplier Competitiveness	40%	1,334	1,384	1,365	1,391
Supplier Quality & Responsible Care	20%	3.67	3.44	3.58	3.67
Supplier C-SR	10%	3.58	3.79	3.83	4.00
Supply Risk	20%	2.75	2.88	2.75	2.88
Supplier Innovation & Strategic Relation	10%	2.13	2.73	2.43	1.83
GLOBAL ASSOCIATION	100%	2.65	2.37	2.47	2.23

· Recommendation: Sign 2010 purchasing contract with xxx & xxx.
建议方案：与 xxx 和 xxx 签订2010年采购合同。
· Savings generated: value and rule number: Rule #4 saving=120 kEuro/a.
预计节约采购成本12万欧元。
Major risks to monitor and other comments: Risk for using flooring price.
风险提示：价格公式中的地板价。

从报价、质量、供应风险、CSR等各方面综合打分

Supplier Innovation & Strategic Relation
Supplier Competitiveness
Supplier Quality and Responsible Care
Supplier C-SR
Supply Risk

3.0
2.5
2.0
1.5
1.0
0.5

0.2 0.6 0.4 0.7 0.8
0.3 0.6 0.4 0.7 0.5
0.2 0.6 0.4 0.7 0.6
0.2 0.6 0.4 0.7 0.4

Risk Analysis and Supplier Selection
（风险分析和供应商选择）

A-Category Strategy（产品A采购策略）
Category Strategic Positioning（产品战略定位）

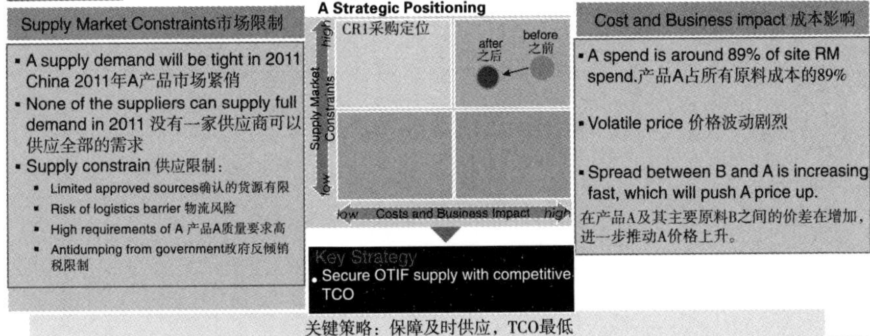

SUGGESTED PURCHASING POLICY:_NUMBER OF LOCAL AND OFFSHORED SUPPLIERS, NAME OF PROPOSED KEY-SUPPLIERS, YEARS OF CONTRACT,OTHERS（建议的采购方案）

- Three contract suppliers:（3家供应商）
  - Supplier 1, 50% volume, yearly contract（供应商1，50%份额）
  - Supplier 2, 30% volume, half year contract（供应商2，30%份额）
  - Supplier 3, 20% volume, spot buy.（供应商3，20%份额）

Category Strategic Positioning
（产品战略定位）

图 3-4　A 产品采购策略汇报（续图）

资料来源：笔者早年汇报材料。

在撰写目标商品的市场报告时，为了分析得更加深入，本书推荐采用“不间断地问为什么”分析法。简言之，就是不断地问“为什么”，不用担心问的问题多么浅显或初级，只要一直问下来，我们最终可以找到一个或一组相对来说更加根本的原因。这些“原因”导致了后续的一系列“结果”。将这条因果链描绘出来后，采购员便会找到解决问题的短期方案和长期方案。接下来，笔者以上述报告中A产品的供应市场研究为例，探讨最终采购策略的形成过程。

问：为什么A产品的国内利润比欧洲国家、日本、美国等其他地区高很多？

答：因为A产品在中国供不应求。据2010年统计，国内产能84万吨（实际产量约为90%的产能，约76万吨），而表观需求量为133万吨。A产品在全球市场上基本实现产销平衡，全球2010年的产量在400万吨，需求也大体在这个水平。因此，除了中国市场，其他市场上的A产品并不紧俏，利润率便比国内低。

问：为何欧洲国家、日本、美国的A产品不在中国销售，以获得更高的利润？

答：首先，A产品是危险化工产品，运输成本高，需要特定的储罐方可运输，因此单吨运费较高。其次，国家对国外生产的A产品实行“反倾销税”，对于不同货源实行不同的反倾销税，所以国外货源的售价在考虑关税、反倾销税、单吨运费后，其在中国市场销售的利润与在国外市场销售的利润基本持平，中国市场对于这些国家的供应商来说并非最优先市场。

问：为什么不能采用单一货源，签订长单保证供应？

答：目前供应商尚无此合作意愿，我司也不希望选用单一货源。由于A产品是重要的化工原料，我司所在行业并非A产品关键下游，容易受到市场、政策等影响出现供应风险，所以需要采用多供应商策略来降低风险。

问：如果使用多货源，为何更多采用近洋货源？

答：在多货源策略中，国内货源供应量有限，需要进口货源予以补充。远洋货源周期长，政策因素影响大，不确定性更高。近洋货源相对周期短，履约承诺信用度较高，做好需求预测计划，供应风险可控。

问：国内供应商付款条件不好，为何仍保留作为次级供应商？

答：经过一段时间的磨合，近洋货源成为主力货源，但仍保留国内供应商为次级备选，原因在于：①A产品受市场、政策、气候等变化因素影响较大，即使需求预测计划做得再好，也不能充分保证。②国内供应商的客户资格审核严格，需要维持一定的合作关系，否则再合作认证周期较长，无法及时完成主力货源缺失的补位。

问：为何不考虑经销商？

答：生产工艺对于A产品的品质要求很高，经过严格的货源认证后的供应商方能成为备选供应商。针对经销商的考虑，一是公司规定尽量选择生产商；二是国内的经销商都有“混货”的习惯，公司规定未经认证的货源是不可以购买的，针对某些代理单一货源的经销商，只有经过公司严格考察并通过认证后方可从其处采购，且一般为现货购买（Spot Buy）。

问：针对反倾销税的政策预期如何？

答：反倾销税的政策设置是基于对国家产业链的整体考量，A产品的国内供应商也是主要参与者，该产业作为国家支柱产业，短期内不会有较大调整。

在不断提问的过程中，采购员逐步确定了采购策略。采用“近洋货源为主，本地货源为辅；框架协议为主，现货采购为辅”的采购策略的主要目的在于：①保证合格货源的不间断供应；②在保证供应的前提下争取成本的最优化。

以上示例就是通过连续的提问，对市场、供应商、物料进行的深入思考，帮助分析人员了解相应的政策、上下游等信息，从而对目前的供应市场深入了解，找到最优的应对方案。

五、采购寻源的策略分类

前面描述的是大宗核心物料的采购寻源，笔者从采购需求开始，描述了整个采购寻源的过程。但采购员一般不会只负责一个物料，所以在寻源工作前，需要对其负责的物料进行分类。根据物料的采购金额和对生产供应的重要性，我们可以将物料分为四个类型，如图3-5所示。

战略物料是需要重点对其进行供应市场分析的。对于其他物料，采购员可以根据实际需要，简化市场分析的步骤。对于不同分类的物料采购策略，我们在后续章节中也会提到，在这里先不做讨论。

采购策略制定后，接下来就是与供应商接洽，沟通相关的合作细节，这个部分就是采购谈判。本书讨论的“采购谈判”是广义上的说法，并不限于在谈判桌上的谈判，而是贯穿于供应商沟通的全过程。关于这个部分的内容，本书将在下一章予以介绍。

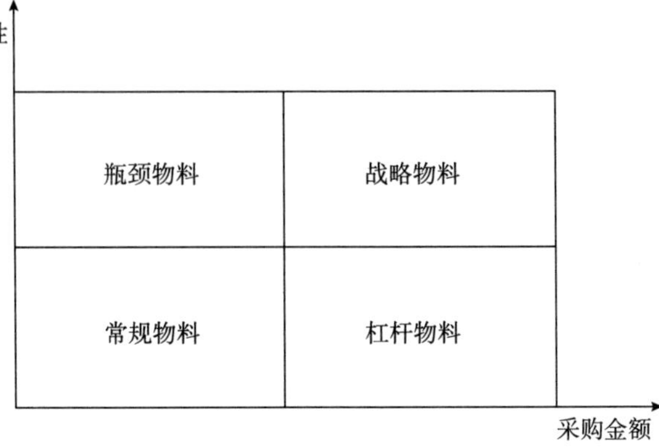

图 3-5　物料分类

做一名比竞争对手更聪明的采购员

为什么会提到“做一名比竞争对手更聪明的采购员”这个说法呢？那是因为当前企业所面临的竞争压力越来越大，作为与企业上游供应商直接沟通的职能人员，采购员被给予的期望也越来越高。如何能更好地评价采购员的绩效？如何能让采购更好地服务企业整体战略？采购员发展的方向在哪里？这一系列的问题，促使采购员需要更全面地考虑问题。

当前，大多数企业对于采购员的绩效评价，主要集中在价格、供应风险的降低，供应商履约情况等方面。例如，价格的降低体现在与某时刻或某阶段的企业采购价格与市场价格的对比；供应风险则是寻求备选供应商，以保证供应的稳定性，同时为价格降低提供可能性；供应商履约情况则属于供应商管理的范畴，通过提高供应商的配合度来提高我司的工作效率。对于所有这些评价指标，大多数是以曾经的业务表现为基准，也就是说，是用“未来的表现”和“过去的表现”做对比。如果站在企业运营的角度来考虑，这个表现对企业运营真的有帮助吗？

采购作为职能部门，需要一整套评价标准，来帮助自己更好地服务企业整体战略和业务。但如果这套评价标准总是基于过去的自己，或者是某种体系下的市场价格，而不与业务的具体情况挂钩，那无异于“闭门造车”。这里我们不是否认这种评价模式，只是需要换个角度来考虑问题。这个角度就是对采购员的绩效评价要上升到公司的整体业务和战略层面，需要所有职能部门的支持，并最终要转化成业务的成功才有效，否则就像1后面的若干个0，没有成功的1，再多的0也没用。采购员，更需要对比的，也许不是过去的自己，也并非所谓的市场价格，而应该是我们的竞争对手，那一群与我们采购同样物品的同行业的采购员。

我们与这群采购员竞争，以更好地服务企业。除了企业自身所处的市场地位这个因素外，采购员个人能力也是十分重要的，尤其是当市场地位差异不那么明显时。一名优秀的采购员要持续不断地提高自身的专业水平，其目标就是做一名比竞争对手更聪明的采购员。只要优于其他竞争对手，采购员就能为业务的成功提供最佳的支持。如果每个职能部门都可以做到比竞争者更聪明，那业务怎么会不成功呢？

如果采购员将这群“竞争买者”作为竞争对手，那么其看待供应商和现有业务就会有不一样的认识。供应商不再是与采购员“锱铢必较”的对手，而是可以深度合作的伙伴。采购员的关注点，从“曾经的自己”转向“竞争买者”，多渠道收集他们的相关信息，不仅限于采购价格，也包括人员组织、合作方式。打败他们，会比打败“过去的自己”对业务的支持更大。

当然也会有人说，竞争对手的采购信息是很难掌握的。的确，这是万里长征第一步。“做一名比竞争对手更聪明的采购员”，要求采购员能从更高的层面上考虑问题。从这个层面上来说，采购员的供应商往往也是其竞争对手的供应商，采购员对其竞争对手也并非一无所知。只要采购员有意识地收集、汇总和分析，“知己知彼，百战不殆”，采购员总会成为那个“更聪明的买者”。

第四章　采购谈判

谈判是大家在生活中常常碰到的事情。例如，平时到菜市场买菜，大家会和商家“砍价”；等等。因此，每个人都有大量的谈判经验。本章提到的采购谈判，实际上是谈判的一种特殊类型，是在企业中经规范化后的业务活动，同时也是采购员的一项重要日常工作。相比于技术、品管部门（他们与供应商的沟通大多是“就事论事”），采购员的谈判除了“事”之外，还会与钱相关，即“就钱论钱”。

一、采购谈判的理解误区

某工作日早上9点刚过，采购经理L突然接到上级领导的电话，指示要临时参加上午9点30分某需求部门组织的定向议标谈判，具体事务联系相关人员。挂掉电话后，L不敢怠慢，马上联系相关人员，得知会议地点后赶紧整理电脑和笔记本赶赴现场。

到了会议现场，L发现有不少需求部门的同事已就位，供应商人员也已到场，正在外面休息室等待。投标文件等已经收集完毕，只等9点30分会议正式开始。L在和需求部门同事寒暄后，向项目经办人索要项目相关资料，包括供应商的具体情况、项目预算和工作要求等。

不一会儿，需求部门领导来现场视察工作，经办人向部门领导介绍L，说这是“采购部派来的谈判专家”，部门领导很高兴，特地介绍了这个项目的重要性和紧迫性，话锋一转，坦诚目前预算较低，和供应商沟通后的报价仍然相去甚远，而且供应商态度强硬，“死不降价”，希望采购同事能发挥自己的谈判专长，运用娴熟的谈判技巧，至少砍掉30%的价格，为部门发展助力，为公司节省开支。

部门领导视察结束后离开了现场，项目组人员又投入紧张的准备工作中……

以上场景对于采购员，尤其是负责非生产性物料（或间接物料）的采购员来说不算陌生。这个场景也反映了其他部门对于采购部门的业务理解，但这里存在以下认知上的误区：

（1）采购等于谈判。

正如本书的架构，从最初的采购需求、供应商寻源，到后续的合同签署、采购执行、供应商履约等，采购谈判只是其中一个环节而已。当然，在很多企业中，并非所有的采购业务都会统一到采购部来完成。很多项目考虑到专业性的要求，往往是由某个部门主导完成的。如果某个领导建议“让采购部门参与进来”，则会在业务过程中临时加入采购的角色，而这时加入的采购员，似乎也就只能起到谈判的作用了。

大多数人理解的谈判，就是在和供应商“唇枪舌剑”，但笔者理解的采购谈判，是在项目最初就开始了，这个过程将贯穿整个项目，参与人员也不仅限于采购员，而是整个团队。很多项目在初期沟通中，不同的业务需求、要达到什么样的业务效果、完成什么样的职能目标，都是需要多次纠偏和完善的。领导的要求是方向，而执行的关键在于落地。同样的食材，可以做成经济实惠的家常菜，也可以做成色香俱佳的美佳肴。这其中关键就是“成本”，过度完美主义意味着“成本不可控”。采购岗位的专业性不应该仅是“桌面上的谈判专家”，如果事先没有对项目进行详细了解，“临时上阵”大概率是没有用的。

（2）谈判技巧仅是说话技巧。

身为采购员，谈判是一项重要的工作内容。因采购员负责采购不同类型的产品，所以谈判的频率和规模也各不相同。在这些众多的谈判案例中，如何有效地提问、如何掌握谈判的主动性，这些似乎都是和说话技巧有关。但笔者想谈论的是，语言的技巧对于谈判而言是有益处的，但不是必须的。事实上，只要保持正常的谈判礼仪，辅之以恰当的沟通就可以了。真正决定谈判质量的绝不是单纯的说话技巧就可以的。

那什么才是决定谈判质量的核心因素呢？或者真正重要的谈判技巧是什么呢？是“懂”这个行业和产品（或服务）。采购员在与供应商谈判沟通过程中，如果对行业熟悉、对产品熟悉，那么采购员和供应商很容易在沟通中得到共鸣。只有懂产品、懂市场，才可以准确地质疑供应商报价中的不合理部分，这里并不需要多么高明的说话技巧，“一针见血”，足够让供应商明白他们是“忽悠不了对方”的，其想要拿下合同，必须提供合理且有竞争力的报价。

那如何才能“懂”产品和市场呢？这就需要做大量的前期准备，向众多潜在供应商学习，向行业内有经验的人士学习，从产品（或服务）的成本结构了解供应商的报价是怎么来的。尽可能地多寻找合格的供应商，分析他们的报价和策略，多和他们沟通，这会让采购员越来越了解真实的产品成本和市场情况。这些才是采购员的专业素养。说到这里，相信会有采购同事说“我每天都很忙，忙着当‘救火队长’，哪有时间搞清楚那么多问题。”这也是事实，只是笔者想说的是，专业是逐渐积累的，先从最重要的产品入手，逐步扩展、持续改进。“一次不懂”不可怕，怕的是“一直不懂”。

（3）谈判就是谈价钱。

价格是供应商报价的最重要部分，也是最直观的、可以衡量采购员业务能力的关键指标。然而，供应商报价是一套支付方案，价格并不是其中唯一的指标。很多时候，报价中的付款方式可能对于财务人员来说更重要。在这里本书做个“思想实验”，试想两个极端的付款要求：①价格很低，但要求马上付款，而交货期在100年后；②价格很高，但能马上交货，而付款在100年后。是不是感觉第二个付款方式就等于免费呢？价格对于企业而言，决定的是成本支出和利润高低，而付款方式、交货时间等报价的其他内容，则是实现这个报价的“落地”方法。

所以，谈判绝不仅是谈价格。事实上，在谈判双方都对市场、供需情况有足够了解的情况下，价格上的谈判空间是有限的。这个时候，采购员就要尽力争取一个更适合企业的执行方式，如企业现金流充裕时，缩短账期获得更好的折扣；企业现金流紧张时，就争取更长的付款账期，或用承兑汇票方式解决。尤其对于承兑汇票，当整个行业现金流紧缺时，企业财务从客户那里也会收到很多承兑汇票，甚至是多次重复背书的承兑汇票。如果供应商同意接受该付款方式，对于企业财务来说也是件很好的事情。

（4）谈判就是“零和博弈”。

我们先谈谈零和博弈（Zero-sum Game），这是博弈论的一个概念，笔者在这里借用一下来描述谈判这样一个博弈过程。零和博弈是一种非合作博弈，是指参与博弈的各方在严格竞争下，一方的收益必然意味着另一方的损失，博弈各方的收益和损失相加总和永远为“零”，双方不存在合作的可能。而事实上，博弈还有一种类型，就是合作博弈，采购谈判恰恰是寻求双方合作博弈的机会。

很多时候，卖方和买方在经营过程中关注的重点也并非完全一样。例如，买方关注成本和质量，对现金流要求不高，而卖方则关注销量，可以降低期望利润获取更多的订单。在谈判开始，双方并非了解对方的期望和现状，而谈判的过程就是双方逐渐熟悉的过程，也是彼此寻求合作的机会。因此，在谈判的过程中如果只纠结具体的价格而忽略了其他方面的诉求，那就很容易得到“零和博弈”的结果。

采购谈判之所以如此让人关注，是因为其讨论的是利益分配规则，以及规则的落地实现。需要注意的是，这里是“利益”而不是“价格”，良好的付款方式、适时的现金流、优秀的履约配合度都是可以用“利益”来衡量的。大家都热衷于谈判场上的“唇枪舌剑”，但要明白谈判现场的结果并不是真正的结果，恰恰相反，这只是刚刚开始。

通过以上这个小故事，笔者想要澄清一些对于采购谈判常见的误解。采购谈判是一个全面且逐步深入的过程，不仅是某一场合下的沟通，也不是对某一个条件的磋商，更不是某一个特殊的说话技巧。一个良好且有效的谈判离不开前期的充分准备、谈判过程中的沉着应对，以及后续的及时确认和跟踪落地。

二、采购谈判的内容

与第二章提到的采购需求一样，采购谈判也是随着现代企业的发展而逐步发展的。企业为了更快速、更高效地开展经营活动，需要从外部引入资源（原物料、设备、服务等）。在引入的过程中，发达的自由竞争市场给企业提供了比较、选择、评估和淘汰供应商的机会。为了获得“物美价廉”的产品和服务，企业在与供应商的沟通过程中就会对产品质量、规格、技术标准、数量、包装、交货期限和地点、运输方式、价格和付款方式等进行反复磋商，直至达成某种双方都能接受的利益分配和操作规则，并以合同或协议的方式约定下来。这个过程就是采购谈判。

根据上述的过程描述，我们可以发现谈判的内容主要有以下三个方面：

（1）采购价格。

这里的采购价格不仅是价格本身，笔者更倾向于用“支付方案”来表示。之所以使用“支付方案”一词，是因为这套方案包括了买方需要向卖方支付的费用，以及具体的支付方式。简言之，采购价格就是价格和付款方式，即“给多少”和“怎么给”。

（2）产品、服务或项目的内容。

产品、服务或项目的内容是谈判的第二项内容，即买卖双方谈判的标的物。标的物可以是具体的产品，也可以是某一项服务，还可以是某个项目，包括实施方案、预期结果等。如果是具体的产品，谈判内容则会包含产品的质量要求、规格型号、技术标准、数量、包装，以及交货时间和地点，有时还会对运输方式进行约定。如果谈判内容是服务，则会包括服务的具体内容、实施手段、达成目标等。如果谈判内容是项目，则包括技术图纸、项目周期、验收标准等。因此，谈判的第二项内容就是讨论“买什么”和“怎么实现”的问题。

(3) 其他相关内容。

有时谈判还会讨论其他相关的内容，如违约责任、仲裁方式、不可抗力的界定等，这些问题是对双方在合作过程中出现的未能及时履约情况下，如何进行赔偿的约定。

仔细研究以上三个部分的内容不难发现，这些内容恰恰也是采购合同的主要内容，本书会在第五章合同签署中做进一步阐述，这里不再展开探讨。

采购谈判绝不仅是对价格的谈判。虽然很多情况下采购谈判会特别地关注“价格”这个最敏感的指标，但如何实现整个谈判过程，从供应商履约到企业的款项支付，这些才是谈判结果“落地”的关键。

三、为什么要进行采购谈判

可能很多人看到这个标题，觉得这个问题还用问吗？企业要经营就需要购入原材料、设备等，那就需要和供应商沟通，因为双方都希望达到自身利益最大化，在这种矛盾下，自然就产生了磋商和博弈，这不就是谈判吗？“你来我往”“讨价还价”，这就是采购谈判给人的直观印象。正如前文所述，这样的出发点本身就是零和博弈的思路，仿佛这其中的利益不是进“你的口袋”就是进“我的口袋”，你得到的就是我失去的。如果我们换一种思路看待采购谈判，双方不过是在逐步细致地了解自身需求和对方期望，通过不断地沟通，逐步扩大自己的需求接受范围，那当买卖双方的接受范围出现重叠时，这就是双方的合作机会了。因此，我们可以这么理解，谈判的目的就是双方通过各种途径，寻求一个都能接受的合作方式。这样的态度才是一种体现合作意愿的积极态度。

事实上，因为有经营需求，所以才有合作意愿；因为有合作意愿，所以才有采购谈判。如果我们把企业所在的行业看作是一条从最初原材料到终端用户的供应链，那么企业就是这条链上的一个或几个节点。出于业务经营的需要，企业很难在所有节点上“亲力亲为”，这在成本上也不现实，因此企业需要从外部采购。那么，一般情况下，无论企业选择什么样的供应商，对于企业本身就是“赢”的局面，因为选择与供应商合作总好过企业自己生产和服务。

从本质上讲，采购谈判是买卖双方对于行业供应链中某些环节的利益分配规则重新规划的过程。现代社会中，生产能力的提高使企业在选择供应商的过程中有了更多的自主权。企业不再是被动地接受既定的分配规则，而是能通过采购谈判，变被动为主动，重新制定规则，获得更大“赢”的机会。

四、采购谈判的过程

根据谈判标的物的不同，采购谈判过程也有所不同。因此，在讨论谈判前，采购员要对采购需求和供应商进行分级，分清其轻重缓急，按照物料的重要性制定相应的采购谈判策略。在这里，本书以企业最核心物料、采购量最大的战略供应商的采购谈判为例，来全面描述整个谈判过程。

1. 准备阶段：设立谈判目标

“凡事预则立，不预则废”，在明确了要谈判的标的物和目标供应商后，采购员就要开始为谈判做准备了。谈判目标的设定，需要根据企业当前阶段的实际情况，如采购数量、品质要求等，同时结合企业的中短期发展战略，制定一组目标。

明确的谈判目标有助于谈判的成功。目标的设立不应过于单一，需要考虑不同谈判情况下的替代方案，因此需要设置两个限度目标：①最理想目标，即最期望达成的谈判目标，不仅限于价格目标，还包括付款方式、交货条件、质量要求、培训服务、应急响应等方面的目标；②最低接受条件，即当谈判很不顺利时，企业能够接受的最低条件，低于这一条件则谈判宣告失败，这样的目标也包括多个方面。确立上限目标是给谈判团队制定一个工作方向，所有的谈判支持，包括数据分析、信息支持、市场调查，都是帮助谈判人员达到最理想的目标。最低接受条件的设立是提醒谈判人员谈判的底线，避免谈判人员在谈判中无限制地退让。

在部分采购谈判案例中，报价等信息在谈判之前供应商就已经发送到企业。企业在比较了各供应商报价之后，可以对供应商的价格构成、分项报价有一个初步的认识，结合自身对市场的了解，这个时候企业制定谈判目标是较为客观的。在部分谈判案例中，如招标中，报价细节是在招标谈判过程中才得知的。这个时候需要采购人员、财务人员快速分析供应商报价，多方比较后总结出谈判的关键点。由于缺乏一定的前置时间，对供应商提供的报价进行分析对业务人员的计算能力提出较高的要求。

一般情况下，谈判目标是明确且固定的。但由于市场的不断变化，当出现特殊情况时，经企业内部讨论研究后，谈判目标也可以做相应的调整，这样的改变是利于业务的开展和推进的。

2. 准备阶段：制定谈判策略

这部分工作的主要目的在于了解标的物的市场情况、明确企业自身在供需市场中的定位，以及制定相应的谈判策略。例如，了解标的物所在的市场是什么类型的市场，是卖方市场还是买方市场，是寡头垄断市场还是自由竞争市场。再例如，了解该市场的供需是否有区域特征。如标的物在华东地区体现为供不应求，而在华北地区则是供过于求，则这种标的物多数情况下运费成本很高，因此供货具有区域特征。再者，针对市场中的供需情况，结合企业自身的需求进行分析；或者站在供应商的角度思考问题，如果企业的行业地位较高，那么该企业会是供应商比较在意的客户，因为与企业合作，有利于开发同行业的其他客户，所以企业在行业中的地位高可以帮助谈判人员获得更好的谈判优势。

事实上，针对企业核心物料，这样的市场分析应该是定期的，不应该是为了谈判才“临时抱佛脚”。很多数据需要经年累月的积累，才能从更长的周期上看出市场的变化。笔者以之前任职的一家 500 强欧洲企业（以下简称 R 企业）采购部为例，谈一谈它们在这个方面的一些工作方法。

（1）定期汇总企业市场数据。

R 企业每月会定期整理相应的市场数据，长期下来，积累后的数据早已涵盖了此类产品的若干轮周期，这些数据在企业内部是共享的。这样的数据储备为采购员做分析和判断提供了极为便利的条件。

（2）定期召开全球电话会议。

除此之外，R 企业每个月都会定期举行全球电话会议，每次会议时间为 2 个小时。电话会议由全球采购委员会的副总裁主持，来自全球各区域的采购经理会对某一类核心物料发表个人对市场及供需的观点，并与其他参会者进行讨论。相比于定期汇总企业市场数据是从时间的维度上来帮助采购员加深对市场的理解，那么这一点就是从空间的维度上帮助采购员，这样的沟通会议对于采购员的专业素养培养是十分有效的。

（3）定期撰写市场分析报告。

每个季度，R 企业都会组织各区域的采购经理进行一次由全球采购委员会、区域采购负责人、事业部负责人等共同参与的高级别汇报会议。在这样的会议上，采购经理需要针对自己负责的最核心产品，撰写相应的市场分析报告。报告要以全面翔实的数据为基础、严谨逻辑的推理为手段、长期价格的比较为依据，对当前市场的形势做出个人的判断，同时要对后期的市场变化趋势做出预测。这些分析报告会被留存，后续企业会对其做回顾以判断采购员的专业性。

记得当年，笔者在工作中最紧张的就是这个季度会议。与会的高层领导绝不会只问一些无关痛痒的皮毛问题，而会针对报告中的所有数据和推理，不停地询问质疑。事实上，他们中的很多人也曾任职过采购经理，提出的问题既尖锐又切中要害，本书中提到的“不间断地问为什么”分析法就是在这样的环境下笔者创造出的。很多看起来显而易见的问题，多问几个为什么，往往会让人有不一样的认知。R 企业的这个工作会议，不是“你好我好大家好”，而是每次都有人因为报告不合格而被要求重做。在台上被质疑的瞬间，笔者仿佛回到了读研究生写论文的时候。R 企业的确是以非常严谨的态度来对待采购员的市场分析报告的。

基于平时充足的市场分析积累，在采购谈判前，谈判人员关于标的物的市场和供需问题往往已经有了较为全面的了解。除此之外，针对供应商本身，谈判人员还需要收集一些相关的信息，包括其最近的增产、减产计划，全球各区域的销售情况（供应商一般也是全球级的跨国集团）等，吸收其中有关的部分作为谈判的支持理由。

除了对谈判市场环境进行了解外，对谈判目标进行分解也是谈判策略的制定内容之一，即哪些问题是优先需要谈判的，哪些目标是需要尽力争取的，哪些目标是可以做一些妥协和让步的。

3. 准备阶段：制订谈判计划

基于充分的准备工作，谈判人员在后续制订具体的谈判计划时就会从容很多。这个阶段的主要任务是构建谈判的具体执行方案，包括谈判时间的确定、谈判地点的选择、谈判人员的确认、谈判过程的安排等。

针对谈判时间的设定，如果是延续旧合同，采购员要留有足够的前置时间，因为大多数公司都设置了内部审批流程，采购员需要避免因没有完成审批流程导致合同执行出现问题。如果是新合同，采购员也要考虑新产品的使用时间，而且新合同的审批周期会更长，所以预留时间要加长。采购员还要考虑到在谈判不顺利的情况下，多次谈判带来的时间上的延误。绝大多数谈判都是在买方指定的场所进行，买方需要安排好供应商相关人员的食宿等问题。谈判流程的安排一般也由买方来指定，其内容包括先谈什么，后谈什么，分几轮谈判，会场的安排、布置，人员的座次排定，会议的日程安排等。

4. 准备阶段：建立谈判团队

谈判是由人来谈的，因而谈判团队的组建十分重要。团队成员不宜过多，但需要买方和卖方人数大致相等。谈判团队的组建应该包括不同部门的成员，如采购部、财务部、法律部、技术部相关成员。在实际操作过程中，由于谈判金额的差别，谈判团队的组成人员数量也有所不同。小的业务可能需要 1~2 人，大的业务可能需要 5~6 人甚至更多，但上述这些业务谈判都应该包括不同部门的成员，有时会出现“一人多兼”的情况。

在大多数情况下，采购部同事担任组长和主谈人来协调财务、法律、技术部门的人员。碰到技术方面的问题，技术人员需要给出相应的建议，并质疑供应商产品中不合理的地方；财务和法务人员要对供应商的企业经营情况、合规性给出相应的建议；而采购员，除了要协调各方的建议外，也需要了解供应商的成本结构、报价规则，并针对其中不合理的地方提出质疑。各个人员各司其职，相互配合。小的业务需要采购员身兼数职，这也是本书一直强调采购员需要树立“主动学习意识”的原因。很多时候谈判参与人员有限，并且还会因为种种的问题不能及时参加，因此采购员需要有足够的单独应对和处置能力。

5. 执行阶段：谈判过程执行

一切准备工作完成后，按照谈判约定的时间和地点，买卖双方按时到达会议地点，采购和销售经办人员相互介绍与会人员，按座次落座后，开始正式谈判。

具体谈判过程并不存在一种“放之四海而皆准”的方式。有的喜欢“单刀直入、直奔主题”，有的喜欢“慢慢铺垫”后再转入正题，没有哪一种方式更好，完全由个人的谈判风格决定。笔者始终认为，谈判的结果取决于很多因素，行业的市场定位、市场现状、供需情况、政策导向、谈判的前期准备、临场发挥都对谈判结果有影响。现场的沟通能力，包括说服力、感染力、亲和力，更多依赖于谈判人员的个人能力。因此，在这里笔者不讨论“必胜之道”，只讨论一般情况下对谈判结果有影响的能力。

（1）精于计算。

采购谈判谈的就是利益分配规则，所以“锱铢必较、分毫必争”是一定的。准备充分的谈判会就供应商的价格组成、财务费用、运输成本、包装成本等逐一分解，业内俗称成本分解，这一步准备工作一定要事先做好。要做好这一准备工作，需要与会人员中包括精于计算的人员，用“数字来说话”比单纯的“讨价还价”更具有合理性，也能提供降价的期望空间。在实操过程中，谈判人员如果对成本不熟悉，那么就连供应商“您给个价吧”这种问题都回答不了。不要以为所谓的高明话术有多大作用，对这种“您给个价吧”简单问题的回答最容易显示出采购员的专业性。采购员对于供应商的报价要有自己的判断。双方谈判的是逻辑，而不是谁“嗓门大”或者“更幽默”。

（2）舍与得。

采购谈判中有很多细节，单凭计算是不够的，或者说是计算不出来的，这个时候就需要做适当的妥协。妥协的难度不在于要不要妥协，而在于哪些需要妥协。相比“获得”，“舍去”更难做到。为了达成自己最关注的目标，在一些也非常重要但不是最重要的方面上做出放弃，这对人的能力要求是很高的。

（3）共情能力。

为了说服供应商，我方人员需要“站在供应商的角度”来思考问题，注意这里不是“假惺惺”的“都是为了你好”，而是真正意义上的考虑对方的利益。如行业内拖欠供应商货款是常态，那么供应商可能更关注回款，在公司财务允许的情况下，良好的付款方式和企业信誉可以让供应商提供更优惠的价格。谈判人员发觉供应商对于回款的重视，就是这种能力的直接体现。

采购谈判是买卖双方最直接的面对面沟通。在这个过程中，诚意很重要，立场更重要。如果双方在核心问题上很难达成一致，说明现阶段还不具备合作的可能性，但双方努力寻找合作的机会，就是谈判的存在价值。

6. 后续阶段：谈判结果确认

通过谈判，买卖双方找到了进一步合作的机会，这个时候就进入谈判结果的确认阶段。双方就谈判中达成的相关结果进行归纳和总结，由谈判团队的人员签字并加盖公章，后续再以合同的形式固定下来并签署，这就完成了对谈判结果的确认。在实操时也未必严格遵守这一程序，后续一封总结邮件或会议纪要发送给所有人确认也是常见做法。对于部分重大谈判结果，企业可能需要安排专门的签约仪式，即双方领导出席，分别在各自协议书上签字并交换签约文本。对于采购员来说，这种仪式并不多见，更多的是后续合同文本的签署，其中涉及对于法律条款的沟通，具体情况请参考第五章合同签署。

7. 谈判中应注意的地方

采购谈判中有很多需要注意的地方。接下来，我们重点分析以下几点：

（1）不要怕谈判失败。

采购谈判最不希望看到的结果是什么呢？无非就是谈判失败了。对于采购员来说，谈判失败是很平常的事情，不要怕“谈崩”。换个思路想想，就算去菜市场买菜，谈不拢的情况也时常发生，更何况企业之间的采购谈判。很多时候采购员怕的不是谈判失败，而是怕耽误项目进度。例如，需求部门的采购项目，因前期申请预算等流程耽误了一些时间，所以留给采购员的时间往往就不多，此时采购员一则需要“早期介入”，了解项目的前因后果以提前做好预判和准备；二则尽早安排和供应商的会谈，留下相对充裕的时间。针对此类情况，企业必须在公司内部发布相关制度，规范需求部门的做事方法，必须给采购员留有足够的时间，否则无法保证采购的质量。

不要怕谈判失败，并不是鼓励采购员“谈判失败”，而是鼓励采购员要善于从“谈判失败”转向“谈判成功”。与供应商谈判失败之后，采购员需要做大量的基础工作，寻找更多的潜在供应商，进一步了解供应市场的现状，同时也可以寻求高层领导的支持。笔者曾经负责的一个项目，在经历了三次与唯一供应商的谈判失败后，无奈之下寻求高层领导支持，后来公司的一个高层副总裁出面电话沟通，谈判目标就顺利地达成了。笔者还记得当时的副总裁助理说道：“我当什么事儿呢，这点小事还劳烦我们×总出面。”其实，很多业务碰到僵局时，采购员要善于寻求高层领导的支持，这也是十分重要的。

（2）尊重供应商。

采购员要尊重供应商，如果谈判达成，他们就是企业的合作伙伴，唯有支持供应商才能把项目做得更好。得益于市场的不断开放，大部分产品的供需市场都是买方市场，因而企业拥有了更多的选择权，企业可以根据自己的需求“挑挑拣拣”。但需要明白的是，这是在当前市场状况下，企业的定位给采购员带来的优势，并不是采购员自己的优势，所以采购员更应该不卑不亢、有礼有节。假使市场供需情况发生转变，从买方市场转向卖方市场，采购员也不希望碰到不懂得尊重别人的供应商吧，因此要做到“己所不欲，勿施于人”。

（3）控制好情绪。

谈判就是提出问题和解决问题的过程。在这个过程中，难免会出现争执的情况。有些时候双方面红耳赤地为了一个问题反复磋商，音量就不由自主地上去了。人在激动的时候是很容易钻牛角尖的，容易忽略更重要、更核心的问题，转而专注一些细枝末节。因此，谈判人员要保持冷静，控制好自己的情绪，不要使用一些容易让人不舒服的语言，以讨论问题为主，就事论事。

控制情绪的一个办法是“多倾听”，让对方把话说完，对于自己很想反驳的观点，可以先记录下来。忍住不反驳、不打断对方，说起来容易做起来难，但这是对自己有利的行为。多倾听的一个好处是能够掌握对方语言中大量的信息，尤其是对方的报价逻辑。如果对方的逻辑不够严谨，我们就很容易发现漏洞，稍加整理和汇总，更有利于我方的回应，而且这种回应不会像被打断那样令对方不满，也更容易得到对方的认可。

（4）语言清晰准确。

谈判桌上的说话方式和平时的有所不同。在很多情况下，人们在讨论某个问题时，为了客观性会不由自主地使用“可能”“也许”等词语。但在谈判桌上，很多回答要用肯定和降调的方式处理，这样的声调会显得更加专业和自信。另外，在与供应商沟通的时候，目光要直视对方。在外企的文化中，认为“Eye Contact”也是一种非常重要的交流方式。

（5）拒绝明确。

沟通过程中，对于我方不能接受或者对方明显的错误，我方要明确地指出来，同时也要给出判断依据。拒绝的方式可以适当注意方式方法，但也要参考当时的谈判环境，有时强硬的回应也是必要的，“不要一味地讲礼貌”。总的来说，谈判时要做到“态度良好，立场坚定”。

8. 谈判中的技巧

采购谈判要想达到预期的效果，需注意以下技巧：

（1）价格分析和比较。

正如前文提到的，精于计算。在谈判的准备工作中，很重要的一项工作就是对供应商的报价进行全面细致的分析。由于产品的不同，供应商的报价可能有多种形式，针对不同的情况，本书分别进行讨论。

根据产品或服务的不同，供应商的报价也不同。例如，某一个产品的报价，往往就是一个价格，或加上配件的价格；如果是项目性质的报价，往往是一个报价清单，包括总价和分项报价。无论是哪一种报价，供应商的报价都会有一个内在的逻辑，就是“这个价格是怎么来的?”一般情况下，除了非常强势的卖方市场，大多数供应商都会提供其报价逻辑。这时，采购员得到的不再是一个总价，而是各分项价格。对于一个价格，采购员可能没办法进行分析，但对于分项价格，采购员就有足够的数据来分析。这里，笔者介绍一种自称为“微积分”法的分析思路，即当一个问题因数据过少，或复杂度很高难以分析时，可以采用“微分”的方式，将其细化成若干个小问题；如果小问题仍然难以解决，就进一步细化成更小的问题，直到每个问题都可以找到具体的原因和解决方案。把这些小问题逐一分析，找到解决方案，然后组合起来，归纳和汇总，那么原来这个问题也就迎刃而解了。

供应商针对项目需求的报价往往是一整套方案的，根据不同的方案要求提供不同的价格组成。这样的报价更加复杂，特别是某些细分方案是独特的，采购员很难从别的供应商那边找到类似的报价。因此，对于此类报价，采购员应要求供应商细化报价。细化报价有两个好处：一是可以了解供应商的细分工作量；二是可以了解供应商的分项价格。信息了解得越多，采购员对供应商的报价就越能做到“胸中有数”。

针对供应商报价的分析，还有一种更常见的方法，即对供应商提供的报价进行对比。非采购人员对于采购员专业能力的质疑也大多来源于此，他们认为比价是个很容易的工作，只是比较数字大小。本书这里提到的比价，当然不仅限于比较大小，尤其对于供应商提供的不同种类的产品和服务，仅比较数字是没有意义的。更何况现在的供应商都倾向于“差异化”战略，没有差异也要创造一点差异出来，那如何来衡量“差异”在报价中的真实价值呢？

提供相同或相似产品或服务的供应商，在生产产品或提供服务的过程中有很多相似的步骤，即使存在“差异化”，采购员也可以通过“微分”的方式，将报价中的相同点和不同点区分出来。如果说整体差异化的产品或服务无法直接比较，那么“微分”后的各个细项就有了足够对比的基础。在谈判过程中，采购员针对其中报价不合理的细项提出质疑，这就是有力的“进攻点”。

部分谈判案例在准备阶段就已经收到了供应商的报价，所以谈判团队有足够的时间去了解供应商的报价逻辑。此外，还有一些谈判情况，如招标谈判，往往是在价格标开启后才能知道价格，这时候就需要参与人员迅速对比供应商的报价，找到其中的“进攻点”。对于常年的招标项目，即使事先没有价格，但相关预判的准备工作也可以在招标开始前完成。

综上所述，对于供应商报价的主动分析能力、比价能力，是采购员的基本技能。了解供应商的报价组成也会让采购员更有底气去谈判，尤其对于那些只有一家供应商的采购业务，只有主动分析，采购员才能给出合理的价格预期，否则是不可能得到理想结果的。

（2）最佳替代方案。

最佳替代方案（Best Alternative to A Negotiated Agreement，BATNA），指的是如果当前的谈判不成功，企业可以替代的最佳供应方案。简言之，BATNA 就是“这家谈崩了，还有备选的没？”笔者最早接触到 BATNA 是在 R 公司任职期间，当时笔者对 R 公司内训老师说的“任何情况下都会有 BATNA”还不太认同，后来逐渐理解。BATNA 这个概念最早是由罗杰·费舍尔和威廉·尤里在他们的著作 *Getting To Yes* 中提出的，后来被应用在采购谈判中。BATNA 是谈判中的一个关键性因素，拥有的 BATNA 越有竞争力，那么企业在当前的谈判中就越有谈判力（Bargain Power）。在国内，也有很多人将这种策略称为“借刀杀人”，或“影子价格”。

既然 BATNA 是谈判的关键性因素，那么在谈判前发掘有足够竞争力的 BATNA 就十分重要，其表现在采购业务中就是尽可能地寻找更优质的供应商。由于当前的谈判是以获得更优质的 BATNA 为目标，所以从理论上讲，采购员接触的供应商越多，谈判的次数就越多，就越可能获得更好的供应商方案。但实际上，采购业务受采购员的时间和精力等多方面的限制，无限次的谈判是不现实的，所以当采购员获得一个当前条件下最优的供应商方案时，供应商寻源的工作也就停止了。

（3）锚点效应。

锚点效应是指人们需要对某个事件做定量估测时，会将某些特定数值作为起始值，起始值像锚一样制约着估测值。当买卖双方谈价格时，这个谈判策略与一般理解的“让对方先出价”策略不同，是要率先出价的。该理论的依据基于心理学、社会学的一系列实验，表明在谈判过程中，无论是买家还是卖家，谁先开价，结果就对谁有利。心理学上有个关于“锚定”的概念，即人们在做决定的时候，容易受到第一印象的支配，后续的讨价还价就基于最初的报价，基本上围绕这个价格上下浮动。

“锚点”效应在很多谈判场景下都有效，如双方对于产品或服务的市场价格判断不够精准，或类似的业务重复性不够多时。卖家总是希望价格越高越好，只要客户愿意接受。买家自然认为价格越低越好，只要卖家愿意以此价格销售。如果企业的备选供应商不够多，或者需要花费较长时间去寻找，那么企业在与供应商谈判时就需要抢占先机，把握谈判的主动权。

对于企业采购而言，大多数采购都是周期性的，即使有极少数采购业务频率很低，供应商也会有大量的销售经验，所以买卖双方中至少有一方对于该产品或服务的市场价格是非常熟悉的。对于采购业务来说，基本上都是供应商先报价，笔者几乎没见过采购员先报价这样的例子，因此供应商先报价就拥有“锚点”效应的说法并不适用于当前市场下的交易模式。

“锚点”效应对于供应商报价具有一定的指导意义，尤其是当客户对此业务不熟悉时。本着“能多挣点就多挣点”的思路，这时供应商会定一个较高的价格以期可以提高客户的预期，但是采购员就不是这么想的了："凭什么供应商的报价就要影响采购的判断呢？"目前有三个方法可以打破这个困局：①成本判断，无论供应商提供的是产品还是服务，只要了解其主要支出，总是可以判断出一个大致的合理价格范围。②通过最佳替代方案，或者进行市场调查，制定企业的指导价或参考价，并以这个价格作为谈判的基础。③对于某些业务，可以寻找与本公司有同样需求的企业，多方打听了解其他企业对此业务的采购情况。

总之，对于双方谈判的焦点——价格，采购员一定要对供应商的报价逻辑有比较清晰的认识，尽量减少信息不对称带来的不利影响，否则采购谈判对于采购员来说将会是很困难的过程。

（4）"红白脸"策略。

"红白脸"策略在谈判中经常用到，也可以归属到谈判风格内容中，即有的谈判人员风格激进，在谈判中扮演"红脸"，有的谈判人员温和，在谈判中扮演"白脸"。在国外一些讲述采购谈判的书籍中，也有类似的策略描述，称之为"Good Guy，Bad Guy"。通俗地讲，就是谈判团队中有的人感觉很"坏"，很难沟通，而有的人则感觉很"好"，善于倾听。这种策略的好处在于可以讲出己方最不合理的要求，还不用担心与对方撕破脸，好比我们常听到的"你别怪我说话直啊……"，以此降低对方的谈判预期，这也算是一种制造"锚点"的手段。

"红白脸"策略广泛应用于古今中外的各种场景中，且在很多情况下屡试不爽。作为谈判人员，这种策略不是必须掌握的，但要能够识别出来。如果在谈判中需要应对该策略，那么首先要应对的就是"红脸"。我方人员应该采用严谨且沉稳的说话方式，不是比谁的嗓门大，并且谈话内容要具有逻辑性。对方提出的要求不合理，就质疑其依据；如果对方准备不充分，或者平时说话习惯就不够严谨，那么我方便很容易找到其中前后不一致的地方，打击其气势，为后续和"白脸"的沟通提供积极的基础。

（5）"高层领导"策略。

当买方提出一个更低的价格时，若销售人员表示这个价格已经超出了其决策范围，通常会说要请示一下领导，看能不能获得权限接受价格。这个策略的好处在于将现场的矛盾转移到外部，如果拒绝的话，以领导的名义拒绝，谈判现场不至于尴尬；如果同意的话，再加上诸如"领导本来不同意……"，也从侧面阻止了买方进一步降低价格的要求。

对于买方，如果供应商给出的价格不太理想，或者经数次沟通后供应商勉强给出了一个妥协的价格，也可以用这种方式来应对。买方可以利用向领导汇报的时间差，积极和其他供应商沟通，如有更优惠的价格则可以拒绝该供应商的报价，如没有则可以进一步考虑与该供应商合作。

（6）“感情牌”策略。

“感情牌”策略适用于长期合作的供应商。因为是长期合作，所以对方对于企业的经营情况也有所了解。“感情牌”策略通常是以预算不足、降本压力巨大等为理由，要求供应商做出较大的让步。虽然这种策略让人觉得不够强势，但实际上还是比较好用的。需要注意的是，这种策略除了要求双方有一定的合作基础外，若供应商在供应市场上比较强势，那么该策略便更容易操作。因为强势，所以这个压力才显得真实。如果供应商的利润已经被压得很低了，就算采购员再“哭穷”，效果也不会理想。

（7）“最后通牒”策略。

这种策略一般是有时间限制的，需要尽快在某个时间点完成。通过对谈判时间的限制，可以让供应商产生时间紧迫感，从而尽快达成谈判结果的策略。采取这种策略的前提是一般都是前期进行了较长的时间沟通，但在某些问题上双方迟迟达不成共识，线下的沟通进入僵局，急需一个强力的外部条件来“破局”。因此，“最后通牒”需要前期工作的铺垫，而不是前期都还没有沟通清楚就直接下达“最后通牒”迫使供应商表态。对于比较关键的谈判，如果没有一定的前期了解，谈判方难以仓促决策。

正如以上所述，这种策略适合于经过多次反复低效率的沟通之后，以“一定的让步”迅速达成妥协的谈判结果。但这种策略也是不留后路的策略，一旦供应商不同意，谈判就宣告失败，绝不会有转机了。例如，招标过程中的最后一次报价，必须要让供应商明确知道这的确是最后一次报价的机会，不成功就落标了。

（8）让步逐渐减少。

谈判过程中会涉及各种各样的妥协，不仅是价格，也包括其他合作内容。但需要注意的是，让步的幅度要越来越小。例如，对于价格上的让步，前一回合让步了 10 元，下一回合让步了 20 元，这就等于告诉对方当前报价距离自己的底线还很远。因此，第二次让步要小于第一次，如让步 5 元，这样的让步幅度也是“暗示”对方该价格已接近己方底线，给对方一种“心理暗示”和“底线”。只有己方对“底线”足够坚持，才能“潜移默化”地影响对方。

(9) 买的不如卖的精。

本书在这里要提到一个俗语，那就是“买的不如卖的精”。无论前面说了多少策略，对谈判做了多少准备，有一点是每位采购员都必须承认的，即供应商要赚钱是天经地义的。虽然存在在某些场景中，如经营困难急需回款，供应商可能会以亏本的方式销售，但这种方式仅是个例，而且也不会长久。企业与供应商的合作，大部分情况下还是良性的合作，而良性合作就不可能建立在供应商持续亏本的基础上。

采购员认识到这点很重要，就是不要相信供应商的客套话，只要供应商还留在谈判桌上，那么其一定有利可图。因为信息不对称，所以买方对供应商的成本分析、市场比较都具有主观性，而供应商是明确知道产品的成本是多少的。供应商的保底 BATNA 是“不卖”，而买方的保底 BATNA 却未必是“不买”。从这个意义上讲，卖方比买方更具有主动性。

真正客观的谈判预期，不是让供应商亏本销售产品，而是让供应商在权衡各方面因素后，愿意“降低其预期利润”来与买方合作。采购员应善于发掘各种手段和优势，让供应商愿意以较低的预期利润来换取利润之外的益处。例如，企业所在的行业是具有发展潜力的行业，供应商与该企业的合作会给其带来更多潜在的订单；再如，企业的社会信用很好，那该企业对于供应商的认可（包括一些奖项）在业内有一定的分量；又如，企业有良好的付款信誉，从不拖欠货款，视信誉为生命；等等。这些优势都可以作为换取更优惠价格的条件。虽然是在和供应商谈判，但要明白的是，供应商是企业的潜在合作伙伴，竞争对手才是企业需要重点关注和超越的对象。获得比竞争对手更好的采购条件才是对企业最有利的。

五、企业采购谈判案例

在企业的实际操作中，并非每个谈判都有这么严格的过程。事实上，对于笔者所见过的大部分采购员，谈判并非其主要工作。对于他们来说，工作效率是很重要的考量因素，采购员每天面对那么多物料，都严格执行所有流程的话，效率是很低的。因此，分类管理是每位采购员必须思考的。他们需要对自己所负责的物料有哪些、金额多少、数量多少、分类情况如何、供应商的分布如何、哪些是关键物料、哪些是关键供应商等都要做到胸中有数。对于用量大、金额高的核心物料，采购员需要充分准备采购谈判，不仅要对成本结构进行分析，也要对市场供需进行了解，这样才能在谈判中多争取到更好的价格，对于企业的降本都是很可观的。相反，对于那些用量小、金额少的物料，最大化效率才是关键。因此，采购员要基于业务规划来灵活应用各种方法，这样才能最大限度地提高工作效率，达到理想的绩效结果。

接下来，笔者就企业的采购谈判案例进行一些介绍。这些案例都来源于笔者任职期间的真实案例，每个案例都有一些借鉴之处，但也不能完全生搬硬套，毕竟当时的市场环境、人员准备、供应商和企业的行业定位都会发生改变。笔者希望这些案例能够带给大家一些思考，使读者培养出自己的“谈判风格”。

1. 纸箱采购

为了应对日益增加的成本压力，G 集团经最高领导层批准，由集团采购总部牵头，组织各地工厂采购部汇总各家工厂的纸箱需求量，以集团集中采购的方式，寻找集团层级的战略合作伙伴。早在项目之前，生产总部就已经与各地生产部、技术部沟通协调，统一所有工厂的纸箱规格标准，并形成了统一的书面文件。采购总部汇总用量和规格标准后，与国内外知名纸箱供应商接洽。由于 G 集团的工厂分布在全国各地，因此对供应商的选择也相对严格，要求供应商在全国各地都有及时、足量、合格的供货能力。基于这样的全面合作，集团采购总部筛选出具有竞争力的若干家供应商，并统一安排在某一天完成最后的采购谈判。

为了更好地评估供应商的供货能力，在价格谈判之前，各家供应商都分别根据公司的纸箱规格要求进行了打样，并送交工厂试用。同时，各家供应商也出具了各自在全国各地的仓库地点和存货记录，以保证能够及时高效地按照公司要求供货。经过了全面的前期资料分析，并且针对其中特别关注的部分，采购总部特意组织生产和采购员到供应商处进行现场和实地评估，根据供应商表现各自独立打分汇总，最后采用综合评价机制，遴选出符合集团要求的几家供应商，即供应商短名单。

最终进入短名单的供应商数量不多，一般是 3~5 家，每一家都是业内知名企业。集团采购总部人员与供应商逐一谈判，明确此次谈判最终只有一家供应商会中标，其他供应商均落标，以此迫使供应商不断降价。这次谈判经过多轮，双方沟通的最主要指标就是价格，其次还包括付款条件、送货方式。在谈判过程中，为了能让供应商降价，G 集团也会配合采用一些如共享产能信息、承诺紧急订单比例等方法，来获得更优惠的价格。最终，G 集团敲定了将某家供应商作为集团纸箱供应商。经过一年的实际履约执行，G 集团从成本核算、供应及时、质量稳定和履约评估方面，都获得比往年各家工厂自行采购更好的结果。

G 集团这次的集中采购之所以成功，最关键在于集团推行的标准规格统一。这一方案将采购需求标准化，要求明确规范，供应商对规格的解读一致，不会因细节模糊而使最终产品存在差异。基于对最终产品的认可，那么对供应商来说，提供最优惠的价格才是最终中标的关键。这样的采购技术也称为“逆向拍卖技术”，其具体做法就是采购方发布标准化的采购需求，而供应商在一定时限内给予实时竞价，最终结束时的报价即为各家供应商的最终报价。这种方法是“价低者得”，可以为采购方节约采购成本，而且过程简单，效率很高。目前，国内也有很多公司开发了类似的竞价平台软件，以“逆向拍卖技术”为基础，供应商和采购方可以通过网络平台实现在线竞价，大大节约了交易成本。可以采用类似采购方法的物料，除了上述的包装纸箱外，还有物流运输、办公电脑等。

2. 化工品采购

R 集团是全球领先的化工品生产企业，旗下某事业部的终端产品 v 享誉全球。在生产终端产品 v 的工艺路线中，化工品 g 是关键的原料之一。作为全球最大的 v 生产商，R 集团对于原料 g 的需求量也是全球最多的。为了保证 g 的充分、及时、合格的供应，R 集团早年经过供应商开发，将国内某家生产企业列入重点培养对象，并合作多年，双方建立了良好的供应关系。

为了保证供应，同时获得比竞争对手更好的价格优势，R 集团和供应商的定价机制采用“总成本+利润”的方式，R 集团承诺每月保证一定数量的订单，但对供应商的成本核算要求严格。供应商需要提供全面的财务报表，包括原料进货价格、生产成本、工艺损耗成本、人员成本、厂房等固定设备投入、资金成本，通过构建一个复杂的计算公式，核算每季度 g 产品的采购价格。供应商每季度需要提供相应的财务数据和凭证，以此作为双方价格计算的基础。R 集团采购部对其成本支出项定期核查，同时检查其实际的生产能力和库存水平，以保证及时供货。

这种合作方式以季度为单位不断地更新和改进，双方是真正意义上的战略合作伙伴，彼此的依赖度很高。经过几年的磨合，R 集团和供应商形成了非常好的供应关系，这不仅帮助 R 集团获得了更多的市场份额，同时供应商也成长为业内技术最好、产能最大的企业。这是一种双赢的合作方式，但这种合作方式是以 R 集团的极端强势为基础的，一般来说，供应商是不会将财务数据展示给客户的，因此如果双方势均力敌，这种合作方式是很难推广应用的。

如果双方的地位势均力敌，那么采购谈判中最终达成的方式通常会借助第三方平台的客观数据作为合作的基础。例如，对于某化工品 p，由于 p 的价格随石油市场波动很大，所以无法采用固定的价格长期采购，但为了便于更好地合作，双方会采用某一个公认的价格指数作为双方计算价格的基础。这时，双方谈判的焦点就在于对公式价格中参数的谈判。基于一定的用量，双方以某一市场价格指数（低端价、中端价、高端价）为基础，通过下浮若干个百分点，加上必要的固定费用（如通关费、仓储费、运输费等），设定价格公式；也可以按照“成本+利润”的方式来设定公式，以某种核心原料的价格为基础，通过增加一定数量的生产成本、期望利润作为最终价格；再或者上述两种方式按照各 50%的方式加权计算。双方在对这些公式参数核算时，往往会做大量的价格预判，通过对历史数据的推演（Simulation）来判断价格公式对己方的优势。此时，双方的谈判类似于“做数学题”，双方都按照最有利自己的参数进行核算，并在沟通中达成一定的妥协。

如果供应商的地位高于采购方，那么这样的谈判更多的是对于数量、付款方式等指标的谈判，对于价格，采购方只能很被动地接受供应商的设定。例如，上述化工品 p，因为其国内生产门槛很高，技术、设备资金投入巨大且又是国家支柱产业，具有政策限制，可选择的合格供应商数量很少，所以国内的生产龙头企业 S 处于强势的谈判地位。此时的采购价格完全按照供应商的要求来定，供应商每天都会公布挂牌价，采购方并没有多少谈判的余地。

3. 信息管理系统谈判

G 集团近期打算开发一套投资管理系统，且有一家长期合作的供应商 F，经过多年的磨合，他们的合作项目在不断增加和升级。此前对于该投资管理系统的需求确认，也是和该供应商一步步沟通，才形成当前的需求清单。项目进展到采购阶段，供应商 F 也提供了相应的报价，并应集团的要求给出了分项报价及汇总。根据集团高层的要求，考虑到业务的时间要求和供应商的合作情况，本次采购采用定向议标的方式，也就是说采购员面对的候选供应商仅为供应商 F 一家。

G 集团的需求清单包含两个部分：一是对项目的整体业务需求；二是系统的技术需求。供应商也是按照这两个部分进行报价的。其中，第一部分为投前过程管理，投资评审管理，基础数据管理，基建、运营、投资数据管理，系统办公，数据分析和数据报表；第二部分为 PC 端单点登录集成、移动端单点登录集成、投资管理系统集成、消息交互集成、邮件系统集成、ERP 系统集成、主数据管理系统集成和基建项目管理系统集成。由于后三个集成分别涉及接口开发，供应商F也给出了新增接口的明细，均包含需求确认、开发过程、开发测试、部署正式机四个部分，对此也给出了对应的工作量预测。供应商F的报价就是基于具体需求，按照预估的工作天数乘以每天人工费用得出总价。

仔细分析这个报价，其价格的组成部分取决于两个因素：①人工费用单价，即每名开发人员开发一个工作日的价格；②工作量。既然供应商F给出了他们的报价逻辑，采购员可以“借力打力”，就以供应商的报价逻辑作为切入点来谈判。

信息开发系统的人工费用单价，在市场上有一些约定俗成的市场对标价。这主要取决于公司的知名度、业内的专业度、软件开发的难易度等。只要经常和软件公司有业务往来，这项价格相对来说还是比较透明的。另外，如果为企业的长期合作伙伴，供应商一般也会给到比较好的折扣。因此，基于市场对标价格和长期合作优势，集团可以最大限度地要求供应商提供最低的人工费用单价。

除此之外就是对工作量的判定。如上所述，人工费用单价相对来说是比较透明的，因而在多次合作谈判后其下降的空间是有限的，所以对工作量的判定在很大程度上决定了最终价格。这次，供应商F在报价清单中，将每个开发项都细分为调研、设计、开发、测试和培训，但仔细想想看，所有的调研活动难道都是分开进行的吗？培训也细分了很多，难道不是放在一起培训的吗？这其中扩增了几倍的工作量，这种报价逻辑都是不合理的，因此报价在工作量方面有很大的下降空间。

在供应商的报价逻辑中，对于工作量的质疑往往是压低报价最有效的方式。以笔者之前针对此类项目的谈判经历，软件供应商在报价方面总是倾向于把项目深度细分，在报价单上体现出来的就是一大堆工作内容，这与他们的实际工作量有很大的出入。从报价清单中来看，大多数的开发工作量中都会包含对企业现有经营模式的分析、归类、表单设计、流程梳理，但实际上，这些工作基本上是不能依赖这些软件供应商来完成的。他们提供的即便是所谓的“最佳实践案例”，也往往不能直接套用在集团的管理模式上，需要进行大量的汇总、整理、规范工作，而这些工作都是需要集团自己内部精通业务的人员（关键用户）完成的。而这些也都在对方的报价范畴之内。

进一步分析供应商的报价可以发现，此报价只是供应商为了给最后的总价一个貌似“合理”的价格组合逻辑，并不见得是真正的成本。采购员只是利用这个逻辑去压价，太当真就不必了。从供应商的角度而言，“挣钱是天经地义的”，但是挣多少（也就是期望利润）却是可以探讨的。对于每次谈判，供应商会有自己的“期望利润”，若实际利润低过这个利润，且没有价格之外的其他有利因素，这个项目对供应商也就没什么吸引力。试想，假如你卖一个产品，其正常利润都能达到10%，也很畅销，这时有一个客户的出价只能使你获得5%的利润率，也没有其他任何附加的有利因素，那你还会卖给他吗？不卖就是销售人员的BATNA。所以我们需要做的，是发掘价格之外的有利因素来降低供应商的预期利润。

回到G集团这个项目，谈判在经过几个来回后，已经陷入了僵局，供应商F放弃了和G集团对工作量的讨论，转而“一口价”锁定报价。这个时候，大家聊起了曾经的合作，言语中供应商也隐隐约约地表示了对G集团经常性付款不及时的抱怨。G集团人员在了解到这个情况下，单独与公司的财务做了沟通，基于G集团最高领导层对于这个项目的重视，采购员决定打破集团以往和该供应商的付款方式，在财务现金流风险可控的情况下调整了付款方式，僵局就此打破。整个项目的最终价格比预期下降了很多。事后，采购员在总结这次谈判时发现有个细节在前期并未重视，即供应商在与G集团的长期合作中，一直苦于不能及时收到货款，尤其是回收难度较大的尾款。这样的情况会让供应商自然而然地提高了预期利润，因为其将不能收到货款作为经营风险。双方的信任建立是互相的，所以改变付款方式所体现出的信任在这个时候成为促成谈判的最后一个助力。

4. 试验工厂项目

U集团为了更好地研发新产品，打算建立一个试验工厂，配置相应的设备、管道、生产工艺系统。试验工厂管理人员按照集团要求，初步接洽了几家具备试验工厂安装资质的供应商，请他们对试验工厂进行实地考察，要求他们根据集团对试验工厂的定位，出具相应的工程方案，并按照要求给出了细分项报价及总价。

由于试验工厂的整体需求比较明确，因此各家供应商给出的方案比较接近，都大致分为设备安装、管道系统、生产工艺系统、电气部分及其他几个方面。接下来，采购员需要对供应商的各项报价逐一对比，不仅对比同一品牌、型号的设备、管材单价，也比较供应商在安装、铺设等方面的预估工作量。这时，如果采购员能看懂设计图纸就能对工作量有更明晰的了解。这个阶段的工作非常细致，各家供应商的报价习惯不同，甚至于规格型号的常用标识也不同，所以采购员要能区别。

在分析完各家供应商的报价之后，采购员基本上就可以对预配锅、搅拌器、培养箱、管材、阀门等主要部件，以及安装所需的工作量有大致的了解。除去部分甲供材外，买方可以对其他部件约定品牌，便于横向比较。通过这个分析，在谈判的时候，采购员对供应商报价不合理的细分项可以提出针对性的质疑，也可以质疑供应商对工作量的计算。此类谈判的关键在于对报价细分项的分析，可以将其看作是若干项标准部件的询比价。由于此类工程项目一般情况下不可能由几家供应商同时来完成，所以最终选定的供应商需要在各个细分项上设定最理想的价格，这也是谈判目标总价。经过前期仔细的对比计算后，采购员与各家供应商进行了深入的沟通，指出其在单项价格和工作量上的不合理之处，最终与其中一家供应商达成最终意向。通过此轮操作，不仅采购员获得了最优惠的总价，并且工程过程中的具体实施范围也得到了细化，在很大程度上避免了后续因为不清晰的需求而导致的推诿和扯皮。在项目结束交付时，该项目的需求变更也是当时众多研发实验室项目中最少的。

在实际谈判中，有时会存在细分项极多，若逐一分析存在效率过低的情况。在这种情况下，采购员可以着重对供应商报价差异较大的部分集中分析，用最高的效率获取最大的成本节约。

综上所述，采购谈判的结果取决于当时买卖双方所处的市场地位，谈判人员对于市场供需、成本等情况的了解，以及双方在合作过程中的配合度。但这里需要注意的是，采购谈判的结果也需要专业的判断和衡量，否则对于后续的执行会有很大的风险。以笔者曾经接触过的一个案例来说，以当时的规格要求而言，供应商的中标价实际上是低于成本价的。供应商为了中标不惜亏损，但随之而来的就是供应商在履约过程中的偷工减料、以次充好的行为。因此，采购员则要警醒这种异常的谈判结果，虽然节约了成本，但后续生产一旦出现问题，其损失远超成本节约。如何判定“异常”谈判结果，则更多的是基于采购员的历史经验和日常的成本或市场分析。

采购谈判结束后，经过审核并进入合同签署阶段。在这个阶段中，要注意采购策略与签署合同的一致性，其中会涉及具体的条款，采购员需要掌握这些条款的内容。之前的工作都不具备法律效应，但和供应商签署合同后，双方就要按照合同规定来执行，所以采购员在合同签署过程中一定要仔细查阅、认真核对，避免出现差错。笔者将在下一章对采购合同的签署进行详细的介绍。

第五章　合同签署

合同签署是企业和供应商合作过程中非常重要的一个环节，当企业与供应商明确合作意向后，为保障双方的利益，往往会采用缔结合约的方式对行为进行约束，并以书面合同的方式确定下来。合同中的各项条款，针对在后续合作过程中可能出现的且双方关切的问题，以文字的形式进行说明。合同签署，是现代商业中最普遍的合作方式，也是采购寻源的最后一步。本章介绍合同的相关内容，以及企业如何进行有效的合同管理，同时介绍一些合同条款中常涉及的国际贸易术语、付款方式等。

一、合同的定义

1999 年 10 月 1 日起施行的《中华人民共和国合同法》将合同定义为“平等主体的自然人、法人、其他组织之间设立、变更、终止民事权利义务关系的协议。”

1. 合同的特点

根据《中华人民共和国合同法》中的定义，我们可以发现合同的三个特点：①合同主体是“平等主体的自然人、法人、其他组织”，这点就说明了合同的签署不仅限于企业和企业之间，也可以是企业与个人，或与其他组织如非营利机构、政府部门等。之所以要明确这点，是因为企业在和不同主体签署合同时，关注点是有所差异的。从采购角度而言，这些都是企业的供应商，但管理方法是不同的，需要区别对待。②合同主体签署合同的目的是设立、变更、终止民事权利义务关系，这里就包括合同的新建，同时也包括合同变更，如补充合同等。合同涉及的内容就是“民事权利义务关系”，即双方的权利和义务，这些要在合同中加以体现。平等主体的合同内容一定要考虑到双方的对等性，不能只有“乙方应……”，而没有“甲方应……”。③合同主体并不是只有双方，还包括了多方协议。对于企业商务合同，常见的有企业与企业、企业与个人、企业间的三方协议。合同方的确立一般是根据业务的需求而定，如果聘请专业人士做顾问，那么合同双方就是企业和个人；如果企业需要采购某种产品或服务，那么合同双方就是不同的企业；如果企业需要采购甲供材，那么常常会以三方协议的方式来签署合同。

2. 合同签署原则

正如《中华人民共和国合同法》对合同的定义，“主体”前面增加“平等”一词，因此平等原则是合同签署的首要原则，合同当事双方的法律地位平等、权利义务对等、双方意见一致，不因规模、资产等有所区分。公司与自然人之间的商业合同就要尤其关注这一点。除此之外，为了更好地履行合同，合同签署还需有以下五个原则：自愿原则、公平原则、诚实守信原则、遵纪守法原则、依据合同履行义务原则。

（1）自愿原则。

自愿原则贯穿整个合同签署的全过程。合同签署双方以自己意愿决定是否签署合同，同时也可以协议补充、变更、解除合同，双方的意愿必须建立在不违反法律、行政法强制性规定的基础上。

（2）公平原则。

该原则要求合同在制定过程中必须考虑到双方的责、权、利，公平合理，针对部分风险事宜，要根据公平原则确定双方的义务；对于违约责任，也要基于公平原则进行分配，不能只强调一方的责任和违约处罚，对其权利不提及或极少提及，而对另一方则只提及权利，不设违约条款。之所以这里提到这点，是因为商业合同中买卖双方有时会出现地位不对等的情况，有些大公司的标准合同并非总是遵循此项原则。

（3）诚实守信原则。

诚实守信原则要求合同签署双方在订立、履行合同，以及合同终止后的全过程中，都要诚实守信、相互协作。诚实守信要求双方在订立合同时，不得有欺诈或其他失信行为；同时应履行通知、协助并提供相应的辅助义务；在合同终止后，根据合同中的条款，双方也应履行通知、协助、保密等义务。

（4）遵纪守法原则。

这点要求合同签署不能与国家法律、行政法规相违背，按照《中华人民共和国合同法》第七条规定：“当事人订立、履行合同，应当遵守法律、行政法规，尊重社会公德，不得扰乱社会经济秩序，损害社会公共利益。”

（5）依据合同履行义务原则。

合同对签署的各方主体都具有约束力，各主体应当按照约定履行自己的义务，不得擅自变更或解除合同，合同本身是受法律保护的。

以上是合同签署时主体需要遵循的五大原则。但在实际的商业环境中，如前文提到，由于卖方和买方的市场地位、谈判能力在很多情况下是不对等的，所以部分合同中存在“霸王条款”，而处于弱势的一方，为了达成合同的签署，也会接受部分涉及不平等条款。也就是说，弱势一方会较多地承担合同中的未知风险。因此，对于采购员而言，合理判断合同风险也是在签署合同中需要着重注意的方面。

如果合同签署双方都是大型集团，所签署的合同涉及的金额又非常大，那么双方常常会反复磋商合同内容。一般来说，合同的条款包括商务条款和法务条款，商务条款主要是由销售员和采购员商定，这部分条款相对来说容易达成一致意见；而法务条款常常会成为成功签订合同的绊脚石。大型集团一般都会设立严格的法务管理制度，双方的法务都会尽量降低本方的合同风险，而对于未知的风险双方往往是各不让步。笔者曾组织过多次类似的合同磋商会议，对于法务同事的认真深有体会。企业的业务需求往往是有时间限制的，无休止的争论并不利于业务的开展，这时应明确法务的角色定位，法务人员运用自身的专业性为企业保驾护航，提供专业意见支持，但并非最终决策人员。因此，在风险和业务的选择中，合同主体双方要适当妥协，有所取舍，这对于供应商履约也是有帮助的。

3. 合同的功能

“口说无凭，立字为据”便是合同的第一个功能，即“备忘录”功能。虽然中国人注重“一诺千金”“诚信为本”，但仅凭口头承诺是远远不够的。合同在执行过程中还会有很多操作上的细节需要澄清，因此签署书面合同就十分必要。一个严谨细致的合同对于后续双方的执行有着非常重要的作用，可以保证交易活动的顺利执行。

合同的第二个功能是“处理纠纷”。合同在执行过程中难免会有执行不力的情况发生，这个时候双方就需要依据当初的合同约定，对于违约方给予惩罚。这样的惩罚条款对双方的履约具有监督作用。双方按照合同进行协商，在自愿互谅的基础上，按照国家相关规定解决合同纠纷。如果双方不能达成一致，合同中也有仲裁条款，可按照法律条款对合同争议进行仲裁，解决纠纷。若其中一方不愿仲裁，还可以通过诉讼的方式解决，诉讼是解决合同纠纷的最终形式。

合同的第三个功能是追溯和记录。合同作为企业对外的一种重要文件，体现着企业和外部供应商、外部客户的合作关系。同时，合同也是反映企业业务的重要凭证。通过合同的积累，企业可以对其业务进行记录、梳理和汇总分析。与合同相关的是供应商的履约表现，这些结果给后续的供应商管理、采购管理提供了很好的借鉴和参考。

4. 合同的类型

企业合同一般包含人事类合同、经营类合同、投融资类合同、股权期权类合同。本书主要讨论的是与采购方相关的经营类合同。

经营类合同也有很多种分类标准。

（1）按照采购的标的，经营类合同可划分为设备类合同、物资类合同、工程建设类合同、咨询服务类合同。

设备类合同是以购买企业生产、办公所需的设备为主；物资类合同则是购买与生产相关的原材料，或者辅助生产的备品备件、消耗品、行政办公用品等；工程建设类合同则多与企业的基建项目有关，该采购项目不单单是购买设备和材料，还有严格的项目进度；咨询服务类合同则是需求类型最丰富的一类合同，因此此类合同往往没有固定形式，完全根据企业的业务管理需要而设定，采购员遇到此类合同需要具体问题具体分析。

（2）按照采购的执行方式，经营类合同则分为框架类合同、一般采购合同。

框架类合同也叫框架协议。框架协议主要是为了应对企业日常生产中的大量重复性订单需求。如果每个订单都采用竞争性程序（如招标、询比价等），这在效率和实操上是无法被接受的。因此，为了提高效率、降低工作量，以及获得更优惠的价格，企业和供应商常常达成一个周期性的供货协议，这便是框架协议。在协议约定的特定时期内，供应商可以据此协议供货，具体的数量按照当时实际的订单为准，价格及付款条件按照框架协议中约定的规则为准，并且在此特定时期内不再采用竞争性程序。框架协议常用于制造型企业的生产性物料采购业务，采购员一般年初谈定一个框架协议，每次工厂按照实际需求下达订单给供应商，供应商接收后按时送货，价格按照框架协议中的约定支付。除此之外，工厂的日常维修、设备保养，也会采用框架协议。

一般采购合同是企业经营过程中常见的普通合同，即企业和供应商就某项产品或服务制定的采购合同。这种合同是一次性的，企业和供应商的责权利在合同中有明确的规定，合同结束则双方的合作关系结束。相对于框架协议而言，一般采购合同的采购金额较小，对企业的运营更多的是辅助性的支持。但这并不意味着此类合同重要性不高。确切地说，此类合同对于生产的重要性有高有低，部分合同对于企业正常运营影响巨大，丝毫不低于生产性物料合同，如核心设备合同、关键零部件合同等。由于此类合同的重复性不高，供应商履约的信息较少，此类合同对应的供应商管理难度较大。

（3）按照合同定价方式，经营类合同可分为固定总价合同、固定单价合同、成本+利润合同。

固定总价合同很容易理解，如设备采购合同，明码标价。合同中需要标明采购价格包含的设备、配件、安装调试等服务，还有相关的免费维保期，约定好的付款方式。固定单价合同一般用在数量不能确定的情况下，但一般都会有一个大致的预估范围，或根据往年的实际数量来判断，或者根据项目的总体需求预估。凭借这个预估的数量，供应商给到企业很优惠的单价，然后据实结算。成本+利润合同常用于双方在履约过程中合作十分紧密的情况，基于供应商的费用投入、财务成本支出、人力成本、行政成本等，再加上合理的利润要求，结算出来的价格作为合同价格。

在工程采购中，按照合同履行方式，合同可分为开口合同和闭口合同。开口合同是指双方约定根据设计图纸编制工程预算，然后报价，双方确认后签约履行，在履约后按实际结算。闭口合同是指双方根据设计图纸和编制的工程预算进行核价，双方签约后执行，如原设计的施工内容和预算内容无变化，双方就按原编制的工程预算进行结算。开口合同多用于长期合作；闭口合同适用于工程风险和工程规模不太大的工程项目，其要求工程管理比较规范。

（4）按照供应商区域不同，经营类合同分为国外合同、国内合同。

随着互联网的发展，现在和国外供应商签订合同已经不再少见。但与国内合同相比，国外合同有很多不同之处：首先，签订合同的语言常常是英语。其次，付款方式更多的采用信用证（Letter of Credit，LC）。最后，仲裁地的选择常常要和供应商磋商，最好选在中国，如果在对方国家，由于国家间的法律制度差异，我方会有潜在的风险。另外，因不同国家的商业环境差异很大，部分国家的营商环境存在信用风险，所以在签署合同时可咨询公司法务意见，同时还要考虑供应商的具体情况。因此，签署国外合同需要考虑周全，以免给公司带来不必要的损失。

不同的业务需求适用于不同类型的合同，而具体采用哪种合同方式，需要经办人员具体问题具体分析，选用最适合的合同方式即可。由此，“混合”

型合同也可能会有，但如果能适应业务需求，这也是完全可以接受的。采购合同的分类标准以满足公司的业务需求为基准，并结合公司的发展战略，综合考虑后设定。

二、合同的内容

根据 1999 年 10 月 1 日施行的《中华人民共和国合同法》第十二条的规定，合同的内容由当事人约定，一般包括以下条款：①当事人的名称或者姓名和住所；②标的；③数量；④质量；⑤价款或者报酬；⑥履行期限、地点和方式；⑦违约责任；⑧解决争议的方法。当事人可以参照各类合同的示范文本订立合同。

企业常用的采购合同都会涵盖以上八个条款，当然从名称上可能会有所不同，但内容都会涉及，此外还会涉及包装、运输、不可抗力、专用方式（如寄售）等条款要求。如前文所述，采购合同的分类众多，针对不同的产品或服务，合同的内容也会有一定的差异。接下来，本书以某世界 500 强外企（以下简称“U 公司”）的物资类合同为例，简略做一个介绍。

U 公司的物资类采购合同基本上分为两个部分：合同核心内容和通用条款。

1. 合同核心内容

合同核心内容，即此次交易的主要信息，包括合同签约时间、签约地点，签约双方的名称、注册地址，以及此次业务需要购买的物品名称、基本规格（如需详细规格则另外附件），物品数量，物品单价，合同总价（总价使用数字和文字两种书写方式），付款条件，交货时间，交货地点。如果以上信息不够详细，可另外提供附件，作为合同的一部分。以上是合同的签约方和交易信息，接着就是双方签约人信息，包括签约公司、电话、传真、联系人、代表人、签约日期。除此之外，为了更好地适合国际化市场，合同是用中英文两种语言对照完成，并说明其中若有冲突，以哪一种语言为准。上述信息是此合同的核心部分，放置于合同（如有多页）的第一页。签约方需要完成盖章和手签，此为 U 公司内部要求，法律上只需盖章即为有效。

2. 通用条款

通用条款和核心内容的差别主要在于这些条款在不同物资类合同中的变化不大，部分条款属于法律规定，还有部分条款属于对核心内容的补充，以免在后续的履约过程中因理解不同产生纠纷。接下来，笔者逐一介绍通用条款。

（1）保证（Warranty）。

保证条款是对双方在履约过程中要保证完成各自的职责，以便保证交易顺利完成的约束。对于乙方（即供应商）的要求，包括产品要符合规范、保证质量，确保产品在交付前所有权归属于乙方。在交易过程中，乙方不能对甲方人员有任何行贿行为。同样对于甲方，这个条款也要求甲方要积极配合乙方的正常履约，并及时按照合同等要求进行付款等。

保证条款规定了双方履约过程中的行为限制范围，具体限制的内容除了包括国家法律法规的相关规定外，也会根据产品、公司的自身要求对相关内容进行扩充。

（2）交货/风险（Delivery/Risk）。

该条款是对交货条款的补充。一般来说，交货条款中的报价已经包括了具体的收货信息，如 EXW 出厂价、DDP 门到门价格等。这个条款是进一步明确在交货过程中双方的职责范围。假如合同约定采用 DDP 价格，那么在货物进厂之前，乙方是要承担所有的风险的，包括当地的税务风险。这点在国际贸易中尤其要注意。

（3）责任/索赔（Liability/Claim）。

责任/索赔条款主要针对供应商，是对违约之后的责任索赔，有些合同也称为“违约责任”条款。一般来说，常见的违约包括延迟交货、不足量交货（也有过量交货，同样是违约，会影响公司的仓库运作）、质量不合格等，因此公司通常用 OTIF（On Time In Full）来要求供应商及时足量供货的要求。

该条款一般包括：供应商延迟交货、不足量（或过量）交货、货物存在质量问题时应承担怎样的违约责任，各种情况下违约金如何计算，以及双方处理违约的方式。这些都需要在条款中明确，作为日后衡量的标准。

（4）价格及付款条款（Price & Payment Term）。

这个条款主要是针对买方，对买方的付款时间、付款方式进一步明确，同时也应该对买方在付款过程中的延迟等情况进行约束，约定相应的违约责任。根据合同的平等原则，买方的违约责任也应该体现在该条款中。

（5）有效期（Duration）。

有效期是指本合同的有效期，一般是从盖章日期起计算，合同履行完毕截止。对于框架协议，则需要约定一个时间周期，在这个周期内合同均有效；而对于物资类的一般协议，合同在货款支付完成后就结束了，如有相应的维保责任，也可以在这里进一步约定。

（6）保密条款（Confidentiality）。

商业合同是公司的核心文件，很多业内资深人士可以从合同中完全了解到公司准备开发的相关业务，所以很多大公司都会在合同中设立保密条款，以约束和规范供应商在商业合作中的行为。供应商会面对很多客户，其中一些客户可能是另外一些客户的竞争对手，如果供应商的客户从供应商这里了解到竞争对手购买的相关设备，进而就可以猜测到对方的新增产能、生产线，并很容易推断出竞争对手最近的发展策略。因此，保密对于供应商而言是必备的商业道德，该条款就是从合约上杜绝此类信息泄露，避免给公司带来潜在风险。

但保密条款的实际执行效果往往并不理想。因为对信息泄露的举证十分困难，管理人员也想了很多办法，如在公司核心文件加上水印，或在文件的传递过程中保留相应来源信息，以此追踪泄密的源头。笔者相信，信息技术的不断发展可以在较大程度上规避无意识的泄密事件。

（7）终止（Termination）。

终止条款是约定合同失效的几种情况，除正常合作或时间到期失效外，还包括对双方或其中某一方违约不履行相关义务，公司出现经营困难导致破产无法完成履约义务，出现不可抗力致使履约义务不能完成，等等。

对于不同情况下的合同终止，这个条款约定双方的权利和责任，并给出合同终止的形式。合同终止一般是以书面形式通知对方，在一定时期内无回复或回复同意，则视为合同终止。

（8）管辖法律/管辖权（Applicable Law/Jurisdiction）。

该条款是明确当双方出现纠纷且不能达成一致意见时，对于纠纷应依据哪国的法律，并由哪里的法院来管辖。一般情况下，为避免条款误读，国内企业常常选择的是国内法律，选择的法院常常是企业注册所在地法院。在实际操作中，要根据供应商的情况来区别处理。

（9）约束力（Binding Effect）。

该条款考虑到合同双方或其中一方如果出现合并、重组、控制权转变等，即出现实际控制方变更时，后继者仍然要对该合同负责履约义务，从而避免了因供应商变更而导致的供应风险。

3. 合同签署

合同如有多个附件，需要一并附上。除了在主合同中的公司名称上盖章外，对于附件页需要与主合同一起，加盖骑缝章，以保证附件和主合同的对应，避免出现“文不对题”的情况，减少日后的履约纠纷。

4. 合同类型的多样性

尽管合同呈现的都是双方的合作内容和合作方式，但由于采购需求的多样性，为了更好地满足合作双方的业务需求，合同类型也是多种多样的。例如，工程类合同会涉及大量的技术文件、施工图纸、物料清单，而单纯的物资类合同相比之下要简单得多。另外，不同的公司在制定合同文本的时候，也会结合自身的管理要求增加相应的条款，因此合同的类型是多样的。

为了更好地理解合同的多样性，本书再以 N 公司为例，比较一下其合同与 U 公司的差异，希望能帮助大家更好地理解。

N 公司的物资类合同与 U 公司最大的差异是，并没有明确区分核心内容和通用条款。N 公司的合同共有 25 个条款，签字页在最后一页。除了与 U 公司有相似的条款外，N 公司对交易产品的规格、质量保证、包装、运输、收货、验收有更加明确和细致的要求。

除此之外，N 公司在合同中还增加了退还产品、合同变更、知识产权、企业社会责任、法律合规、不可抗力、廉政的条款。其中，退还产品条款主要涉及退还产品的方式，因为 N 公司的产品退货情况常常发生，所以特地在合同中增加了这项独立条款；合同变更，也是应业务的需求，对于合同的解除条件给出了细化的规定；知识产权和企业社会责任是 N 公司近年来一直致力于推广的管理理念，也希望能够影响供应商一并参与进来，因此在合同中增加了这两项条款；廉政条款是为了更好地打击商业腐败事件；法律合规条款，因为 N 公司采购的产品多以化学品为主，其成分的合规性要符合国家的管理要求；对于不可抗力条款，N 公司给出了不可抗力的具体表现形式，相比于 U 公司，更具可操作性。

接下来，我们以 U 公司和 N 公司的物资类合同模板为例，给大家做参考（见图 5-1）。

备件和工程用品采购合同

Spare Parts & Engineering Articles Buying Contract

合同编号：XXXX-XXXX-XXXX-0001
Contract No：XXXX-XXXX-XXXX-0001

本备件和工程用品(以下合称“物品”)采购合同(以下简称“本合同”)于2XXX年XX月XX日于上海,由下列双方签订：This Spare Parts & Engineering Articles (hereinafter collectively referred to as “Commodities”) Buying Contract (hereinafter referred to as this “Contract”) is made on 2XXX-XX-XX at Shanghai between：

U 公司(以下简称“甲方”),根据中华人民共和国法律成立,注册地址为:上海。

U Company (hereinafter referred to as "**UC**"),a company organized and existing under the laws of the People's Republic of China having its registered office at **Shanghai**.

供应商(以下简称“乙方”),根据中华人民共和国法律成立,注册地址为:上海。

Party B(hereinafter referred to as "**SUPPLIER**"),a company organized and existing under the laws of the **People's Republic of China** having its registered office at **Shanghai**.

双方达成如下条款 (Now it is hereby agreed as follows)：

1. **物品名称、规格、数量、单位价格及总价** (Name of Commodities, specification, quantity, unit price and total amount)。

物品名称 Name of Commodities	规格 Specifications	数量 Quantity	单位价格 Unit Price	总价 Total Amount

总价 (Total Amount)：

付款 (Payment)：

交货期 (Delivery Time)：

交货地点 (Place of Delivery)：

图 5-1 (a) U 公司物资类合同模板

2. 本合同以中、英文两种语言制定，若两种文本有冲突，应当以中文文本为准（This Contract shall be written and executed in both Chinese and English language versions. Any conflict between two versions，the Chinese version shall prevail）。

甲方（UC）：	乙方（PARTY B）：
电话（Tel）：	电话（Tel）：
联系人（Contacts）：	联系人（Contacts）：
代表人（Representative）：	代表人（Representative）：
日期（Date）：	日期（Date）：

3. **保证（Warranty）**。

a）乙方保证所提供之物品按照质量要求加工制作，符合与该物品的生产、包装和供应相关的各种成文法的规定和合同要求，且交付的物品品质良好、可靠，可由甲方合法使用或处置。

The SUPPLIER warrants to UC that the manufacture of supplied Commodities conforming to the quality requirements and comply with all relevant statutory and other legal and contractual requirements relating to manufacture，package and supply and，the Commodities delivered are in sound condition，be of merchantable quality and they can lawfully be used or dealt with.

b）乙方保证其所提供之物品完全为乙方合法所有，事实上由乙方拥有和控制，且无任何第三方权利，包括但不限于对物品所有权有影响的各种阻碍；乙方完全有权利订立本合同并履行本合同规定的义务。为避免歧义，本条所谓“各种阻碍”指抵押、诉讼、留置、担保、期权、限制、赎回权、其他任何形式的阻碍或抵押利益，或任何第三方权利和利益。

The SUPPLIER guarantees that the supplied Commodities are fully，lawfully and beneficially owned by the SUPPLIER，and are actually possessed and controlled by the SUPPLIER and，there are no third party rights，including but not limited to encumbrances that affect the title of the supplied Commodities and，the SUPPLIER has full power to enter into and perform its obligations under this Contract. For the avoidance of doubt，“encumbrance” herein means mortgage，lawsuit，lien，pledge，option，restriction，right of preemption，other encumbrance or security interest of any kind，or any third party right or interest.

c）乙方保证其在与甲方合作过程中，不得以任何形式给予甲方员工或其授权代理人任何好处，包括且不限于现金、礼券、礼品等。

图 5-1（a） U 公司物资类合同模板（续图）

The SUPPLIER warrants that it will not make any kinds of benefits, including without limitation, cash, cards equivalent to cash, gifts, etc., available to UC's employees and its authorised representatives during the term of its business relation with UC.

4. **交货/风险**（Delivery/Risk）。

a）乙方应根据甲方的书面指令自担费用将物品在指定时间内交付至指定地点。

The SUPPLIER shall, within the required limitation of time, arrange at its own expenses for the transportation and deliver the Commodities to the designated sites in accordance with UC's written instruction.

b）在物品被按照甲方书面指令交付至指定地点之前，乙方须承担物品灭失或损坏风险。

The SUPPLIER shall be solely responsible for the risk of loss and damages with respect to any Commodities until such Commodities are delivered to and accepted by UC in accordance with UC's written instructions.

5. **责任/索赔**（Liability/Claim）。

a）如乙方违反本合同第二条，即保证条款之规定而导致任何第三方针对甲方的行动，包括但不限于索赔，乙方应赔偿甲方因该等行动而遭致的损害、损失和额外的费用支出。

In the event that the SUPPLIER breaches the warranty provided aforementioned and this kind of breach results in any claims against UC from any third party, including without limitation the claim of damages, the SUPPLIER shall indemnify UC any damages, loss and/or extra expense.

b）如乙方延迟交货，甲方有权每日扣除被迟延交付的物品的价格的1‰作为违约金，但迟延交货不得超过10日，否则甲方有权拒收物品、终止本合同并主张赔偿，但因不可抗力而造成的迟延除外。

In the event that the SUPPLIER is late in delivering the Commodities, UC has the right to deduct 1‰ of the price of the delivered Commodities per day as penalty, however, in the event that such delay exceeds 10 days, UC shall, within its sole discretion to refuse to accept the delivery and to terminate this Contract and claim damages save in the event that the late delivery was caused by force majeure.

c）如乙方短缺交货，甲方应有权自行决定拒收物品、终止本合同并主张赔偿。

In the event that there is any shortage to the delivered Commodities, UC shall, within its sole discretion to refuse to accept the delivery and to terminate this Contract and claim damages.

图5-1（a） U公司物资类合同模板（续图）

d）乙方应赔偿甲方因乙方所提供的物品质量问题（原因包括但不限于，乙方未能遵从质量要求和相关规格或乙方的其他过错或疏忽）而遭致的损害、损失和费用支出。

The SUPPLIER shall indemnify UC against any damages and losses sustained and costs incurred as a result of quality problems (including without limitation non-compliance with the quality control and relevant specifications or otherwise due to the fault or negligence of the SUPPLIER) of the Commodities.

e）在甲方实际收到乙方物品后，如发现任何质量问题，甲方应在该质量问题被发现之日起10个工作日内将该事实及其详细描述书面通知乙方，并提出处理要求。乙方须在收到上述通知后的5个工作日内采取适当的甲方认可的补救措施；否则视为乙方已接受甲方的索赔要求。在相关解决方案达成前，甲方有权停止对该物品的应付款项的支付。

In the event that there is any quality problem discovered by UC after receipt of the Commodities, UC shall within 10 (ten) working days of discovery of such quality problem give written notice in full details to the SUPPLIER. Upon the receipt of the aforesaid notice, the SUPPLIER shall within 5 (five) working days take appropriate remedies agreed by UC, otherwise, it shall be deemed that the SUPPLIER accepts UC's claims. UC shall not be obliged to pay for the Commodities unless the Parties reach an acceptable settlement.

6. 价格及付款条款（Price & Payment Term）。

a）甲方应向乙方支付本合同所确认的货款。

UC shall pay for the Commodities to the SUPPLIER under this Contract.

b）除本合同所确认的货款外，甲方并无义务承担任何其他乙方因履行本合同义务而发生的各种费、税，开支等。

Except as confirmed by this Contract, UC shall not be responsible for any other fees, taxes or expenses incurred by the SUPPLIER arising from or pertinent to its performance of this Contract.

7. 有效期（Duration）。

本合同应于本合同签订之日起生效，于合同双方权利、义务履行完毕之日自动终止。

This Contract shall come into effect commencing from the date of this Contract and shall be automatically terminated upon the fulfillment of the performance by both party

图5-1（a） U公司物资类合同模板（续图）

of their rights and obligations under this Contract respectively.

8. **保密条款**（Confidentiality）。

a）双方同意在无另一方书面同意的情况下不得以任何方式向公众、政府部门或其他第三方陈述或披露与本合同相关的任何信息。

The parties hereby agree that they will make no representation or disclosure to public or government authorities or to any other third party relating to this Contract without the prior written consent of the other party.

b）双方同意在本合同执行期间和终止后的任何时间，均应对另一方提供的保密信息严格保密。该等保密信息包括与本合同有关的项目和计划、U集团所属公司的商务信息。双方须确保这些信息仅供为履行本合同规定的义务而必须知情的官员、负责人和雇员使用。这些保密信息不包括公众已知的信息或非因双方或其代表方之故而为公众所知的信息。

The parties will at all times, during the continuation and after termination of this Contract, keep strictly confidential all secrets and confidential information of the other party including, without limiting the generality of the foregoing, projects and plans relating to the subject matter of this contract, all information about the business of U group companies, and shall use it only to, and shall ensure that such information is made known only to those officers, directors and employees who need to know in order to, perform their respective obligations under this Contract. Such confidential information shall not include information which was or comes into the public domain through no fault of the parties or any party acting on its behalf.

c）本合同到期或被提前终止后，乙方应归还全部书面或其他形式的包含本条规定的相关保密信息的各种资料。

Upon the expiration or earlier termination of this Contract, the SUPPLIER shall deliver to UC all written or other materials comprising or containing any information subject to the obligations of confidence hereunder.

9. **终止**（Termination）。

在下列情况下，任何一方有权书面通知对方立即终止协议：

Either party shall be entitled forthwith to terminate this Agreement by written notice to the other party if:

a）一方违反本协议任一条款，且在可改正该违约行为的情况下，在收到违约通知书后30日内不予改正；

图5-1（a） U公司物资类合同模板（续图）

That other party commits any breach of any of the provisions of this Agreement and, in the case of a breach capable of remedy, fails to remedy the same within 30 days after receipt of a written notice giving full particulars of the breach and requiring it to be remedied;

b）一方宣告破产或申请延期履行债务；

The other party is declared bankrupt or applies for suspension of its debts;

c）一方停止或威胁停止营业；

The other party ceases or threatens to cease to carry on business;

d）一方因不可抗力在一个月内无法履行协议规定的义务。

The other party has not been able to fulfil its obligations under this Agreement for a period of one month due to force majeure.

10. **管辖法律/管辖权**（Applicable Law/Jurisdiction）。

a）本合同根据中华人民共和国法律解释，并受其管辖。

This Contract shall be interpreted, construed and governed by, and in accordance with the laws of the People's Republic of China.

b）所有与本合同有关的争议或违约，可由双方协商解决，协商不成，任何一方均有权将其提交合同签订地有管辖权的人民法院管辖。

All disputes arising out or related to this Agreement or the breach thereof shall be negotiated by the parties in a friendly and cooperative manner. Failure of such, either party shall be entitled to submit such dispute to the People's Court with jurisdiction where the Contract entered into.

11. **约束力**（Binding Effect）。

本合同条款对一方因合并、公司重组、控制权转变、购置或者出售所有资产或实质性出售所有资产后的后继者有约束力应并保证此等后继者的利益。

The provisions contained herein shall be binding upon and inure to the benefit of the successor of either party upon merge, company restructure, change of control, acquisition or sale of all or substantially all assets.

图 5-1（a） U 公司物资类合同模板（续图）

资料来源：笔者历年经历汇总而得。

采购合作合同

甲方（需方）：
乙方（供方）：

甲乙双方根据《中华人民共和国合同法》的公平、诚信原则，协商一致签订本合同所确定甲乙双方之间的产品采购合作关系。每次采购交易以本合同交易程序规定的单据为准。本合同所有附件和规定的单据均为本合同不可分割的部分，具有同等法律效力。

一、合作内容

甲乙双方就采购合作达成本合同，乙方按照本合同的约定和甲方采购订单的要求向甲方供货，甲方按照本合同的约定和实际收货付款。

二、合作时间

甲乙双方的合作期从______年____月____日至______年____月____日，为期____年。合作期届满，本合同如无条款变更且双方无任何争议将自动延续____年。

三、合作产品和资质

1. 乙方经营产品的名称、类别：__________________________。

2. 乙方须向甲方提供以下有效证件："营业执照"复印件、"税务登记证"复印件、"认证证书"复印件、"质量检验报告"及其他国家获准乙方产品进入市场的相关证件、资质和条件。

3. 如甲方发现乙方未报/错报/虚报相关资质，则甲方有权取消/终止和乙方签订的合同，乙方须承担全部责任并赔偿甲方所有的相关损失；如甲方同意接受部分产品和/或服务，则甲方应只就其所接受部分的产品和/或服务向乙方付款，所接受部分的产品和/或服务的价格以原采购订单的价格为基础计算，但乙方须承担对由此可能给甲方带来的风险和损失的全部赔偿责任。

4. 甲方的采购订单是采购产品的要约。每次交易的产品名称、型号、规格、花色、标志、品牌、质量要求、批号、数量、包装要求、单价、运输要求等，由甲方向乙方提供带订单号的书面采购订单作为采购产品的要约。

5. 传真、邮寄、电子邮件、直接递交均被双方认为是有效的确认方式。

图 5-1（b） N 公司物资类合同模板

6. 乙方应保证其所提供的产品未侵犯任何第三人的合法权利，如第三人向甲方主张权利，造成甲方损失的，乙方应承担相应的法律责任。

7. 乙方应及时向甲方供应继续开发或引进的后续产品，以保障双方长远的合作伙伴关系。

四、产品价格

1. 乙方承诺，在与甲方合作期限内，乙方将根据甲方的实际需要和纳税种类，提供同类产品最优惠的供货价格。

2. 乙方提供产品报价单，经甲乙双方盖章确认作为本合同的附件。产品价格为含税价格，具体价格明细以双方确认的产品报价单为准。

3. 甲乙双方如欲变更供货价格，应先向对方提出书面申请，经对方书面同意后开始实行。

五、产品的技术要求和质量标准

1. 乙方所有产品的质量不得低于国家标准、行业标准。若乙方的企业标准高于前列标准的，则适用企业标准。

2. 国家、行业未设定标准的，其技术要求和质量标准由双方协商确定。若需要，可在采购订单中规定产品的技术要求和质量标准。此外，双方确定的技术资料等附件也可作为核定标准的依据。

3. 采用封样方式验收货物的，其不免除符合本条所确定的技术要求和质量标准。

4. 乙方应向甲方提供合法有效的质量认证证书，如因缺乏必要的产品质量认证证书致使甲方受到行政罚款等，应由乙方最终承担合理的责任。

5. 乙方如变更原材料的生产厂商、生产地、配方、生产工艺、技术规格等，可能影响原材料品质的，应及时书面通知甲方，并提供样品交甲方试用，经甲方书面确认后方可供货。如因乙方在做出上述变更时，未及时通知甲方，而导致甲方的产品出现品质问题，应承担赔偿责任。

六、产品的包装

1. 乙方对产品的包装应按现行的国家标准或行业标准执行，包装应注明产品的规格、数量、产地等，适应产品性质和运输要求。

2. 乙方保证其包装能使产品安全运抵交货地点，如因包装不当而造成的相关损失，由乙方承担。

图 5-1（b） N 公司物资类合同模板（续图）

七、交易程序与单据

1. 每次交易以甲方发送的采购订单为准，甲方通常以乙方能收到的方式发送采购订单。乙方应在收到甲方采购订单两天内予以书面确认是否供货，未就采购订单予以书面确认则被视为默认承诺接受采购订单供货。若乙方未在甲方规定的合理的期限内交付产品时，甲方可另行寻找供货渠道，由此产生的一切损失由乙方自负。

2. 乙方在交货时，每批产品必须带有交货清单，交货清单上应标明甲方采购订单注明订单号、供方名称、需方名称、产品名称及代码，每种产品的交货数量、单价等。交货清单一式二联以上，甲方至少有一联。

八、交货条款

1. 乙方须按采购订单将产品运至指定地点交货。如果甲方临时调整交货地点时则按照调整后的地点交货，由此产生的额外费用则由甲方自行承担。如果由甲方临时调整交货地点，而导致交货延迟，由此产生的损失和责任由甲方自行承担。

2. 乙方承诺在收到订单后一定的期限内交付产品，具体时间则按采购订单的要求或双方共同协商认可的结果予以执行。乙方对甲方特殊订单预订产品的交货，按该订单条款的约定或甲方的专门指令执行。

3. 对于须送货上门并进行安装的产品，乙方承诺遵守甲方的指令，安装费由乙方承担。

4. 若安装产品的使用需乙方进行指导或培训，乙方应承担对甲方人员的指导或培训，培训费由乙方承担。

5. 乙方交付的产品与采购订单不符时，甲方有权拒绝接收不符的产品，由此产生的费用及损失由乙方负责。

九、产品运输

1. 由乙方负责将产品运送到甲方指定的交货地点，运输费用由乙方承担。在运输途中发生的或因运输本身发生的任何合理损失均由乙方承担。

2. 乙方应当确保以安全的方式向甲方交货，并且应当符合甲方的现场程序。

3. 所有权和损失的风险将在产品运至甲方指定的交货地点时转移给甲方。

十、收货与验收

1. 乙方在交货时，甲方根据采购订单只做外观和数量上的清点，由收货员

图 5-1（b） N公司物资类合同模板（续图）

在交货清单上签字确定收到运输方交付的货物，但该交货清单并不足以有效构成甲方无保留地接收该批产品之确认。

2. 验货时由甲乙双方共同参加，若乙方人员因故不在场时，则由甲方本着诚信原则自行验货，甲方人员应将验货结果书面通知乙方相关人员。但验收仅证明甲方对乙方所交产品数量、型号、规格是否相符的验收。

3. 若甲方在收到货物时发现所收产品的外观有明显的破损，数量、型号或规格与采购订单和交货清单不符，应在收货七天内书面通知乙方。

4. 本合同或甲方采购订单中所包含的任何内容都将不会以任何方式免除乙方的测试、检验和质量控制的义务。

5. 按照本合同的规定对交付的货物进行付款并不构成对所收产品的接受。

十一、产品质量保证与维护

1. 乙方供货的产品保质期为____年（或见附件____），若为国内制造原料，进厂时间要保证三分之二有效保质期以上；若为进口原料，进厂时间要保证二分之一有效保质期以上。未满足此条款，甲方有权退货。

2. 乙方供货的产品应满足先进先出的原则，并随货提供出厂检验报告。

3. 乙方供货的产品若涉及如3C、RoHS、GB18581、GB18582、GB24408、GB24409、环境标准中有害物质限量要求的，需每年提供有资质的第三方检测机构出具的检测报告。

4. 在保质期内，乙方对其所供的产品有免费维修的义务。在保质期后，乙方的维修的义务并不因此而免除，但甲方应给付相应的维修费用。

5. 当乙方接到甲方质量投诉或维修要求后，应在正常工作日____小时内做出响应，并在____天内到达甲方通知的现场，并积极与甲方人员协商解决。

十二、退换产品

1. 乙方若交付给甲方的产品规格和质量与采购订单要求不符，应保证无条件予以退换，由此引起的相关费用由乙方自行承担。若双方协商无果，甲方有权取消本次订货，并保留解除本合同的权利。此外，乙方保证承担因产品不合格而使甲方可能遭受的相关合理的损失。

2. 若乙方交付的产品存在品牌、质量、等级等问题，乙方除负退换货责任外，还应承担合同相关产品总价款百分之五（5%）的违约金。造成甲方损失的，应赔偿其相关损失。

十三、权益保障

若乙方产品存在问题对甲方或第三人造成的任何损害，乙方承诺予以全部

图5-1（b） N公司物资类合同模板（续图）

赔偿。如甲方已经偿付的，甲方有权向乙方追偿。

十四、结算方式与付款期限

1. 付款方式：承兑汇票或电汇。

2. 付款条件：收货验收合格后全额支付，付款期限：□月结 90 天 □月结 60 天 □月结 30 天 □短期（ ）天。双方另有约定的除外。

3. 在采购订单上须体现商谈的结算方式与付款期限。

4. 若为人民币结算，为了保证甲方验收记账和按时付款，乙方在送货同时或送货后七天内，须向甲方提供发票，否则甲方可将付款日期顺延一个月，并不因此承担逾期付款责任。

十五、违约责任

1. 乙方不能交货的，应向甲方偿付不能交货部分货款总值的百分之二十（20%）的违约金，造成甲方损失的，应赔偿相关损失。

2. 乙方逾期交货的，按逾期交货部分货款总值的百分之五（5%）承担逾期违约金。逾期超过三十天的，视为乙方不能履行合同。

十六、合同的变更与解除

1. 本合同如需变更，甲乙双方需另外签订书面合同。

2. 在本合同有效期内，经双方协商一致同意，可以变更或解除本合同。

3. 因不可抗力如战争、严重自然灾害、国家政策或法规等因素使本合同不能执行时，本合同可以变更或解除。

4. 本合同任何一方严重违约，守约方有权决定是否解除合同，并可向对方追偿由此造成的一切经济损失。

十七、合同解除或终止

1. 本合同解除或终止时，双方同意采取措施，以确保本合同在良好的条件下终止，尤其包括清理退回产品，结算货款。

2. 本合同解除或终止时，本合同规定的售后服务（以乙方承诺的售后服务项目为准）、质量保证、保修等由乙方负责。

3. 如果一方重大违约，另一方可以通过提前三十（30）天书面通知违约方终止本合同，除非该违约在该通知期限内得到纠正。为避免疑问，乙方所交付的产品若无法在质量或数量方面让甲方接受，则视为重大违约。在以下情况下，本合同在一方收到另一方的书面通知后立即终止：（i）另一方主动或被动破产或资不抵债；（ii）申请另一方清算（包括对另一方的全部或主要业务或资产指

图 5-1（b） N 公司物资类合同模板（续图）

定接管人、清算人或受托人的情形)。

4. 本合同的终止将不会免除任何一方在合同终止前产生的任何责任或义务，也不会通过解除或产生任何权利以撤销本合同任一方在终止前已经做出的行为。本合同的终止将不会影响任何一方继续履行本合同规定的保密、知识产权义务。本合同一旦终止，乙方应将所有在终止日之前预定发出的合格产品运送给甲方，而甲方应根据任何的未清发票支付应付货款。

十八、知识产权

1. 乙方保证产品及其制造方法不侵害任何第三人的专利权、外观设计专利权、商标权、著作权等其他一切权利（以下总称“知识产权”），同时保证截至目前未受到任何第三人提出的有关产品及其制造方法侵犯该第三人所有的知识产权的警告、诉讼等（以下总称“纠纷”）投诉。

2. 乙方在发生产品或其制造方法有关的知识产权与第三方之间的纠纷，或经判断有可能发生时，应书面通知甲方。

3. 发生前款纠纷时，乙方应自行承担责任和费用，负责解决与该第三人之间的纠纷。但是，该纠纷如果是由于甲方指定的设计、规格所引起时则不在此限。

4. 解决上述第2款的纠纷时，该第三方选择甲方作为该纠纷的解决对象时，乙方应在甲方提出要求后协助甲方解决纠纷，但是解决纠纷所需的费用应按照上述第3款的规定。

5. 产品及其制造方法侵害第三方知识产权的事实被认定，或产品的使用、销售等被主管行政部门或法院禁止，或者有这样的可能时，乙方必须根据甲方的书面指示，自行承担责任及费用，立即采取一切措施（包括并不限于下述措施)。另外，乙方所采取的该措施不得妨碍甲方行使包括基于本基本合同及法律规定的损害赔偿请求权在内的一切权利。

a）乙方为继续使用该产品而从该第三方取得许可或授权。

b）通过变更产品而达到不侵害第三方所有的知识产权。

c）将侵害第三方知识产权的产品（包括正在制作的以及组装在产品上的标的物）与不侵害知识产权的产品进行交换和修理。

d）取回甲方已经购买的产品，并将产品的货款全额返还给甲方。

6. 乙方因非归责于甲方的原因而终止生产向甲方交付的产品时，乙方同意给予甲方为生产、销售、使用产品等所必须的知识产权、科技成果相关的无限期且无偿的非独家许可。

图5-1（b） N公司物资类合同模板（续图）

十九、保密信息

1. 为本合同的目的，“保密信息”指一方按照本合同向另一方提交的、并被提交方标注“保密”字样的所有书面或有形的信息（包括但不限于资料、专有技术、技术和非技术资料、产品样品和规格）。

2. 除非本合同另有约定，一方不得使用另一方的保密信息，并且对于另一方的保密信息要以保护自己的保密和专有信息的注意程度进行保密；但前提是该等注意程度应当为一个理性、谨慎的人在类似情形下至少应当具备的注意程度。

3. 一方的保密信息将不包括信息接受方能通过合理证据证明的以下信息：(i) 在提交方披露信息之日，接受方占有或控制的信息；(ii) 随后由接受方单独取得的信息；(iii) 在披露信息之日或之后成为公开的信息，且该种公开并非由于接受方的过错或疏忽所致；(iv) 在没有对披露方负有保密义务的前提下自第三方处合法地取得的信息。

4. 本保密义务在本合同终止后的五（5）年内将具有全部效力。甲乙双方同意：其能接触到另一方保密信息的高级管理人员、雇员、经允许的继任者或委派人和代理人都将知悉本合同中列出的保密义务，并应当遵守该保密义务。

二十、环境保护、职业健康和安全

1. 甲、乙双方应通过在其企业经营的活动中努力开展污染物达标排放、减少废弃物、降低材料损耗以及节约能源、节约资源、废弃物再生利用等活动，推进以减轻地球环境的负荷为目的的环境保护活动。另外，乙方应充分理解甲方的环境方针宗旨，在提供原材料、零部件，处理废弃物时，考虑到环境问题，并防止事故等的发生。

2. 乙方保证其向甲方所提供的产品不属于甲方另行书面通知的化学物质中的禁止物质（以下称“禁止物质”），以及不含有禁止物质，而且在产品生产过程中未使用禁止物质。

3. 如果产品属于影响环境化学物质中的监管物质（以下简称“监管物质”） 或含有监管物质或产品的生产过程中使用了监管物质时，在向甲方交付产品之前，乙方以书面形式将该情况通知给甲方。

4. 当乙方知道已交付的产品属于禁止物质、含有禁止物质或产品生产过程中使用了禁止物质时，应立即通知甲方。

图 5-1（b） N 公司物资类合同模板（续图）

5. 乙方违反本条规定给甲方造成损害时，乙方应赔偿甲方因此所遭受的损害。

6. 甲方在必要时经过事前通知乙方的工厂、办事处等以及乙方委托方以后，可以为确认环保活动的实施情况而进行现场检查等。另外，乙方在同意甲方现场进行该检查的同时，应向乙方委托方通知该检查，协助甲方顺利进入乙方委托方进行检查，并为该检查提供方便。

7. 乙方承担本合同履行过程中健康、安全生产及环境保护的全部责任。

8. 乙方提供的产品必须满足国家和行业现行的关于安全、健康和环保的标准、规范及合同中有关要求。

二十一、廉政条款

1. 甲乙双方都同意坚决拒绝索贿、行贿及其他不正当交易行为。

2. 乙方一旦发现甲方的采购、经办人员有索贿行为，应立即向甲方法务部门举报，举报电话：____________。

3. 如乙方为获取任何不当利益或特殊待遇而给予甲方职员任何形式的礼品、回扣或其他积极利益的，甲方一经查实，可解除合同。同时对乙方已交付的货物，甲方有权委托评估机构进行估价，按评估结果支付货款，并由乙方承担已交易部分货款百分之三十（30%）的违约金。

二十二、其他

1. 法律和政策的合规。乙方将遵守甲方提供和要求的、与产品交付有关的所有合理指示、程序或规定。乙方将遵守涉及本合同的政府机关的所有相关法律和规定。乙方将按照甲方的要求提交材料安全数据单（MSDS）和产品的日常信息。乙方将遵守所有的劳动法、安全法和法律、法规和任何其他管理机构相关指令要求的环保规定。

2. 不可抗力。如果因为乙方或甲方不能合理控制的任何天灾或情形（包括但不限于火灾、洪水、风暴、爆炸、暴乱、罢工、停工或其他劳动争议、实际或可能存在的战争或其他敌意行为、破坏、恐怖行为或其他类似情况）（“不可抗力情形”）而致使乙方不能及时地交付甲方按照本合同购买的产品或甲方不能及时地提取甲方按照本合同购买的产品（无论数量是否一致或另有订购），或对本合同的任何履行不能或迟延履行（包括但不限于乙方未能按照本合同约定的价格供货），则不视为一方违约，一方也不对另一方负有任何义务。不履行或迟延履行的一方应当立即以书面形式将不可抗力情形的发生、程度和

图 5-1（b） N公司物资类合同模板（续图）

可能期限通知另一方，并且如果该种情形未能在随后的六十（60）天内消除，另一方有权以提前十四（14）天书面通知的方式终止本合同。如果乙方的不可抗力情形与市场相关（譬如因为乙方供应商宣称不可抗力而无法获得原材料），则甲方将基于乙方通过书面或惯例和习惯合同向其顾客的销售按比例地分配产品。如果不可抗力情形影响到其在随后的一段时间内乙方制造产品的能力，乙方将向甲方提供必要的乙方知识产权和免除使用费的许可，以便甲方制造受到影响的产品或再许可给家适当的收费生产商在发生不可抗力情形的期限内制造受影响的产品。合同一方依赖于不可抗力情形的权利应当在不可抗力情形结束时立即终止。

3. 通知。与本合同有关的所有通知和联系将在通过足够邮资的密封信封、挂号信或带回执的信函将其交寄后的五（5）天内有效，且信函将寄至本合同列出的双方地址或该方指定的其他地址。

4. 转让。未经另一方的事先书面同意，任何一方都不能转让本合同。但是，如果一方和第三方合并或重组，只要该第三方不是另一方的竞争对手，该方就可以转让本合同。

5. 合并。本合同及其任何在本合同中援引的附件构成双方之间的全部合同和共识，并取代甲乙双方或其关联公司之前就本合同标的达成的全部书面的、口头的或暗示的合同和共识。但是，如果双方已经单独签署了与本合同有关的保密合同，则该保密合同将在其期限内一直保持有效。“关系企业”指一方直接或间接拥有或控制的企业或其他实体，以及同受某一企业控制的任何形式的营业组织。

6. 修改。除非经本合同双方通过正式签署和递交书面文书，本合同不得被修改。

7. 弃权。本合同任何一方未能或迟延行使本合同项下的任何权利、特权或权力都不构成对该权利、特权或权力的放弃；任何一方行使某一种或部分行使某种权利、特权或权力也并不排斥其另行或进一步行使该权利、特权或权力，也不排斥其行使任何其他权利、特权或权力。

8. 可分性。本合同的条款是单独和可分的。若任何有管辖权的法院判决本合同的任何条款无效和/或无法执行，其余条款将按照本合同不包括无效和/或无法执行的条款的情形进行解释。

图 5-1（b） N 公司物资类合同模板（续图）

9. 适用法律。本合同适用中国法律并据此进行解释。本合同项下双方的权利义务将不适用《联合国国际货物销售合同公约》或《联合国国际货物买卖时效期限公约》或其修正案。

10. 语言。双方明确同意本合同以中文签署。如果将本合同翻译成其他语言，该种翻译仅供方便之目的，并且中文版本作为对双方有拘束力的合同。

11. 合约之适用。除双方另有书面约定外，甲方及甲方关系企业，附件一中所列企业（甲方有权随时以通知的方式更新附件一所列之法人），附件一中所列企业之关系企业，乙方及其附件二所列关系企业，均同意适用本合同。

二十三、争议的解决

本合同双方在履行中发生的所有争议必须及时友好协商解决，如通过协商仍不能解决时，应向甲方所在地人民法院提起诉讼。

二十四、未尽事宜

本合同未尽事宜，由甲乙双方协商补充，补充部分与本合同具同等法律效力。当补充部分与本合同相矛盾时应以补充部分为准。

二十五、本合同一式二份，甲乙双方各执一份，自双方盖章后生效。

甲方：	乙方：
代表人：	代表人：
地址：	地址：
邮编：	邮编：
电话：	电话：
开户银行：	开户银行：
账号：	账号：
年　　月　　日	年　　月　　日

图 5-1（b）　N 公司物资类合同模板（续图）

资料来源：笔者历年经历汇总而得。

三、合同的管理

如前文所述，企业有各种各样的采购需求，自然也就会有各种各样的合同类型。但合同类型过多，对于采购人员、法务人员、档案管理人员来说，管理起来的难度都是巨大的。因此，大多数企业都会规范自己的合同文档，这其中最能提高效率的办法就是标准化合同。标准化合同，一般是由法务部门牵头，会同相关业务部门，制定各自业务的固定模板，如和采购部协商制定采购合同模板，和销售部协商制定销售合同模板等。

1. 模板管理

模板管理是一种标准化的管理方式。它是由采购部汇总近几年的所有采购合同，按照“二八原则”将大部分合同分为几大类，对于占比较大的类别制定统一的合同模板文本。U 公司的做法就是对其中变化较小的条款进行整合，形成固定的“通用条款”。这样，在合同审核过程中，如果使用的是 U 公司的标准模板合同，并未涉及通用条款的变更，那么只要审核合同核心内容就可以了。这样就大大减少了审核人员的工作量，同时对于合同规范化也有很大的作用。

在这样的管理思路下，U 公司法务部门针对采购合同一共制定了若干种标准模板，采购员在和供应商商谈时，如果对方同意接受 U 公司标准模板，那么审核时间会大大减少。如果合同采用的是非标准版本合同，那就需要法务同事逐条审核，以保证公司的正当权益。当新业务开展以后，此类需求逐渐增加，法务部门也可以就此需求再发布一个标准模板，并将其纳入合同的模板管理体系中。

一般来说，常用的合同模板包括：物资类合同、工程类服务合同、设备类合同、服务类合同，而服务类合同也会被进一步细分为咨询服务类合同、消防服务类合同、委托加工服务类合同等。合同模板的体系，随着业务的开展不断细化，这样就可以把企业涉及的采购类合同通过标准化的方式进行有效的管理。其余的非标准合同则采用 Case by Case 的审核方式。这样的处理方式，一方面节省人工，另一方面也能更好地控制合同的潜在风险。

2. 审批管理

草拟了合同文本，接下来就是审批管理。同样的管理思路，审批管理也可以采用标准化和分类管理的思想。分类管理：对于合同的审批，按照其重要性、涉及的金额、对企业的影响程度进行分门别类；对每一类合同的审批制定相应的流程。

在管理规范的集团，集团层级的制度规范部门一般会出台对各个领导层级、各个部门管理权限的约定，如针对不同级别的领导，对应设置的授权范围是不同的，这个被称为授权体系（Delegation of Authority，DOA）。对合同审批流程的设定，一般要在 DOA 的前提下进行设定。

一般而言，合同的审批流程不宜过长。在大型集团中，往往会出现“企业病”，即审批决策涉及的人员过多，仿佛这样做能够使业务风险降到最低，但最终的结果却是决策审批时间过长。此外，会签也常常是多个部门并行处理，所以一条流程往往需要十几个人审批，但效果却十分有限。企业领导每天处理的审批流程越来越多，这样反而不能让公司领导将精力放在重要的业务上。

合同审批的流程要以 DOA 为基础，但不宜过长。一般合同的审批只需通过采购、法务、公司层级领导即可，考虑到专业性问题也会增加采购需求部门领导参与审批或会签。下面，本书以 N 公司出台的合同审批流程设置为例，帮助大家更好地理解（见表 5-1）。

表 5-1　N 公司合同审批流程

合同类型	一级分类	二级分类	三级分类	审批范围	法务经理	法务部门高管	功能部门经理	功能部门高管	CEO
生产性物料	□	□	□	2000 万元以下且 3 年（含）以下	√		√	√	
	□	□	□	2000 万元（含）以上或 3 年以上	√	√	√	√	√
固定资产	IT 设备类			50 万元（含）以下且 2 年（含）以下	√		√	√	
				50 万～100 万元（含）且 2 年以下	√	√	√	√	
				100 万元以上或 2 年以上	√	√	√	√	√
	无形资产类	软件		50 万元（含）以下且 2 年（含）以下	√		√	√	
				50 万～100 万元（含）且 2 年以下	√	√	√	√	
				100 万元以上或 2 年以上	√	√	√	√	√

续表

合同类型	一级分类	二级分类	三级分类	审批范围	法务经理	法务部门高管	功能部门经理	功能部门高管	CEO
固定资产	无形资产类	其他无形资产类		50万元（含）以下且2年（含）以下	√		√	√	
				50万~100万元（含）且2年以下	√	√	√	√	
				100万元以上或2年以上	√	√	√	√	√
	其他固定资产类			50万元（含）以下且2年（含）以下	√		√	√	
				50万~100万元（含）且2年以下	√	√	√	√	
				100万元以上或2年以上	√	√	√	√	√
消耗品	办公消耗类	电子电器类	电器耗材类	50万元（含）以下且2年（含）以下	√		√	√	
				50万~100万元（含）且2年以下	√	√	√	√	
				100万元以上或2年以上	√	√	√	√	√
			其他电子电器类	50万元（含）以下且2年（含）以下	√		√	√	
				50万~100万元（含）且2年以下	√	√	√	√	
				100万元以上或2年以上	√	√	√	√	√
		其他办公消耗类		50万元（含）以下且2年（含）以下	√		√	√	
				50万~100万元（含）且2年以下	√	√	√	√	
				100万元以上或2年以上	√	√	√	√	√
	独立功能类	办公电器类	IT电子类	50万元（含）以下且2年（含）以下	√		√	√	
				50万~100万元（含）且2年以下	√	√	√	√	
				100万元以上或2年以上	√	√	√	√	√
			其他办公电器类	50万元（含）以下且2年（含）以下	√		√	√	
				50万~100万元（含）且2年以下	√	√	√	√	
				100万元以上或2年以上	√	√	√	√	√
		其他独立功能类		50万元（含）以下且2年（含）以下	√		√	√	
				50万~100万元（含）且2年以下	√	√	√	√	
				100万元以上或2年以上	√	√	√	√	√
	其他消耗品类（除办公消耗类、独立功能类）			50万元（含）以下且2年（含）以下	√		√	√	
				50万~100万元（含）且2年以下	√	√	√	√	
				100万元以上或2年以上	√	√	√	√	√

续表

合同类型	一级分类	二级分类	三级分类	审批范围	法务经理	法务部门高管	功能部门经理	功能部门高管	CEO
宣传品				50万元（含）以下且2年（含）以下	√		√	√	
				50万~100万元（含）且2年以下	√	√	√	√	
				100万元以上或2年以上	√	√	√	√	√
服务类	专业服务	咨询	法务类	50万元（含）以下且2年（含）以下	√	√			
				50万~100万元（含）且2年以下	√	√			
				100万元以上或2年以上	√	√			√
			财务类	50万元（含）以下且2年（含）以下	√		√	√	
				50万~100万元（含）且2年以下	√	√	√	√	
				100万元以上或2年以上	√	√	√	√	√
			其他咨询类	50万元（含）以下且2年（含）以下	√		√	√	
				50万~100万元（含）且2年以下	√	√	√	√	
				100万元以上或2年以上	√	√	√	√	√
		升级续保服务		50万元（含）以下且2年（含）以下	√		√	√	
				50万~100万元（含）且2年以下	√	√	√	√	
				100万元以上或2年以上	√	√	√	√	√
		其他专业服务		50万元（含）以下且2年（含）以下	√		√	√	
				50万~100万元（含）且2年以下	√	√	√	√	
				100万元以上或2年以上	√	√	√	√	√
	广告媒体服务/差旅会议服务/物流/后勤服务			50万元（含）以下且2年（含）以下	√		√	√	
				50万~100万元（含）且2年以下	√	√	√	√	
				100万元以上或2年以上	√	√	√	√	√
	人事服务	人事外包	网络外包/SAP运维外包Helpdesk外包/CCG外包	50万元（含）以下且2年（含）以下	√		√	√	
				50万~100万元（含）且2年以下	√	√	√	√	
				100万元以上或2年以上	√	√	√	√	√

续表

合同类型	一级分类	二级分类	三级分类	审批范围	法务经理	法务部门高管	功能部门经理	功能部门高管	CEO
服务类	人事服务	人事外包	其他人事外包服务	50万元（含）以下且2年（含）以下	√		√	√	
				50万~100万元（含）且2年以下	√	√	√	√	
				100万元以上或2年以上	√	√	√	√	√
		其他人事服务		50万元（含）以下且2年（含）以下	√		√	√	
				50万~100万元（含）且2年以下	√	√	√	√	
				100万元以上或2年以上	√	√	√	√	√
	租赁服务	设备租赁	信息设备租赁（如磁带箱）	50万元（含）以下且2年（含）以下	√		√	√	
				50万~100万元（含）且2年以下	√	√	√	√	
				100万元以上或2年以上	√	√	√	√	√
			其他设备租赁	50万元（含）以下且2年（含）以下	√		√	√	
				50万~100万元（含）且2年以下	√	√	√	√	
				100万元以上或2年以上	√	√	√	√	√
		其他租赁服务		50万元（含）以下且2年（含）以下	√		√	√	
				50万~100万元（含）且2年以下	√	√	√	√	
				100万元以上或2年以上	√	√	√	√	√
	设备维保安装服务	网络布线及硬件的安装实施服务		50万元（含）以下且2年（含）以下	√		√	√	
				50万~100万元（含）且2年以下	√	√	√	√	
				100万元以上或2年以上	√	√	√	√	√
		其他设备维保安装服务		50万元（含）以下且2年（含）以下	√		√	√	
				50万~100万元（含）且2年以下	√	√	√	√	
				100万元以上或2年以上	√	√	√	√	√
	公共服务类	信息月租费		50万元（含）以下且2年（含）以下	√		√	√	
				50万~100万元（含）且2年以下	√	√	√	√	
				100万元以上或2年以上	√	√	√	√	√
		其他公共服务类		50万元（含）以下且2年（含）以下	√		√	√	
				50万~100万元（含）且2年以下	√	√	√	√	
				100万元以上或2年以上	√	√	√	√	√

资料来源：笔者历年经历汇总而得。

对于合同的审批，不同公司的做法也是不一样的，有些公司通过线下纸质合同的方式来完成，有些公司通过企业管理系统在线上完成。本书先介绍线下纸质方式，如表 5-2 所示。

表 5-2　审批模板

＿＿＿＿＿＿合同评审报告	合同编号：＿＿＿＿＿＿
产品名称：	评审时间：
经办人：	评审意见： 签名：　　　　年　　月　　日
业务部门：	评审意见： 签名：　　　　年　　月　　日
法务部门：	评审意见： 签名：　　　　年　　月　　日
其他相关部门（根据需要增减）：	评审意见： 签名：　　　　年　　月　　日
总经理：	评审意见： 签名：　　　　年　　月　　日

资料来源：笔者根据历年经历汇总绘制。

线下纸质合同的方式最大的优点是方便快捷，一目了然。但其缺点也较为明显：①不易保存。如果采购员调岗或离职，那么之前的资料就很难很好地保存下来。一旦时间久远，丢失文件的现象便可能发生。②评审的资料不全。以上面一张表为例，每位领导在审批的时候都需要了解一下具体的合同情况，如果采购员无法回答各领导提出的问题，那么审批表可能被退回，这时的工作效率是极低的。

为了解决以上问题，也为了后续便于记录、查询和统计，部分企业通过线上的方式完成合同审批。一般由经办人在某系统填写合同的相关信息，附上合同文本，发起审批流程。系统会根据发起人的账号自动触发多级审批流程，如前面N公司的合同审批设置，这些在系统上线之初就设计好的，也得到了集团管理层的确认。接下来，系统会依据设置逐级审批（或引入会签流程），如有问题则退回给经办人；如同意则触发下一节点审批人，最终直至审批决策人。当最终决策人审批通过后，系统会将相关信息返回给经办人，必要时会通知相关审批人和业务人员，以便开展后续工作。合同管理软件实现了上述步骤的线上操作，这大大提高了工作效率。

合同管理软件的引入，在两个方面改善了线下纸质审批常见的问题：①易于保存、记录和追溯；②评审的资料充分。审批流程中的每位审批人员都可以通过系统查询到该合同的所有相关材料，这样的审批不会依赖于采购员的“个人能力”，而是利用系统带来的“数据共享”，为合同审批提供充足的依据。

线上管理方式的优点很多，但也是存在缺点的。最大的一个缺点就是及时性不够。如果当下领导没有时间处理，过后很容易忘记，这就需要采购员不断提醒才行。另外，因为是“数据共享”，所以合同的相关资料可能非常多，没有突出重点信息，不利于领导审批。对于这两点，当前的合同管理软件也给出了解决方案，一是开发手机移动端审批，让领导不必依赖于电脑，随时随地都能审批；二是开发定时提醒功能，提醒审批人员及时处理。另外，对于优秀的采购员，他们在提交审批的同时，也可以用最精练的语言，在提交的信息框中简要介绍合同的大致内容和关键点，这样也会大大帮助领导有效审核。

3. 文档管理

采购合同是企业重要的文件之一，规范的企业都会制定一整套文档管理制度，定期对企业的采购合同进行整理和归档。20世纪八九十年代，合同文档的保存一般依赖于采购员和档案员的及时归档。但以该方式保存大量文档存在两个问题：一是保存难度很大，纸张经年累月后都会破损，字迹也会模糊；二是如果没有细致地管理档案，后续查询起来也是难度极大的，更不要说进行统计分析了。进入21世纪后，电脑的引入大大简化了文档管理工作内容，扫描仪将纸质文档变成了电子文档，一个小小的U盘存储的文档数量不亚于一个小型图书馆。大多数企业除了必要的文档保留纸质版外，大部分都可以通过电子文档的方式来保存。

仅有储存媒介是不够的，这是因为我们需要将大量的合同扫描成电子文档储存进电脑中。如果将来要查询的话，我们还是需要翻看每个文档，这不利于提高工作效率。这就产生了对文档储存、查询、汇总和统计的业务需求。基于以上的业务需求，合同管理软件也整合了合同文档管理的功能。合同文档管理需要按照一定的规则来完成，这个规则就是“结构化”。简言之，结构化就是将一个对象用若干个字段来表示其唯一性。在梳理现有的合同文档时，合同管理软件会对合同进行分析，发现不同合同之间最本质的特点如合同中的供应商名称、购买的产品、购买时间、数量、付款方式、总金额、有效期等。将已签署的合同中的关键字段“结构化”，用有限的字段来概括其主要特点，这些字段就是“特征字段”，或者称为主数据。每份合同归档时，这些字段就是该合同的“特征”。这些字段也大多是最初审批的字段要求，所以合同审批管理和合同文档管理可以组合进行，通过设置合理的“特征字段”，不仅易于管理合同及其审批，对于后期的文档管理也是十分有益的。

举个例子，当我们记录一份合同时，往往要将合同的总金额、购买的产品、签署时间、签署人、付款方式、购买公司或部门（若存在多个子公司或部门）等作为必须填写的字段，在提交合同审批前完成填写。这些工作的目的在于归类，将合同按照不同的维度分成若干种类别，且用字段来体现。如有些字段是“选择性字段”，填写人只能从几个有限的选项中选择，这就需要事先做好分类。通过分类之后，后续的查询、汇总和统计就会很便捷。无论是审批过程，还是将来的档案查询，随后我们都可以通过查询“特征字段”来迅速找到所需要的合同文本。

4. 印章管理

印章是企业在经营管理活动中行使职权、明确公司各种权利义务关系的重要凭证和工具，因此对印章的管理很重要，必须指定专人对其进行有效管理。企业一般都会拥有很多印章，如公章、法人章、签字章、合同专用章等，在这里本书主要讨论的是采购合同专用章的管理。

采购合同专用章的管理部门在不同企业有所不同，有的是法务部门，有的是采购部门。总之，无论归属哪个部门管理，其遵循的规则都是固定的。印章的使用必须经过严格的审批流程，申请人填写用印申请表，或者在系统中发起印章申请流程，通过审批后方可由专人进行盖章。事实上，盖章也有一定的规则：超过 2 页以上需要加盖骑缝章；印章盖在单位名称上面；盖章位置要居中。

有时为了提高效率，合同审批流程和盖章流程也可以合二为一，即合同审核批准后，就可以盖章了。此时，盖章人员要负责查阅合同内容和审批合同的一致性，以免出现“张冠李戴”的问题。具体的印章管理办法可根据企业的自身管理要求来制定。当前，有些合同管理软件除了能完成合同审批和文档管理功能外，还开发了“合同打印”的功能，即当合同审批结束后，按照填写的字段和模板，自动打印出审批后的合同，并加盖电子公章。这个功能的目的在于保证打印的合同和经过审批后的合同具有一致性，避免人为查阅过程中的细节疏漏。

5. 合同变更管理

如前文所述，合同的属性可以通过若干个“特征字段”来体现。当合同出现变更时，则需要重新进入审批流程。为了提高变更管理的效率，对不同特征字段的变更可以采用分类管理的办法。对于关键内容的调整，所需要的审批层级与新合同的审批层级是一样的；对于非关键内容的调整，可以简化这个流程。如果是在线上完成合同变更的，那么针对不同特征字段的修改设定不同层级的审批流程，这样就可以对合同变更进行有效的管理。

合同变更管理是合同管理的一个方面，与合同审批管理、合同文档管理一起组成一套完整的合同管理标准。

四、合同管理软件示例

1. 合同管理软件发展阶段

合同管理软件大致有三个发展阶段。第一个阶段是借助纸质文档和 Excel 表格、由业务人员自行管理的模式。这种模式简单直接，效率很高，在企业初创或规模较小时优势很明显，能够很好地配合企业业务的快速开展。其缺点在于管理水平的高低取决于业务人员的个人能力，一旦人员变动，则资料很难被保存。第二个阶段是配合现有的办公自动化或企业管理系统，作为文本合同管理模块整合在一起。这种模式系统适配性很好，与现有系统兼容性好，不过大都功能单一，个性化合同管理需求需要二次开发。第三个阶段就是产品化的合同管理软件。这种模式管理专业性强，能够满足企业合同管理的多样化需求，覆盖企业所有的合同业务流程。其缺点在于和现有企业管理系统的兼容性不如第二个阶段中的合同管理模块。

2. 合同管理软件需要满足的需求

一个良好的合同管理软件必须满足以下七大业务需求：

(1) 统一的合同管理平台。

企业成长到一定规模后，各业务部门和各子公司由于经营业态、组织结构、人员发展的差异，对于合同管理的操作方式往往不一致，其在合同起草、审批、签署和履行中都有各自的特点，因此合同管理软件要规范整个集团的合同管理规则。

（2）合同管理软件要建成一个“数据库”。

这个数据库要以一定的规则记录，通过对权限的管理达到合同的共享，同时合同模板的完善也使合同起草更加规范。通过模块规范、分类共享，大家节省了大量重复工作，提高了工作效率。

（3）审批流程设置。

合同管理软件要能够根据业务的需求，适时地调整审批设置，不仅有为常态化业务构建的审批流程，也要有为非常态化业务构建的审批流程，以配合各种形态的业务开展。

（4）报表分析。

数据库是数据的集合，但单纯的数据并不能为决策领导提供建议，这就需要合同管理软件具有数据统计和分析功能。基于前文提到的“特征字段”，合同管理软件要从多个角度和维度对合同数据库的大量数据进行解读，从中发现业务痛点，找出原因，针对性地给出解决方案。

（5）全程监督和跟踪。

合同管理软件要具有强大的全程监督功能，从事前阶段的合同签署条件，包括供应商、预算、审批单等，到事中阶段的合同审批流程，包括关键人员意见，最后到事后的全记录追溯，保留每位参与人员的操作记录全程监督和跟踪。

（6）分权限管理。

软件的使用是有岗位要求的，尤其是对于合同这种企业核心文件。如何对同一个数据库，既保证业务人员的有效操作，又能避免核心信息的外泄，有效的分权限管理是必要的。合同管理软件的权限是分层次的，不能仅有简单的几个类型，而要对不同岗位的需求设定不同的权限。

（7）移动端操作。

随着互联网的发展，移动办公也渐渐成为了常态。因此，企业需要与时俱进地更新合同管理软件，必须覆盖移动端的业务场景。企业目前的主要任务就是针对手机、平板开发各种适配操作，不仅限于传统电脑端的指令输入方式。

3. 案例示范

为了更好地帮助大家理解合同管理操作层面的工作，本书以G集团的合同管理软件为例来进行介绍。G集团的合同管理软件包含了合同审批管理、文档管理等功能，通过系统间接口将合同的数据共享到其他系统。本书以该软件的主要业务场景为例，来逐一给大家讲解。

（1）用户工作台场景：该场景主要针对用户登录系统后面对的工作台，包括待办事宜、综合查询、合同管理、法律咨询、数据统计等，如图 5-2 所示。

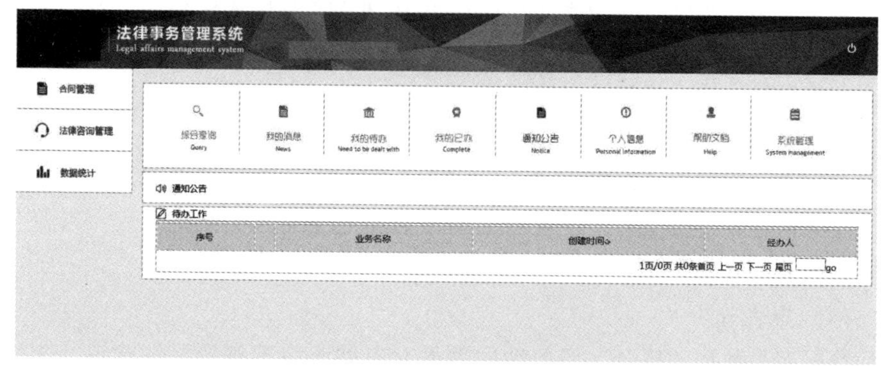

图 5-2 用户工作台场景

资料来源：笔者根据历年经历汇总得到。

（2）新合同录入场景：这个场景是输入合同相关信息，同时附上文本合同、相关附件和决策支持文件，如图 5-3 所示。

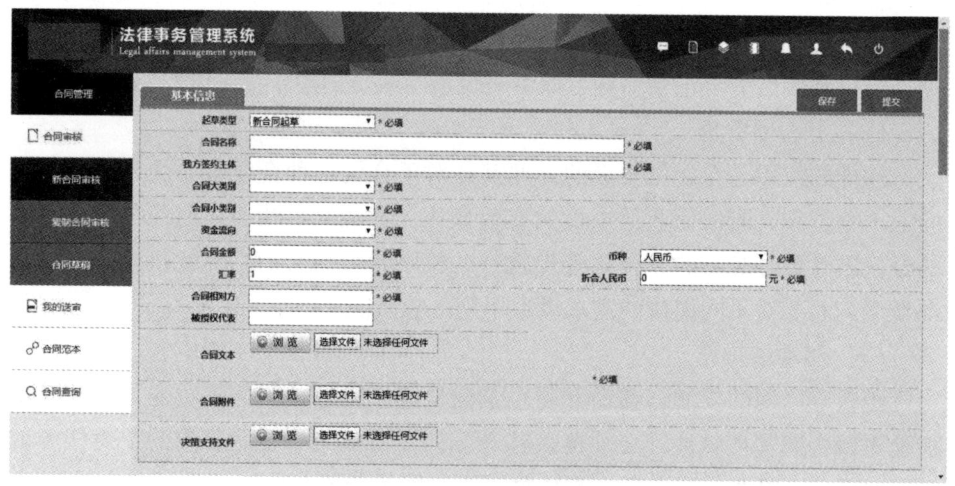

图 5-3 新合同录入场景

资料来源：笔者根据历年经历汇总得到。

（3）数据统计场景：根据集团的管理需求，开发相应的数据报表，如图 5-4所示。

图 5-4 数据统计场景

资料来源：笔者根据历年经历汇总得到。

（4）审批流程场景：前期填写的合同信息提交审批后，审批人对合同进行审批。合同审批界面包括合同信息、附件信息、流程日志，帮助审批人了解合同内容，如图 5-5 所示。

合同信息　阅知　附件　流程日志　　生成二维码　流程转发　返回

序号	环节	任务	姓名	意见	处理结果	签收时间	流转时间	耗时
1	管理中心审批	01 合同发起			提交	2019/07/17 09:09:55	2019/07/17 09:13:33	0天0小时3分38秒
2		02 需求部门负责人		同意。	提交	2019/07/17 09:36:28	2019/07/17 17:00:36	0天7小时24分8秒
3		03 集团法务		无异议	提交	2019/07/17 17:22:21	2019/07/17 17:23:38	0天0小时1分17秒
4		03 集团财务		无异议（移动端审批）	提交	2019/07/17 19:37:35	2019/07/17 19:37:47	0天0小时0分12秒
5		04 集团供应链管理中心负责人		同意，今年的订单需经集团确认后采购。	提交	2019/07/17 22:49:05	2019/07/17 22:50:32	0天0小时1分27秒
6		05 集团供应链分管领导		同意（移动端审批）	提交	2019/07/18 14:12:33	2019/07/18 14:12:53	0天0小时0分20秒

图 5-5 审批流程场景

资料来源：笔者根据历年经历汇总得到。

（5）移动端界面：包括主界面、合同明细、数据统计等，如图 5-6 所示。

目前，市面上的合同管理软件的基本功能设置都是按照前面所讲的需求来设计开发的。对于企业而言，专业化的合同管理软件，在使用过程中需要一些二次开发，这样可以更好地提高“用户体验”，满足企业个性化的管理需求。但当企业上线了众多各种功能的系统后，也从客观上分割了集团的统一管理。现在，企业信息部门的做法常常是在多个系统之间开发接口，共享一些数据，

图 5-6 移动端界面

资料来源：笔者根据历年经历汇总得到。

如供应商数据、物料数据、合同数据、订单数据。但接口越多数据同步就越不稳定，同时也增加了信息泄露的风险。

五、合同条款中的相关知识

在合同起草和履行的过程中，除了涉及大量的法律知识之外，因为供应商的多样性，采购员也会接触到很多专业术语。大型的集团公司可能会有相应的部门来处理此类事务，如进出口部门；如果公司没有相关部门，为了采购业务的顺利执行，需要采购人员学习相关知识，确保合同在执行过程中不存在歧义。因此，本书在这里介绍一下国际贸易术语和在企业采购业务中常用的付款方式。

1. 国际贸易术语

国际贸易术语又称为贸易条件、价格术语。在国际贸易中，买卖双方所承担的义务会影响到商品的价格。长期的国际贸易实践逐渐把某些和价格密切相关的贸易条件与价格直接联系在一起，若干种报价的模式形成。每一种模式都规定了买卖双方在某些贸易条件中所承担的义务，而用来说明这种义务的术语被称为贸易术语。

通俗地讲，国际贸易术语就是针对在产品从卖方生产工厂转移到买方交货地点的过程中，所涉及的所有费用，买卖双方的责任、费用、风险范围的术语。因此，国际贸易术语包含价格构成和交货条件两个方面，是对贸易中双方责、权、利的明确约定。

国际贸易术语的产生得益于全球经济一体化。为了减少买卖双方之间的文化差异、商业习惯，国际商会（The International Chamber of Commerce，ICC）于1919年成立，并在1936年首次公布了一套解释贸易术语的国际规则，名为INCOTERMS 1936。随后，国际商会又在1953年、1967年、1976年、1980年、1990年、2000年、2010年、2020年对此规划分别做了八次修订。最新版本是INCOTERMS 2020，于2020年1月1日起正式生效。虽然ICC是民间组织，但由于其制定的INCOTERMS具有易读性、专业性、普适性的优点，其在协助解决国际贸易中的争议和纠纷时起到了一定的作用，并得到了世界各国的普遍接受和采用。

INCOTERMS 2020版内共有11个贸易术语，每个贸易术语均是3个字母的缩写组合，每个组合都代表着一种报价模式。这11个贸易术语分别是EXW、FCA、CPT、CIP、DAP、DPU、DDP、FAS、FOB、CFR、CIF。前7个术语适用于所有运输方式，包括空运、海运、内陆水运、卡车运输、轮船运输等，而后4个仅适用于海运和内陆水运。相比于陆地运输，海运的方式更为复杂，涉及港口、海关等费用。大部分国际贸易都会涉及海运，所以本书以海运中会发生的费用为例，来梳理一下从卖方的生产工厂到买方的交货地点过程中，所有可能涉及的费用。

卖方在工厂生产出成品后放到成品仓库，需要通过内陆运输（卡车、槽罐车等）运输到港口，并办理清关手续，将货物搬运到交通工具上（轮船等），然后轮船运输货物到买方指定港口。由于运输过程中货物存在灭失和损坏风险，所以卖方/买方需要支付相应的保险费用。到达指定港口后，卖方/买方还需要办理清关手续，缴纳相应的关税，将货物卸载并装载到交通工具（卡车、槽罐车等），运至买方指定交货地点。不同的报价模式代表着买卖双方需要承担不同的风险，而这些都是对外贸人员专业性的考验。为了帮助大家更容易理解贸易术语，本书借图5-7、图5-8来说明不同术语之间的差异。

图5-7和图5-8清晰地描述了每个贸易术语在运输过程的各节点，买方和卖方所需要负担的成本和风险。

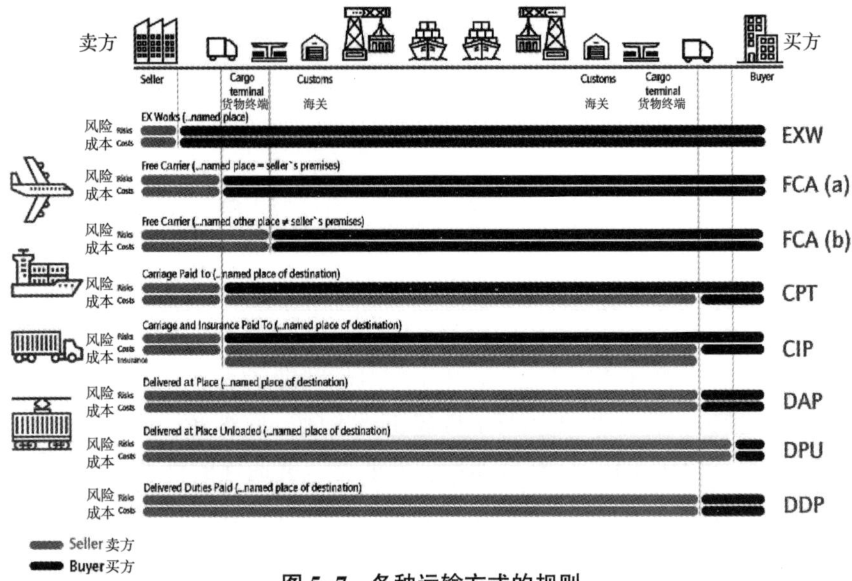

图 5-7　各种运输方式的规则

注：①风险，即发生可能导致货物灭失或损坏的事件的可能性，是一种“风险”。买方或卖方可以通过运输保险来保护自己免受风险。②成本，涵盖除文件费用外的所有费用。买卖合同应明确说明哪些货物转让成本由买方或卖方承担。③保险，运输保险由卖方负责。

资料来源：https//：www. kn. -portal. com/incoterms_2020/。

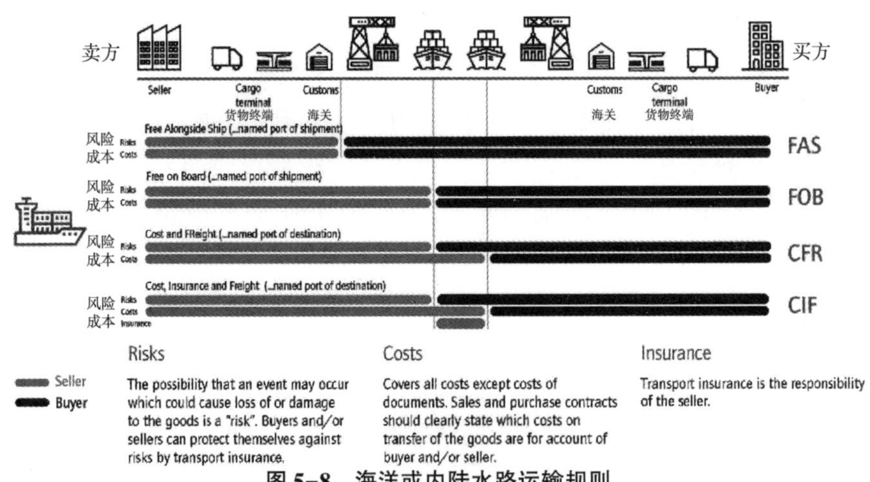

图 5-8　海洋或内陆水路运输规则

注：①风险，即发生可能导致货物灭失或损坏的事件的可能性，是一种“风险”。买方或卖方可以通过运输保险来保护自己免受风险。②成本，涵盖除文件费用外的所有费用。买卖合同应明确说明哪些货物转让成本由买方或卖方承担。③保险，运输保险由卖方负责。

资料来源：https//：www. kn. -portal. com/incoterms_2020/。

虽然 INCOTERMS 2020 有 11 个贸易术语，但最常用的主要有 EXW、FOB、CFR、CIF、DDP。这五个术语的具体内容如下：

（1）EXW（EX Works），即工厂交货。

卖方所在地（一般指工厂）或其他指定地点将货物交给买方处置即完成交货，买方承担后续的运输、清关手续、海运等一系列费用并承担相应的风险。

（2）FOB（Free on Board），即船上交货。

在指定装运港将货物交到买方指定的船上，取得已交付至船上证明，卖方即完成交货。买方负责后续的海运费用、保险，以及到达目的港之后的清关等费用，并且后续货物灭失或损坏的风险在货物交到船上时一并转移到买方。

（3）CFR（Cost and Freight），即成本加运费。

货物装载到船上时，卖方即完成交货。卖方支付将货物运至指定目的港的运费，但交货后货物灭失或损坏的风险，包括海运中的风险，以及由于各种事件造成的任何额外费用由买方承担。

（4）CIF（Cost，Insurance and Freight），即成本加保险费运费。

货物装载到船上时，卖方即完成交货。卖方支付将货物运至目的港的运费，且卖方必须办理买方货物在运输途中灭失或损坏风险的海运保险。但交货后，买方将承担货物灭失或损坏的风险，包括海运中的风险，以及由于各种事件造成的任何额外费用。

（5）DDP（Delivered Duty Paid），即完税后交货。

卖方在指定的目的地办完清关手续将装在运输工具上的货物（不用卸载）交给买方，即完成交货。卖方承担将货物运至目的地的一切风险和费用，包括在需要办理海关手续时在目的地应缴纳的任何进口税费，买方不用承担到达指定目的地之前的所有费用和风险。

EXW 和 DDP 将买卖双方的责、权、利区分得十分简单明确，而对于其他三个术语中买卖双方的责、权、利，我们需要进一步比较后阐明（见表 5-3）。

其中，FOB、CIF、CFR 的共同点在于：

（1）卖方负责装货并充分通知，买方负责接货。

（2）卖方办理出口手续，提供证件；买方办理进口手续，提供证件。

（3）卖方交单，买方受单、付款。

（4）装运港交货，风险、费用划分一致，以船舷为界。

（5）交货性质相同，都是凭单交货、凭单付款。

（6）都适合于海洋运输和内河运输。

FOB、CIF、CFR 不同点在于：

（1）FOB：买方负责租船订舱、到付运费，办理保险、支付保险。

（2）CIF：卖方负责租船订舱、预付运费，办理保险、支付保险。

（3）CFR：卖方负责租船订舱、预付运费，买方负责办理保险、支付保险。

表 5-3 五大贸易术语内容对比分析

术语	全称	风险转移	卖方所在国内陆运输	出口清关	海上运输	保险	进口清关	买方所在国内陆运输
EXW	EX Works 工厂交货	货物离开工厂后即由买方负责	B	B	B	B	B	B
FOB	Free on Borad 船上交货	货物在装上船后即由买方负责	S	S	B	B	B	B
CFR	Cost and Freight 成本加运费	卖方船上交货，运输费用卖方承担，风险和保险由买方承担	S	S	S	B	B	B
CIF	Cost，Insurance and Freight 成本加保险费加运费	卖方船上交货，运输费用和保险卖方承担，风险由买方承担	S	S	S	S	B	B
DDP	Delivered Duty Paid 完税后交货	完税后交货，卖方承担交货前的所有费用和费用（含各种税）	S	S	S	S	S	S

注：S 表示 Seller 即卖方，B 表示 Buyer 即买方。

国际贸易术语是经过无数次的贸易实践总结出来的最有效率的贸易模式，但不同的贸易模式对于卖方和买方的影响是不同的。例如，相比于其他模式，在 DDP 这种方式中，卖方承担的风险最大。在国际贸易中，一般情况下卖方很少会以这种模式来报价。这是因为卖方对于买方所在地的关税政策、政府规定难以及时了解和更新，这种方式暗藏着大量不可控的商业风险，而这些风险一旦出现会大大影响卖方的获利空间，更有甚者会造成卖方的巨大亏损。EXW 则是对卖方最有利的。在 EXW 模式下“货物出门即交易完成”，所有货物在运输过程中的灭失、损坏等风险和费用，都不会影响卖方的利润空间。对于 FOB、CFR、CIF，究竟采用哪种方式，取决于买卖双方的谈判地位及所在国的商业信誉，需要具体问题具体分析。

由于国际贸易术语有多个版本，并且同时生效，因此我们在使用INCOTERMS时要注明版本，同时要注明目的地或目的港。如下为一个完整准确的术语：CIF Shanghai INCOTERMS 2020 或 DDP No.1 Nanjing East Road，Shanghai，China INCOTERMS 2020。

最后还要重申一点，INCOTERMS 是贸易条款，由 ICC 约定的交易模式，并非法律条款，因此不具备法律效力。当买卖双方出现纠纷的时候，还是要以买卖双方的合同为准。再者，INCOTERMS 版本众多，不同版本之间会存在一些差异，因此使用人员务必谨慎使用，否则易出现漏报运费等情况。

2. 常用的付款方式

付款方式是报价的重要组成部分，也是合同签署的核心条款之一。付款方式对于企业现金流非常重要，如果企业采购端的支付账期减去客户端的支付账期，其差额比库存生产原料的周转天数还要长的话，那企业就是在用“供应商的资金”经营，这样的模式对于企业的现金压力较小，多出来的资金还可以进行投资，从而获得一份理财收益。相反，如果采购端的支付账期比客户端的支付账期短，那么企业就需要投入大量的资金来维持连续的生产运营，这样的模式对现金压力较大，也提高了企业的运营风险。

采购员对于供应商报价的关注点，不应仅关注价格本身，付款方式也是重要的考量标准。当前，企业常用的付款手段有银行转账和支付承兑汇票。接下来，本书主要讨论付款的具体操作方式。

本书先讨论国内企业常用的付款方式。以获得产品或服务与支付的先后顺序来分类，国内企业常用的付款方式包括预付款方式（发货前付款）、货到付款、收货后在一定账期内付款（企业最常用的月结方式）、分期付款方式。具体采用哪种方式，与要采购的产品或服务有关，也与采购的频率有关。

第一，企业日常生产的物料采购。

此类物料采购，如前文所述，常用“框架协议+日常订单”的方式来执行。如果每次采购都需要付款，无疑不利于效率。因此，企业对这种日常的物料采购，常常采用的付款方式就是月结。顾名思义，月结就是以 1 个自然月（从 1 日到 30 日或 31 日）的所有业务，以每月财务结账形成往来账款数为基准，并以结账日次日为起算日，约定多少天内付款。例如，月结 30 天，就是以结账日起 30 天内付款。这种方式对于采购方是十分有利的，一方面采购方前期不用投入大量资金就可以将业务运作起来，另一方面对供应商有一定期限的押款，如月结 30 天就是占用供应商一个月的货款。采用这种方式和供应商合作时，采购方就占据有利地位，如果发现供应商的产品有质量等问题，便可直接从该支付的货款中扣除相应的金额。

第二，服务类项目采购。

符合此类项目采购要求的供应商较多，因此采购员可以通过谈判取得一个很好的付款方式，即先服务后付费，而且是一段时间后付费。例如，项目验收3个月内付款，则意味着在这3个月内服务质量有任何问题，都会对货款回收有影响。因此，这种方式对于采购方是十分有利的，尤其是一些不好评估的服务项目，通过一段时间的使用，便于发现问题。供应商为了保证服务费用款项的回收，也不会随意欺瞒采购方。

第三，设备类采购。

对于设备类采购，由于涉及初始的资金投入，尤其是大型设备，如果采购方谈判地位足够强势，那么可以迫使供应商全额垫资生产。但如果采购方谈判地位一般，则付款方式以分期付款为主。这种付款方式对于双方都是一种保障，双方可以在节点处以项目完成的结果作为是否付款的依据。当然，具体分期的比例和数额在谈判时可以有所变化，这取决于双方的合作意愿和市场环境。本书以常见的某设备采购合同（含安装调试）为例，如下：

（1）合同签署后，乙方提交合同总价10%金额的发票及银行履约保函，甲方支付合同总价的10%即×××元。

（2）乙方将设备运送至甲方指定地点并经甲方验收合格后，乙方提交合同总价40%的发票，甲方支付合同总价的40%即×××元。

（3）设备安装调试合格并经甲方验收后，乙方提交合同总价50%金额的发票及合同总价40%金额的收据，甲方支付合同总价的40%即×××元。

（4）质保期满一年后，乙方提交合同总价10%金额的收据，甲方支付合同总价的10%即×××元。

第四，工程类采购。

工程类采购是最为复杂的采购业务。一般而言，工程类采购涉及金额较大，所以付款方式多以分期付款来实现，每次付款都是某一个节点完成并验收后支付。其具体的付款方式，取决于企业和供应商对于项目节点的把控要求，既要对双方有一定的制约，也需要双方一定的配合。例如，某工程项目的付款方式如下：

（1）合同签订后乙方进场十天后，甲方向乙方支付合同价款的20%作为备料款。

（2）乙方完成合同工程量60%时，甲方向乙方支付合同总价款的40%工程进度款。

（3）乙方完成合同工程量95%时，甲方向乙方支付合同总价款的20%。

（4）工程竣工，并经甲方组织有关部门验收合格后，甲乙双方1个月内办理完结算，工程款支付到结算总金额的95%。

（5）余款为结算金额的5%，作为本工程的保修金，待本工程竣工验收合格满一年后七天内支付5%。

如果供应商是国外供应商，那么采用的付款方式就和国内有很大差异。目前，外贸常用的付款方式有三种，分别是信用证、电汇和付款交单。在这里，本书重点介绍信用证，这也是当前最常用、最保险的付款方式。

第五，信用证。

信用证（Letter of Credit，L/C）是由银行（开证行）依照（申请人的）要求和指示或自己主动，在符合信用证条款的条件下，凭规定单据向第三者（受益人）或其指定方进行付款的书面文件。信用证是一种银行开立的有条件的承诺付款的书面文件。信用证最大的特点就是使用银行信用进行担保支付。在国际贸易中，最大的问题是双方的不信任，即买方担心付款后收不到货物，而卖方担心提交货物后收不到货款。一旦发生欺骗情况，由于不同国家的当地文化、政策制度等差异，追回损失的难度远远大于在国内发生类似情况。正是基于这样的问题，以银行为担保方的信用证支付方式才逐渐成为国际贸易支付中的主流。

信用证相比其他付款方式，有三个明显的特点：①自足文件。信用证不依赖于买卖合同，银行在审核过程中强调的是信用证与基础贸易相分离的书面形式上的认证。②纯单据业务。信用证是凭单付款，不以货物为准，只要单单相符、单证相符，开证行就应无条件付款。③开证银行承担首要付款责任。既然信用证是银行担保，那么开证银行对支付行为就有首要付款的责任。

信用证按照不同维度有很多种类别，在这里本书只介绍常用的一些分类方式。按照信用证项下的汇票是否附有货运单据，信用证分为跟单信用证（Documentary Credit）和光票信用证（Clean Credit）。前者就是要附有代表货物所有权的单据（如海运提单等），或证明货物已交运的单据（如铁路运单、航空运单、邮包收据）。目前使用的惯例是ICC国际商会制定的《跟单信用证统一惯例（UCP600）》。光票信用证则是不随附货运单据的信用证。目前，大多数国际贸易都是使用跟单信用证。按照开证行所负的责任为标准，信用证可分为不可撤销信用证（Irrevocable L/C）和可撤销信用证（Revocable L/C）。最新的

UCP600规定银行不可开立可撤销信用证，目前常用的也都是以不可撤销信用证为主。另外，依据付款时间可将信用证分为即期信用证（Sight L/C）、远期信用证（Usance L/C）、假远期信用证（Usance Credit Payable at Sight）。即期信用证指开证行或付款行收到符合信用证条款的跟单汇票或装运单据后，立即履行付款义务的信用证。远期信用证则是在收到符合信用证条款的跟单汇票或装运单据后，在规定期限内履行付款义务的信用证。假远期信用证。则规定受益人开立远期汇票，由付款行负责贴现，并规定一切利息和费用由开证人承担。这种信用证对受益人来讲，实际上仍属于即期收款，在信用证中有“假远期”条款。除此之外，信用证还可以根据用途、是否可以转让等进行分类，具体内容可参考相关文件。

信用证的操作流程一般如下：

（1）买卖双方需要在合同中明确约定使用信用证作为付款方式。

（2）买方根据合同要求，填写开证申请书并向开证行申请开证，同时缴纳相关费用和保证金。

（3）开证行根据申请书，开立以卖方为受益人的信用证，并通过其在卖方所在地的代理行或往来行（统称“通知行”）把信用证通知卖方。

（4）通知行核对信息无误后将信用证交于卖方。

（5）卖方按照信用证要求发运货物，取得信用证所要求的装运单据后，在信用证有效期内向其所在地行（可以是通知行，也可以是其他银行）议付货款。

（6）议付行在核对信用证条款单据无误后，将货款垫付给卖方，同时将汇票和货运单据寄送开证行。

（7）开证行核对单据无误后，付款给议付行并通知开证人付款赎单。

在熟悉了信用证的相关内容后，本书以一个采购案例中的信用证实例来说明信用证具体是什么样的，能看懂信用证也是做外贸采购人员的一项基本技能（见图5-9）。

信用证分为三个部分：首页、正文部分、尾页。首页为通知行的声明，包含信用证号、开证日期、受益人、受益人地址、信用证金额等；正文部分参照国际统一惯例，每个要点都有详细规定，要点覆盖所有的相关信息，如信用证类型、开证申请人、受益人、装货港口、约定日期、付款方式等，同时也包含了需要提交的文件，如提单、发票，这些都有详尽且细致的要求；尾页则主要是银行之间的声明。

****

首页

****

**********，INTERNATIONAL	08AUG2019
CO.，LIMITED	受益人名称
ADDRESS	受益人地址
USD	信用证金额
ONLY	

DEAR SIRS,

IN ACCORDANCE WITH THE VERSION OF THE UCP RULES (ISSUED BY THE ICC) AS SPECIFIED IN THE CREDIT, WE ADVISE HAVING RECEIVED THE CAPTIONED DOCUMENTARY CREDIT IN YOUR FAVOUR.

FROM BANK OF XXXX	银行名称
(SWIFT ADDRESS :)	银行 SWIFT CODE

****

正文部分

****

27 SEQ OF TOTAL:	1/1 一式一份
40A FORM OF DC:	信用证类型
20 DC NO:	信用证编号
31C DATE OF ISSUE:	信用证开具日期
40E APPLICABLE RULES: UCP LATEST VERSION	使用规则，目前是 UCP600
31D EXPIRY DATE AND PLACE:	信用证到期日
50 APPLICANT:	申请人名称地址
59 BENEFICIARY:	受益人名称地址
32B DC AMT:	信用证金额
41D AVAILABLE WITH/BY: ANY BANK BY NEGOTIATION	表明可以将单据交于任何银行
42C DRAFTS AT: AT SIGHT	即期支付

图 5-9 信用证模板

42D DRAWEE：	付款行
43P PARTIAL SHIPMENTS：ALLOWED	允许分批装运
43T TRANSHIPMENT：NOT ALLOWED	不可以转运
44E LOADING PORT/DEPART AIRPORT：	装运港
44F DISCHARGE PORT/DEST AIRPORT：	卸货港
44C LATEST DATE OF SHIPMENT：	最迟装船期
45A GOODS：	货物要求、报价模式
46A DOCUMENTS REQUIRED：	所需文件
47A ADDITIONAL CONDITIONS：	额外要求
71B DETAILS OF CHARGES：	审核信用证必看条款，所有相关的银行费用如何分担

****

尾页

****

48 PERIOD FOR PRESENTATION IN DAYS：21	提单日后的 21 天内提交信用证单据到银行
49 CONFIRMATION INSTRUCTIONS：WITHOUT	不加保
78 INFO TO PRESENTING BK：	给通知行的信息

图 5-9 信用证模板（续图）

与供应商的合同签署完毕后，项目就进入具体的采购执行阶段。采购执行是对采购寻源结果的落地实现，也是企业与供应商进入实质性合作的磨合阶段。关于采购执行的具体过程，我们将在第六章加以介绍。

第六章　采购执行

对于签订框架协议（重复采购）的业务，采购员还需要将框架协议中议定的价格（或定价方式）输入企业管理系统中，才能便于后续订单的顺利下达。对于项目式的合同（单次）业务，一般合同会规定自签署之日起就进入合约履行阶段。框架协议的具体执行常以订单下达的方式分次执行，可以理解为框架协议是重复的合同业务，所以本书以框架协议的具体执行为例，介绍采购执行的过程。

本章所提到的框架协议的具体执行，是从订单下达到付款完毕。供应商的选定、价格的确定、合同的签署都已在前文中介绍。订单下达的第一步需要将合同中的价格输入系统中，属于采购下单前的准备工作。与采购执行相关的物料领用、出入库管理及供应商履约等内容，均在相应的章节中进行介绍，不在本章的介绍范围内。为了便于由点及面、逐步深入地讲解采购执行，本书以 SAP 系统中的采购执行为例，其他 ERP 系统基本上大同小异。

一、采购下单前的准备工作

以企业生产最常用的物料采购为例，在与供应商签署合同之后，接下来就进入与供应商合作的（或称供应商履约）环节中。对于通过 SAP 系统进行的采购执行而言，需要完成以下工作：①物料价格维护；②采购需求生成；③分配有效货源。这是采购下单前的准备工作。

1. 物料价格维护

物料价格维护就是将合同中商定的物料价格维护到 SAP 系统中。该工作并不容易，尤其是在物料众多、供应商复杂、规格价格不同的情况下。因此，此项工作的工作量是相当巨大的。为了实现系统化的管理，需要事先对供应商、物料的数据进行预设，这就要求 SAP 系统中设有供应商数据库、物料数据库。关于这两个数据库的编码规则和运行机制，笔者将在本书的“采购管理篇”中进行详细介绍，这里就不再赘述了。

当目标合作供应商已经成为某公司的合格供应商时，接下来就要将该供应商供应该物料的价格维护到系统中，SAP 系统提供了这样的设置和功能。价格维护人员进入 SAP 系统后，首先查阅该物料是否设有价格，如无则先创建合同。需要注意的是，这里的合同不是文本合同，而是物料的价格。合同创建后即可维护该物料的价格，同时将提供该物料的供应商信息也输入 SAP 系统中，包括有效期、适用工厂等。如有相关合同，则根据实际情况对价格信息进行维护。在完成所有的物料价格维护后，为了保证价格维护的准确性，SAP 系统也提供了审核机制，经过审核人员（一般是采购经理）审核后，物料的价格信息就会发布到 SAP 系统中，最终会形成如图 6-1 所示的价格清单。

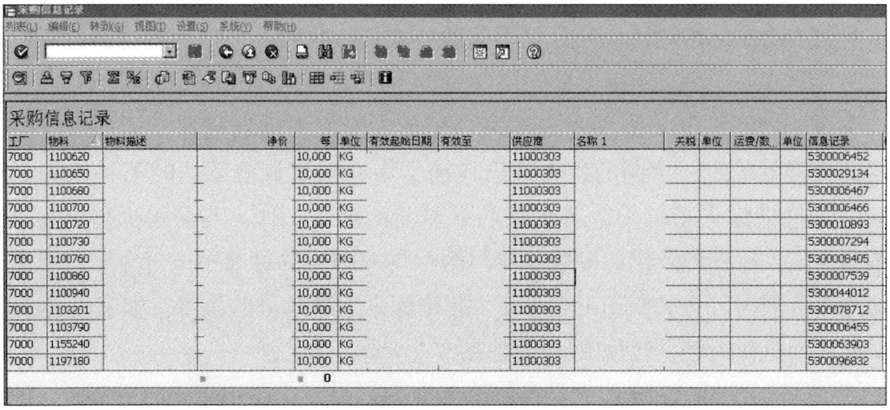

采购信息记录

列表(L) 编辑(E) 转到(G) 视图(I) 设置(S) 系统(Y) 帮助(H)

采购信息记录

工厂	物料	物料描述	净价	每	单位	有效起始日期	有效至	供应商	名称 1	关税	单位	运费/数.	单位	信息记录
7000	1100620			10,000	KG			11000303						5300006452
7000	1100650			10,000	KG			11000303						5300029134
7000	1100680			10,000	KG			11000303						5300006467
7000	1100700			10,000	KG			11000303						5300006466
7000	1100720			10,000	KG			11000303						5300010893
7000	1100730			10,000	KG			11000303						5300007294
7000	1100760			10,000	KG			11000303						5300008405
7000	1100860			10,000	KG			11000303						5300007539
7000	1100940			10,000	KG			11000303						5300044012
7000	1103201			10,000	KG			11000303						5300078712
7000	1103790			10,000	KG			11000303						5300006455
7000	1155240			10,000	KG			11000303						5300063903
7000	1197180			10,000	KG			11000303						5300096832
				0										

图 6-1　价格清单

资料来源：笔者历年经历汇总得到。

2. 采购需求生成

本书以常见的生产制造型企业的物料需求为例，生产制造型企业购入物料，经加工或组装物料使其成为产品，再将成品通过销售获取利润。这种物料的需求计划主要有两种计算方式：①需求驱动模式（Pull 模式，即后拉式生产模式）；②生产驱动模式（Push 模式，即前推式生产模式）。第一种模式是基于对市场的销售预测来制定相应的销售计划，从而反推采购需求计划，而第二种模式则不依赖于现有的市场情况，以企业的生产能力为准制订生产计划，两种模式分别对应不同定位下的产品市场。当产品供不应求时，多以 Push 模式进行生产，这种情况下的生产计划较为稳定，临时、紧急订单较少。当产品供过于求时，多以 Pull 模式进行生产，为了避免市场变化下的库存积压，这种情况下的临时和紧急订单较多。Push 模式和 Pull 模式对比如图 6-2 所示。

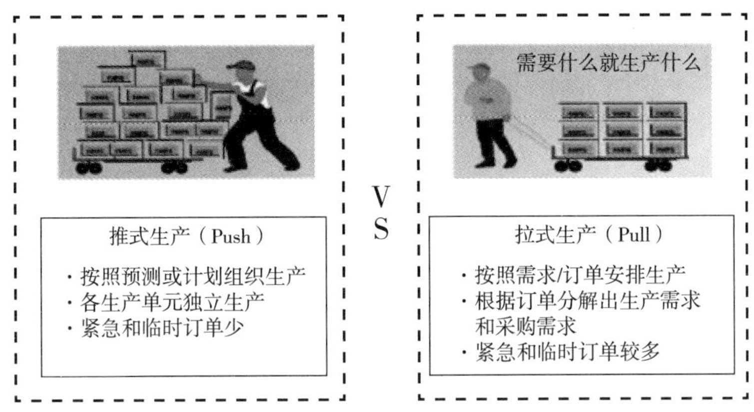

图 6-2 Push 模式和 Pull 模式对比

无论是哪种生产模式，都是经过对主生产计划（Master Production Schedule，MPS）、物料清单（Bill of Materials，BOM）的运算，计算出每个物料的生产需求。其中，生产计划就是企业根据最终成品数量，按照其生产能力，将生产数量落实到每天的生产排程。物料清单就是指生产单位数量的成品所需要的各项物料的数量。

生产需求确定后，企业还要考虑的因素包括现有的仓库库存、库存最大容量、安全库存、采购在途数量、到货时间（这主要是为了考虑送货期间的物料消耗），综合考虑后最终得出采购需求数量。这个过程在 SAP 系统中称为平衡利库，也是本书前面提到的系统运算（RUN）过程。图 6-3 显示了从生产需求到生产计划和采购计划的过程。

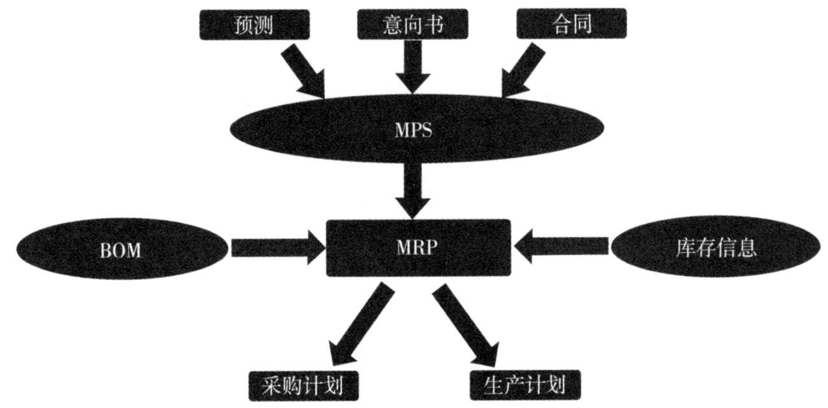

图 6-3 从生产需求到生产计划和采购计划的过程

3. 分配有效货源

采购需求生成之后，接下来就是分配有效货源。这里所说的货源就是供应该物料的供应商。如果系统中尚无有效货源，那企业就需要对该物料进行寻源，具体过程请参考前文内容。如果系统中供应商已存在，但没有设定价格，则需完成准备工作的第一步，即将价格维护到 SAP 系统。根据企业与供应商签订的合同，在 SAP 系统中选择有效货源后，采购下单的准备工作即完成。

二、采购订单下达

完成采购订单下达前的准备工作后，下一步则是通过 SAP 系统事务代码 ME21N 创建采购订单。需注意，上述准备工作界面也可以自动跳转到创建界面。除了采购订单中涉及的供应商、物料、数量、货源（包括价格、付款条件等）信息外，订单的相关信息，如税码、交货时间、交货地址、收货人姓名、备注等也需要补充进去。将这些内容全部填写完成并检查无误、保存后，采购订单则生成。

采购订单被创建后，SAP 系统也提供相应的审批流程，通过 SAP 事务代码进入查询界面，输入筛选条件（如采购组织等）后选中要审批的订单（一行或多行），提交审批即可。审批人员及权限需在系统中预设完成，审批结束后则发送到供应商主数据中的接收邮箱中。

这里介绍一下 SAP 事务代码的规则：SAP 事务代码常将执行某一功能的代码归为一组，用 1 表示创建，2 表示修改，3 表示查看。例如，物料创建为 MM01，物料修改为 MM02，物料查看为 MM03。类似的还有供应商创建、修改、查看，其分别是 XK01、XK02、XK03。由此可以发现，前面提到的创建采购订单是 ME21N，那相应的 ME22N 和 ME23N 则分别是修改采购订单和查看采购订单。图 6-4 是订购单示例，其包括了主要的商务信息。

三、供应商确认采购订单及采购订单的跟催

1. 供应商确认采购订单

在收到买方发过来的采购订单后，供应商需要对订单进行确认，包括对订单中涉及的物料品类、数量、交货时间、交货地点等的确认。在早期 ERP 系统尚未普及时，一般是由采购员发送订单传真给供应商，供应商签字盖章后回传，确认订单内容。也有的企业要求原件，即必须是纸质版双方盖章才行，但这种

订　　购　　单

编号：

供应商：　　　　　　　　　　　　订购单号2：　　　订购单号1：
地址：　　　　　　　　　　　　　日期：
币种：　CNY
电　话：　　　　传真：　　　　页数：
联系人：　　　　E-mail：

序号	编 码	产品名称	交货日期	数量	重量	单价	金额

付款条款：　　　　　　　　　　交货地点：
交货方式：　　　　　　　　　　工厂：　　编号：
备注：

水性收货人：　　联系电话：
本司人民币开户银行：　　油性收货人：　　联系电话：
包材收货人：　　联系电话：

帐号：
税号：
说明：1.所有单据包括送货单、质量检验报告、发票等必须同时列明订购单1与订购单2的编号；
2.每次送货时需附上所送货物的质量检验报告；
3.送货后尽快将所送货物的增值税发票寄到；
4.货物包装上的产品名称必须与订购单、质量检验报告的名称一致；
5.如贵司出现重大的检修、高层变动迁址、合并、关闭等会影响正常供应的情况，应提前6个月以书面形式通知我司；
6.立邦投资有限公司授权关联企业立邦涂料（中国）有限公司签订此订购单。

供应商

________________　　　　________________

图 6-4　订购单示例

资料来源：笔者历年经历汇总得到。

方式的效率显然是极低的。如何能确保订单确认的效率和合规性，ERP 系统解决了这个问题。SAP 中的 SRM 系统通过企业与供应商的在线协同，将过去在线下完成的订单确认转移到线上完成，这个过程称为“订单协同”。企业和供应商通过 SRM 系统实现了线上的采购订单确认、修改、反馈等业务活动，一方面提高了企业的效率；另一方面因为供应商在系统中有独立的账号和密码，因此其在 SRM 系统中的操作也可以代表供应商的真实意愿，所以供应商对采购订单操作的合规性和效率都得到了保证。

2. 采购订单的跟催

供应商确认订单后，就进入履约的阶段。供应商需要安排原料采购、生产运营、仓储物流等一系列业务活动，而买方则按照订单约定，配合供应商的履约过程。这个过程是合同的具体实现过程，为了更好地配合企业的生产，不出现断料等情况，买方需要跟踪货物的供应现状，这就是跟催。

跟催，一般来说是跟踪和催货。跟踪是对货物的生产、储存、物流的跟踪，而催货则是敦促供应商按照订单要求完成履约。在大部分情况下，供应商都会按照订单要求及时完成货物的生产、运输和交付，但也存在部分延迟交货的情况。履约优秀的供应商会及时将类似情况汇报给买方，以寻求备选方案。如果供应商履约能力一般，未能及时沟通，则可能对买方的生产造成很大的影响。因此，跟催工作似乎并不重要，但却是决定采购绩效的关键步骤。

如何能更好地完成跟催工作？每位采购员都有自己的办法。常见的工作方法是将近期内需要到货的物料和供应商制作成文档表格，定期进行跟催。跟催方式包括电话、邮件等，确保双方不会遗忘。当前的工作软件也提供了很多类似的提醒功能，如 Outlook 的日历安排计划、ERP 系统中的及时提醒等。这个部分的工作，需要业务人员具备积极的工作态度和细致的工作习惯。

当前，有些供应商为了更好地服务客户，对物流运输车辆安装了定位装置，并共享给客户，以便客户能实时掌握货物情况。现代发达的信息技术大大提高了货物的运送效率，也减少了业务人员的工作量。

四、货物的入厂检验及入库

1. 货物的入厂检验

货物送达工厂后，买方需要对货物进行质检后方能入库。一般来说，这个检测过程常分为两步：第一步是比较简单的对外观、数量、包装上的检测。该检测一般不作为最终的验收标准。第二步才是对货物的关键检测。如对于化工品，质检部门人员会采用全数检测或随机抽取的方式，在实验室通过特定的检测手段检测，如果不合格将按照不合格品通知采购员退货。

第二步的检测流程一般由质检部门（或质量管理部门等）发起，对不同物料制定相应的检测标准。同时，为了兼顾效率，对于部分履约优秀的供应商，企业可能采用免检的方式，以提高入库的效率；对于履约能力较弱的供应商或者新供应商，针对物料的实际情况，企业常采用较为严格的检测方式。

针对部分关键的物料，企业应当建立留样制度。例如，对于某些化工品，每次到货后应保留一部分样品（足够检测的量），统一保存半年或一年。这样做的目的是为了日后追溯，同时留样也是与供应商沟通的依据。表 6-1 是进货检验记录。

表 6-1 进货检验记录

日期	车号	规格型号	单位	数量	验收内容						状态		材料员	质检员（试验员）	28 天复试报告
					塌落度	温度	外观	资料齐全	出厂时间	到场时间	合格	不合格			

资料来源：笔者历年经历汇总绘制。

2. 货物的入库

质检部门检测通过后，会填写质量检验报告单(见图 6-5)。此报告单一式三联，质检部门、送检部门、采购部门需各留一份，送检部门凭借该报告单通知仓储管理员办理入库手续。

石方路基现场质量检验报告单 检验表2

承包单位： 施工标段：

监理单位： 编　　号：

<table>
<tr><td colspan="2">工程名称</td><td colspan="2">土方路基</td><td>施工时间</td><td colspan="2"></td></tr>
<tr><td colspan="2">桩号及部位</td><td colspan="2"></td><td>检验时间</td><td colspan="2"></td></tr>
<tr><td>项次</td><td colspan="2">检 验 项 目</td><td>规定值或允许偏差</td><td colspan="2">检验结果</td><td>检验方法和频率</td></tr>
<tr><td>1</td><td colspan="2">压 实 度</td><td>层厚和碾压遍数符合要求</td><td colspan="2"></td><td>查施工记录</td></tr>
<tr><td>2</td><td colspan="2">纵断高程（mm）</td><td>+10，-20</td><td colspan="2"></td><td>水准仪：每200m测4断面</td></tr>
<tr><td>3</td><td colspan="2">中线偏位（mm）</td><td>50</td><td colspan="2"></td><td>经纬仪：每200m测4点，弯道加HY，YH两点</td></tr>
<tr><td>4</td><td colspan="2">宽　度（mm）</td><td>符合设计要求</td><td colspan="2"></td><td>米尺：每200m测4处</td></tr>
<tr><td>5</td><td colspan="2">平 整 度（mm）</td><td>20</td><td colspan="2"></td><td>3m直尺：每200m测2处X10尺</td></tr>
<tr><td>6</td><td colspan="2">横　坡（%）</td><td>±0.3</td><td colspan="2"></td><td>水准仪：每200m测4断面</td></tr>
<tr><td rowspan="2">7</td><td rowspan="2">边坡</td><td>坡 度</td><td>符合设计要求</td><td colspan="2"></td><td rowspan="2">每200m抽查4处</td></tr>
<tr><td>平坡度</td><td>符合设计要求</td><td colspan="2"></td></tr>
<tr><td colspan="7">自检意见：

质检工程师：　　日期：</td></tr>
<tr><td colspan="7">监理意见：

专业监理工程师：　　日期：</td></tr>
</table>

承包人技术负责人：

图 6-5　质量检验报告单示例

资料来源：笔者历年经历汇总得到。

仓库管理部门在收到入库申请时，对入库物品清点核实数量，核实无误后填写入库单（见图 6-6）。入库单同样一式三联，仓库部门、采购部门和财务部门需各留一份。财务部门的一份由采购部门送达，作为申请付款的凭证。仓库管理员同时在企业管理系统中做入库记录。

入　库　单

年　月　日　　供应商：　　NO. ********

编码	品名	品牌、型号、规格	单位	数量	单价	金额	附注
采购员	验货员	负责人	仓管员		合计		

第一联　存根联

注：第一联存根，第二联财务，第三联仓库。

图 6-6　入库单示例

资料来源：笔者历年经历汇总得到。

企业在入库过程中，需要根据物品的属性和企业的管理规定设计具体的质量检验报告单和入库单，上述单据仅供参考。

五、财务付款

财务付款流程是企业制度流程中的重要组成部分。由于涉及资金的往来，因此财务付款流程往往也是企业中最为复杂和严谨的流程。付款申请人填好申请单据（若有企业管理系统，则在系统中完成），附上相关的附件，如发票、入库单、相关审批文件等，并经业务部门、财务部门、稽核部门、总经理多方审校后方可支付，以确保支付金额、支付对象（供应商）、相关审核手续均准确合规。

对于安装企业管理系统中企业的常用物料，按照最初设定的付款方式，系统会在节点时间前自动提醒，业务人员只要及时补充相应的附件并完成审批流程即可。

六、采购订单的关闭

付款完成之后，此次采购业务即完成。为了系统数据的完整性，采购员需要在系统中关闭订单。SAP 系统也提供了相应的事务代码来完成这项业务。如果采购订单对应的采购申请也已完成，采购员也可以关闭采购申请。一般来说，采购订单和采购申请的关闭不需要经过审批，只要在系统中选中相应的条目，点击“执行关闭”即可。

至此，采购执行的整个过程已完成。上述内容主要是常规物料在 SAP 系统下的执行过程，该订单类型称为标准采购订单。而在实际生产经营过程中，企业的物料种类、需求种类、订单种类并不仅限于常规物料，还包括其他各种各样的采购需求产生的采购申请和采购订单。接下来，本书会介绍一些标准采购订单之外的其他订单。

七、其他类型的采购订单

标准采购订单是企业管理系统分析生产计划、物料清单、物料合同后，通过自动运算后创建的采购订单，这样的订单具备一定的连续性、重复性，其采购申请称为自动采购申请。但企业的采购需求种类繁多，常规的采购订单并不能满足经营需要，采购申请还包括紧急采购申请（用以应对突发事件下的采购业务）、手工采购申请（用以应对临时性的采购业务）。基于这两种采购申请，对应的采购订单包括紧急采购订单、零星采购订单、退货采购订单、免费采购订单等。

1. 紧急采购订单

紧急采购订单适用于紧急采购申请。企业在生产经营过程中，难免会碰到一些紧急的采购业务需要在较短的时间内完成收货。一般来说，紧急采购大多是因为前期的需求管理不到位造成的，但也有部分情况是因为销售市场的剧烈波动造成的。总之，紧急采购是企业不可能完全避免的情况，当然也不会是常见的情况。对于此类采购订单，速度是最重要的衡量标准。在整个过程中，相应的审核流程要简化，但要提高最终的审批领导级别。在后续订单执行中的跟催、入厂检验、入库等步骤，都要提高优先处理级别，以保证供应商能在短时间内完成供货。

2. 零星采购订单

零星采购订单一般适用于那些订单金额较低的采购业务。标准采购订单的执行，从采购申请开始到最终付款关闭，适用于企业的常规运营采购活动，但对于某些订单数量很小、很频繁且时间并不固定的采购业务，这套流程就不再适合了。因此，为了提高采购部门的整体效率，对于一定数额下的采购订单，企业应简化其整个执行流程，提高此类订单的执行效率。该类订单的审批层级、审批人员的级别设置、审核资料、进厂检验、货物入库等方面，均比标准采购订单简化得多。

3. 退货采购订单

对于供应商已开具发票，货物已完成入库，并和供应商结算完毕，但又需要退货的业务，此时就需要创建退货采购订单。退货采购订单也有收货这个步骤，并进行发票校验。退货采购订单的操作与标准采购订单相似，只是在订单信息上标注退货订单，填写退货数量、供应商地址、退货说明、退货方式等信息，然后打印退货通知单，业务人员凭退货单到仓库，仓库经核实后打印退货单。随后，业务人员和供应商确定相应的运输方式和单号，并在系统中说明。

4. 免费采购订单

在采购业务中，有时与供应商的合作协议中会制定“满额返点”的条款，如果“返点”的是货物，则这批货物便是免费的。这时就需要采用免费采购订单的方式，操作过程与标准采购订单一样，但金额这一项为零。SAP 系统中设有免费订单的勾选项，用以和标准采购订单相区别。

除此之外，其他订单类型还包括公司间采购订单、库存转储订单等。采购订单的类型是为经营需要服务的，随着企业的规模不断扩大，订单的类型也会越来越多。而每种类型的采购订单，在操作层面上都会有相同或相异的地方，但总体来说，这些订单的执行一般是按照“准备工作→订单下达→订单确认→订单跟催→入厂检验→货物入库→财务付款→订单关闭”流程执行的，只是具体到每个订单的特点，会对该流程中的某个节点简化或强化，具体情况需要采购人员在平时的工作中多加留意。

以上就是采购执行的整个过程。采购执行是对采购寻源的落地实现，采购寻源阶段考虑得越细致，采购执行阶段就越容易实现。采购执行也是对采购绩效评估的重要依据。

第七章　TCO 降本

企业之所以采用 TCO 降本，而非采购降本，是因为 TCO 降本是企业中更全面的降本方式，它是每家企业的经营目标之一。企业只有持续不断地优化成本，寻找更合适的物料和生产方式，才能获得更多的成本优势。商品的销售价格，对于绝大部分企业来说都是决定市场份额的关键因素。因此，持续降本是企业时刻需要关注的重要内容。作为降本的主要实施部门，采购部门的重要性也得到了企业管理层的关注。

一、采购的杠杆原理

得益于商品经济的繁荣，采购员有了比以往在供应商和产品方面更多的选择。面对众多的选择，如何才能在保证质量和供应的前提下获得更优惠的采购价格，成为衡量采购员业务能力的标尺。在讲述 TCO 降本前，我们不妨问一个问题：降本到底对企业经营具有什么样的作用？也许很多人会回答，企业可以得到更多的利润。的确，“开源节流”是企业在面对市场竞争时必须考虑的一个问题，而节流就是降本。为了更好地理解降本在企业经营中的作用，我们先做一道简单的数学题。

假设某企业生产产品 m，其产品 m 的总成本为 C（包含采购成本及其他的所有生产成本、经营费用等），产品 m 的销售额为 R，税率为 t。为了便于计算比较，我们令 p 为总成本与销售额之比，$p=C/R$，即 $C=p\times R$，那么企业的净利润为$(R-C)\times(1-t)=R\times(1-p)\times(1-t)$。

考虑节流和开源两条途径，TCO 降低 1%，即降低 $C\times1\%$，这就是企业的净利润。假设增加的销售额为 R'时，其增加的净利润也为 $C\times1\%$，即 $R'\times(1-p)\times(1-t)= C\times1\%=R\times p\times1\%$，经过调整得到销售额增长比例与 TCO 降本 1%的杠杆公式为：

$$\frac{R'}{R}=1\%\times\frac{p}{(1-p)\times(1-t)}$$

采购的杠杆原理如图 7-1 所示。

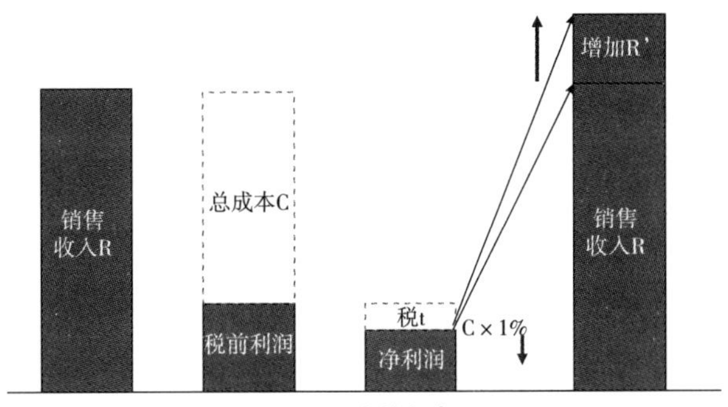

图 7-1　采购的杠杆原理

当 p、t 为不同的值时，1%的 TCO 降本相当于增加多少比例的销售额呢？其结果如表 7-1 所示。

表 7-1　1%的 TCO 降本相当于增加销售额的比例

p	t	R'/R（%）
0.40	0.10	0.7
0.70	0.10	2.6
0.70	0.25	3.1
0.80	0.25	5.3
0.90	0.33	13.4
0.95	0.33	28.4

可以看到，伴随着市场的充分竞争、税率越来越高，产品利润率不断下降，TCO 每降低 1%所获得的净利润，就相当于增加百分之几到百分之几十的销售额所获得的净利润，这就是降本的杠杆原理。

二、杠杆原理对净利润贡献的分析

当产品正处于新兴行业，新的市场需求正在不断被激发，此时行业尚未形成统一的标准，企业拥有较大的定价自主权，因此 p 值较低，企业可以获得较大的利润。若该行业还属于国家政策扶持的行业，t 值往往也较低。那么在 p=0.4、t=0.1的情况下，TCO 每降低 1%，根据杠杆公式，相当于销售额增加 0.7%，即降低 1%的 TCO 成本，其获得净利润只相当于销售额增加 0.7%。因此，对于一个新兴行业而言，初期 TCO 降本的杠杆作用往往没有那么明显，业务的增长应是企业最先考虑的问题。此时采购员的主要职责是保证供应，充分地支持业务需求。

随着市场进入稳定成熟期，市场开发空间缩小，那么再想获得更大的市场份额，则需要从别的竞争对手那里争取，这就需要更大的资金投入。此时，采购的杠杆原理对于净利润的作用就可以被充分地体现出来了。我们假设 p=0.95、t=0.33，TCO 每降低 1%，根据杠杆公式，相当于销售额增长 28.4%，即降低 1%的 TCO 采购成本，其获得的净利润相当于销售额增长 28.4%后获得的净利润。随着市场的进一步规范、成本的进一步透明、利润的进一步降低、产能的进一步过剩，所有企业都处于薄利运营，采购的杠杆效应会越来越明显。

对于企业而言，在拓展新业务时，往往是优先考虑开源，然后才考虑节流，这也符合采购杠杆原理。因此，TCO 采购降本的重要性是随着市场的成熟度而逐渐增大的。对于企业运营者而言，行业有其生命周期规律，在不同的阶段（初创期、成长期、成熟期、衰退期），采购员的关注点是不同的。在不同时期制定相应的采购规范，才能更好地帮助企业发展壮大，这考验着企业运营者的智慧。

三、TCO 降本的逻辑

企业经营者、采购员、供应商都会在第一时间内关注 TCO 降本问题。毕竟相比销售而言，TCO 降本所带来的益处显而易见，成本的降低意味着利润的增加。企业通过降低成本获得进一步的发展空间，采购员通过降低采购成本获得更好的绩效，供应商则会尽可能地保持原价以获得自己的利润，这是一个没有硝烟的战场，双方比拼的是意志、经验和耐心。在比拼之前，本书先分析 TCO 降本究竟是怎么一回事。

1. “本”是什么

简单地说，本就是成本。根据经济学的观点，成本是为了生产满足客户需求的产品或服务，所耗费的一定种类和数量资源且以货币计量的经济价值。

TCO 所包含的内容很多，根据不同的业务形式有不同的组成。企业经营某产品或服务，通常 TCO 包含原材料成本、生产成本、库存成本、人力成本等，同时还包括一种支出即“费用”。费用也是一种成本，但与成本又有很大区别：成本往往与最终产品或服务直接相关；费用则更多的是与管理相关，而不与具体的产品或服务相关，如管理费用、销售费用、折旧费用等。综上所述，TCO 可以理解为所有用在最终产品或服务上的总成本。

根据 TCO 的范围，原材料的采购成本仅是其中一个部分。因此，TCO 降本从来就不仅是某一个部门、某一个人的职责，而是整个公司的职责。降本需要集思广益，不应仅限于某一个部门。很多创新的解决方案往往需要多个部门的通力配合。采购员，除了要考虑降低材料成本，还要与其他部分合作来降低生产成本、库存成本等，并提出有关降本的办法，以完成降本的目的。

2. TCO 的组成

为了更好地描述 TCO 的组成，本书以市场上某类产品——涂料为例，以涂料的全生命周期为观察对象，回顾一下涂料的“培养过程”。

首先介绍一下涂料。根据《涂料工艺》中的定义：“涂料是一种材料，这种材料可以用不同的施工工艺涂覆在物件表面，形成粘附牢固、具有一定强度、连续的固态薄膜。这样形成的膜通称涂膜，又称漆膜或涂层。”涂料的作用主要是保护、装饰、掩饰产品缺陷和其他特殊作用，提升产品的价值。

从涂料的用途来看，涂料是为了保护和装饰物件。让我们再仔细回顾一下经济学对“成本”的定义：为了生产满足客户需求的产品或服务，所耗费的一定种类和数量资源且以货币计量的经济价值。由此得出：涂料是为了满足客户的需求，用于装饰和保护物件。不用产品的用途也不同。例如，木器漆用于家具装修，具有环保美观等特点；船舶防腐漆由于常年接触水，涂料防腐的性能一定要优良。之所以提到这两种涂料，是为了说明任何产品的目的都是满足客户某一方面的需求，而不同的需求会影响生产工艺的设计路线，不同的工艺路线对于技术、原料、生产设备的要求都存在差异，而这些差异均与成本相关。由此，这里就引出了降本的第一条思路：以满足客户需求为前提的最佳工艺设计路线。这种降本方式也常被称为“技术降本”。

一般来说，在指定好工艺路线之后，该产品的大致成本范围也就确定了。因为工艺对于物料种类、数量配比、生产设备都有一个大致的要求，所以接下来是如何将其实现。具体到生产过程中，通过什么样的生产方式、设置什么样的生产排程、设置什么样的库存管理水平、安排多少人工、选择什么样的运输方式等，这些都决定着制造成本。以某一种型号的乳胶漆为例，其所需要的物料种类、数量配比已经包含在 SAP 系统的物料清单中，同时工厂的生产计划也按照客户的交货要求安排，相应的人工、车间、库存、物流等计划也都是配套的。从这个角度考虑，这里就可以引出降本的第二条思路：如何实现最优的工艺路线。这种降本方式常被称为“生产降本”。

在既定的工艺路线要求及既定的生产管理人员水平的基础上，寻找适合的供应商就是降本的第三条思路，也是我们最常见的降本思路：如何获得物美价廉的生产材料。回到涂料的例子上来，根据工艺路线的要求，对于生产需要的树脂、助剂、溶剂、颜料、填料等原料，采购员要寻找到对应的供应商，并通过最合理的采购方式，获得最低的采购成本。这种降本方式也被称为“商务降本”。如果我们将涂料生产看作是一条“全供应链”上的某一个环节，那么前两条思路是对内“拧毛巾”，第三条思路则是对外“拧毛巾”。

以上三条思路基本上涵盖了企业大多数情况下的降本方式。以满足客户需求为前提，“技术降本”考虑做什么，“生产降本”考虑怎么做和买什么，“商务降本”考虑怎么买。这就是降本的逻辑。

四、TCO 降本的实施

有了 TCO 降本的逻辑和思路，接下来就是“落地”和“实施”，否则就好比空谈理论没有意义。如前文所述，TCO 降本绝不是某一个部门、某一个人能够完成的，全面的降本需要全体部门和员工的配合。上述的三条思路基本涵盖了企业所有部门，那如何统一协调和规划，以确保不存在遗漏和重复，这就需要某一个部门来牵头了。在分析制订具体的方案时，企业可以采用前面提到的微积分法。

“微积分法”，即“微分”和“积分”的组合。首先，尽可能地把所有与成本相关的业务仔细罗列出来，包括成本类型、材料名称、成本金额、负责部门、协同部门等。其次，在详尽的罗列之后，再逐一分析其成本支出的结构、原因，从而找到不同成本支出的降本方法。最后，通过“积分”的方式，形成一套完整的降本方案。这种处理问题的思路就是“微积分”法。这里需要注意的是对微分程度的把握，将问题分解到可以顺利解决的程度即可。过粗不利于问题开展解决；过细则增加无谓的工作量，降低工作效率。

依然以某型号的涂料产品为例，一套完整的降本方案可以看作是许多降本细化方案的叠加。我们可以通过正向和逆向两个方式来逐一分解为了生产这个型号的涂料产品需要哪些部门、人员、生产资料。例如，采用正向的方式，即从产品的生产逻辑来考虑：产品设计方面，参与部门有销售部、市场部、技术部，新产品设计有一定的时间要求，也会产生相应的设计成本。规模生产方面，此时就会涉及生产成本、物料采购成本等，此时参与的部门主要包括生产部、采购部、仓储物流部、计划部。针对这个部分的降本，企业需要将相应的部门纳入进来，由采购部门牵头主导负责。除此之外，还有很多与生产并不直接相关的采购需求，包括费用类、行政办公类、咨询服务类等，分析方式也与上述方式相似，找到对应部门、负责人员。

采购部与其他部门可以产品线为起点，逐步将责任细分给每个部门和每个业务人员，通过不断完善这张工作清单，达到降本的目的。由于生产降本主要涉及的是生产部门如何合理高效地安排生产计划，这种降本方法更多的是提高生产效率，因此采购员参与的案例较少。采购员参与较多的主要是技术降本和商务降本。以如表 7-2 所示的降本工作清单为参考，每个采购员都可以制作自己的降本工作清单。

表 7-2　降本工作清单

降本类型	产品线/生产线/类别	主导部门	协同部门	涉及物料	降本思路	市场/成本分析	原年度采购额	新工艺/产品/供应商采购额	预估节约
技术降本	产品线 A	技术部	销售部/采购部/市场部	原材料 A	工艺替代				
	产品线 A	技术部	销售部/采购部/市场部	原材料 B	原料替代				
	产品线 B	技术部	销售部/采购部/市场部	原材料 C	工艺简化				
	产品线 B	技术部	销售部/采购部/市场部	原材料 D	用量减少				
	产品线 C	技术部	销售部/采购部/市场部	包材 A	材质替代				
	…								
商务降本	大宗物料 A	采购部	技术部		集中采购				
	大宗物料 B	采购部	技术部		战略采购				
	大宗物料 C	采购部			杠杆采购				
	大宗物料 D	采购部			渠道变更				
	行政办公类	采购部	需求部门		平台化采购				
	工程基建类	采购部	需求部门		专业项目团队				
	咨询服务类	采购部	需求部门		行业对标				
	设备物资类	采购部	需求部门		行业对标				
	…								

资料来源：笔者绘制。

按照以上方法，每个采购员将自己负责的物料罗列出来，如果负责的物料过多，可暂时先罗列占自己总采购金额 80%的物料并作为重点关注对象，且物料的“颗粒度”需要细化到采购单元。例如，48%液碱（含相关指标）不要只列到类似于“化工品”这样的分类。如果分类不够细化，则不利于后续的数据分析和汇总。

1. 技术降本

本书先从技术降本入手来分析在列出产品线及相应的原材料、包材清单后，采购员一般要从工艺变更、原料替代、工艺简化、材质替代方面考虑降本。

（1）工艺变更。

工艺变更常指找到一种更高效或更便宜的生产终端产品的方法来替代原有的方法。实际上，这种降本方式并不多见，一旦出现则是影响整个行业的大变革。例如，最初铝产品的生产成本堪比黄金，后来生产工艺发生重大变革后，铝产品才广泛进入人类的日常生活当中。

（2）原料替代。

这种方法是在工艺中找到了该原料的替代品，是技术降本中最常见的方式。寻找更便宜的替代品，除了技术部的同事外，采购员也常常参与其中。这种降本方式也受供应商的影响，如发现了更便宜的消泡剂，或者某原料的替代会减少其他原料的用量，这些都会降低终端产品的总制造成本。采购员作为公司对外的窗口，也经常接收到类似的信息，加以甄别后推荐给技术部，如果的确有效便可以采用。

（3）工艺简化/用量减少。

工艺简化常常是指通过引入某新原料后，由于该原料发挥着原工艺中多种原料的作用，因此工艺在被简化的同时，成本也得到了相应的减少；或者工艺并没有简化，但对新原料的使用使工艺中其他原料的使用量大大减少，从而间接地降低了成本。

（4）材质替代。

这种方法与原料替代类似，但不同的是此类材质往往直接构成产品的原料，如包材。包材成本在最终产品成本中也占有一定比例，那么如何在满足客户需求且保证质量的情况下，降低包材的成本呢？我们可以将产品包装，从铁罐包装改成纸质包装，或者减少包装材质中较贵的部分等。大家应该对这些包装产品并不陌生，尤其是纸质包装。纸质包装品不仅减少了污染，还降低了运输成本，同时纸质包装品的回收也较为方便。常见的包装品有三种：金属制品、塑料制品和纸制品。通过不同类型材质的替代，企业可以获得更好的成本节约。

技术降本还有很多其他的形式，但基本的降本思路都是以替代工艺或物料，减少用量作为目标的。技术降本为采购员提供了更多的可能性，也会大大降低“单一供应商”所带来的供应风险。

2. 商务降本

接下来，本书谈谈商务降本。这个方法更多的是基于物料的属性、市场、成本，通过不同的采购方式来获得更低的成本，也是一种替代式降本方法。但实际操作中更多的是替代供应商，而不是替代物料，因而在执行过程中存在一定的局限性。

采购员在列出重点关注物料清单后，首先，针对物料进行“定位”。具体方法是先获得该物料近三年的采购总金额（可以从系统或线下收集等方式汇总），然后列明供应商。如有多个供应商，请列明各自的份额。这时，采购员就完成了自己负责的产品的“概览”。其次，针对每个物料，分析该物料的市场状况，如产能、产量、供应商清单、供应地域、关键原材料、历史价格（可参考某些网站公布数据，如无则仅统计公司历史价格）、下游客户的种类、需求量、质量要求、送货要求等。最后，分析该物料的生产成本和定价规则。以 R 公司核心原料 A 为例，了解其生产工艺的种类、优劣、关键原材料及其价格、核心技术参数（关乎其最终生产成本），模拟出供应商的成本模型。最初模型的准确性与真实数据会有较大的差异，但随着采购频次的增加，模型的参数会随着信息的增加而不断优化，该成本模型会越来越接近供应商实际的成本结构。

3. 采购策略

在了解了市场状况和成本结构后，根据企业对于该产品的需求，包括数量、质量、送货要求、付款条件等，可以确立企业在这个产品市场中的定位，从而为下一步制定相应的采购策略构建一个比较现实的基础。一般来说，采购策略有以下原则：①生产商原则，即尽量与生产厂家直接合作，不通过贸易商；②相似需求合并原则，即对于同样或接近的需求，尽量统一后和供应商商谈；③总成本最低原则，即价格不是唯一的衡量指标，采购效率、付款条件、培训支持等也是总成本核算指标。

根据以上原则，采购策略有以下几种：

（1）集中采购（或称中央采购、统一采购、大类采购）。

当企业发展到一定规模时，集中采购的重要性便逐渐体现出来。很多企业随着下属分公司、分厂的不断开设，其业务中相似的需求也逐渐扩大，此时单独与供应商谈判往往都不占具优势，集中采购就成为有效降本的手段，不仅可以和供应商商谈获得一个更优惠的价格，统一的供应商体系也在质量层面上避免了各个分公司出现差异。因此，当前知名的集团公司都会首先将集中采购作为最先降本的手段。

（2）供应商竞价（杠杆采购）。

在需求标准化程度高的物料且采购额较大的情况下，企业可以充分利用供应商之间的竞争，获得对企业最有利的价格和服务。其中，招标是非常有效的采购方式。有关招标，笔者将会在后续的章节介绍。

（3）积极寻求替代货源（减少单一供应商）。

单一供应商，简言之就是供应商只有一家。这种情况是由于企业需求的物料比较特殊，或者是虽然供应商的数量不仅一家，但考虑到技术、安全、运输、仓储等问题后部分供应商不具备可操作性，导致可靠的供应货源有限。在这种情况下，为了不至于被供应商“卡脖子”，采购员需要积极寻找有效替代品。若发现替代物料，则采购员需要与技术部通力合作，逐一尝试潜在的物料，发现可替代的有效货源；或者考虑“本地化”策略，即在国内寻找有实力的潜在供应商，共同投资和研发，在保证物料供应的同时，也能降低采购成本。例如，某公司由于生产工艺中的关键原材料长期受制于供应商，后来在国内找到一家有潜力生产该产品的本土供应商。它们通过技术指导、深度合作等方式，成功地实现了该原材料国内“本土化”。同时根据合约，该公司在一定期限内和该供应商以“成本表”核算的方式进行采购，既保证了供应，也大大降低了成本。

（4）战略合作。

针对采购金额大、技术难度高且供应风险很大的物料，企业常常考虑通过战略合作的方式来降本。战略合作除了通过高层领导谈判获得更低的价格外，保证供应也是战略合作的主要目的之一。战略合作是在长期共赢的指导思想下，基于共同利益而建立的深度合作。

战略合作除了要签订战略合作框架协议外，彼此之间的信任也是十分重要的。为了使信息共享，在一定程度上部分供需信息是需要相互公开的。笔者在著作《基于信任风险下的产能决策协调机制研究》中，曾经尝试过共享供应商的产能和制造商的市场信息，发现这种共享在风险协调机制下可以有效地提高合作双方的期望利益。因此，战略合作也是一种行之有效的降本方法。从整体出发，以双方的核心利益为关注点，通过契约的方式约束双方的交易行为，使整体利益最大化，这也间接提高了个体的利益。

（5）采购渠道变更。

企业建设初期，由于部分原料需求量有限，直接与厂家联系购买，其价格可能较高，同时考虑到厂家的库存设置、销售策略、付款条件，企业会选择从经销商和代理商那边购买。当企业发展到一定规模后，也就有了与厂家直接谈判的资本。此时，企业绕开经销商或代理商，与厂家直接谈判，解决物流问题和仓储问题后，可以有效避免中间环节的利润损失。

采购渠道的变更不可以犯“教条主义”错误，采购效率也是要关注的一项重要指标。如果购买一些杂品也要从厂家购买，显然是既费时又费力。对于采购金额小、供应风险小的采购需求而言，此时的采购渠道变更则需要“反其道而行之”，通过集中所有的小量需求并与经销商谈判。这种方法在获得一个较好的价格的同时，可以大大减少采购员的精力支出。

当前有不少电商平台，通过集中大量的企业、个人需求，获得了与生产商谈判的优势。同时，电商平台的可视化、物流运输的便捷性，大大降低了成本。因此，不少集团公司也引入电商平台作为某一部分产品的采购平台。根据很多公司的实际使用效果，这种方式不仅提高了效率，而且也使价格更加优惠，更重要的是，货物的质量得到了保证，有效避免了之前以次充好的情况。

充分地利用电商平台，不是说可以放任采购员无限制地通过平台采购。采购员对于电商平台的使用，始终要在公司严格的采购制度规定下完成。什么类别、多大金额、多大范围的物料通过平台采购？是否要考虑合规风险？对于这些问题，在使用电商平台前规划人员需要有明确的限制和要求，相关的业务部门、采购部门、风控部门、财务部门都需要参与讨论，最终在公司总经理决策后，才能作为最终方案推行。

五、构建产品成本模型

上述的降本手段，主要是通过引入供应商竞争、渠道变更、增加采购量等方式降低成本，是“被动”的。作为采购人员，如果能足够准确地了解供应商的产品成本结构，那么无异于是采取“主动”的方式去获得更理想的谈判价格。这样的分析方法的目的不是与供应商“对立”，而是站在供应商的角度寻找合作的机会，通过“共赢”的方式实现自身采购成本的降低。

为了了解供应商的产品成本结构，采购员需要了解其产品的工艺路线、人员配置、设备需求、核心参数，以及供应商的上游供应市场和供应商最核心的“定价策略”。供应商的定价一般遵循某种规则，是基于成本支出、财务状况、期望利润、市场开发等因素，统筹核算出的一个价格区间。因此，了解了供应商的成本，则可以猜测出供应商的定价策略。一般来说，供应商的定价策略在一定时期内较为稳定，那么此时供应商就有与之相对应的谈判模式。了解这个谈判模式是非常利于采购员在该阶段下获得最有利的价格。

或许有不少人会说，供应商的谈判能力更多是由市场的供需情况决定的，与成本多少关系并不大。这种看法确实是对的，采购员了解对方的“底牌”，并非能够强迫对方按照自己的要求“出牌”，因此似乎看起来“了解对方”也未必一定有用。在这里笔者想说的是，采购员通过这样的方式并不是要和供应商对立，而是为了比自己的竞争买手更快更好地抓住降本的机会。采购员能做到这点就可以了。供应商并不是采购员的敌人，而是企业的合作伙伴。那些竞争企业的采购员，才是需要采购员去关注的。这里有个小故事，甲乙两人在森林中遭遇狮子，为了活命而奔跑，旁观的丙说：“反正都跑不过狮子，干吗那么辛苦?”甲说：“我不需要跑过狮子，只要跑过乙就够了。”

还有人说，供应商的成本结构是其“核心机密”，采购员是很难获得且判断其真伪的。这个看法也是正确的。本书讨论的了解产品成本结构，并不是说从一开始就获得非常精确的成本模型，期初只要有一个大概的模型即可。随着和供应商的合作越来越频繁，采购员能获得的信息也会越来越多，那这个成本模型就会越来越接近真实的成本模型。当然，不同供应商对于一些信息的把握和描述也会存在一定的差异，采购员需要判断和分析。因此，建立成本模型不是要求一开始就足够精确，而是要持续改进，这样会让采购员的分析越来越精确。

本章主要讨论的是与采购部门相关的降本方案。事实上，“开源节流”是企业良好运营的主题。在企业外部，业务人员通过努力不断地扩大企业的市场份额；在企业内部，运营人员通过有序管理的方式降低经营成本。降本永远都不是一个人、一个部门的任务，也不是某一段时期内的任务，而是企业所有人员的任务。当市场成熟到一定程度后，决定企业走得更远、更久的往往是企业的“内功”。

第八章　招标采购

招标采购是采购的一种方法，也有一套完整的采购规范和操作流程。目前，已有很多采购业务采用这种方式，并且取得了不错的效果。作为采购员，即使自己所负责的产品用到招标的机会不多，也应该对这种规范的流程有所了解。本章将逐步给大家介绍招标采购。

一、招标采购概述

谈到招标采购，我们先从几个概念入手。前面内容中提到的买方、采购方在招标采购中常常被称为“招标方”“招标人”，招标方采购的过程被称为“招标”。有买方，那自然就有卖方，卖方或供应商则被称为“投标方”，他们参与招标的行为被称为“投标”。招标和投标就如同买和卖一样，是在不同角度下对同一种交易行为的描述。

在以上概念中，还有一个更基础的概念，就是“标”。“标”就是投标方向招标方提供的一套交易方案。这套方案可以是一个价格，也可以是一套含有价格等信息的方案，目的都是以满足招标方的需求为前提的。因此，招标方因自身的业务需求，向投标方发出公告或邀请书，邀请供应商参与竞争，而投标方响应招标并提供自己的交易方案，招标方从中选择最合适的投标方并与其签署合同。这个过程就是招标采购。

招标采购，正如前文提到的，是一套完整的采购规范和操作流程，因此招标采购最大的特点就是规范性，即标准化的流程步骤。招标采购一般分为招标、投标、开标、评标、中标、签订合同，每一个环节都有相应的操作规范。针对招标业务，国家出台了《中华人民共和国招标投标法》（以下简称《招标投标法》）和《中华人民共和国招标投标法实施条例》（以下简称《实施条例》），对招标、投标、开标、评标和中标给出了指导意见。

招标采购区别于其他采购的最显著特征是需要编制招标文件，这也是招标采购规范性的重要体现。招标文件的编制需要很强的专业性，因此招标文件也是投标人和招标人沟通的基础文件，后续投标文件的编制、质询和澄清、价格谈判，都是基于招标文件中的要求进行的。

招标采购的程序和流程是公开的，这些环节都有相应的要求，招标人不能随意变更。参与投标的投标人可以对招标流程中的具体操作质疑，因此招标人需要建立专门的沟通渠道，以体现公平竞争的原则。如果招标人不遵守相应的规则而随意变更，这会极大地损害投标人的参与意愿；如果招标人违反了《招标投标法》中的规定，还要承担相应的法律责任。

二、招标采购与采购寻源

这里描述的采购寻源，是广义上的采购寻源，就是针对特定的采购需求，通过供应商寻源、采购谈判和合同签订，获得有效的采购货源，即本书第三章至第五章的内容。本章所提到的招标采购，除了包含广义上的采购寻源外，还包括了本书中第二章的内容，即采购需求。

并不是所有的采购都适合招标的方式，但招标方式的适用范围也在不断地扩展。根据《招标投标法》第三条，在某些特定情况下的采购业务必须使用招标采购方法。注意，这里规定的是必须使用招标的业务范围，其他业务并不一定要采用这种方式。事实上，对于很多企业，尤其是外资企业，其采购部门的组织设置常常是以物料特性来划分的，即常说的类别管理（Category Management），但这种划分方式下的采购模式并不一定采用招标业务，因此很多采购员并没有多少机会接触并使用招标采购。

第三条　在中华人民共和国境内进行下列工程建设项目包括项目的勘察、设计、施工、监理以及与工程建设有关的重要设备、材料等的采购，必须进行招标：

（一）大型基础设施、公用事业等关系社会公共利益、公众安全的项目；

（二）全部或者部分使用国有资金投资或者国家融资的项目；

（三）使用国际组织或者外国政府贷款、援助资金的项目。

前款所列项目的具体范围和规模标准，由国务院发展计划部门会同国务院有关部门制订，报国务院批准。

法律或者国务院对必须进行招标的其他项目的范围有规定的，依照其规定。

最初的招标方式更多的应用于工程类、基建类项目，但随着业务的复杂化，人们也逐渐发现招标方式在规范性方面确有优势，因此使用招标方式的采购业务也越来越多。通过对招标方式的不断改进，企业中使用的招标方式已经可以覆盖大多数业务需求。招标方式的流程化、规范性，对于采购工作的管理是很有益处的。

三、招标采购的分类

根据《招标投标法》中第十条的规定，招标分为公开招标和邀请招标。

第十条　招标分为公开招标和邀请招标。

公开招标，是指招标人以招标公告的方式邀请不特定的法人或者其他组织投标。

邀请招标，是指招标人以投标邀请书的方式邀请特定的法人或者其他组织投标。

公开招标和邀请招标，究竟采用哪一种方式，取决于采购标的（采购对象）的市场特点。作为招标方，我们首先关心的是能否有足够数量的供应商前来应标。应标人数过多，可以通过提高招标条件进行筛选；而应标数量过少，无论是因为业务要求过高，还是距离过远等原因，都可能造成招标失败，即流标，从而延长采购周期，降低采购效率。

选择合适的招标方式是十分重要的，需要根据采购标的的市场情况、技术要求、业绩要求等来决定。如果标的市场竞争充分、潜在供应商众多，那么公开招标会使供应商之间相互竞争；如果标的市场门槛很高，质量要求很高，那么邀请招标的方式则更为有效。

四、招标采购的步骤

如前文所述，招标采购一般分为招标、投标、开标、评标、中标、合同签订，这个分类方法是按照招标流程的先后顺序划分的。接下来，本书按照这个步骤详细地加以介绍。

1. 招标

与常规的采购业务类似，招标采购也是从采购需求开始的。对于企业而言，采购需求的第一步是项目立项申请。项目立项申请通过后，企业才会根据项目的需求逐步将项目分解到具体的品类采购需求。因此，最先开始的招标采购的文件是立项申请文件。

立项申请文件的编制，一般是由招标人或者需求部门办理，具体根据企业内部的职责划分而定。项目立项文件一般包括需求部门、立项背景及原因、项目目标和范围、项目预算、实施计划时间、项目成员名单等。根据项目的重要性、预算金额等因素，项目立项文件需要经过不同层级的领导审批，重要项目还需要组织专门的汇报会议，在向领导详细汇报并得到认可后方可继续。为了给大家更直观的介绍，下面以 G 集团某立项申请报告为例供大家参考（见图 8-1）。

G 集团某系统立项申请报告

项目立项目的：

1. 现状

2. 必要性

3. 项目目标、涉及范围及功能

3.1 项目整体目标

3.2 涉及范围

3.3 系统功能

系统的开发工作内容：

序号	类型	模块说明
1		
2		

4. 项目开发方案及费用计划

序号	实施内容	费用（元）
1		
2		
总计		

5. 项目组织计划

项目领导小组：

项目工作小组：

6. 项目实施时间计划

序号	时间	具体工作
1		
2		
3		

集团×××部门已完成了前期的基础调研、讨论工作，目前开展条件已经具备，特此报告进行立项。

妥否，请批示！

集团×××部门

20××年××月××日

图 8-1 项目立项申请报告模板

资料来源：笔者历年经历汇总得到。

项目立项文件通过后，接下来需要的文件便是技术规范书。技术规范书一般由技术部门、需求部门或招标人负责编写。技术规范书是对采购需求的细化，会具体到制订项目的实现方案。技术规范书的编写要遵循一定的原则，不能在规范书中有任何可能影响公平竞争或排他性的要求。对于关键的内容企业还需要组织相应的评审团队。如果在评审过程中增加了研讨会议，则需要记录会议纪要，以便证明技术规范书的内容得到了与会者的一致认可。以上述立项申请的 G 集团某系统需求说明及技术规范书为例，其内容包括系统的建设目标、项目范围、系统的功能（需要细化到具体要求）、项目交付要求、培训需求、技术支持和售后服务等。接下来，笔者仍以 G 集团为例来展示技术规范书。考虑到篇幅限制，示例内容仅以目录展示为主（见图 8-2）。

G 集团某系统需求说明及技术规范书

目录

图 8-2（a） 技术规范书目录模板 1

资料来源：笔者历年经历汇总得到。

G 集团应用系统技术架构规范说明

目录

图 8-2（b） 技术规范书目录模板 2

资料来源：笔者历年经历汇总得到。

技术规范书完成之后，就是由招标人（采购部门）组织相关的商务和技术人员编制招标文件和招标程序及评定标规定。前者是招标的核心文件，要将其发送给供应商，以便供应商来投标；后者是对整个招标过程中涉及的具体内容进行约定。对于金额较大的关键物料，还需要编制采购策略文件。如果业务涉及法定招标，还需要编制资格预审文件。

（1）招标文件的编制。

招标文件是招投标业务中最重要的文件，也就是俗称的“标书”。一般来说，供应商想要投标，则需要购买标书。标书是招标方和投标方正式的官方沟通文件，一份完整的标书，招标业务类型的不同会有不同的内容。以物资类为例，其招标文件内容主要包含以下部分：①招标公告或投标邀请书；②投标人须知；③评标方法；④合同条款及格式；⑤供货要求；⑥投标文件格式。对于施工类招标文件，往往还需要工程量清单、图纸、技术标准和要求等内容。

第一部分内容是投标邀请书。这个部分主要是介绍此次招标的招标人、项目概况与招标范围、对于投标人的资格要求，以及投标人如何获取和投递投标文件。对于邀请议标的情况，投标邀请书会要求投标人限期内以书面形式回复是否参标。这部分内容还包括招标人和招标代理机构（如有）的联系方式等。

第二部分内容是投标人须知。这个部分是向投标人说明此次招标的详细信息，以及招标业务的整体流程安排，包括投标、开标、评标、合同签署等信息。投标人需要仔细阅读，对于其中不清晰的地方要在规定时间内请招标人予以澄清。此外，这个部分的内容也是投标人撰写投标文件最重要的根据。

第三部分内容是评标方法。这个部分的内容并非必须，尤其对于企业内部的招标采购。但在招标文件中增加评标方法有助于投标方对招标业务的理解，避免投标方为低价中标恶意报价因而不能保证采购业务的质量的情况发生。常用的评标方法有“综合评标法”“性价比法”“合理低价法”等，具体使用哪种评标方法需根据业务的特点，经评标工作小组讨论审核后确定。需要说明的是，这里明确的是评标方法，并不包括评标细则。

第四部分内容是合同条款及格式。有些招标文件将其以附件的形式显示。合同的内容和条款也是招标文件的一部分，如果投标方最终中标且未对合同内容和格式提出质疑，那么招标文件中的合同就将作为正式的合同文本进行签署。在业务实操层面，投标方需要对合同的内容在内部达成一致意见，如有修改的地方需要与招标方协商并澄清。否则一旦中标，合同文本的任何修改都需要走法务审核流程。尤其针对招投标双方都是大型公司的情况，双方的法务流程严谨且烦琐，而招投标业务又有时间限制，因此投标方一定要仔细审核合同细节。

第五部分内容是供货要求。招标人应尽可能清晰、准确地描述对于物资的需求，并对所要求提供的设备名称、规格、数量及单位、交货期、交货地点、技术性能指标、检验考核要求、技术服务和质保期服务要求等做出说明。这个部分对于后续的履约过程十分重要。现实中，后期产生双方理解不一致的地方，往往是由于投标人未能充分地理解招标人的业务需求，仅凭经验“想当然”，在报价阶段产生偏差，导致在履约过程中双方“扯皮”进而影响整体业务的进度。按照本书前几章讲述的内容，这个部分就是“采购需求”。

第六部分内容是投标文件格式。这个部分的内容是规范投标人编写的投标文件。如果没有这个部分，投标人提交的投标文件往往格式不一，而招标活动从准备、开标、评标、中标整个过程中是有时间安排的，格式不统一会大大增加评标人员的工作量，不利于评标工作的效率。投标文件内容的要求，除了满足法律要求外，企业自身也会增加一些个性化的要求，如企业会要求供应商签署诸如“供应商反商业贿赂”“供应商诚信承诺”等类似文件作为投标文件的一部分。对于商务和技术的偏差，企业也会要求供应商提供更多的支持性资料。对于不同类型的招标业务，企业可能还会特别增加一些专门的文件要求；对于报价，考虑到最终参与人员有限，企业会要求供应商对价格文件进行单独密封。因此，招标文件的格式主要是根据招标人的业务需求而定，并没有特定的模板。

除了以上六个部分外，针对施工类业务，招标文件还要包括工程量清单、图纸、技术标准等。其中，工程量清单是根据招标文件中包括的、有合同约束力的图纸及国家标准、行业标准、合同条款中约定的工程量计算规则编制的。简言之，工程量清单就是将项目的每一步尽可能详细地一一列出，并汇总成报价清单，作为投标文件的基础内容。图纸则是投标文件中用以具象化业务需求的工具，国家对于图纸的编写有相应的规范，可以最大限度地避免因文字描述不够准确而造成的双方对于“采购需求”的理解差异。图纸是施工类投标文件的重要组成部分，当出现纠纷时，澄清业务需求便以图纸为准。技术标准和要求，也是对业务需求的精确解释，使双方对于业务的理解在同一层面上。

为了更好地帮助大家理解招标文件的组成，我们以 G 集团的物资类非法定招标文件为例，给大家进行介绍。考虑到篇幅限制，以下以其封面页（见图 8-3）和目录页（见图 8-4）介绍为主。

封面页

________________（项目名称）设备采购

（招标编号：______________）

邀请议标招标文件

招标人：______________（盖单位章）

______年______月______日

图 8-3　招标文件封面页模板

资料来源：笔者历年经历汇总得到。

目　录

图 8-4　招标文件目录页模板

图 8-4　《招标文件》目录页模板（续图）

资料来源：笔者历年经历汇总得到。

（2）招标程序及评定标规定的编制。

这个文件的内容主要是为了确定招标过程中的人员、方式、时间、评标方法、定标原则等，如招标领导小组和工作小组的人员组成、组长人选，评标工作组的人员组成，某些情况下还专门设有价格谈判组，因此价格谈判组人员也应加进去。为了招标工作的顺利开展，企业还会设有监察组、会务组。招标时间的安排、地点的确定、开标大会的流程也是需要确定的。除此之外，该文件要明确评标细则和定标原则，这里对评标方法要细化到打分的具体规则，即对每个细项的打分都要以该细则为依据。商务组和技术组的人员需要对打分规则给出自己的意见，确保评标细则的科学性，如果有不同意见必须提出；定标原则也是一样的要求。该文件一旦确定，相关人员都要签字确认，不可修改。该文件最后的内容是对于违规违纪人员的处理方案，明确参与人员的工作要求。为了更好地编制招标程序及评定标规定，企业内部往往由招标人组织发起专门的会议对此进行讨论，通过会议纪要的方式来明确各项内容，因此会议纪要也是招标过程中的重要文件。下面以 G 集团的招标程序及评定标规定模板为例，来帮助大家了解该文件的编制（见图 8-5）。

招标程序及评定标规定

(适用于需评分的邀请议标)

一、招标组织机构

1. 招标领导小组:

组长:(姓名)

组员:(姓名)

2. 评标工作组:

技术组

组长:(姓名及专业)、组员:(姓名及专业)、(姓名及专业)

商务组

组长:(姓名及专业)、组员:(姓名及专业)、(姓名及专业)

价格组 (工程等复杂标的可单独成立价格组)

组长:(姓名及专业)、组员:(姓名及专业)、(姓名及专业)

3. 监督组:(姓名)

4. 会务组:(姓名)

二、日程安排

时间:　年　月　日

地点:

序号	标的名称	截标时间	开标时间
1		上午9:30	上午9:30

三、招标准备

1. 招标人应于招标申请批复后至开标前,动态跟踪投标人能否准时参加投标,避免因投标人不响应投标影响正常开标。

2. 招标联络人应于开标前办结投标登记、投标保证金核实、标书费缴纳等工作。

3. 标前准备会由招标公司监督人(现场招标经理)负责组织。审定评标细则、确认投标人、是否需要分档、实际评标人员与审定的评标人员名单是否一致及其他相关事项。对于批复的评标办法及定标原则,如未发现有明显错误或严重偏离事实的情况,均应按批复的意见执行。

图 8-5　招标程序及评定标规定模板

四、开标大会

由招标公司轮值总经理主持。

1. 主持人致欢迎词，介绍相关情况。

2. 集团监察部监督人宣读招投标纪律。

3. 招标公司监督人（现场招标经理）组织接收、验证投标文件有效性并验明投标人代表身份。

4. 招标公司监督人（现场招标经理）组织各投标人抽签，决定技术、商务及价格澄清顺序。

5. 大会结束，评标工作开始。

五、评标细则

类别	类别权重	打分项	打分项权重	最低分	最高分	得分	概述
价格部分							
技术部分		技术标书响应程度					
		生产设备情况					
		…					
商务部分		财务状况					
		付款方式					
		…					

注：以上评分表仅为模板，招标人应根据标的实际需要选择并修改确认后使用。

六、定标及原则

1. 采用（综合评分/性价比）评标办法，根据（综合得分或性价比）排名进行投标人排序，并由招标联络人发起预中标结果审批。

2. 预中标申请批复后，发布预中标结果。

七、违规违纪管理

评标结束后，招标公司监督人（现场招标经理）对所有评标人员进行评分。对于违反招标纪律、不服从监督人员安排的，导致招标工作不能正常进行，则按管理权限将相关情况逐级上报分管领导、董事长阅知，并纳入年度考核。

（项目公司全称）

____年____月____日

图 8-5 招标程序及评定标规定模板（续图）

资料来源：笔者历年经历汇总得到。

（3）采购策略的编制。

对于采购金额巨大的，或者采购标的非常重要的，再或者企业认为有必要的招标项目，招标人需要制定招标采购策略。采购策略的制定没有严格的规定，主要是分析标的的供需市场、技术路线、价格趋势，结合企业自身的需求，制定符合企业的最优采购策略。这个部分的内容可以参考本书第三章“采购寻源”的关于采购策略的制定。

（4）资格预审文件的编制。

资格预审是在投标前对潜在投标人进行资格审查的一种方式。对于公开招标的业务，资格预审通过设定投标人参与门槛，可以有效地避免不符合业务要求的企业来投标，从而大大提高了现场评标的效率。

对于企业内部的招标采购活动，由于大部分企业内部招标采用的是邀请招标方式，并且企业经多年的经营也会建立“合格供应商库”，因此一般不会用到资格预审文件。资格预审主要的适用范围是针对公开招标的业务。

根据《实施条例》中的规定，招标人采用资格预审办法对潜在投标人进行审查，应当编制资格预审文件并发布资格预审公告，在公告中要确定提交资格预审申请文件的时间，并且自资格预审文件停止发售之日起不得少于 5 日。

资格预审文件主要包括：①项目简介；②对投标人的要求；③各种附表。其中，对投标人的审查主要从财务状况、过往的履约情况、人员情况、设备情况入手进行评审。招标方需组织专门的评审委员会，对潜在的投标方进行评估，最终形成书面报告。下面以 G 集团的招标资格预审文件模板为例向大家介绍(见图 8-6)。

（招标项目名称）招标资格预审公告

（招标编号：________）

项目所在地区：

一、招标条件

本项目已由项目审批/核准/备案机关批准，项目资金为资金____万元（非必填，资金类型有国有、私有、境外、自筹、外国政府及企业）；招标人为______。本项目已具备招标条件，现进行公开招标（也可填写邀请招标），特邀请有兴趣的潜在投标人提出资格预审申请。

二、项目概况和招标范围

规模：

范围：

（001）（需要填写标段1名称）；

（002）（需要填写标段2名称）；

……

三、投标人资格要求

（001需要填写标段1名称）的投标人资格能力要求（以下仅供参考）：

1. 申请参与本次招标的资格预审的申请人须具备工商行政主管部门核发的有效营业执照，且需要具有独立法人资格；

2. 申请人的营业执照的经营范围应包括________，具备承担招标项目的能力；

3. 申请人须具有已完成的单项合同额在________万元及以上的________类似业绩；

4. 申请人应具备能够完成本项目的设备、人员、资金，同时应具备完善的质量保证、环境保护等管理体系，且能够提供真实有效的证明材料；

5. 其他情况，依据项目实际要求进行补充。

……

四、资格预审文件的获取

获取时间：从____年____月____日____时____分到____年____月____日____时____分（不少于5日历天）

图8-6　资格预审文件模板

获取方式：需要填写资格预审获取方法，例如电子邮件获取、现场购买等方式及相关信息

五、资格预审申请文件的递交

递交截止时间：______年____月____日____时____分

递交方式：需要填写资格预审申请文件递交方式及地址，例如：申请人应于递交截止时间前将资格预审申请文件递交至________地址，递交人需要携带法人授权委托书原件及被授权人身份证复印件并加盖申请单位公章）

六、资格预审开始时间及地点

资格预审开始时间：____年___月___日___时___分（一般为递交截止时间）

资格预审地点：________（需要填写地点）

七、其他

填写其他需要体现的内容

八、监督部门

本招标项目的监督部门为________（需要填写监督部门名称，不填写可用/代替，集团内部建议填写）

九、联系方式

招标人：

地址：

联系人：

电话：

电子邮件：

招标代理机构：

地址：

联系人：

电话：

电子邮件：

招标人或其招标代理机构主要负责人（项目负责人）：__________（签名）

招标人或其招标代理机构：（盖章）

图 8-6 资格预审文件模板（续图）

资料来源：笔者历年经历汇总得到。

2. 投标

在招标文件等准备材料就绪后，就进入发标流程。招标人负责发售招标文件，公开招标需要在公开渠道发布，发售期不少于 5 日，自发售之日起至投标截止之日不少于 20 日。如果是企业内部招标，企业可以采用投标邀请的方式，邀请企业内部“合格供应商库”中的全部或部分供应商参与投标。潜在投标人在收到投标邀请，或者在公开渠道得到招标信息且有意愿参加时，在限定时间内回复招标人，按照招标文件中的要求编制投标文件，并缴纳标书费、投标保证金，在约定时间内将投标文件密封后递交到指定地点即可。

在企业实操过程中，除非是企业多年合作的供应商，大部分情况下不同潜在投标人对于招标文件的理解都是有差异的。对于这种情况，如果企业不能对这些差异做到及时澄清，那么会导致大量无效的评标工作，也会严重影响开标现场的评标效率。因此，在开标之前，标前答疑是非常必要的。一般来说，招标人会组织已购买标书和缴纳投标保证金的投标人召开标前答疑会，如有必要还会邀请投标人现场踏勘，并将所有需要澄清的问题进行汇总，在限定时间内收集完毕并统一回复。澄清文件要发送给每个投标人，确保所有投标人对所有需要澄清的问题清楚明白。

对于企业内部的招标活动，由于参与有些业务的供应商数量有限，为了避免在投标现场由于部分供应商临时原因不能参加而导致不能开标（至少要满足 3 家，定向议标除外）的情况，招标人需要对投标人的参与情况实时跟踪。一般情况下，由于招标文件中明确规定缴纳了投标保证金后若无故不参加投标，投标保证金将被没收，因此招标人应积极敦促投标人尽早缴纳投标保证金，以确保开标当天的供应商数量满足开标要求。

3. 开标

在完成以上工作后，招标人负责组织成立评标委员会。评标委员会的人员组成主要针对评标内容中的商务部分和技术部分，因此评标委员会的组成人员需要具备相应的专业知识。对于评标人员，企业可以从公司内部选取，也可以借助外部专业人员。评标委员会人数为 5 人或以上单数，其中经济、技术方面的专家应不少于总数的 2/3。人员清单应在开标前确定，在中标结果确定前该成员名单应保密。评标委员会的负责人由招标人确定，所有评标人员都具有同等的表决权限。

评标委员会是招标过程中对投标文件进行评审并给出审核意见的权威机构，因此对于招标结果有着最直接的影响。在企业内部招标业务中，评标委员会组成人员一般采用招标人直接确定或随机抽取的办法。对于一般项目，其专业性程度不高，如果评标人员众多且相互之间可替代性较强，那么也可以采用随机抽取的办法。对于技术特别复杂、专业性要求很高的招标业务，因专业人员有限，则一般通过直接指定的方式来进行。在企业实操过程中，有时候也会用“鲶鱼效应”的方法，具体则是在开标前临时加派专业评委。这种方式虽然在某些时候会达到意想不到的效果，但其本身是对原评委的不信任，不建议经常使用。

标前准备会一般安排在开标之前，参会人员一般包括评标人员、招标代表、会务人员等。召开标前准备会的作用在于：对整个招标过程进行介绍，确定评标委员会的人员组成，与会人员学习招标文件及评定标办法等内容。

标前准备会结束后，则进入接收投标人的投标文件工作阶段。投标人应在投标截止时间之前将投标文件递交到招标文件中的规定地点，并在招标当天派员参加招标业务。如果当天投标人数少于3个（定向议标除外），原则上招标人应重新组织招标。所有投标文件的接收都需要有投标人和招标经办人员的签字确认。招标经办人员还需要核对已签到的供应商清单、人员、投标保证金的缴纳情况等，然后安排投标人代表在指定区域等候。

以上工作应在招标文件中规定的开标时间之前完成。开标大会一般不会超过30分钟，会议内容主要包括：①主持人致辞；②招标人简单介绍此次招标业务和项目概况；③监督人宣读招标纪律；④主持人介绍开评标流程，包括检查文件密封性，验证投标文件及授权人（即投标人代表）身份，抽签，确定投标人后续的质询、澄清、谈判顺序；⑤招标经办人员检查现场流程操作，验证后并确定投标人顺序；⑥主持人宣布进入评标环节；⑦评标人员上交对外通信工具（如手机、电脑等），并领取投标文件。至此评标工作正式开始。

4. 评标

在评标这个阶段，评标工作小组按照评标细则中的要求对供应商提交的招标文件进行评价。评价制的方式是对投标文件中的相应内容给出合格或不合格的判定，而评分制则是根据招标文件中的具体内容进行打分，最后再汇总。

在商务组和技术组的评标过程中，当投标人的投标文件表述不清或有疑问时，评标工作小组会安排质询。质询的内容逐一列出，需要投标人和评委仔细核对。这个步骤是对之前投标文件答疑会澄清后的进一步沟通，目的在于保证双方理解一致和真实意愿的表达。对于质询表，最终说明需要投标人签字确认，如有与其投标文件中差异的部分，当以质询表为准。

当商务组和技术组评标结束后，会进入价格标的开启环节。这里需要说明的是，投标人的报价在评标细则中往往也是评价内容的重要部分。一般情况下，投标人的报价不能再做更改，但据笔者的经验，相当数量的企业都会在价格标开启后再进行“二次谈判”。也有专业人员专门讨论过这种做法，刘雪莲认为“看似合理，但不合法”。①

评标工作结束后，则进入整理、汇总各个评委的技术评分表、技术评分汇总表、商务评分表、商务评分汇总表、综合汇总表或综合评价表环节。如有二次谈判，还要填写澄清报价确认函并撰写综合评标报告。综合评标报告是最终报告。这份报告要对此次招标进行全面总结，包括参与的投标人、评委、会务组、监察组等，对于投标人的投标情况，如有特殊情况（如废标等）要列出。最终报告要给出推荐的中标人（包括主选、备选，投标人中标范围等），并对整个招标结果进行总结，如价格节约比例、预计节约金额等。这份综合评标报告需要所有的评标人员、监标人签名方可定稿，综合评标法如表 8-1 所示，综合评标报告如图 8-7 所示。

表 8-1　综合评标法

条款号		评审因素	评审标准
1	评标方法	中标候选人排序方法	
2.1.1	形式评审标准	投标人名称	与营业执照、资质证书等一致
		投标函及投标函附录签字盖章	有法定代表人或其委托代理人签字或加盖单位章。由法定代表人签字的，应附法定代表人身份证明，由代理人签字的，应附授权委托书，身份证明或授权委托书应符合投标文件格式的规定
		投标文件格式	符合投标文件格式的规定
		联合体投标人	提交符合招标文件要求的联合体协议书，明确各方承担连带责任
		…	…
2.1.2	资格评审标准	营业执照和组织机构代码证	符合投标人须知第 X.X.X 项规定，具备有效的营业执照和组织机构代码证
		资质要求	符合投标人须知第 X.X.X 项规定
		财务要求	符合投标人须知第 X.X.X 项规定
		…	…

① 刘雪莲．对中标结果是否可以再谈判［J］．招标采购管理，2018（7）：66-67.

续表

条款号		评审因素	评审标准	
2.1.3	响应性评审标准	投标报价	符合投标人须知第 X.X.X 项规定	
		投标内容	符合投标人须知第 X.X.X 项规定	
		交货期	符合投标人须知第 X.X.X 项规定	
		…	…	
条款号		条款内容	编列内容	
2.2.1		分值构成 （总分 100 分）	综合得分：技术部分：______；商务部分：______；投标部分：______；其他因素：______（如有）	
2.2.2		评价基准价计算方法	经评审的有效最低价为基准价；其他方式（有效报价平均价等）；投标人可自行拟定评标基准计算方法	
2.2.3		投标报价的偏差率计算公式		
条款号		评分因素	评分标准	标准分
2.2.4.1	商务部分	财务状况	提供第三方审计报告且财务状况（资本负债率、流动性等因素）排名，最高得满分，其他依次扣减 2 分；最低扣完为止	10
		银行资信或信用等级	有良好 3A 及以上资信得满分，没有不得分	5
		交货期	完全响应招标文件得满分，如有延迟，每延迟一天扣 1 分	25
		…	…	
2.2.4.2	技术部分	产品性能指标	安全性、可靠性、技术经济指标、检验试验报告等	40
		产品分包范围及资质	满足招标文件的得满分，不满足的按差异程度依次扣减	5
		使用业绩	根据近 3 年内同类型使用业绩是否满足招标文件要求，按排名依次扣减 1 分	5
		…	…	
2.2.4.3	投标报价评分标准	有效最低价为基准 100 分，其他有效评标价每高出有效最低价 1%扣减 1%分；投标报价得分 =［（评标基准价/投标人报价）−评标基准价］×50		仅供参考
2.2.4.4	其他因素评分标准	否决条件		招标人自拟

资料来源：笔者绘制。

招标编号：

项目名称：________________________

标的名称：________________________

综合评标报告

招标人：________________________

________年________月

提示：本报告适用于物资类标的采用综合评分或性价比评标的议标

图 8-7　物资类综合评标报告模板

目　录

图 8-7　物资类综合评标报告模板（续图）

综合评标报告

一、概述

__________项目__________标的名称采购，经批准，同意采用邀请议标的方式进行采购。为保证招标的合法、公平、公正性，依据《G集团招标管理办法》成立了评标工作组，负责组织该次评标活动，对评标专家小组、招标程序及评定标规定进行了审核，制定了招标会议议程。

标的内容：(提示：详细说明标的名称、型号规格、数量等)

按招标文件规定的时间于______年______月______日______时在（开标地点）准时开标。

1. 评标工作组组成：

(1) 技术组：

组长：

组员：

(2) 商务组：

组长：

组员：

(3) 监督组：

(4) 会务组：

2. 本次招标工作严格遵循公开、公平、公正和诚实信用的原则，并按招标程序及评定标规定确定的程序和办法进行评标，开标过程合规、合法，评标过程严谨、保密，整个招标过程接受监督人和各投标人的监督。

开标大会由____________现场主持，开评标流程如下：

(1) ________主持人致欢迎词，介绍相关情况；

(2) ________监督人宣读招投标纪律；

(3) ________组织接收、验证投标文件有效性并验明投标人代表身份；

(4) ________组织各投标人抽签，决定技术、商务及价格澄清顺序；

(5) 各投标人退场，评标小组评标；

(6) 技术组、商务组评标结束后由招标公司现场监督人组织价格标的开启和谈判工作；

(7) 编写评标报告。

图8-7　物资类综合评标报告模板（续图）

二、投标人情况说明

1. 经现场开标、验标，符合要求的投标人共________个，依据抽签顺序分别是：

(1) ________________公司；

(2) ________________公司；

(3) ________________公司。

2. 本次招标共邀请了________个投标人，其中下列供应商未参加本次投标：

(1) ________________公司；原因：________________________________。

(2) ________________公司；原因：________________________________。

(3) ________________公司；原因：________________________________。

三、开标记录

详见附件一：①《投标登记表》；②《评标委员会人员登记表》；③《评委通信工具保管记录》；④《标前预备会会议纪要》。

四、废标情况说明

经评标工作组初步评审评定，未发现投标人有废标情形，详见初步评审表。

提示：如有废标需说明理由

五、技术评标情况

详见附件二：①《技术质询表》；②各技术评委的《技术评分表》和《技术评分汇总表》；③《技术评标报告》。

六、商务评标情况

详见附件三：①《商务质询表》；②《商务评分表》；③《商务评标报告》。

七、报价

1. 技术、商务评标小组在监督人员的监督下，要求投标人对质疑的问题作出书面的明确答复，并通知投标人在质询后进行澄清报价，并据此进行最终报价。

2. 投标报价情况，详见附件四：《报价书开启记录》《投标报价确认函》《各投标人报价清单》。

序号	投标人	初次报价	澄清报价	最终报价
1				
2				
3				

图 8-7　物资类综合评标报告模板（续图）

3. 报价情况分析：主要分析报价上升、变动较大的原因。

八、综合评审后的投标人排名

1. 采用综合评分法，通过技术评分、商务评分和价格评分三项得分计算出综合得分，技术、商务及价格评分满分各为 100 分，技术、商务、价格的权重分别为____%、____%、____%。（综合得分＝技术分、商务分、价格分加权计算）。价格评分：以合理最低报价为满分，其他报价与其相比，每高 1%，扣减 1 分，直至扣完为止。

各投标人的综合得分及排名如下：

综合评标排序表

排名	投标人	技术分	商务分	价格分	综合得分	备注
1						
2						
3						
4						

2. 根据技术、商务组的评标报告和综合评分结果，按照预备会确认的技术和商务权重（技术占____%，商务占____%），综合评标排序按性价比从高到低的排名。

综合评标排序表

排名	投标人	技术分	商务分	综合得分	最终报价	性价比
1						
2						
3						
4						

九、必须说明的情况

1. 对排名第一的投标人进行价格合理性分析：

2. 排名第一的投标人的报价高于预算额 10%以上，低于预算额 30%以下的情形：

3. 参与的投标人不满足三家的情形：

图 8-7　物资类综合评标报告模板（续图）

十、签名

技术、商务组长：

监标人： 年 月 日

图 8-7 物资类综合评标报告模板（续图）

资料来源：笔者绘制。

5. 中标

中标也称为定标。在企业实操案例中，综合评标报告在定稿后仍需完成审批流程后方可正式定标。在企业内部流程审批通过后，招标人根据综合评标报告中推荐的中标人，发送中标通知书后，10 个工作日之内双方完成合同签署工作。合同签署之后，招标人启动退还投标保证金的流程，一般在 5 个工作日之后退还给投标人；或者事先与投标人沟通，投标保证金自动转为履约保证金。

双方合同签署之后，即进入合同履约阶段。双方根据合同约定，完成各自的职责，并定期对履约情况进行回顾和总结，以便更好地改进双方的合作方式。

五、招标采购的优缺点

1. 招标采购的优点

招标采购作为采购的一种重要方式，其优缺点也是非常明显的。其优点如下：

（1）招标采购具有一套规范的采购流程和方法，其对于采购业务中的每个环节都有相应的管理规范，如招标文件、合同文本等。

如前文所述，目前招标采购的方式不仅限于《招标投标法》中规定的范围，因此对于不同品类的招标采购，企业都会制定相应的模板文件，如招标文件模板、合同模板、评标细则模板、评定标模板等。随后采购员只要按照这套流程和模板执行，就不会出现大的工作失误。即便是新手，也会避免因经验不足而造成不良后果。

（2）招标采购的价格往往更有竞争力。

这里，本书以企业常见的邀请议标为例。投标人为了中标，会提供更具有竞争力的投标方案。如前文所述，很多企业都存在“二次议标”的情况。在实操过程中，二次议标虽然会进一步降低价格，但从长远来看，人们要杜绝这种做法。

（3）对招标中的问题更容易澄清，避免后续履约中的理解差异。

招标文件发布后的一段时间内，也是投标人和招标人充分沟通的阶段。这种沟通可以有效解决招标人或投标人对某些招标文件中的模糊问题，从而有利于双方对招标文件内容的理解。

（4）减少了徇私舞弊的风险。

由于投标方案是在现场评标的时候才会启封，因此招标采购也大大减少了徇私舞弊的风险。即便是邀请议标，整个流程也是足够透明的，这也就保证了会选择最优投标方案，不会因个体的原因被忽略。

2. 招标采购的缺点

招标采购也存在如下缺点：

（1）招标采购的费用较高。

招标业务是企业采购的重要活动，因此整个流程中无论是招标人，还是投标人，都需要投入一定的人力、物力。针对某些金额较高、需求较复杂的业务而言，企业还需要专门组织招标场所。招标采购会产生一定的费用，这也是标书费（投标人购买招标文件）的用途之一。如果通过招标代理机构，则代理商还会收取一定的“中标服务费”。虽然这些费用一般都由投标人承担，但这增加的投标人的成本，最终也会体现在最终的投标方案中。

（2）招标采购的流程较长。

如前文所述，投标采购具备一套完整的流程，每个环节都需要一定的时间，即使在实操中需要澄清的问题没有那么多，那也必须留出足够的时间供投标人提问。这不是简单地向投标人通过邮件、电话等方式询问价格，其效率还是比较低。

（3）可能会出现串标风险。

在之前的招标实践中，投标人往往是集中在某一场所，然后按照抽签顺序依次进入。这其实也增加了各投标人之间沟通的机会，如果该采购业务所对应的市场相对有限，那么很容易给投标人制造“串标”的机会。关于这点，企业也会通过将投标人分开的办法来避免，但效果有限。目前流行的“视频”网上招标避免了这个问题。但在视频上进行沟通在实践中也出现了很多问题。因此，对管理人员来说，他们需要根据业务的情况针对性地处理。

（4）招标采购对于业务支持的灵活性较低。

由于招标具备一套严密的流程规范，所以可能因工作细节的原因导致最终招标失败，也就是常说的“废标”。这种时间上的损失会对采购业务造成一定的影响，因为大多数业务都不会预留“充分”的时间。市场的变化往往是多样的，招标流程的严谨性在应对这种临时的变化时往往会显得有些僵硬。因此，虽然招标的业务范围不断扩大，但并不是适合所有的业务，企业需要根据自身的业务情况实时调整。

(5) 相比战略采购而言，招标采购关注更多的是短期效益。

大部分招标采购项目周期都不会很长，每次招标都是一次“独立业务”，这样在与供应商培养长期合作方面就不具备优势。尤其是针对一些采购需求复杂度高、金额大、重复多的项目，每次招标都可能是不同的供应商中标，因此不利于与供应商结成长期合作伙伴。对于大部分招标采购项目，短期来看招标的效益不错，但长期而言就很难培养战略供应商。事实上，战略供应商的培养，是通过让渡部分价值以获得更深入的合作来降低潜在风险，从而获得更稳定的供应支持。可以把这种让渡的价值看作是应对潜在供应风险下的“保险”投入，而招标采购显然不考虑该方面，因此招标采购并不利于“战略供应商”的培育和发展。

总体来说，招标采购作为现代企业一种常见的采购方式，对于采购金额大、需求复杂度高的业务，优势更加明显，而且对于预防采购舞弊也有较好的监管作用。目前已经有越来越多的企业采用这种采购方式。对于采购员而言，熟练地掌握招标采购的流程和方法，提高自身的业务能力，也是十分必要的。

第九章　项目采购管理

一、项目采购管理概述

提到项目采购管理，首先要介绍项目管理。项目管理是管理学的一个分支学科，是第二次世界大战后期发展起来的重要管理理论之一，最早起源于美国。所谓项目管理，指在项目活动中运用专门的知识、技能、工具和方法，使项目能够在有限资源条件下，实现或超过设定的需求和期望的过程。项目管理是对为达成项目目的的一系列相关活动进行整体监测和管控，其中包括策划、制定进度计划等。这里提到的项目，是指在限定的资源及时间内需完成的一次任务，可以是一项工程，也可以是服务。

项目采购管理是项目管理的重要组成部分，并贯穿整个项目管理周期。项目采购管理直接影响项目管理的模式，对整个项目的管理绩效起到关键作用。项目采购管理中的“采购”，较之前章节内容的定义有更广泛的含义。美国项目管理协会制定的项目管理知识体系，将“项目采购管理”定义为“包括从项目团队外部采购或获取所需产品、服务或成果的各个过程”。

项目采购贯穿于项目管理的全周期，项目采购与项目管理需要相互协调。由于在项目的实际执行过程中，采购的进度往往与项目的进度不能保持一致，这种不一致会对项目的进度产生影响，所以为了减少这种不一致，采购员必须早期介入，在项目预评估和启动阶段就需要确定相应的采购方式、采购范围，对于需要资格预审的项目，更应早早确定参加正式招标的供应商名单。在企业实操中，整个流程中会存在很多不可控的地方，也许某一环节的延迟不会影响什么，但如果多个环节都出现类似情况，就会严重拖延整个项目的进度。因此，项目采购对于项目管理的重要性不言而喻，作为支持性业务，充分地配合主营业务的进展是十分必要的。

一个完整的项目周期一般分为六个阶段：①项目的确定；②项目的准备；

③项目的评估；④项目的谈判与签约；⑤项目的执行和监督；⑥项目的总结与评价。采购员要贯穿整个周期。在项目的确定阶段，采购员需要制订初步的采购准备单和计划；在项目的准备阶段，采购员需要确定要划分的标段和合同分包问题；在项目的评估阶段，采购员主要讨论采购计划安排，以及采购方式、组织等问题；在项目的谈判与签约阶段，采购员要确定供应商和合同的详细情况；在项目的执行和监督阶段，采购员则是对采购过程的实施和监督；在项目的总结和评价阶段，采购员则是对采购履约能力的评价和采购经验的总结。因此，采购员在整个项目各个阶段中都发挥了重要的作用。

根据《项目管理知识体系指南（PMBOK 指南）（第 6 版）》，项目采购管理的主要过程包括三个部分：①规划采购管理——记录项目采购决策、明确采购方法及识别潜在供应商的过程；②实施采购——获得有效货源并与之签订相应合同的过程；③控制采购——主要是对于采购过程的监管、采购绩效的监督，并根据需要实施采购变更、纠偏和关闭合同的过程，这三个过程的具体如图 9-1所示。

图 9-1 项目采购管理过程

资料来源：PMBOK 第六版（中文版）。

虽然以上三个过程界限分明、相互独立，但在实操过程中，这三个过程往往不是相互独立的，因此不能将这三个过程割裂开来，而是应该统筹运用。

二、项目采购管理步骤

以项目采购管理为主线，其主要执行过程主要包括六个步骤。

（1）采购计划编制：确定采购的时间及采购清单。

（2）询价计划编制：细化采购的需求，必要时确定供应商短名单。

（3）询价：执行询价工作，获得报价单和供应商的方案。

（4）供应商选择：从报价单和方案中，根据前期规定的评价方法确定供应商及方案。

（5）合同管理：与供应商签署合同并管理整个履约过程。

（6）合同收尾：完成合同中的相关事项。

以上执行步骤中所需的文件资料、手段及方法和结果输出文件如表 9-1 所示。

表 9-1　执行步骤具体内容

步骤	文件资料	手段及方法	结果输出文件
采购计划编制	采购范围说明、产品说明、市场调研、采购管理、其他计划的结果、相关约束和假设等	自制外购对比分析、专家判断、合同类型选择	采购管理计划、工作说明书
询价计划编制	采购管理计划、工作说明书等	相关表单、专家判断	采购文档、评价标准、更新的工作说明书
询价	采购文档、合格供应商清单等	招投标、询比价	报价、方案
供应商选择	方案、投标书、评价标准、企业规范等	谈判、供应商管理规范	合同
合同管理	合同、履约结果、发票等	合同变更管理、履约管理	财务支付
合同收尾	合同文档等	采购审计	合同归档、验收文档及收尾

资料来源：笔者总结绘制。

1. 采购计划编制

这一步骤的详细内容是要确定从组织外部采购哪些产品和服务可以最好地满足项目的需求。采购计划编制包含采购什么、是否采购、怎么采购、采购多少、何时采购等一系列问题，同时要做好采购前的准备工作和采购计划的制定。

编制采购计划首先要确定“买什么”，这个取决于项目目标及达成目标的条件。具体来说，编制采购计划就是为了达到这个目标，需要什么样的投入，经过什么样的处理，从而形成什么样的结果（目标）。例如，要完成一桌菜肴，那么先要明确食材组成、加工要求、人员配比等，然后找到最合适的厨师，最后达到完美的结果。这其中的每个需求都在项目的采购范围中。

在明确了需要什么样的投入后，接下来的一项重要工作就是自制或外购分析，这个分析回答了是否采购的问题。对于整个项目管理，并不是所有的业务需求都需要通过外部采购来完成，这取决于自身项目执行团队的专业范围。例如，团队需要开展招标业务时，如果自身的业务专业能力有限，可以通过“招标代理服务公司”来完成。虽然增加了一些费用，但专业机构的引入可以大大加强自身的业务短板，从而避免了因专业能力不足造成的潜在损失。自制或外购分析，就是评价自身生产供应来满足业务需求的成本，并与外部专业机构的成本对比，因此自制或外购分析也就类似于供应商选择，即对“自我供应商”和“外部供应商”的选择。

在明确了是否采购和采购品类后，后续就是确定具体的采购范畴，包括如何采购、采购时间等。为了获得最合适的产品或服务，需要进行广泛的市场调查和产品分析。市场调查包括对供应商、供应商成本结构、供需情况的调查；产品分析则是从技术层面了解产品的生产，考虑可替代的物料和工艺路线，从而获得更低的采购成本。这样的分析和调查不仅限于物品类的采购，对于工程类和服务类也一样适用。相比于物品，对工程类和服务类的采购，由于其履约周期较长且采购重复性较低，往往更看重供应商历史的业绩情况和已服务客户的评价。

在汇总了以上信息后，项目团队会出具工作说明书（SOW）。工作说明书是项目的重要文件，是对项目所要提供的产品或服务进行详细描述。如果是内部项目，工作说明书由需求部门基于业务需求提出。如果是外部项目，工作说明书会作为投标人投标文档的一部分。工作说明书一般包括以下内容：前言、项目的工作范围、项目的工作方法、工作期限、工作量预估、买卖双方（也称为甲方和乙方）的角色和责任、交付条件、完成标准、顾问组人员、收费和付款方式、变更管理、承诺函、保密条款（如有）等。具体细节根据各个项目的实际情况而定。工作说明书应尽可能地明确、完整和简练。在某些领域的实操案例中，针对工作说明书有具体的内容和格式要求。

2. 询价计划编制

询价计划编制是为后续的询价工作做准备。在对企业需求的产品或服务进行调查和分析后，采购员需要制定相应的供应商评价标准。如果供应商数量太多，为了提高询价工作的效率，采购员有必要对供应商进行资格预审，以确定短名单，这大大提高了后期对供应商选择的效率。

询价计划编制可以通过标准化的办法，通过将询价所用的文档全部或部分的转化为标准化版本，这样方便在与供应商询价的过程中获得统一的价格组成，在后续工作中更容易进行比较分析。

3. 询价

在完成以上工作之后，采购员就需要将标准化的询价依据文件（招标文件、询价单）发送给供应商，以获得供应商对询价依据文件的反馈。采购员可以通过投标者会议（或称标前答疑会），与供应商就询价依据文件的相关条款进行沟通。沟通中，所有疑问和答复都将告知所有参与人员，目的在于让所有的潜在供应商对询价依据文件有相同的理解。相应的修改也作为询价依据文件的一部分放入原询价依据文件中。

对于供应商数量不足，或者要求采用公开招标的情况，采购员则需要通过某些认可的广告媒体，将相应的询价依据文件向社会公开，以获得更广泛的供应商资源和更公平的竞争环境。

4. 供应商选择

如果采购需求标准化程度高，价格可能是唯一的判断标准，那么最低价中标毫无疑问就是最合适的选择标准。但对于采购需求较为复杂的情况，价格往往不是唯一的判断标准，针对这种不仅限于价格评价标准的项目，采购员需要对不同维度的评价因素给出相应的权重。当收到供应商对于询价的反馈后，采购员需要按照之前定好的评价方法，逐项评估供应商的各项得分，然后加起来作为供应商的最终得分。最后，采购员将最终得分按照从高到低对供应商进行排序，选择最佳的候选供应商。

5. 合同管理

在确定了合作供应商并与之签署合同后，接下来就是供应商履行合同约定。对于大型项目而言，所包含的产品和服务往往很多，涉及的供应商、承包商、分包商也各有不同，其履行合同的情况也存在差异，因此需要项目团队在多个层次上协调和管理。为了更好地管理，项目计划的实施要协调各方人员统一步调，相互配合。对于各方人员的工作绩效和配合度，采购员要定期汇报绩效报告，对关键节点要充分检查和核实供应商的交付质量。对于变更的管理控制，采购员则更应该进行充分的评估，并且需要告知所有知情人变更信息。

合同管理的另一项重要工作就是及时按照合同约定付款。对于复杂的大型项目，各个供应商的支付节点各有不同，这需要财务部门全面地评估，不仅能及时通知相关人员，也能提前预警，帮助采购员与供应商协调，避免财务支付过于集中，减轻项目团队的资金压力。

6. 合同收尾

合同收尾工作包括对项目结果的验收、文件的归档、绩效的评估等。其中，对结果的验收是依据合同本身的约定，逐项对项目结果进行评判。文件的归档是将整个项目期间的所有涉及文件进行完整而有逻辑地梳理；对项目的参与人员和供应商，按照其在项目的表现进行评估，为今后的继续合作提供充分的历史业绩支持。

合同收尾常用的方式是采购审计，这是对从采购计划编制到合同管理的采购全过程的结构性审查。其目的是识别其中成功和失败的原因，为今后的其他项目采购提供参考。除此之外，合同收尾也包括合同的归档处理、项目的正式验收。

三、项目采购方式

项目采购的方式主要分为招标采购方式和非招标方式。招标采购方式主要包括公开招标和邀请招标，公开招标根据范围的差异分为国际竞争性招标及程序、国内竞争性招标及程序；邀请招标包括有限国际招标方式及程序。非招标方式则包括询价方式和单一来源方式。

1. 国际竞争性招标及程序

国际竞争性招标，即 International Competitive Bidding（ICB）。世界银行为了使采购政策和原则得以贯彻执行，制定了一套完整的程序，并将原则性的规定和要求均写在文件中。ICB 的基本程序一般分为以下十个步骤：

（1）刊登采购总公告。

这是 ICB 方式的根本特点，必须要通过公开的广告途径予以通知，让所有的投标者均以同样的机会了解投标要求。

（2）资格预审。

与前述招标流程中的目的类似，资格预审是为了对投标人的资质和能力进行审查，缩小投标人范围，减少不合格供应商因准备投标而造成的损失，也提高招标方的评标效率。资格预审一般是对投标人的财务状况、业务能力、历史业绩等进行审核。

（3）编制招标文件。

招标文件是采购文档中最重要的文件，其编制质量的高低直接影响着后续招标流程的效率和结果。招标文件应尽早编制完成，这也是解决采购进度拖延的有效办法。因此，在编制文件的过程中，善于利用之前类似业绩的招标文件范文会大大减少因业务能力不熟悉而造成的时间损失。

（4）刊登具体招标通告。

这一步是承接第一步“刊登采购总公告”。在发售资格预审文件和招标文件之前，需要招标人在公开渠道刊登具体招标通告，同时对于那些已对采购总公告反馈的供应商，也需要一并向他们发送具体招标通告。

（5）发售招标文件。

以上工作完成后，即进入招标文件发售的步骤。如有供应商对招标文件有疑问，需要安排专业人员予以解答，并将相关问题及答复告知所有参标供应商。

（6）投标。

供应商根据招标文件要求进行投标。

（7）开标。

业主单位或招标代理机构根据招标文件进行开标。

（8）评标。

评标小组按照之前拟定的评标办法进行评标。

（9）授标。

根据评标办法，最终确定中标人。这里需要注意的是，ICB 方式是不允许开启价格标后再进行“二次谈判”。

（10）签订合同。

按照招标文件要求，业主单位和中标供应商签署合同。合同签署后，投标保证金可以转为履约保证金，合同正式生效，项目进入合同实施阶段。

2. 国内竞争性招标及程序

国内竞争性招标，即 National Competitive Bidding（NCB），指在国内刊登公告。国内竞争性招标不像 ICB 方式要在国际上刊登公告，其招标文件可以使用本国语言。具体步骤与ICB方式类似，这里不再赘述。

3. 有限国际招标方式及程序

有限国际招标，即 Limited International Bidding（LIB），是通过直接邀请相关厂商前来投标。因此，此类招标在流程上不需要刊登公告，但邀请的厂商不能少于3家，要保证竞争的充分性。除此之外，其他的步骤也和ICB方式类似。

4. 询价方式

询价方式就是我们常说的“三方比价”，是通过比较国内外至少3家以上的厂家报价和方案后，再择优选择确定供应商的采购方式。这种方式效率高，不需要正式的招标文件，只需向有限的几家潜在供应商发送询价单，然后比较后即可签订合同。但这种方式存在着很大的采购风险，供应商报价的时间并不一致，因此与招标方式相比，其规范性要差很多。该种方式仅适合于采购价值较小或者规格标准的产品，抑或小型简单的土建项目。在企业实操中，对于此类方式，一般都会限定采购金额和采购物品的类别，如单笔金额低于5万元，或者合同总金额低于20万元，再或者采购数量较少等。

5. 单一来源方式

对于企业而言，这种采购方式是企业最不愿意使用的。单一来源，或者说定向采购，一般都是企业“无奈”的选择：可能该物料技术壁垒很高，只有一家供应商能够供应；或者是虽然有其他潜在的替代供应商，但项目时间紧张，短期内能选择的供应商极其有限。这些情况造成了事实上的“单一货源”。对于采购员来说，能否在这种情况下说服供应商给出一个合理的价格，取决于采购员的信息运筹能力。

四、工程项目采购管理模式

如前文所述，项目采购根据采购产品的不同，分为工程项目采购、咨询服务采购、货物采购。这里，本书以工程项目采购的管理模式为主进行介绍。工程项目采购管理模式有多种，每一种都有不同的优点和不足，因此不同类型的项目往往需要使用不同的采购管理模式。业主单位根据工程的具体特点和要求，选择相应的工程项目采购管理模式。一般来说，常用的管理模式有DBB模式（传统的工程项目采购管理模式）、CM模式（建筑工程管理模式）、DB模式（设计-建造模式）、EPC模式（设计-采购-建造模式）、DM模式（设计-管理模式）、BOT模式（建设-运营-移交模式）、Partnering模式（合作管理模式）。

对于企业而言，有些管理模式并不适用，所以这里主要介绍 DBB 和 EPC 模式，其他模式不做详细展开，有兴趣的可以参考相关的项目采购管理书籍。

1. DBB 模式

对于项目管理，首先要明确参与这些项目的都有哪些利益相关方，其次要明确他们之间的关系是怎么样的，最后就是要了解他们通过什么样的流程来合作。这样的一套管理方法就是我们所说的管理模式，在 DBB 模式就是这样一种通用的工程项目采购管理模式。DBB 模式下，利益相关方包括业主单位、业主代表、建筑师/咨询顾问、监理团队、承包商、分包商、供应商等。这种相关方之间的关系是：业主与建筑师（或咨询顾问）签订专业的服务合同，委托他们进行项目前期的相关工作，如进行可行性研究；然后撰写分析报告，经研究审核后再进行设计。设计阶段就需要准备相关的招标文件，包括具体的采购需求，通过招标确定承包商。接下来是由业主单位与承包商签订合同，承包商则根据业务需求，分别与分包商、供应商签订合同并组织实施。业主单位通过派驻业主代表和监理团队来对整个项目进行监督。具体的关系图和进度图如图 9-2、图 9-3 所示。

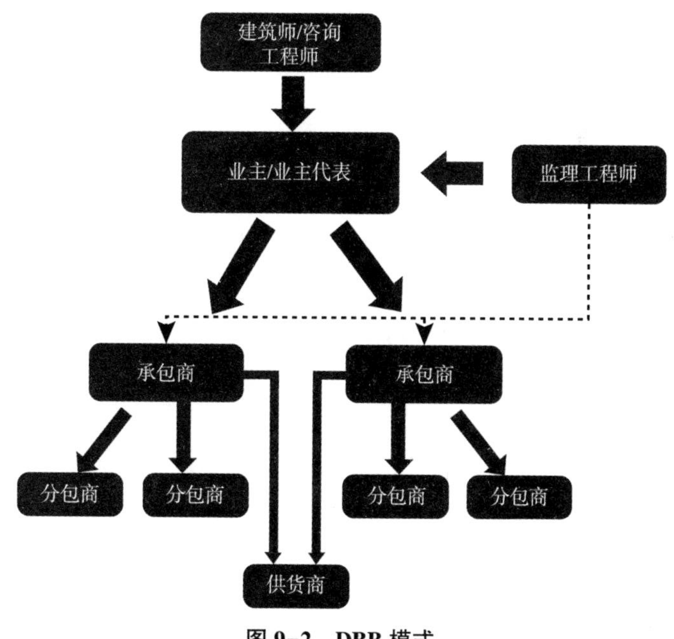

图 9-2　DBB 模式

资料来源：笔者总结绘制。

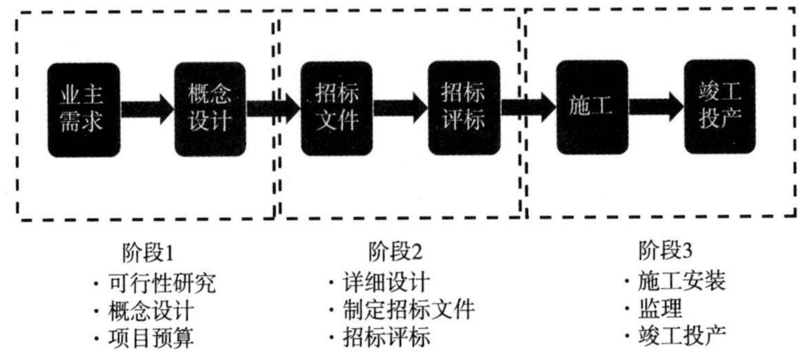

图 9–3　DBB 模式项目采购实施过程

资料来源：笔者总结绘制。

DBB 模式的优缺点：DBB 模式已经被广泛地在世界各地使用，其管理方法成熟，并且前期业主单位可以自由选择咨询顾问和设计人员，对设计的内容可以控制，也可以选择相应的专业监理人员对工程进度和质量进行监督。相关的合同文本、风险管理等有很多先进的案例可以参考。但在实操过程中，这种模式往往时间周期长，管理费用较高，前期的设计投入也较高，一旦发生变更，对成本预算的控制较难。由于前期的设计是业主通过设计单位完成，因此设计一旦不当，对于后期执行不到位的风险也较高。

2. EPC 模式

EPC 模式最早于 20 世纪 80 年代在美国出现，目前在国际工程承包市场上的应用逐渐扩大。EPC 模式是由总承包商全面负责整个工程项目建设的管理模式。在这种模式下，总承包商要按照合同完成整个项目的工程设计、工程采购、施工管理等各项工作。整个项目过程中要统筹设计、采购、施工各个阶段的工作，使整个工程建设项目合理运行，减少项目建设的成本，确保工程建设项目的进度和质量。这种模式对于那些希望尽早确定投资总额和建设周期的业主来说更具有优势。

相对于传统的 DBB 模式，EPC 模式有如下的特点：①总承包商负责从设计到建设的全过程，即将业主单位的设计风险承接过来，避免了因设计不准而造成后续建设困难的风险；②总承包商负责项目全过程，因此业主单位只对最终的竣工验收负责，这样就减少了业主单位在建设过程中的干预，给总承包商充分的权限处理工程项目管理中的各项事务；③一般来说，EPC 模式采用的都是固定总价和固定工期模式，这对于业主单位来说，便于很好地控制总成本和建设周期；④在 EPC 模式下，没有第三方参与管理，业主只要敦促总承包商按照合同实施即可；⑤EPC 模式对于总承包商整体工程项目管理的专业能力要求很高，同时也便于总承包商培养出专业技术全面、综合管理素质强的项目管理队伍。

DBB 模式是通过平行发包的方式进行，往往业主单位需要与多个供应商签约。这样的模式大大增加了供应商之间的协调难度，极易造成各供应商之间推诿扯皮的现象出现。EPC 模式通过总承包商全面负责，极大程度地避免了这种推诿现象的发生。EPC 模式提高了工程项目建设管理水平，促进了建设工程行业的发展。

近年来，EPC 模式在我国建设工程项目中得到了广泛的应用，一方面，在项目的整体采购成本节约、缩短项目建设周期上都有长足的进展；另一方面，EPC 模式的推广也逐渐培养出了经验丰富的项目管理团队。但 EPC 模式的有效使用，也是具有一定的条件的：①由于总承包商承担了绝大部分的风险，因此在梳理工作量清单中，项目本身所包含的隐蔽工程不能太多，对于无法勘察的工作区域也不能太大；否则承包商不能判定具体的工作量，即使承包商以估计的方式来核算，但报价的准确性和合理性也会大打折扣，一旦出现实际工作量与初期估计产生巨大差异时，就容易发生矛盾。②在 EPC 模式中，业主单位可以对承包商的工作进行监督，但不能过分干预。既然合同规定由承包商负责全部设计和承担全面责任，那么只要其设计和完成的工程符合合同中的约定，就应当认为总承包商已经履行了合同中的义务。但在实际操作中，这个监督的“度”往往不容易把握，尤其是对于前面工作量清单中的模糊地带，双方很容易产生分歧。因此，在前面的需求沟通中，要尽量沟通清楚，即使实际操作有难度，也要约定一定的处理分歧规则。③在 EPC 模式中，付款是根据合同中的规定支付的，而不是根据工作量审查之后的结算报告来支付。以上方式需要在招标的过程中就要明确，对于业主单位和总承包商的责任界限、工作量清单、付款节点等，如果双方对此不能达成一致意见，则该建设项目就不能采用 EPC 管理模式。

EPC 模式推广中存在的问题是目前的招投标法律法规和 EPC 模式并不匹配，因此也导致了 EPC 模式推广的难度。目前大多数工程项目实施是根据施工图纸来进行报价，而 EPC 模式下则是总承包商根据业主单位的项目要求自主报价，这两种模式不能按照统一的标准计价，为最终的价格确认带来了风险。EPC 模式下的专业人才不足。以往的项目采购业务认为采购员不需要专业知识，但 EPC 模式下对采购员的采购素养要求很高，不仅要具备业务能力，还要具备良好的管理能力，此类人才的不足也不利于 EPC 模式的推广。由于专业人员的缺乏，所以对于 EPC 模式的风控能力也不足，对于市场上的违规发包、资质挂靠、恶意竞争等不能有效识别，从而增加了建设工程项目实施的风险。

为了更好地推广 EPC 模式，需要就目前发现的问题进行针对性的改善：首先，加强 EPC 模式的相关法律法规的建设，使之能与当前的 EPC 模式相匹配。其次，完善现有的项目采购管理体系。如前文所述，项目采购管理贯穿于整个项目管理周期，其重要性不言而喻。再次，加强专业的项目采购队伍的建设，积极培养既懂业务又懂管理的专业人才。最后，加强 EPC 模式中的信息系统建设，通过信息的公开、公平和公正，最大限度地杜绝采购风险，培育良好的市场氛围。EPC 模式如图 9-4 所示。

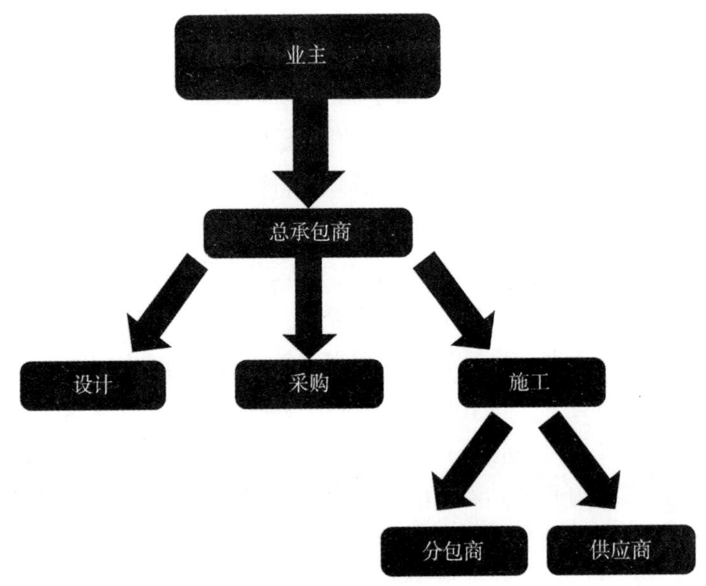

图 9-4 EPC 模式

资料来源：笔者总结绘制。

3. CM 模式

CM 模式不是像过去那种要等设计图纸全部完成之后再进行招标，而是随着设计工作的进展，完成一部分分项工程设计后，即对该部分进行招标。在 CM 模式下，业主单位对每个相对独立的分项工程与承包商签订承包合同。

CM 模式需要业主单位委托一位 CM 经理与设计师共同组成一个联合小组来负责整个项目的规划、设计和施工。CM 经理不仅要了解工程施工，还要对经济、管理精通，其负责整个工程的监督、协调和管理工作，定期与承包商见面。

由于业主单位是与各个承包商签约，因此 CM 经理与各个施工的承包商是业务上的协调和管理关系。

CM 模式的优点是可以大大缩短工程从规划、设计到竣工的周期，但由于采用的是“设计一部分、招标一部分”的方式，这种方式产生的整个承包费用较高。因此，对于项目分项的把控体现着 CM 经理的专业能力。根据 CM 模式的优缺点得到 CM 模式的适用范围：①设计变更可能性较大的工程。“设计一部分、招标一部分”这种模式下产生的项目变更较少，因此比较适合。②重视时间因素的建设工程。采用 CM 模式有利于控制项目周期。③对于总范围和建设规模不确定的项目。CM 这种“走一步看一步”的特点可能更为适合这种项目。以上无论是哪种情况，CM 模式都需要一个具备丰富施工经验的高水平 CM 经理，这是应用 CM 模式的关键因素。

4. DC 模式

DC 模式是一种简化的工程项目采购管理模式。项目原则确定后，业主单位需要选定一家公司负责项目的设计和施工，这家公司即总承包商。总承包商会先选择一家咨询公司进行项目设计，然后采用竞争性招标方式选择各个承包商，或者运用自身能力完成其中一部分。DC 模式如图 9-5 所示。

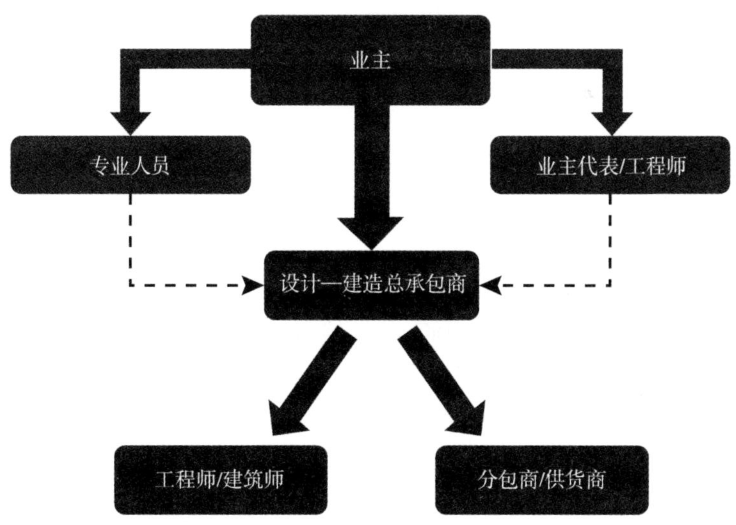

图 9-5　DC 模式

资料来源：笔者总结绘制。

5. DM 模式

DM 模式通常是同一实体向业主提供设计和施工管理服务。这种模式的实现一般有两种情况：①业主单位和设计—管理公司、施工总承包商分别签订合同，设计—管理公司负责对项目实施进行管理；②业主单位只和设计—管理公司签订合同，由设计—管理公司与各个承包商及供应商签订合同。在这种模式下，设计机构和施工管理机构通常是同一实体，所以就类似于 CM 模式和 DC 模式相结合的方法，如图 9-6 所示。

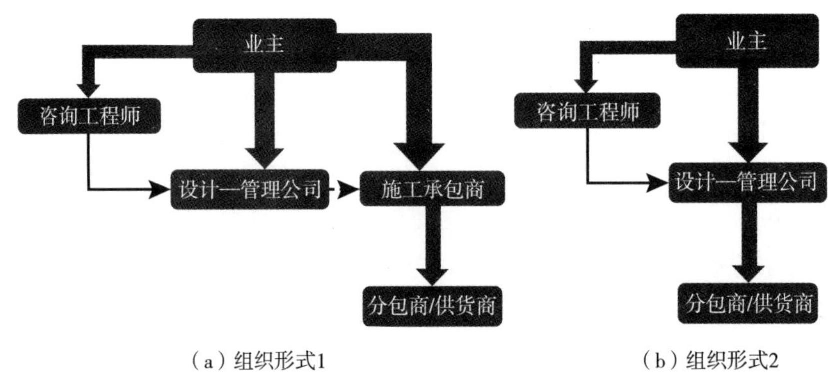

（a）组织形式1　　（b）组织形式2

图 9-6　DM 模式（两种组织形式）

资料来源：笔者总结绘制。

6. BOT 模式

BOT 模式多应用于基础设施的融资和建造。一般是政府开放本国基础设施建设和运营市场，通过利用私人资金，授予项目公司特许权，并在特许期满后将该工程移交给政府。

BOT 模式应用广泛，1972 年中国香港的第一条海底隧道工程、菲律宾和巴基斯坦的电厂项目，还有泰国和马来西亚的高速公司项目，都是采用这种模式。

7. Partering 模式

Partering 模式于 20 世纪 80 年代首先在美国出现。根据美国建筑师协会的定义：Partnering 是指两个或两个以上的组织之间的一种相互承诺关系，目的在于充分利用各方资源获取特定的商业利益。项目的各个参与方通过签订 Partnering 协议做出承诺和组建工作团队，并在兼顾各方利益的条件下，明确团队的共同目标，建立完善的协调和沟通机制，实现风险的合理分担和矛盾的友好解决。

Partnering 协议并不仅是业主单位和施工单位来签订，而需要项目各方的参与，但前提是各方都是自愿的。由于业主单位在整个项目中处于主导地位，所以采用 Partnering 模式的建议一般也是由业主单位发起，经过各参与方充分讨论一致同意后共同签署。因 Partnering 模式出现的时间不长，因此尚无标准格式，具体内容也根据具体的项目情况而异，但 Partering 协议还是主要以建设工程的三大目标（进度、质量、投资）、工程变更、争议和索赔、安全管理、信息沟通方式等进行约定和规范，而这些都是项目采购管理的主要内容。

在企业的实际运营中，项目是很常见的业务场景，如开发新产品、举办展览会、策划宣传、建造新工厂等。这些项目的业务需求，即投资额度、执行周期、业务类型差异都很大。作为贯穿整个项目的采购管理，其对项目的进度、质量甚至利润都有很重要的影响。相比于常规的生产性物料采购，项目采购管理对人员的素质要求很高。目前国内已有相关的职业认证考试，如项目管理专业人士资格认证（PMP）。PMP 是由美国项目管理协会（Project Management Institute，PMI）发起的项目管理专业人士资格认证。目前，PMP 已在 190 个国家和地区设立了认证机构。PMP 的报名考生必须具有 35 个小时的 PMBOK 学习或培训经历。在国内，每年有 4 次 PMP 考试，分别在 3 月、6 月、9 月和 12 月，详细情况可参考相关资料。

第二篇 ▶▶▶

采购管理篇

第十章　采购制度与流程建设

“不以规矩，不能成方圆”出自《孟子》的《离娄章句上》，意思是不用圆规（规）和曲尺（矩）就不能准确地画出方形和圆形。应用在采购的工作中，这句话就体现了采购制度对于工作规范的重要性。采购制度和流程对于企业的管理十分重要，不仅因为采购关乎企业的财务支出，同时采购也是企业供应链运营经营活动的起点，供应商产品的质量、交货，都会直接影响到企业产品的最终竞争力。因此，所有成熟的企业都会不断完善自身的采购制度与流程建设。

一、采购制度与采购流程

提到采购制度与采购流程，这里先谈谈制度与流程。制度，是社会科学中的概念，泛指某种规则或运作模式。采购制度就是企业对于采购业务的规范要求，即采购要遵守的办事规程或行动准则。采购制度解决的是应该做什么和不应该做什么的问题，如“20 万元以上的业务须按招标流程进行”“2000 元以上的采购业务要三方比价”“采购员不得向供应商索取或收受回扣”等，因此采购制度可以理解为“做正确的事”。

ISO 9000 认证对流程的定义是：通过使用资源和管理，将输入转化为输出的一项或一组活动，可以视为一个过程。企业中的流程，通常是为满足一定的业务需求，按照一定的逻辑有序组成的一系列业务活动。

采购制度与采购流程，两者是相辅相成、不可分割的。采购制度制定了采购业务的规范，一般是通过一段一段的章节来描述企业对于某项业务的指导性要求，多是以文本的方式进行。采购流程则更多通过图解的方式，即绘出一个又一个彼此关联的业务活动，显示出完成某项具体业务需求的过程。采购流程中对执行人员和业务活动的规则和要求，来源于采购制度中的规范；而采购制度中的要求得以落地实现，则通过采购流程具象化的完成。采购流程相比采购制度，管理更精确，颗粒度更明晰，便于管理的精细化。因此，流程制度化，也是采购制度和采购流程相互融合的必然结果。采购制度和采购流程相互匹配，最终会形成一套一体化的规范。

二、采购制度建设的背景和用途

采购制度是随着企业的发展而逐步完善的。在企业初创时期，采购活动的核心职能是服务业务，即采购员的首要职能就是保证供应，确保企业的顺利运营。随着企业的逐步壮大，业务日趋稳定，之前的流程风险就逐渐显现出来。为了降低采购风险，提高业务的规范性，企业亟待构建采购制度来规范采购业务的执行。

健全完善的采购制度，可以保障企业的正常运行，保障生产效率和生产任务的完成；同时对于控制企业成本、提高企业经营利润也有重要的作用。如果采购制度不规范、不完善，除了会增加采购成本损失的潜在风险，对于产品的质量、交付都会有影响，从而最终影响企业的最终产品质量。因此，一个合理的采购制度，是企业采购管理的基础，也是对采购部门和采购员的有力指导和约束，更是保障企业生产运行和生产效率的前提。

三、采购制度建设的特点

企业的采购制度建设，可以参考但不能完全照搬其他企业的采购制度。由于企业经营的范围、行业等有差异，管理部门要根据自身的发展战略、采购规模、物料需求等，制定一套适合于企业自身的制度体系。一套完善的采购制度，应当具有以下五个方面的特点：

(1) 层级分明。

所谓层级分明，就是不同层级的采购组织应该有不同层级的采购制度。以集团化的企业为例，集团化的企业至少会分为两个层级的采购制度。第一层级是集团级的采购规范。集团的采购总部负责出台整体的采购战略、物料分类规则、供应商管理规则和采购过程中的基本准则，如 50 万元以上应通过招标方式进行、普通采购至少应三方比价等类似的准则。集团的采购制度不需要具体详尽，但要能涵盖下属公司的业务种类，从集团层面上给出主要分类的管理规范。第二个层级是公司级的采购规范。在这个层级上，采购规范要明确具体的物料类别对应的采购要求，如比价准则、采购方式等。这个层级的采购规范是具体可落地的操作指南文件。如果涉及更具体的现场管理，可能还会有现场操作的SOP 文件，具体是否需要要根据业务的深度来判断。

集团层级和公司层级的文件，可以通过编码和命名加以规范。例如，在文件编码体系上，集团的位数更短，这样便于日后查询和整理。另外，在命名上也可以有所区别，如制度、流程、规范、标准、程序、办法，可以根据集团、公司、部门，结合文件所描述的内容，使用不用的词汇。

（2）逻辑全面。

所谓逻辑全面，主要是指管理文件的逻辑性和全面性。逻辑性，就是在整个体系的编制上要遵循一定的逻辑要求。在业绩实际操作过程中，一个文件能说明的内容是有限的，不适宜过多。复杂的业务可以通过多个流程来说明，单个文件内容过多会导致一线人员使用不便。因此，多个文件内容之间必须“承上启下”，避免各个文件成为“孤岛”。文件间的逻辑性很重要，这种逻辑性对于业务人员来说是需要培训的。也就是说，培训的内容应当以整个制度体系为准，再以各个业务文件逐步深入，否则业务人员在培训后仍然“一头雾水”，对很多管理规则的理解就十分生硬，操作起来困难重重。

全面性就是文件覆盖的业务须全面，不存在未涉及的“死角”。这一点实际上也和“更新及时”有关，企业为适应市场的发展，经常会发展新的业务，因此也存在很多新的流程制度需求。如果此时制度不能覆盖这些新业务，那么便会对其后的监督管理造成不利影响。文件制度需具备全面性，做到公司内的每一项业务都有对应的流程制度。这样，一线操作人员才会“有章可循”，公司也会形成“遵守制度”的良好氛围。

（3）更新及时。

如前文所述，当今的企业业务模式不再是一成不变的，市场会淘汰那些无法适应时代变化的企业。企业需要根据市场情况进行变革，以适应企业和客户的要求，这也对制度提出了更高的要求。因此，企业的采购制度需要根据业务的发展要求，定期或不定期地对现有制度进行调整，以便更好地满足市场的需求。

（4）可执行。

“可执行”恐怕是大部分一线操作人员衡量制度好不好的最重要指标。很多一线人员认为，集团层级制度的最大特点就是“不接地气”。制度可执行，是撰写制度人员特别要重视的一点，不要拼凑一大堆“专业术语”，这些都不会帮助方案的实际落地。可执行性是制度落地的关键。有时候逻辑严谨的流程，在实际推行的过程中却困难重重，因此制度制定者要站在业务人员的角度考虑他们面临的各种工作场景。企业实操人员需要文件中明确“做什么”“在哪儿做”“用什么做”等基本问题。

文件中应明确采购员的职责，即做什么，包括这么做的目的、要达到的结果和衡量的指标。除此之外，文件中还要明确业务流程，即怎么做，就是告知操作人员每一个环节步骤，并对业务定期查核。对指标的制定，需要制定者有足够的耐心，也需要与其他人员反复地沟通，才会达到一个比较理想的结果。

(5) 持续改进。

首先我们要承认，任何制度都不会一开始就很完善，所以无论制度存在多少问题、多少缺点，在企业制度建设过程中都是正常的。实际上，即便是经验最丰富的人员，其与其他人员沟通了无数次，举办了无数次会议商讨，也未必会制定出一个“完美”的制度体系。所谓“万事开头难”，我们不要太过苛求最初的制度方案，只要本着不断改进的思路，制度终将越来越完善。

对于制度制定这种需要不断完善的工作而言，定期和不定期的改进十分重要。制度体系不是项目型工作，完成后不再进行修改，需要及时更新。否则，几年后的制度就会“形同虚设”。持续的改进，可以使制度与实际的工作越来越贴近，操作人员才会越来越“相信”和“认同”制度。反过来，这种认同会大大减少上下级沟通的工作量，使企业逐渐形成一种“按制度办事”的良好氛围。这样的工作氛围不是一蹴而就的，有些企业之所以很多业务执行起来简单，很多时候就是因为大家都默认“做事的规则”。这样的规则需要日积月累，需要一批又一批的新老员工传承。对于高层管理者而言，遵守自己制定的规则，给制度一定的“沉淀时间”是很有必要的，如果“频繁变革”，只会让中层管理者“无所适从”，基层员工“越来越累”，这种做法是不妥的。

四、采购制度的分类

企业运营中需要的采购制度，一般来说不仅是某一个制度。由于采购业务涉及方方面面，因此采购制度往往是一整套的标准和规范。随着企业规模的不断壮大，采购制度也会从无到有，从简单到复杂。采购制度的组成可以从业务流程的角度来分类，也可以基于采购需求分类来划分。接下来，我们从四个维度来讨论一下。

1. 按照业务流程来分类

业务流程一般分为采购需求、采购寻源、订单下达、货物收货、货款支付等。采购业务的起点是采购需求，因此对采购需求进行规范，便是采购制度首先要解决的问题。如前文所述，企业采购需求的类型众多，针对不同的采购需求，需要规范相应的模板，采购申请可以通过线下模板或线上系统来完成。采购申请完成并经部门领导和相关部门人员审批后，成为正式的采购需求，并进入采购员的待办工作列表中。如果系统中包括有效货源，则采购申请可以转化为采购订单；如果没有有效货源，需要采购员启动采购寻源，按照公司规定发起招标和询比价活动。在采购订单下达后，供应商按照订单要求准备生产和运输到货，采购员负责跟催货物到厂，品管人员负责验收，仓储人员负责入库，财务人员负责按照订单进行付款。

以上工作流程，按照实际操作可以撰写采购需求申请规范、采购需求审批管理办法、采购寻源实施规范、物料入厂检验办法、物料入厂收货管理办法、原材料退货管理办法等。或者将以上内容都合并到一个大的文件中，如×××物料采购管理制度。一般来说，发布的制度文件不宜过长（如几十页、上百页）也不宜过短（如一页不到），一个比较完善的制度文件常常包括某一项端到端业务活动的所有环节。

2. 按照采购需求来分类

采购需求物料常常分为生产性物料、非生产物料、包装物料等。按照采购需求来分类就是针对每一个种类，单独制定相应的采购制度。企业规模较小的时候，往往不需要太复杂的分类，因此采购制度制定起来也相对容易。随着企业规模的扩大，经营业态多元化，这时候采购制度就需要进一步细分，才能满足企业的需求。

企业不同需求类型的采购制度，虽然都要遵循相同的逻辑，但并不意味着所有类型的采购制度都采用一样的模式。有些业务类型体量很大、种类众多，建议通过细化的若干个制度层层递进；有些业务相对独立性较强，需求部门也比较固定，那制度制定就可以相对全面一点。因此，不同类型制度的撰写要匹配现有业务的情况，不可照搬，要因地制宜方可有效。

3. 按照业务对象来分类

业务对象可分为物料管理、供应商管理等。这种分类方式便于将同一类业务归并处理，统筹制定。例如，供应商管理制度，一般按照供应商生命周期的思路来撰写，包括寻找供应商、供应商注册入库、供应商资格评估、供应商履约、供应商绩效考核、供应商索赔、供应商淘汰等。这种思路就是将各种需求类型采购制度中有关供应商的部分提炼出来，作为一个专题，不仅有利于供应商的统一管理，而且在后续的表单设计、平台开发、功能设定上都会带来很大的便利。

4. 按照制度层次来分类

一般来说，一级文件通常是“采购管理手册”“采购手册”等，是整个采购制度的统称。我们常提到的“制度”“程序”“标准”是企业的二级文件，通常是一级文件的支持文件，描述的是某个过程的活动要求、人员职责权限和评定准则，作为后续实施和评审的依据。“管理办法”“操作细则”“实施细则”等，是二级文件的支持文件，也是最基础、最细致的描述性文件，给操作者提供操作指导。表单/模板文件一般是上述文件的一部分，作为细化和记录，便于统一操作人员的工作方式，也便于日后的追溯和流转。

无论按照哪种分类方式，采购制度都是“应业务需求而生”，因此采购制度不能是一成不变的，需要根据业务的变更，实时进行调整。采购制度中涉及的表单、模板、系统开发的功能，都需要和实际业务中的执行情况保持一致。

五、采购制度的内容

这里提到的采购制度，泛指所有与采购业务相关的文件制度。采购制度一般有比较固定的格式，企业可以根据自身的需求进行适当的调整，包括制度设立的目的、适用范围、引用的文件、术语及定义、管理职责、管理内容和方法、附件目录、撰写人员和审批人员等。用一句话来概括采购制度就是“为了×××的目的，在某类×××业务过程中，根据集团/公司相关×××制度的要求，×××部门对于×××定义的业务，按照×××的管理要求操作的过程，期间可通过×××附件或×××系统来完成”。为了避免文字混淆，制度制定者需要能充分地明确定义部门职责，对管理内容描述尽可能详尽且具体。同时，在制度文件初稿完成后，制度制定者需要与相关部门充分沟通、协调、修改，直至形成一个从管理层到执行层，以及相关部门均认可的文件制度，然后以企业的正式文件发布。

在企业实操过程中，如果缺乏对制度文件撰写和发布的管理，常常会出现文件彼此矛盾的问题。因此，企业需要设置专门的部门负责管理企业的所有正式文件，并对整体文件的编写拟定规范和编码规则。制度中所要引用的文件，要确保其依然有效；所采用的术语和定义，要在企业层面上实现统一，否则很容易造成操作人员的“无所适从”。对于制度中的管理职责、管理内容和方法等，分别要与部门和岗位的要求相一致。因此，制度的发布不单单是一个制度的事情，而是整个制度体系的完善和发展，这其中需要制度管理部门大量细致和规范的工作，才能确保企业的制度不“流于形式”，切实有效地发挥指导和监督作用。

本书以G集团的文件制度规范为例来描述一般的制度需要包含哪些部分。这个规范由集团层级的部门制定。G集团的文件有严格的格式要求，除了行文的字体、大小外，对于内容目录也有固定的要求。制度一般分为适用范围、规范性引用文件、术语和定义、管理职责、管理内容和方法、关键风险及控制点、检查与考核、报告与记录、附加说明。其中，适用范围描述了本制度的编写目的、应用范围和相关部门。规范性引用文件则是针对本制度中涉及其他文件并加以引用，以保证整个集团文件体系的一致性。术语和定义是对制度中包含的某些术语、定义或概念加以解释和约定，这么做的好处是保证集团的术语体系一致。管理职责是明确本制度中相关部门的工作界限，这个部分的职责划分越细致，后续在执行层面上就越容易落地。管理内容和方法是制度中需要约定或描述的工作流程和方法，这个部分是文件的核心部分。关键风险及控制点是明确制度中的关键点，进一步说明如何控制，这对制度的绩效至关重要。检查与考核是明确制度的考核机制和考核部门。报告与记录是针对本制度中所涉及的附件、表单、流程等加以汇总和说明。附加说明主要是说明本制度的起草人、审批人，必要时也会增加修订的内容对比。总之，G集团的文件制度规范体现的是制度本身及和集团制度体系的一致性。G集团每年都会有一次统一的文件修编，由集团指定部门负责总协调并发起，并做好文件制度版本管理。

下面以G集团的“采购管理制度”为例，给大家展示具体的制度，供大家参考（见图10-1）。

G（集团）控股有限公司企业标准

新文件编号

代替老文件编号

采购管理制度

1. 范围

本制度规定了G（集团）控股有限公司（以下简称“集团”）采购管理的范围、职责、管理内容与方法、报告和记录。

2. 规范性引用文件

下列文件对于本文件的应用是必不可少的。凡是注明日期的引用文件，仅所注日期的版本适用于本文件。凡是不注明日期的引用文件，其最新版本（包括所有的修改单）均适用于本文件。

X/XXX 21102—2020 供应链管理制度

X/XXX 21104—2020 供应商管理制度

X/XXX 21111—2020 招议标管理办法

X/XXX 21604—2018 档案管理标准

X/XXX 21615—2010 电子档案管理标准

X/XXX 21901—2019 合同管理标准

3. 术语和定义

下列术语和定义适用于本制度。

3.1 采购联络人

采购联络人是指集团本部各职能机构，以及事业部/项目公司物资管理部门指定的负责与供应链管理机构对接采购需求事务的联络人。

3.2 绿色通道

绿色通道采购是指在下述情况下的采购审批方式：①月度采购计划没有包括在内，因自然灾害、生产现场突发事件、物料异常、检修设备解体、研发试验、技术试验、政府审批进度等产生的不可预见情形和因市场资源匮乏、框架合同内采购无法满足生产需求的不可控因素等原因形成的品类需求，按照正常生产采购流程无法满足生产任务而进行的采购活动。②工期要求紧迫的基建或大型技改项目，由于部分标的的区域性、专业性等要求，按正常供应商考察、

图 10-1 采购管理制度模板

入库流程不能满足招标进度要求。

3.3　公开招标

公开招标是指招标人按国家法律法规规定，以招标公告的方式邀请不特定的法人或者其他组织投标。

3.4　邀请招标

邀请招标是指招标人按国家法律法规规定，以投标邀请函的方式邀请特定的法人或其他组织参与投标的方式。

3.5　邀请议标

邀请议标是指招标人以投标邀请函的方式邀请三家及以上的资质、业绩等满足议标条件的供应商，在规定的时间、地点参加投标的议标方式。

3.6　询比价

询比价是指招标人以邀请函的方式邀请三家及以上的资质、业绩等满足议标条件的供应商通过集团电子采购系统、现场密封或邮件向招标人发送询价文件进行比价或竞价的议标方式。

3.7　定向议标

定向议标是指招标人以邀请函的方式邀请唯一特定的资质、业绩等满足议标条件的供应商在规定的时间、地点进行协商谈判的议标方式。

3.8　电商平台采购

电商平台采购是指对市场竞争充分的物料，如办公用品、工器具、劳保用品、MRO（维护、修理、运作）、通用紧固件、通用密封件等，采购人通过电商平台采购的采购方式。

3.9　框架采购

框架采购是指采购结果适用于多次采购行为，尤其针对采购金额大、供应风险大的采购品类，由集团、板块或事业部主导，签订战略长协的采购方式，以保证供应商对我们的价格稳定、产能优先、库存优化；同时向供应商保证在一定范围的采购优先。在协议有效期内，集团及下属板块、项目公司可依据协议直接发送订单采购（如果因为上市公司独立性要求，可以依据框架协议与供应商再签合同）。

3.10　合同

合同是指平等主体的自然人、法人、其他组织之间签订的设立、变更、终止民事权利义务关系的协议，其表现形式包括但不限于合同、协议、框架协议、订单、补充协议、承诺函、合作意向书等。本标准所规范合同限于《中华人民

图 10-1　采购管理制度模板（续图）

共和国合同法》项下的各类合同，不规范劳动合同。

3.11　合同经办人

合同经办人具体负责制订合同履行计划，并实时跟踪合同履行，掌握合同变动情况，及时做出合同履行的风险预警并通报项目公司法务管理机构；负责合同相关资料、信息的收集和建档工作。

4. 管理职责

4.1　集团招标与供应链管理委员会

4.1.1　集团招标与供应链管理委员会是集团供应链管理的最高决策机构，全面管理集团供应链管理工作。

4.1.2　对板块申报的重大工程、重大研发项目、重要采购项目，必须由集团招标与供应链管理委员会及需求部门共同讨论决定采购方式、采购策略评估标准、候选供应商、采购结果及最终会签审批。

4.1.3　依据授权，紧急项目的采购，由相应层级的招标与供应链管理委员会或相应组织机构做出评估，并决定实施方案。

4.1.4　集团招标与供应链管理委员会不定期检查、分析供应链管理机构所采购品类的品质、价格、交期的合理性、经济性，对供应链管理机构进行评价并提出建设性的意见、建议或指导。

4.2　集团供应链管理中心

4.2.1　负责组织编制及修订采购管理制度，并根据集团业务发展需求及时修订。

4.2.2　负责制定集团集中采购策略与跟踪采购结果，组织集团层面集中采购的实施。

4.2.3　负责提交集团集采招标采购申请，组织集团招标文件和评标细则的会审，并协调各方意见，包括法务、财务等部门参与。

4.2.4　组织板块对供应链各项业务进行交叉检查和专项评审。

4.2.5　对初创期板块具体指导采购管理细则的实施。

4.3　板块供应链管理机构

4.3.1　结合行业特点和业务实际，负责制定、发布与修订相应的《采购管理实施细则》，并报备集团供应链管理中心。

4.3.2　负责整合、优化各下属公司上报的采购需求计划。

4.3.3　负责市场分析、制定板块层面采购策略、降本优化措施及组织评审。

图 10-1　采购管理制度模板（续图）

4.3.4 指导、检查、考评下属事业部、项目公司，组织交叉检查，并对本板块所有采购绩效指标负责。

4.3.5 负责组织板块范围内集中采购的实施。

4.3.6 月度上报板块内所有50万元以上招标采购结果到集团供应链管理中心。

4.3.7 协助各级法务部门采用协商、调解、仲裁、诉讼等方式处理采购合同纠纷。

4.4 事业部、项目公司（省公司）及直属公司供应链管理机构

4.4.1 制定采购操作流程。

4.4.2 负责督促需求部门每月按要求发起采购申请。

4.4.3 负责编制询价文件或招标文件以及评标细则，包括但不限于立项依据、招标或询价文件、技术规范书、评标细则、定标原则等，保证询价或招标文件专业要求的正确性和完整性。

4.4.4 针对不同品类的使用要求，编制供应商入围条件，并从集团库里搜索符合条件的供应商。

4.4.5 负责配合上级部门完成集中采购物料的具体操作事宜，执行集中采购的结果，及时、准确地汇报集中采购的执行情况。

4.4.6 负责合同与订单管理。

4.4.7 负责合同与订单的付款管理，包括付款申请、发票初步核对、跟进财务付款计划等工作。

4.4.8 负责进行供应商履约评价：执行板块供应链管理部定期组织的供应商评审，评定的范围包括质量保证体系的有效性、产品/服务质量、交货及时率、差错率、价格因素、售后服务和使用满意度等。

4.5 合规审计管理机构（风控、监察）

4.5.1 派驻开标现场，监督20万元以上招标采购项目的商务谈判，负责开评标现场纪律监督及争议受理。

4.5.2 负责根据集团风控管理要求对各级供应链机构采购工作流程予以审核和执行督察。

4.5.3 负责根据集团相关授权对各级供应链机构采购的审批流程予以审核和执行督察。

4.5.4 负责对集团/板块各类采购工作进行合规性检查，对采购活动中的违规、违纪行为进行调查。

图10-1 采购管理制度模板（续图）

4.5.5　负责对举报、违规违纪事件受理与调查。

4.5.6　负责对各部门采购人员不定期开展廉洁教育工作。

4.6　合规审计管理机构（法务）

4.6.1　负责合同管理标准的拟定、修改和解释；拟制各类合同示范文本。

4.6.2　根据授权定义，负责协助采购单位进行合同谈判。

4.6.3　参加采购合同评审会签，审核合同的合法性和严密性，对合同法律风险提出意见，有效防范和规避本公司法律风险，并对审核不慎产生的过失承担责任。

4.6.4　依据合同经办部门提交的合同履约偏差报告，及时向公司管理层提交问题处理法律意见书；配合供应链管理部，其他合同经办部门协调、处理采购合同在执行中发现的各类问题并提供法律支持，根据领导授权代表公司参加仲裁、诉讼活动。

4.7　财经管理机构

4.7.1　负责参与重大采购项目的商务谈判。

4.7.2　负责审核集团/板块各类采购工作的概预算。

4.7.3　审核供应商经营履约能力并提出意见。

4.7.4　负责审核合同双方是否为关联交易，重点审核合同条款中对方履约保函、价金支付条件与结算方式等相关条款的合规性、适宜性。

4.7.5　负责根据集团/板块供应链、事业部、项目公司申请及相应的支持性文件，及时完成付款流程。如有问题，及时通知付款申请人员。

4.8　集团总部各职能管理机构

4.8.1　负责按要求发起采购申请。

4.8.2　针对不同品类的使用要求，编制供应商入围条件，并从集团库里搜索符合条件的供应商。

4.8.3　负责合同与订单的付款管理，包括付款申请、发票初步核对、跟进财务付款计划等工作。

4.8.4　负责进行供应商履约评价。

5. 管理内容与方法

5.1　采购计划管理

5.1.1　各部门应指定一名固定的招标联络人，负责本部门的采购计划提报和后续的项目联系等工作，如部门人员变动，请提前做好交接工作，并邮件告知上级供应链管理机构。

图 10-1　采购管理制度模板（续图）

5.1.2 采购需求部门应根据本单位下达的生产经营计划、目标成本管理及预算管理要求，编制部门的物资需求计划。采购需求计划除平台采购的品类、低值易耗的办公用品及MRO外，其余物资均应通过ERP系统进行提报。

5.1.3 软件信息类采购计划需经集团信息管理机构评审，保证软件平台在集团统一的信息管理架构下。

5.1.4 月度采购计划应根据需求计划的物资编码，综合考虑需求数量、现有库存数量、在途采购量和安全库存定额等因素后，确定本次采购的数量，规格一致或近似的，应实行集中采购。

5.1.5 计划申报需求明确，包括但不限于规格要求、技术规范、质量标准、数量、交货期、服务范围等内容，并且满足有效采购的条件。

5.1.6 招标采购计划应给审核流程、供应商响应留出合理的时间。

5.1.7 禁止出现为规避采购权限而采取拆分采购需求计划的现象。

5.2 采购品类管理

5.2.1 根据采购品类的不同特性，结合综合总成本最低及供应商品牌效应等因素，集团供应链管理中心组织制定各品类的采购策略，并报备集团招标与供应链管理委员会。集团供应链管理中心每年组织对各品类采购策略的评估。

5.2.2 各板块根据自身企业战略的特点，了解各专业子库品类的品类特性，制定各品类的主要采购策略，并报板块管理层审批。

5.2.3 采购方式的判定：各级供应链管理机构对其授权范围内项目的采购方式做出决定。

(1) 对于战略型供应商，当具有长期合作的需求时，需要由各级供应链管理机构主导，进行基于建立高度信任、共享竞争优势和利益的长期性、战略性协同发展关系的谈判，签订战略长协的框架采购方式，以保证供应商对我们的价格稳定、产能优先、库存优化；同时向供应商保证在一定范围的采购优先。在协议期内，各单位可依据协议内容多次采购。

(2) 对于采购品类单一、业务影响量大的采购项目，技术复杂、市场供应充分的品类、需组建技术组和商务组进行打分排序的品类，以及《中华人民共和国招投标法》规定的公开招标类，应采用公开招标/邀请招（议）标的方式，通过评分制的综合得分排序、评价合格制的合理低价（明显低于成本的恶意低价除外）、性价比排序等定标方式推荐中标供应商。

(3) 对于技术不复杂、无须单独对技术部分进行评价的采购项目，只需组建综合小组进行澄清、确认和评价，同等条件下通过价格比选，推荐合理低价的

图10-1 采购管理制度模板（续图）

供应商。具备条件时，各单位需通过电子招标平台实施询比价。询比价采购结果必须填写询比价结果审批单，经相关部门审核，总经理/分管副总裁批准后方能执行采购。

(4) 通用型物资、低值易耗品，预算总额在授权范围内的，各板块、事业部及项目公司根据业务需求自行决定采购方式。

(5) 满足下列描述的特殊事项可采用定向议标方式：

a. 板块根据授权可施行定向议标，超过授权的，报集团招标及供应链管理委员会批准后实施。

b. 政府垄断性工程或政府主管部门指定供应商。

c. 因技术、市场等原因造成实质性垄断，满足条件的供应商不足2家，并且标的物无替代性的工程。

d. 紧急抢险工程，即因不可抗力引起的紧急处理工程（如大面积防水堵漏、基坑垮塌等）。

5.2.4 为实现降本增效，对于具备集中采购条件的物资，由板块供应链管理机构牵头组织集中采购，下属公司应严格按照集中采购的结果分别签约履行。

(1) 集团支持、鼓励各板块、事业部、省公司、项目公司根据物资特性和实际需求因地制宜，适时组织物资集采工作。各板块供应链管理机构应加强对集采品类的管理，根据市场行情和产品发展状况，组织工艺、技术和质量管理部门合理确定技术和服务指标，编制好集采文件，组织好采购和签约工作。

(2) 集采合同签订后，集采部门应组织集采范围内各项目物资部门对集采合同进行宣贯，确保合同落地；同时集采部门应对合作供应商的后续服务进行监督管理。各项目公司根据集采框架合同下订单采购，不得变更集采合同的任何条款，如需变更，由集采部门统一变更。如遇合同争议，由集采部门负责组织解决。

5.3 供应商选择

5.3.1 设备及材料供应商原则上选择生产厂家。除此以外，可选择采购所在地最高等级的代理商及经销商。

5.3.2 招标采购应优先选择同一级别的供应商，供应商状态必须为合格或经集团招标与供应链管理委员会批准的临时供应商。

5.4 绿色通道

5.4.1 月度采购计划没有包括在内，因自然灾害、生产现场突发事件、物料异常、检修设备解体、研发试验、技术试验、政府审批进度等产生的不可预

图10-1 采购管理制度模板（续图）

见情形和因市场资源匮乏、框架合同内采购无法满足生产需求的不可控因素等原因形成的品类需求，按照正常生产采购流程无法满足生产任务而进行的采购活动，需求部门提报紧急采购计划，紧急采购计划必须是书面申请，由经办人办理紧急采购申请单手续，采购申请和采购方式按授权原则须经部门负责人审批。紧急采购申请单提报后需求部门在三个工作日内在ERP系统中补报需求申请。

5.4.2 工期要求紧迫的基建或大型技改项目，由于部分标的的区域性、专业性等要求，按正常供应商考察、入库流程不能满足招标进度要求，招标安排无法在供应商入库审批完成后进行的，需求部门需要在项目初期就涉及需要通行绿色通道的标的和供应商短名单提报申请，经审批后，报集团供应链管理中心备案。供应商入库资料需要经板块供应商管理员或集团供应商管理员审核通过，方可安排招标邀请；预中标流程必须在供应商入库审批完成后才能发起。

5.4.3 各级供应链管理机构编制绿色通道管理台账，以月报形式进行汇总分析，控制年度绿色通道总量。

5.4.4 各级供应链管理机构需对绿色通道采购项目做后评价报告的总结备案，集团供应链管理中心和合规审计管理机构将组织进行绿色通道采购项目的专项检查。

5.5 合同管理

5.5.1 凡订立合同，合同经办人应对合同对方当事人的主体资格（具备合法经营营业执照）、资信状况、履约能力、经营状况等背景资料进行复核，确保其具备签约及履约能力。确需签订时，应要求其提供合法、真实、有效的担保，其中以保证形式担保必须是连带责任担保，其担保人必须是具有履约及代偿能力的独立法人。

5.5.2 对于招标采购方式，如中标人未按中标通知书的要求与招标人签订合同，由招标人或招标人书面通知招标服务公司扣除其投标保证金。

5.5.3 合同拟订、合同审批、合同签订、合同变更与解除按照集团法务管理部颁布的合同管理标准执行。

5.5.4 集中采购物料的合同签订，合同履行：

（1）板块和项目公司供应链管理机构根据采购结果，与相关供应商签订合同。

（2）各级供应链管理机构负责采购合同的签署、盖章和归档等工作，并及时将合同原件的电子版本报上级供应链管理机构备案。

图10-1 采购管理制度模板（续图）

(3) 各级供应链管理机构负责合同的实施，并定期反馈合同执行情况。

(4) 板块供应链管理机构应对该板块集团组织集中采购的合同执行情况予以汇总，并定期上报集团供应链管理中心。

5.5.5 合同付款管理

(1) 供应链部门付款人员根据合同规定的付款方式、付款要求支持文件，确认开票内容及开票时间无误后提交付款申请，交财务付款人员。

(2) 供应链部门付款人员应及时跟进财务付款计划的落实情况。

5.6 档案管理

5.6.1 采购过程资料应定期归档管理（包括纸质归档和电子归档），以保证采购过程文件的完整性及可追溯性。档案管理需按照集团办公厅办理的档案管理标准和电子档案管理标准执行。

5.6.2 招标采购资料归档

(1) 归档形式：招标数据资料由招标人以书面和电子形式及时归档。

(2) 归档范围：主要包括招标文件、供应商响应文件、供应商签到表、评委签到表、评委通信工具保管记录、评标过程澄清答疑及质询表、供应商初始、澄清、最终报价原始记录、报价开启记录汇总表、各类评标报告、签约通知书及与招标工作有关的其他资料。

5.6.3 非招标采购资料归档

(1) 归档形式：采购资料由采购需求部门以书面和电子形式及时归档。

(2) 归档范围：主要包括询价文件、供应商报价文件、供应商澄清及质询表、供应商最终报价、供应商确定审批记录。

5.7 采购评审体系

5.7.1 集团供应链管理中心根据板块每月上报的采购订单状况，季度组织板块对供应链各项业务从采购专业角度进行交叉检查，包括：①采购策略的决策依据。②采购品类的价格分析。③供应商的选择依据。④履约状况与合同供货范围差异，包括合同内容是否与采购结果一致，对合同金额、澄清内容、付款条件、工作范围、供货范围等条款重点检查。及时发现问题，堵住漏洞。⑤年度框架合同执行结果与招标结果的差异。

5.7.2 板块组织对下属事业部、项目公司在授权范围内采购项目的交叉检查，并对本板块所有供应链绩效指标负责。

5.7.3 板块/项目公司对其集中采购的供应商的履约情况，定期向集团供应链管理中心呈报履约执行情况。集团供应链管理中心负责对集中采购项目汇

图 10-1 采购管理制度模板（续图）

总分析，为进一步改进集中采购向战略采购方向转变提供实践基础。

5.7.4　交叉检查的结果和改进措施由供应链管理机构上报集团招标与供应链管理委员会。

5.8　采购管理绩效评估

集团供应链管理中心组织对板块的年度采购绩效考核，考评项目及考评指标如下表所示。

考评项目及考评指标	指标权重	计分标准
制度建设：完成采购管理制度的制定与修订，完成率	×%	
计划执行：在年度考核期内，采购计划按时完成率	×%	
成本目标管理：年度考核期内，成本降低目标达成率	×%	
到货及时率：年度考核期内，采购物资到货及时率	×%	
采购物资质量：在年度考核期内，采购物资质量合格率	×%	
事故处理及时率：年度考核期内，订货种类及型号差错率	×%	
采购档案管理：年度考核期内，采购档案完整率	×%	

6. 检查与考核

对贯彻标准不力而造成不良后果的，因工作或监管失误、失职而造成延误及经济损失等严重后果的，按有关规定和程序问责。

7. 报告与记录，包括但不限于如下：

附加说明：

本制度由集团供应链管理中心负责起草或修订。

本制度主要起草人：

审　核：

审　定：

批　准：

本制度由集团供应链管理中心负责解释。

本制度于二〇××年××月××日第一次发布实施；

二〇××年××月××日第一次修订；

二〇××年××月××日第二次修订，二〇××年××月××日起实施。

图 10-1　采购管理制度模板（续图）

资料来源：笔者历年经历汇总得到。

六、采购组织的制度案例

当企业的采购制度建设完善到一定阶段时，彼此形成一套端到端的完整文件，这就是采购手册。采购手册对企业管理人员和实操人员都具有指导作用。在这里，本书以 N 集团的采购手册为例，整个手册分为六个部分：①物料管理制度；②供应商管理制度；③采购制度，包括采购寻源和采购执行，以及相关办法；④辅助制度；⑤ 操作细则文件；⑥附件及模板的汇总。以上制度按照全流程的管理思路撰写，考虑到各个不同物料分类的采购需求差异，因此在制度层面上也进行了区分，单个流程和程序内容都不多，大多以 10～20 页内容为主。

关于N 集团的采购手册，制度的书写要求是按照集团的文件管理规范书写，文件编码规则也同样是按照集团的体系化要求完成的。考虑到篇幅限制，本书以采购手册中的制度文件目录为例，展示给大家参考。

上述部分主要讨论的是采购制度建设方面的内容。制度主要是针对业务的规范性要求，更多地对业务的范围、要求等做出规定，这与采购流程的目的有所差异。采购组织的制度模板如图 10-2 所示。接下来，本书介绍采购流程。

1. 物料的生命周期

 1.1 集团物料分类标准

 1.2 集团原料引入及变更管理流程

 1.3 集团原料引入及变更操作细则

 1.4 集团包装材料引入及变更管理制度

 1.5 集团包装材料引入及变更操作细则

 1.6 集团非生产物料申请及变更管理制度

 1.7 集团固定资产申请及变更实施细则

 1.8 集团消耗品引入及变更实施细则

2. 供应商的生命周期

 2.1 集团供应商管理程序

 2.2 集团供应商编码规则及主数据管理规范

 2.3 集团供应商资质资料管理规定

 2.4 供应商索赔及退换货操作流程

3. 采购制度

 3.1 生产性物料采购作业管理流程

 3.2 集团物料采购价格维护管理办法

 3.3 采购订单管理办法

 3.4 采购预付款管理办法

 3.5 进口管理办法

 3.6 出口管理办法

 3.7 固定资产采购管理制度

 3.8 消耗品采购管理制度

 3.9 广宣品采购管理制度

 3.10 集团招标管理程序

 3.10.1 非生产采购招投标管理实施细则

 3.10.2 工程建设项目招投标管理实施细则

 3.10.3 运输业务招标作业流程

 3.10.4 新建工厂工程建设项目招投标管理实施细则

4. 辅助制度

 4.1 集团管理权限管理办法——合同 DOA

图 10-2 采购组织的制度模板

4.2 采购总部及区域采购部权限管理规定
4.3 原材料交货周期管理办法
4.4 返利操作管理办法
4.5 CR 管理细则 2014 版
4.6 采购总部与区域采购部的职责分工
5. 操作细则文件
5.1 SAP 原料引入评价及维护规则
5.2 供应商注册模块填写细则及审批规范
5.3 集团供应商关系管理系统（SRM7.0 系统）操作手册
5.4 制造商编码规则及主数据管理办法
5.5 不活跃供应商冻结操作细则
5.6 SRM7.0 系统供应商主数据查询及资质查询操作细则
5.7 SRM7.0 系统供应商批量冻结操作细则
5.8 SRM7.0 系统供应商月度评估操作细则
5.9 SRM7.0 整改通知书操作细则
5.10 SRM7.0 系统标准合同结案操作细则
5.11 SRM7.0 合同模块培训手册
5.12 SRM7.0 索赔模块培训手册
5.13 废弃物处理的供应商现场评审规范
5.14 三者对应关系表用法详解
5.15 原料主数据操作手册（采购）
5.16 制造商信息与寻源链接的培训文档
6. 附件汇总

图 10-2 采购组织的制度模板（续图）

资料来源：笔者历年经历汇总得到。

七、采购流程的内容

采购制度更多的是对于规范性的约定，而采购流程更关注具体的业务本身。采购流程通常是为了满足企业生产运营需求，由一系列具有逻辑关系的采购业务组成的活动。从业务流程时间维度来看，采购流程一般包括采购需求申请、市场信息调查、询比价、送样、评估、谈判、供应商入库、货源维护、订单下达、跟催、收货验收、货物入库、付款等。其中每一个活动都是一项具体的业务活动，即整个采购流程中的一部分工作。所有这些业务活动，按照时间维度，从前到后组成一个完整的采购流程。在这里，本书以化学原料的采购寻源流程（从采购需求申请审批通过起，到采购订单下达前）为例，简要介绍一下部分采购流程的内容（见图 10-3）。

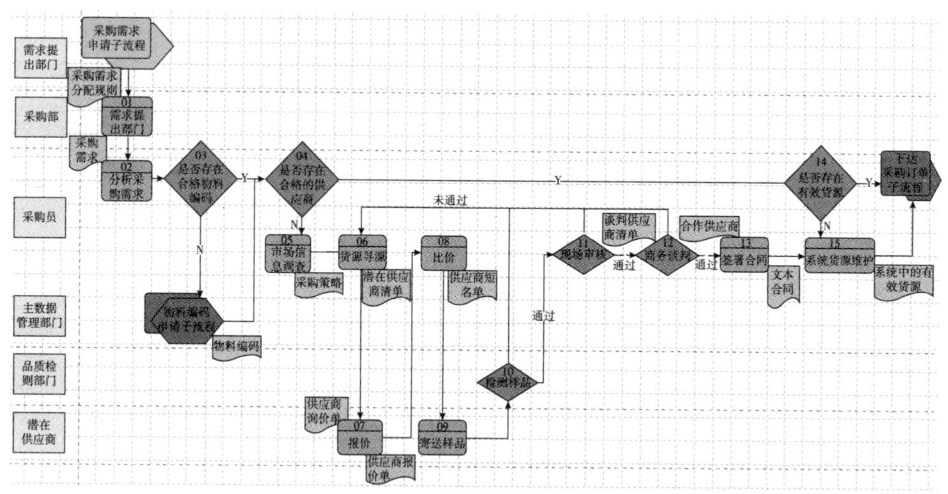

图 10-3　采购寻源子流程

图 10-3 是从采购申请审批通过后，到采购订单下达前的采购业务活动。这里需要说明的是，具体的采购业务要根据企业的组织架构、岗位职责、业务流程来设定。图 10-3 左侧列出的是业务活动的责任部门和责任人；右侧各个活动是具体的业务活动，按照时间顺序从左到右、从上到下形成一套完整的操作规范。从图 10-3 也可以看到该流程的子流程。当实际业务的复杂度足够高时，每个活动也可以单独作为一个子流程。流程中每个活动的颗粒度越细，在执行层面上就越容易操作，但同时流程的复杂度也会越高。

八、采购流程的优化

如前文所述，采购流程是采购活动的具体操作流程，关乎着采购活动的效率和合规性。在企业初创期，为了更好地配合业务的开展，采购流程往往是因业务人员而异。这样的方式虽然能较好地满足业务的开展，但是并不利于企业的系统化管理。随着企业采购规模的日益庞大，如何对采购流程进行优化呢？本书推荐“流程优化七步法”（见图 10-4）。

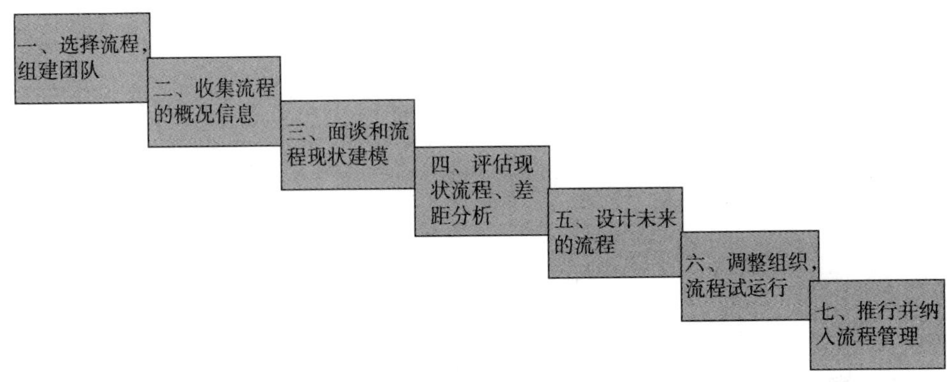

图 10-4 流程优化七步法

1. 选择流程、组建团队

在流程设计优化之前，首先要选择合适的流程责任人和合适的流程设计参与者。企业在优化流程设计时，可能在某一时间点上有很多需要改进优化的流程，但哪些才是企业最迫切需要的？这需要管理层着重考虑，将有限的资源投入最迫切的流程改善中，并组建相应的流程改善团队。

2. 收集流程的概况信息

在这个阶段，流程改善团队要确定流程的服务对象，即流程的客户、流程的范围等；确定流程中涉及的部门、岗位和人员。如果企业的岗位职责比较明晰，那么这些角色是比较容易确定的。如果企业面临的业务是新业务，可能会存在岗位、人员、职责并不清晰的情况，那么此时应该是确定岗位、人员和职责。之所以在这里强调这个问题，是因为此时的工作如果不到位，随着后续的工作推进，模糊的岗位职责对于流程的推进是有相当大的影响的。因此，企业要对这个阶段的工作要重视起来，打好基础。

3. 面谈和流程现状建模

如果要优化流程，就要了解流程和现状。如果连优化的起点都不熟悉，更不要谈优化的目标。因此，流程改善团队首先要做的是对现有流程的调研和建模，这样做的好处在于可以识别流程的改进机会点，便于建立流程绩效改进的基线，同时对流程的梳理也可以了解其中的利益相关者，找到和其他流程的系统关联性。

那如何了解现有流程呢？如果企业本身已出台相关流程制度，那么可以先仔细阅读。但仅通读文件是远远不够的，还需要运用面谈方式。面谈的形式可以是一对一的面谈，也可以组织一个访谈会，使所有参与人员共同讨论。流程改善团队需要根据面谈目的选择相应的业务人员，如果需要了解的是具体的业务，则要选择业务的实操人员。记录面谈内容很重要，着重描述“现状是怎么样的”，对于其中的流程岗位、人员、职责、边界、活动、活动间的逻辑关系，则要重点关注。综合现状信息，建立现状流程模型，图 10-5 是某企业的打印机维修流程——优化前。

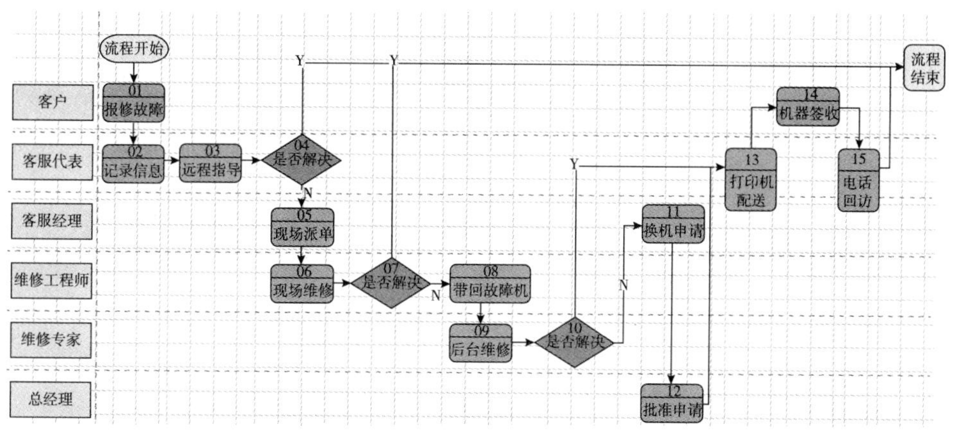

图 10-5　打印机维修流程——优化前

4. 评估现状流程、差距分析

在了解了流程的现状之后，接下来要做的就是评估流程，找到流程痛点，进行差距分析。评估流程需要从效果和效率两个方面来考虑。效果指标评价流程是否达到设置的目的。例如，图 10-5“打印机维修流程”的效果指标就是客户满意度，可以设计调查问卷询问客户对于打印机维修的满意度。效率指标主要针对的是流程的效率、花费的成本、占用的时间等，就是在达到流程效果指标的前提下，用更快、更好的方式来解决问题。

大部分的流程问题都可以归结为“有没有”和“优不优”。“有没有”是从流程设置的目的上考量是否解决了客户的需求。“优不优”则是考虑有没有更好的办法来满足客户的需求。为了解决这两类问题，流程优化团队需要对现有流程“问题识别与原因分析”。这里建议的方法是“流程关键活动分析法”，先将流程细分到各个活动，找到其中的关键活动，识别各个关键活动背后的逻辑，可以先试着问这样几个问题：①这个活动的目的是什么？②一定要执行吗？③一定要当前角色来操作吗？④一定要按照这个顺序来执行吗？然后在分析完所有关键活动后，可以确认每个活动的必要性，并为接下来设计未来的流程做准备。

5. 设计未来的流程

对于未来流程的设计，首先从流程整体上进行规划，按照流程阶段来区分，这样的好处在于将整个流程结构化，易于理解。其次将流程阶段的业务按照场景进行细分，这样的好处在于可以将业务具象化，细分的场景可以凸显活动时间、人物、地点、事件。最后将所有场景合并，这时要考虑整体流程的设计策略。例如，一些活动可以考虑并行处理；中间涉及的类似角色可以合并处理；涉及同一部门多名联系人的时候，可以精减对接人来简化流程；针对不是流程关键审批节点的角色，可以通过抄送的方式完成。

流程的设计是需要创新的。对于客户的需求识别，设计者需要精确地把控，并通过表单、模板体现出来。仔细分析满足客户需求的业务流程，识别其中最关键的成功因素，将其归纳并总结成相应的模板，这样有助于优秀经验的传承。针对关键成功因素，设置关键控制点以确保需求的实现。以上流程设计的分析，可以帮助管理人员更有效地设计流程。

具体到实际流程设计中，这里会提供一些相关的设计技巧，希望能起到“抛砖引玉”的作用：通过对流程中各个活动的分析，减少不增值活动，缩短流程周期，降低流程成本；针对不同部门主导的不同活动，如果彼此间不存在前后关系，那么在流程设计中可以并行处理，这样可以大大降低流程周期；流程的优化本身也是对岗位职责的梳理，授权可以使流程的责任人权责更加明晰，便于对流程的管控；流程角色的合并，将众多分散的工作整合起来，由专人专岗统一管理，减少沟通环节。

基于以上的流程分析，对于前面提到的“打印机维修流程”，经分析有几个关键控制点和关键成功因素：①权限下放。在这个流程中，时间是影响客户满意度的重要因素，因此为了缩短整个维修周期，适当地采用权限下放的方式。例如，将原先仅有客服经理才能派单的权限，下放到客户代表；同时在故障机后台无法维修时，由客户经理决定是否更换新机器，而不是总经理。②业务活动优化。在现场维修这个环节，维修人员带上备用机，会大大提高客户满意度，也减少了因打印机故障而造成客户的损失。同时，维修专家电话支持，也能降低带回故障机的概率。③权限的下放也可以给予总经理更多的时间，考虑更重要的问题。按照这样的逻辑，仔细核实每个业务活动，可以不断提高整个流程的绩效。经过优化后，最终的“打印机维修流程”如图 10-6 所示。

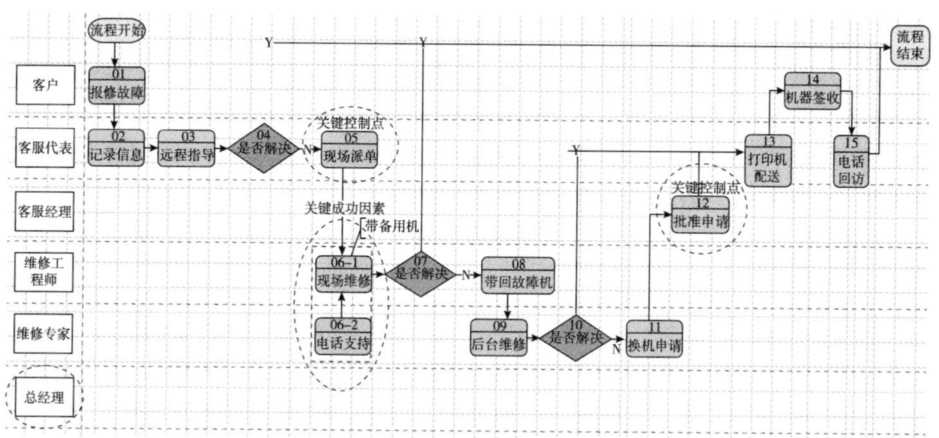

图 10-6　打印机维修流程——优化后

6. 调整组织，流程试运行

在流程优化结束后，接下来需要对流程“试运行”。“试运行”是流程优化的重要一步。在流程正式纳入公司的管理流程前，“试运行”可以帮助流程管理人员及时发现并解决问题。此时，流程设计团队则会转变为流程执行团队。根据流程中的活动、岗位、角色、业务，流程执行团队将拟定新流程的角色要求、绩效要求和技能要求，并安排专人对流程中的岗位人员进行培训。培训完毕后，他们会安排流程的“试运行”计划，并在执行过程中记录相应的问题，以帮助执行人员答疑解惑。在“试运行”完毕后，流程执行团队汇总所有的问题，进行总结并改进，更新流程文件、表单和模板，最终发布流程文件的正式版本。

7. 推行并纳入流程管理

正式发布后的流程，将纳入公司的管理体系中。流程制度文件不仅作为现有业务的规范推广执行，也是后续审计的基础文件。公司内部机构或外部机构，在进行审计工作时，都是基于公司已发布的流程制度文件来执行的。

对于流程管理人员，除了平时严格执行流程之外，还需要主动发现流程中不完善的地方并优化改进。针对流程中的例外问题，一般是通过以往的经验、企业文化给予相应的解决方案。如果例外情况较多，则需要深层次地分析例外问题的发生背景和原因，针对其中涉及岗位职责和业务流程的问题，从职责和流程上根本解决。

九、采购流程的审计

新建流程纳入集团体系统一管理后，企业需要定期对其审计，以确保业务执行是在集团体系的框架下完成的。一般来说，流程审计是企业的流程审计部门或企业专门组织相关专家，组成流程审计小组，对审计范围内具体流程的运作现状、执行情况、流程缺陷、客户满意度、流程存在的问题等方面进行稽查和评估。采购流程审计就是针对采购流程中的以上内容进行审计和评估的。

流程审计的内容一般是针对流程的规范性、完整性、符合性、有效性这四个方面，审计的方式常常是通过提问的方式来进行。规范性的审计点主要是关注"是否制定流程管理制度，流程的发布、变更和废止是否有相应的流程，是否设立了流程负责人，以及流程负责人的选择标准是什么"；完整性的审计点在于"是否缺失了核心关键流程，是否缺失了关键环节，是否涵盖了所有相关的业务，重要的风险环节是否设置了充分的控制措施"；符合性的审计点包括制度和信息化环境的匹配度、组织和职责的匹配度、执行标准的匹配度、执行过程的匹配度，以及方法和技能的匹配度；有效性则关注分析现有公司人员、信息技术能否保证流程的顺利运转，同时分析其中的"瓶颈点"，寻找相应的优化方案。

流程审计的程序一般分为四个步骤：①识别流程；②确定审计重点；③审计执行；④确认问题和编制审计报告。在识别流程阶段，流程审计小组要收集公司关于采购的现有流程文件、制度文件等。当前，企业大多建立了办公系统，也配备了相应的管理人员，可以比较顺利地获取到现有的流程和制度文件清单。审计人员只要通读这些流程、制度文件，就可以识别核心业务流程、管理支持流程等。通过这样的识别过程，审计人员能够大致了解企业现有的流程制度，有助于后续的审计工作开展。对于确定审计重点问题，一般来说，审计人员需要将标准化的体系与企业现有流程制度进行比对，同时回顾之前的企业历史审计记录（如有），发现其中的问题集中点，从而确定审计重点。如果这次审计是首次审计，审计人员可以先将核心业务作为审计重点。确定审计重点后，就进入审计执行阶段。审计的主要内容如上述所讲，主要是从规范性、完整性、符合性、有效性来进行分析，这里就不再赘述了。审计结束后，进入确认问题和编制审计报告阶段。在这个阶段，审计人员将发现采购流程中的问题，并汇总，最终以审计报告的方式来呈现。报告要把握“采购流程”这一主线，描述采购业务背景、问题、产生的原因及改进的建议。

十、采购流程的绩效管理

谈到流程绩效管理，首先要明确的是“流程绩效是什么”。绩效一般指组织、团队或个人在一定的资源条件和环境下完成任务的出色程度，是对目标实现程度及达成效率的衡量与反馈来进行评估。流程绩效可以理解为评价流程整体实现业务目标的程度。

如何来衡量流程呢？或者说，基于流程所要实现的目的，我们从哪些方面来入手评价流程呢？很多模型会从各个方面来考量，但基本上可以用“多、快、好、省”来总结，而这四个方面可以归结为两个方面的评价：效果和效率。效果是评价流程优化后达成的结果，如业务目标的达成、销售总额的增加、采购成本的精进、管理费用的降低等；而效率则是达成这样的目的所花费的人力、物力、时间等，如流程周期的缩短、人力投入的降低、物力消耗的精进等。

明确了流程绩效的评价点之后，接下来就是具体落实流程绩效评价。当前，国内的大部分企业，对于流程管理的理解还不是很深入，通过流程指标来指导并有效管理的企业，更是少之又少。将流程绩效纳入企业的各级管理中，必须要取得企业高层的支持，这种支持不仅是口头上的，而是要从组织架构、人员考核、财务支持等方面，都给予足够的、持续的支持。

流程工作本身是对现有业务的总结。既然是总结，需要考虑的层面就会很多，可能不经常发生的业务也需要有相应的流程机制。而对于这种频率很低的业务，其流程制定所耗费的时间比业务执行的时间还要长，因此其往往得不到足够的重视。流程建设本来就是一个长期的、持续的推进过程，企业抱有“一蹴而就”的想法是不现实的。当前，企业在很多业务上均以速度取胜，业务管理部门自然也就没有多少“耐心”去推进流程建设了。流程建设一定要遵循“自上而下”的原则，这也是其为什么要获得高层支持的原因。

在得到了高层支持后，需要牵头部门，或者成立“委员会”和工作组来推进。这个部门负责流程推进过程中的规划协调、工作执行与落实、流程效果稽核、重大决策和资源协调等，同时也负责对相关人员的流程管理绩效进行具体的考核工作。

流程绩效的考核，如前文所述，主要是从效果和效率上来考虑。无论是哪个方面，量化的考核指标会在推广过程中得到更多的认同。效果方面的考核可以通过最终的量化结果来衡量，如销售总额的增加比例、采购成本的精进比例。这些数据都是可以从企业的 ERP 系统中直接得到，也更有说服力。效率方面的考核，可以通过统计流程的业务达成率、流程周期的精进、审批节点的优化比例、退回次数等实际量化的数据，来衡量效率的提高。对于部分很难量化的流程，也可以通过设计“调查问卷”的方法来调查客户满意度，作为流程绩效衡量的指标。流程是企业自行开发的满足市场业务的活动，所以不存在“最完美的流程”，只存在“最适合的流程”。由于市场业务是多变的，流程也需要不断地优化和改进以适应不断变化的业务需求，因此这里就提到了流程的持续改进。流程绩效测评和考核并不是流程工作的终点，持续、定期、客观地分析当前流程与市场标杆、竞争对手、客户需求的差距，是进一步优化并提升流程绩效的关键工作，这也是流程管理部门的工作职责之一。

采购制度和流程的建设并不是“繁文缛节”或者是“教条主义”。诚然，企业的业务开拓人员在开拓外部市场的时候，需要具有很强的“突破”能力，但制度和流程有其自身的严谨要求，难免会在业务进展过程中“阻碍”业务员工作。流程也不是万能钥匙，很多企业中的问题不是制定出“流程”就可以解决的。但需要了解的是，在企业运营的问题中，有不少的问题是可以通过对业务流程的规范、岗位职责的明晰、业务逻辑的梳理得以解决的。采购流程对于企业的采购业务，虽然在某些业务场景下可能“损失”一些效率，但同时也降低了业务的风险，这对企业的长远发展是非常重要的。企业在初创期，制度和流程的作用也许还不那么明显，但随着规模越来越大，面对外部环境不确定性的增加，降低风险逐渐会成为企业管理层关注的重点，而采购制度和流程的建设则一定会成为企业重要的管理举措之一。

采购制度与流程建设的一点想法

作为公司对外部供应商的窗口，采购员的形象十分重要。面对不同的业务场景，不同的采购员给供应商的印象也各有不同。同时，采购员作为对接内部其他部门的窗口，也体现着其对于业务的理解和规范。因此，采购员的业务操作方式需要规范化、标准化、模式化。

为了确保采购员的业务规范，企业需要对采购业务制定要求，这就是采购制度。采购制度是采购员在从事采购业务时必须遵循的规则，如三方比价、招投标规范。不按照这个要求做事，企业就可以追究采购员的工作职责。如果因此出现了业务疏漏，还可以进一步追究相关的责任。采购流程往往是针对某一项具体业务，如采购寻源、供应商注册等，端到端地制定相应的工作流程和操作步骤，通过规范每个业务细分活动保证整个业务在可管控、可追溯的范围内进行。

采购制度和流程对于规范采购业务的合规性、合理性是很有必要的。所谓“有章可循”，首先要有规则，业务操作人员才有做事的边界，否则各自发挥，看起来是配合了业务，长久的话会出现很大的风险。在制定了相应的规范之后，接下来就是对规则执行上的监督，用以确保公司的规章制度得到了充分的执行。当前，很多公司都会设立内审部门，对自身业务的执行定期审查。如果是上市公司，还要面临第三方公司的审核。

无论是公司内审还是外审，都会有相应的审核体系并将其作为审核标准。例如，ISO 9000 质量体系、TS16949 等，这些标准对于公司按照合规的途径开展业务具有很好的指导作用。同时，体系的规范也是对现有流程的梳理和标准化，其目的是减少人为因素在公司业务开展中的影响，通过制度、规范和流程来管人、管业务，这对于降低企业的风险也是很有帮助的。

在梳理制度和流程的同时，我们也应该看到，制度和流程并不能解决所有的业务问题。实际上，企业在开展业务时所碰到的问题是多种多样的。制度和流程本身是依据业务的逻辑和对风险的考量来制定规范的，但是在执行过程中，却很难避免效率过低的问题。流程中的各部门业务活动设置，要求各个活动节点的人员通力配合，这本身就是执行层面上的一大难题；且不说这个业务项目对于各节点人员的重要性是否一样，各节点人员的专业性、对业务的理解、工作方式、工作态度，都会对整个业务链的效率产生影响。为了避免各节点的效率低下，企业常常采用“某部门主导+其他部门协助”的方式进行，但在执行过程中往往就变成了主导部门自己的事情。因此，对于制度和流程，我们应该一分为二地看问题，既不可以过分依赖，又不可以过分轻视。

制度和流程的执行，针对那些逻辑性较强，或者说属于“结构化”的问题，可以通过常规方法去操作。这种类型的问题，可以将业务开展的逻辑整合到系统中，通过系统来解决。这种情况下，我们可以处理掉相当一部分的业务问题，提高业务效率。还有一些问题属于“非结构化”，涉及的逻辑较为复杂，或者说需要高层领导或专业人员逐一判断（Case by Case），此类问题需要单列，系统只能起到记录和追溯的职能，业务执行层面则需要有专人去介入。因此，制度和流程的制定人员，需要准确地识别这两类问题，分别制定相应的解决策略。同时，这两类问题也并非一成不变，随着市场、业务的变化也有可能发生转化，企业需要经常对这些问题进行回顾和复盘。

第十一章　常用的 ERP 系统

第十章介绍的是采购制度与流程建设，本章讨论的是如何通过系统将制度和流程中所体现的管理要求落地实现并固化下来。诚然，第十章中提到的采购制度和流程内容包含了很多在流程执行过程中的模板、表单、附件、操作规范书等，这些都是操作人员在线下完成工作时运用的操作工具，但这只适合企业初创时业务、组织和人员都相对简单的情况。随着企业业务增加，规模逐渐扩大之后，这种方式在效率、规范性、可追溯性上都不能满足企业管理的需求，其在整理、汇总、追溯、保存信息等方面都有极大的劣势，因此集成化管理信息系统逐渐被应用在企业管理中。

一、ERP 系统

ERP 系统是企业资源计划（Enterprise Resource Planning）系统的简称，于 20 世纪 90 年代初由美国加特纳公司首先提出，指建立在信息技术基础上，集信息技术与先进管理思想于一体，为企业管理层提供决策依据的管理平台。ERP 系统是包含物资资源管理（物流）、人力资源管理（人流）、财务资源管理（财流）、信息资源管理（信息流）的企业管理软件，优化企业的资源和运行模式，对于改善企业业务流程、提高企业核心竞争力具有显著作用。ERP 系统体现的管理理念就是集成性、先进性、统一性、完整性、开放性。

ERP 系统按照企业中各部门的职能分为多个模块，分别实现对应的职能需求。常见的有采购管理、生产管理、财务管理、人力资源管理、工程管理、物流管理、仓储管理、销售管理等。以人、财、物为例，人力资源管理模块完成对企业员工的招聘、入职、培训、考核、薪酬、差旅等职能，具体包含人力资源规划的辅助决策体系、招聘管理、工资核算、工时管理、差旅核算等；财务管理模块可以实现财务会计核算功能，对财务数据进行分析、预测、管理和控制，包含财务计划、财务分析、财务决策等；采购管理模块对采购全流程的业务进行把控，内容包括从采购需求的申请到货款的支付完成，同时可建立供应商库和采购物料库，降低不合规采购带来的风险，具体包含供应商信息查询、催货、采购与委外加工、管理数据统计、价格分析等功能。

早期的企业 ERP 需求，一定是与其主营业务相关的，企业会将有限的资金首先用在最能体现企业劳动力价值增值的核心工作上。在制造业中，其一般就是生产和相关职能。ERP 的发展经历了三个阶段：MRP→MRPII→ERP，其中 MRP 就是物料需求计划。物料需求计划最初就是用于制造业库存管理信息的处理，它解决了如何实现制造业库存管理目标——在正确的时间按正确的数量得到所需的物料这一难题，简言之就是用计算的方式来精确匹配库存计划、生产计划、用料计划，实现提高产能的目的。物料需求计划第二阶段则是将这个职能进一步扩展，形成了以生产计划为中心，把与物料管理有关的产、供、销、财各个环节的活动有机地联系起来，形成一个整体进行协调，使它们在生产经营管理中发挥最大的作用。其最终的目标是使生产保持连续均衡，最大限度地降低库存与资金的消耗，减少浪费，提高经济效益。随着生产经营管理的进一步实践，结合计算机技术的进一步发展，企业生产经营者又有了新的需求，管理职能的扩展将更多的业务职能引入进来，如供应商管理、客户管理；对数据使用的进一步加强，如大数据分析、决策数据支持。这就催生出 ERP 系统。

ERP 系统在各个行业中的使用十分广泛，但由于各个行业的差异性很大，单一的软件往往不能满足客户复杂业态的需求。例如，生物医药行业的 ERP 系统，由于行业性特点明显，普通的 ERP 系统不能满足要求；物流业也因行业的特殊性，其 ERP 系统在运输管理方面有非常细致的要求。因此，针对新兴行业，企业不能完全照搬原有 ERP 系统的模块，而要根据客户的实际需求精准定位，才能满足客户的要求。

这种市场需求催生了很多针对不同行业的 ERP 系统。经过 20 多年的发展，有些系统开发企业已经发展成为行业巨头，针对不同行业的各职能模块需求，开发了针对性的软件，能够满足大部分客户的管理需求；也有一些系统开发企业，专注于某一职能模块方面，逐渐成为该领域的知名软件开发商。两种类型的软件开发商都有其优势，企业应根据自己的战略目标，选择合适的 ERP 系统。企业在寻求适合自身的 ERP 系统时，由于市面上大多数的标准化软件往往只是针对某行业一般情况下的商业环境，很难满足企业自身的个性需求，因此为了充分适配，常常需要对标准化产品进行二次开发。

在制造业的业务系统中，SAP（恩爱普的 ERP 软件名称）是比较具有代表性的覆盖全流程的整体功能软件，其下包含众多的业务功能模块，并且形成了一个严密的逻辑体系，也是当前国际上使用广泛的 ERP 系统之一。对国内很多企业而言，NC（用友）系统也是常用的系统之一。此外，还有一些专注于某一职能模块的软件，如 SRM（供应商关系管理）系统、EC（办公自动化系统）。接下来，笔者就以 SAP 系统和 NC 系统为例，来给大家做一个阐述。

二、SAP 系统

SAP，全称为 System Applications and Products，是企业管理解决方案的软件名称，同时也是其公司名称。SAP 公司成立于 1972 年，总部位于德国沃尔多夫市，致力于企业软件公司和协同化商务解决方案，该公司在全球 75 个国家和地区拥有分支机构，并在多家证券交易所上市，包括法兰克福证交所和纽约证交所。根据 2019 年 7 月《财富》杂志，其在世界 500 强中排在第 427 位，营业收入为 219.596 亿美元。

SAP 软件的使用十分广泛，在全球有 120 多个国家和地区的超过 172000 家用户正在运行 SAP 软件，超过 80%的世界 500 强企业使用 SAP 软件，其雇员总数超过 98000 名。SAP 公司的核心业务是销售其研发的商业软件解决方案及其服务的用户许可证，包括标准商业软件和技术及行业特定应用，帮助企业建立或改进其业务流程，使之更为高效灵活，为企业产生新的价值，同时还提供与其软件相关的咨询、维护和培训服务。

SAP 公司在 20 世纪 90 年代进入中国，最初于 1995 年在北京正式成立 SAP 中国公司，并陆续建立了上海、广州、大连、深圳、成都、武汉、香港等分公司。SAP 公司在中国的合作伙伴有石化盈科、中电普华、东软、神州数码等。

1. SAP 公司产品整体介绍

SAP 公司的软件产品，自 1972 年成立以来就在不断完善、更新和扩展，不仅在产品的职能模块上更新，而且还针对不同行业的需求开发不同的产品。同时在这个过程中，SAP 公司还根据新的管理理论和手段，不断对自身产品进行重新组合和定位，也变更名称使之更符合现代企业管理需求。SAP 公司为了更好地适应市场，针对不同行业、不同规模的企业，研发和整合了相应的产品组合，以满足各种类型客户的需求。

SAP 公司的早期产品为 SAP R/3，其包括十几个企业常用的模块，如财务模块（FI）、销售模块（SD）、物料模块（MM）、生产计划模块（PP）、工厂维护模块（PM）等，主要满足企业财务分析、人力资源管理、企业运营、库存管理、计划、生产、运输等业务需求。随后是满足客户关系管理的客户关系管理系统（mySAP CRM），其为贯穿整个客户关系生命周期的业务流程管理提供解决方案，由市场管理、销售管理和服务管理方案三部分组成，还包含一些角色管理的功能。该系统的特点是贯穿整个客户关系生命周期，能够提供与日常客户关系管理有关的所有客户信息，还可以提供垂直的行业需求，并与其他执行功能互相作用，更好地实现与客户的合作关系。

SAP公司也有关于供应商管理的商务套件产品，即供应商关系管理（mySAP SRM）。这款软件旨在与供应商建立高效的上游供应网络，从而最大限度地节约购买成本，实现收益提高的目的。SRM通过提高业务透明度，全面控制供应商关系，在提高供应效率的基础上降低供应成本。上游供应链透明度的提高，以及整个供应链相关流程实现自动化、无纸化、系统化，能够帮助企业运营者全面掌握企业的整体支出状况，在企业范围内降低货物和服务的采购成本。

针对某些行业的特点，SAP公司提供了产品生命周期管理软件，即mySAP PLM。这款产品提供了整个产品和资产生命周期的系统工程、定制开发、项目管理、财务管理、质量管理等功能，与产品开发相关的设计者、供应商、制造商、作业人员，甚至包括客户，均在该软件考虑范畴之内，从而协同作业群体。这款软件的目的在于提供一个针对产品生命周期管理的解决方案，使企业保持最佳状态，降低维护费用并不断提高企业效率。

如今的世界竞争早已不是单家企业的竞争，而是供应链的竞争。SAP公司也针对这个业务的管理需求，开发了供应链管理软件mySAP SCM，一个功能强大、全面集成的供应链管理解决方案，来帮助企业应对供应链的挑战。这款软件从供应链规划到物料询价、从需求计划到产品配送，在企业及其合作伙伴之间共享整条供应链中的信息。笔者的另一本书《基于信任风险下的产能决策协调机制研究》也对供应链各成员通过信任和风险规避机制下共享产能信息的效果做了量化研究，其结果表明这种共享机制对于整个供应链成员均有更大的益处。

为了更好地帮助客户使用SAP公司的各种产品，明确各个产品的侧重点和之间的逻辑关系，SAP公司开发了SAP NetWeaver应用平台。此平台不仅可以将SAP公司的所有产品置于一个界面中，而且也提供了后续与其他非SAP应用系统的兼容性。另外，为了更好地满足客户的需求，SAP公司将自己的商务套件产品改名为 mySAP ***，均以 mySAP 开头。

综上所述，mySAP 商务套件产品的架构如图 11-1 所示：底层 SAP NetWeaver 提供应用平台界面和兼容接口；上层即为 mySAP 的五个主要产品，即 mySAP ERP（企业资源计划）、mySAP CRM（客户关系管理）、mySAP SRM（供应商关系管理）、mySAP PLM（产品生命周期管理）和 mySAP SCM（供应链管理）。

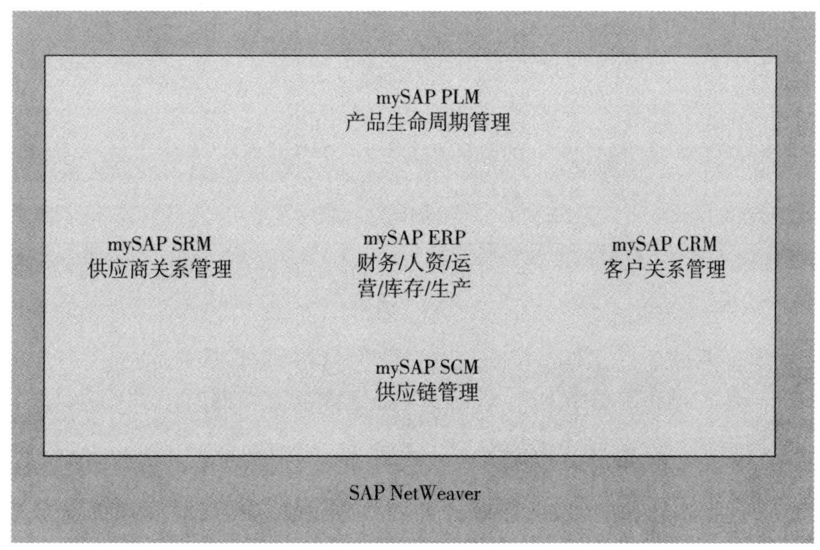

图 11-1 mySAP 商务套件产品的架构

资料来源：SAP 公开宣传资料。

配合现代企业管理需求的各个方面，SAP 公司已经形成了十分全面的产品架构和服务体系，基本上企业中各种各样的软件管理需求都可以在 SAP 公司的商务套件中找到与自身相关的软件产品。大而全的产品架构也带来了另外一个问题，就是 SAP 公司的产品架构，对于很多企业来说并不是都需要，即 SAP 公司商务套件中的很多功能并非必要，而整体的产品和维护价格又较昂贵，这也制约了 SAP 公司产品的推广。因此，SAP 公司推出了适用于全球中小企业的管理方案 SAP SMB，其包括 mySAP All in One 和 mySAP Business One。

All in One 是专门针对"成熟型中小业务"推出的，基于 mySAP Business Suite 的运行功能和各行业的 Best Case，以满足成长型企业特殊化的 IT 需求。All in One 相比于 SAP 公司商务套件的优势：①价格便宜；②易于快速实施。这些特点非常符合成长型企业的管理需求。

mySAP Business One 将微软视窗作为界面，因此对于很多用户来说界面非常友好。这套软件具有多个客户可以个性定制的工具，易于配合和维护，很容易和其他系统进行集成。这套软件继承了 SAP 公司成熟的分析工具，可以帮助管理者对公司所有信息和活动进行全面控制。同时，mySAP Business One 还附带了 SDK 二次开发工具。这是一个开放且灵活的开发工具包，通过二次开发，能够满足不同企业的业务需求，最大限度地扩展 SAP 公司的业务实践。

综上所述，SAP 公司针对不同规模的企业，经过内部组合给出了不同的产品方案，如表 11-1 所示，从而满足大部分客户的需求。

表 11-1　SAP 公司产品方案

SAP 公司产品	mySAP Business Suite	mySAP All in One	mySAP Business One
适用企业	大型企业	中型企业	小型企业

2. SAP 系统实施

与一般理解的软件不同，将 SAP 公司产品融入企业中成为企业各级人员的使用工具，并不像我们操作个人电脑一样，购买一个软件许可号和文件，然后安装就可以使用。这需要专业人员将软件结合企业的业务一步一步实施后，才可以成为企业正式的工具系统。前面提到的 SAP 公司在中国的合作伙伴，如文思海辉、石化盈科、中电普华、东软、神州数码，就是帮助企业实施 SAP 公司产品的供应商。起初 SAP 公司只负责销售软件使用许可号，但近年来他们也通过为国内企业实施 SAP 公司软件来获得更多的利润。

SAP 系统实施可分为以下八个阶段：

（1）SAP 项目实施准备。

成功的项目实施，离不开前期细致的准备工作。对于打算上线 SAP 系统的企业/集团而言，首先是 SAP 上线项目立项。并不是所有的企业都适合用 SAP 系统。如果企业需求只是实现局部某些业务的功能，那么企业可以选择国内外很多企业的软件。这些软件价格便宜、实施简单、便于维护。企业不能因为 SAP 公司的品牌效应而盲目选择。因此，项目实施准备的第一项就是考虑 SAP 上线的必要性。此时，企业可以成立一个项目小组，由高层领导，精通业务和信息的人员组成，对需求进行全面的分析判断。

该项目小组首先要分析自身现状。这一步需要深入调研各个下属公司的具体在用系统，从业务层面和公司层面两个角度逐一探讨，然后绘出一张集团在用系统表（见表 11-2）。这里需要注意的是，业务职能要细分到独立单元，只有这样才可能将看似不同的职能中的相似之处找出来。

表 11-2 在用系统情况

	业务职能 1	业务职能 2	业务职能 3	业务职能 4	业务职能 5
集团	A 系统	无系统	无系统	D 系统	
下属公司 1	A 系统	C 系统	B 系统		
下属公司 2		C 系统		无系统	C 系统
下属公司 3		C 系统	B 系统		

接下来结合集团后续的战略发展要求，通盘考虑是否需要 SAP 系统，可以以不断提问的方式来思考，如“为什么要实施 SAP 项目？”“如今的业务痛点在哪里？”“解决业务痛点一定要通过安装新系统吗？”“不通过系统而改变现有流程是否可行？”等等。通过连续的自我提问，可以帮助我们客观地认识到，是否真的有这个需求。同时，不仅局限于集团内部，走出去与同行中已有类似经验的企业沟通，比较自身现有的业务模式，这样可以帮助企业管理层做出一个比较准确的决策。

如果企业最终决定采用 SAP 系统，那么下一步就是考虑实施的范围，包括组织范围、软件范围、功能范围、业务范围、接口范围等。这个部分涉及具体的操作层面，也是直接和预算挂钩的。这个过程需要和各个下属公司的业务领导进行充分沟通，针对现有的业务痛点和短板，提出企业希望通过系统改善的地方，从而明确这次上线的工作内容，即制定初步的 SOW。这点尤为重要：一是因为这个说明书直接关系到业务工作量，如果后续发展与工作说明书存在巨大的差异，将会导致预算的巨大差异，不利于后期工作顺利开展；二是因为工作说明书是与供应商谈判的基础，让供应商充分理解企业的需求，不会因为理解的不一致导致后期巨大的开发偏差。因此，工作说明书确定的是项目的指导方向，方向如果发生偏离则会对最终结果产生致命的影响。

经过与供应商的多轮沟通达成一致意见后，双方签署合同。按常用称呼，企业称为甲方，供应商则称为乙方，甲方会对乙方的顾问人员面试，保证项目的高水平执行。甲乙双方会共同建立项目组织和资源，包括项目团队、角色和职责。这一阶段要编写项目资源计划，包括预算分配，购买上线需要的硬件、软件、网络系统，在集团内部抽取业务骨干组建关键用户（Key User）团队。

关键用户团队十分重要，一定要全职投入才能保证项目有效地执行，需要项目团队与各公司负责人充分沟通，获得最大限度的支持。关键用户将负责对后续业务的详细解释、对系统功能的全面测试，以及上线之后对最终用户的实时培训等关键任务。

建立项目上线工作计划，按照业务功能模块细分多个工作小组，如财经组（FI/CO）、人资组（HCM）、供应链组（MM/SRM/WMS）、生成组（PP）、销售组（SD）、主数据组（MDG）、项目管理组（PMO）等，建立各个组的组织架构，任命组长和副组长。一般来说，任何项目都是业务人员和信息人员搭配工作。项目经理制订项目的主工作计划，包括各阶段的完成时间节点及要提交的工作报告，可以运用甘特图来完成，如图 11-2 所示。

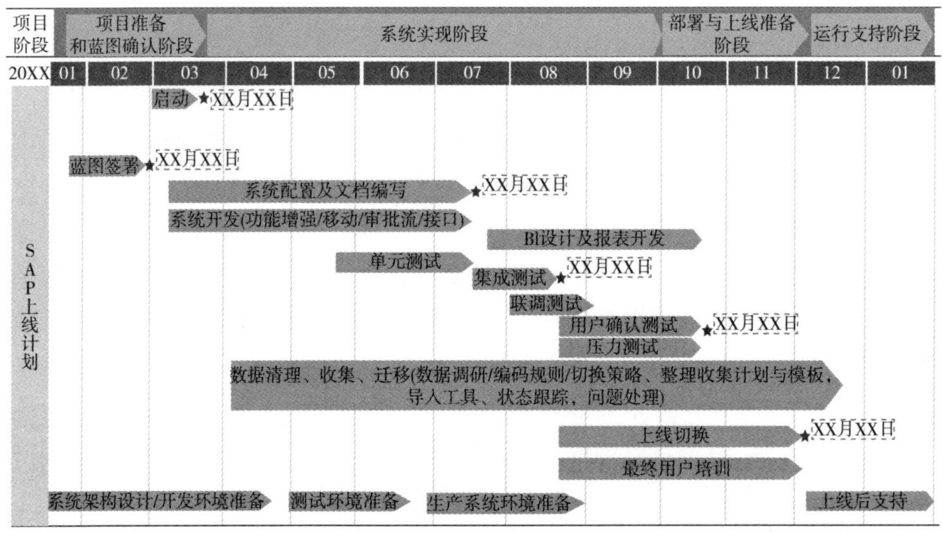

图 11-2　项目总体计划进度

资料来源：SAP 公开宣传资料。

对企业而言，系统上线虽然是个巨大的工程，但不会有哪家公司为了新系统上线而将业务停下来，因此系统上线的前提是不能影响现有的业务。项目经理必须在制订工作计划的同时，对项目中可能出现的各种风险和危机进行预判，并部署合理的控制策略。一般来说，SAP 系统项目是一个标准软件包的实施，在项目实施过程中常见的风险有：合适资源的缺乏；最初的工作说明书和具体执行的功能存在差异，缺乏足够的清晰性和明确性；关键用户对于 SAP 系统标准功能的理解与其真实业务需求存在差异；二次开发的深度和广度的合理控制；

主数据的完备性和准确性。

SAP系统上线是一个巨大的工程，首先需要一套齐全的编码体系来标识企业的物料、供应商、客户等业务对象，这项工作对于大型集团而言工作量巨大，不能等到上线前才去补充。部分实施案例之所以不太理想，一个很重要的原因就是业务对象的基础分类不完善，中高层管理人员尚未建立这样的管理理念。所以当项目已经开始，工期紧、任务重时，他们只能做一个非常粗浅的分类体系来应对刚上线的必要需求，但在运行一段时间后，前期问题就会暴露出来，而此时系统已“积重难返”，任何人又都无法承担推倒重建的后果，只能将错就错，于是一线员工一方面苦于应付烦琐的记录输入，另一方面用各种“捷径”和“Bug”来完成业务需求，最终的结果就是各级人员怨声载道。

综上所述，项目实施的准备工作，大部分情况下是远超企业最初预想的。加之大部分系统上线都有时间要求，往往前期的谈判和沟通极其漫长，决策后留下的时间又相对有限，即便是经验丰富的项目实施人员，也难免会顾此失彼。因此，对于项目的准备工作，可以说“怎么重视都不为过”，项目准备得越充分，后期出现问题的概率就越低。

项目启动会的召开，标志着项目准备阶段的完成。参与这个会议的领导级别，也表示着集团对项目的重视程度。一般而言，参加该会议的有甲方的高级管理人员、项目委员会、项目实施团队（包含甲方关键用户及SAP系统顾问）。在项目启动会议上，需要介绍该项目的目标、人员组成、职责和项目的工作计划。项目启动会的结束标志着项目上线实施的正式开始。

（2）SAP业务蓝图确认。

这个阶段的主要任务是明确在SAP系统中的各个业务流程蓝图。在项目的前期准备过程中，项目团队曾对实施范围等内容进行调研，形成工作说明书。但业务流程蓝图远比工作说明书详细。

第一步，系统培训。为了让所有参与项目的人员对SAP系统有一个比较清晰的认识，SAP系统顾问会对所有项目小组的成员（包含关键用户、内部顾问）进行培训，培训内容主要以SAP系统实施上线的模块为准，如财务模块、销售模块、物料模块、生产计划模块等，目的在于让乙方人员掌握SAP系统的基本概念，对SAP系统的操作和运行方式有一个基本的了解。

第二步，现状调研。针对每个模块中的具体业务，如供应商管理模块中的采购目录管理、采购寻源管理、供应商管理、供应商协同、供应商履约评估等，关键用户将现有的业务模式一步一步细致地描绘出来。这个过程是一个非常细致而且烦琐的过程，需要考虑上线企业的所有业务，即使是几年才从事一次的业务，也需要罗列出来。关键用户必须是业务骨干，要具备勤学好问的品质。大部分情况下，关键用户很难精通所有业务，因此他需要与具体从事该业务的同事深度沟通，全面了解后才能和 SAP 顾问沟通清楚。这个阶段也需要项目小组和业务部门进行反复沟通。蓝图的构建直接关系到后期开发的结果，因此项目小组对所有环节都需要认真对待，因为蓝图一旦签署，后续更改就是非常困难的事情了。

第三步，蓝图设计。经过深入的沟通和全面的分析后，关键用户和 SAP 系统顾问将了解后的业务流程绘成蓝图初稿。SAP 系统有标准的蓝图模板，配以 Visio（或类似软件）流程图，能够清晰地显示出该业务的执行过程、人员配置、审批流程，开发配置人员将会根据蓝图文件在系统内配置或开发相应的模块功能。但这一步往往不像上述过程这么简单，大部分情况下，调研得出的业务流程和 SAP 系统模块的标准设置存在一定的差异。具体的差异与职能、行业、规模有关，如财务模块、人力资源模块，一般来说，就比供应链模块、销售模块标准化程度高；成熟行业比新型行业的标准化程度高。那么如何来协调这种差异，需要蓝图设计人员一方面结合 SAP 系统模块的现有设置，另一方面结合企业业务的实际需求，尽可能在双方的差异中找到平衡点。在规范一线业务人员的操作习惯时，蓝图设计人员也要尽可能地减少 SAP 系统的二次开发工作量，这个过程的难度在于沟通。最终达成一致意见后，蓝图设计需要项目实施团队、上线企业领导共同签字，作为项目实施的节点工作产品。

（3）SAP 系统功能实现。

业务蓝图确认之后，就进入系统实现的阶段。这个阶段主要是在 SAP 系统中进行相应的配置，如果与 SAP 系统软件标准模块有差异，则需要二次开发以适应甲方的需求。由于系统需求方来自不同行业，SAP 项目实施又需要很强的行业背景，因此很多实施顾问都来自外部的自由顾问。优秀、专业的实施顾问和经验丰富的项目经理，是项目实施得以成功的保证。

（4）SAP 系统功能测试。

在 SAP 系统配置和二次开发结束后，即进入测试阶段。这个阶段的测试分为四个步骤：①SAP 系统顾问内部测试；②单元测试（UT）；③集成测试（SIT）；④用户接受测试（UAT）。用户接受测试完成，表明系统测试完成。

第一步是内部测试。由 SAP 系统顾问主导，目的在于发现其中的技术问题并解决。

第二步是单元测试。此测试是内部顾问和关键用户测试的起点，针对本业务范围内的所有业务场景进行功能测试，并撰写单元测试文档，记录整个过程和结果。这个文档也是后续关键用户用以培训终端用户的手册。这个阶段的目的在于查看是否解决了关键用户的业务问题，并考量业务流程在系统中的表现。

第三步是集成测试。一般来说，是在两个模块之间进行，先解决小范围集成遇到的问题，再逐步扩大到多个模块之间，进行大范围的集成，解决集成模块之间的各种问题。这部分场景不再局限于某一个业务功能，而是跨业务职能场景，如采购、生产、库存、销售、付款等多个场景的集成。这个阶段也是由关键用户主导，其目的是考量各个业务之间的配合和顺畅程度。

第四步是用户接受测试。这一步则是对整个业务的测试，往往是从业务起始端入手，其涉及的部门众多，最初各项配置是否能够对接上决定着用户接受测试的成败。用户接受测试也是测试的最后一步，因此这一步也是最关键的，关键用户测试完成后需要对结果签字确认。这个阶段的目的是打通真实业务的通道，为后续正式切换上线保驾护航。同时，用户接受测试报告也是对终端用户培训的最终手册。

综上所述，SAP 系统的功能测试遵循“循序渐进”的原则，一步步地将 SAP 系统实施交到关键用户手中。整个测试就好比修路，第一步是规划整个区域的道路设置（蓝图设计）；第二步是工程队施工开发（系统实现）；第三步是施工验收，首先是一段路一段路的验收（单元测试），其次是两条或多条道路的连通验收（集成测试），最后是整个地区的道路通行验收（用户接受测试）。

（5）SAP 系统上线准备。

SAP 系统的上线准备主要有三个方面的工作：终端用户培训、上线数据准备和制定切换策略。

第一方面，终端用户培训。SAP 系统正式上线后，各个部门各个层级的人员都将改用 SAP 系统来完成自己的工作，原有的系统原则上都将关闭，以保证系统上线的完整性。涉及的各级员工必须要参与培训，否则上线初期的效率会很低。这是因为很多人之前从未接触过 SAP 系统，对于 SAP 系统复杂的操作界面和缜密的业务处理逻辑，难免会一头雾水，进而产生抵触情绪，不利于上线推广，因此制订一个全面的培训计划是必须的。并且，培训要具备针对性、易读性，同时辅以大量的操作手册，从各级人员最迫切的业务入手，循序渐进，这样才会取得较为理想的效果。

第二方面，上线数据准备。严格来说，这个阶段的数据准备，应该是业务数据的保存、汇总、格式调整以匹配 SAP 系统，绝不只是规则的制定和简单的收集。一般来说，上线数据主要包括物料数据、供应商数据、客户数据、未清订单、合同、履约评价、员工数据、财务数据等，根据每个模块所负责的业务不同，需要准备的数据也不同。以物料数据为例，首先是主数据，即上线后企业需要购买的物料清单。物料按照一定的编码规则后形成数据清单，每个物料主数据包含若干个核心字段。这些是 SAP 系统上线的基础，没有这些数据 SAP 系统上线后就无法实现采购业务，而且物料主数据是后续一系列业务的基础数据。

第三方面，制定切换策略。此工作需要集团层面出台相关规定，从系统上线前某一时刻起暂停相关业务在原有系统中的操作。暂停原有系统的操作后采集这个时刻的静态数据和动态数据，部分数据可提前采集。对于供应链而言，未清订单等多项进行中的业务数据要保存好，避免在系统切换过程中丢失，造成不必要的风险。这个阶段最难的部分就是数据。一是数据的数量。若有数据丢失，则后续的跟踪是十分困难的；由于数据量很大，部分业务数据丢失也很难被发现。二是数据的质量。因为企业多年来的发展不可避免地会留下很多垃圾数据，而垃圾数据对于 SAP 系统来说是潜在的威胁，很多系统切换时上传多次失败就是因为数据质量太差，所以一项一项的调试对于业务和实施人员来说是极其烦琐的。

（6）SAP 系统上线及系统维护。

SAP 系统正式上线后，业务人员对于新系统的不熟悉，以及大量真实业务场景下的数据冲击，可能对系统的使用造成影响，因此在系统上线初期，项目团队需每天关注系统表现，对产生的各项凭证进行检查，保证业务和财务的一一对应。一旦发现错误，当天的错误必须当天解决，不能延迟，否则错误会带来连锁反应。系统正式上线的第一个月结束，一般来说，是 SAP 系统实施公司和上线企业交接的重要时间。这个月结束后，系统顾问需要现场指导，对于出现的一些问题进行纠正。

此时，SAP 系统实施顾问将逐步撤离上线企业，后续的维护和支持多是以电话、网络等方式来完成，终端用户的问题会转给关键用户和内部顾问，内部顾问将逐渐取代 SAP 系统实施顾问的角色，成为最主要的答疑人员。随后若内部顾问碰到无法解决的问题再转给实施顾问，实施顾问也无法解决再向 SAP 公司发送信息，寻求全球支持。

系统上线后，无论是操作还是答疑，都是对前期培训和项目实施的效果检验。前期的准备、实施过程的严谨、培训的充分和操作手册的易读性，以及上线企业员工的主观能动性，都与最终的系统上线效果息息相关。一个优秀的 SAP 系统实施项目，离不开领导的大力支持、员工的全力以赴、顾问的全身投入，以及执行人员的丰富经验。

(7) 定期跟踪及周报制度。

项目前准备的充分对于项目顺利开展有着至关重要的作用，这是事前管理的范畴。而在项目当中实时跟踪和反馈，更好地推进工作进度，及时发现和总结问题，提高工作质量和工作效率，则属于事中管理的范畴。因此，建立一整套定期跟踪和周报制度并严格落地执行，也是保证项目最终成功上线的关键因素之一。

周报的汇报时间一般安排在周一上午。周报主要分为三个重要部分：第一部分是项目经理介绍本周项目计划总体进度，包括各项工作的完成情况进度（按百分比表示），若有延迟等需说明原因和改善措施，如图 11-3 所示；第二部分是下周重点工作事项和时间安排；第三部分是各个业务模块小组的工作情况汇报。各个小组也是按照这样的逻辑汇报，汇报内容包括上周工作内容总结和纠偏及本周工作内容阐述。

关键里程碑/任务列表– 准备及建设阶段		20XX年X月总第04周							计划完成时间	第04周计划完成%	第04周实际完成%	延迟原因	状态
		18	19	20	21	22	23	24					
1	项目启动								××××	100%	100%	××××	绿灯
2	项目章程及项目计划制定								××××	100%	100%	××××	绿灯
3	项目标准及模板确定								××××	100%	100%	××××	绿灯
4	项目组织架构及资源确定	—	—	—	—	→			××××	100%	95%	××××	红灯
6	系统Sizing								××××	100%	100%	××××	绿灯
7	系统架构设计(Landscape)	→							××××	100%	50%	××××	黄灯
8	项目工作环境设立	→							××××	100%	99%	××××	黄灯
9	项目概要培训								××××	100%	100%	××××	绿灯
10	业务流程清单出具								××××	100%	85%	××××	绿灯
11	财务组织架构确定	—	—	—	—	→			××××	100%	85%	××××	红灯
12	物资/人资组织架构确定	—	—	—	—	→			××××	100%	85%	××××	红灯
13	各条线内部业务流程分析与设计	—	—	—	—	→			××××	30%	30%	××××	红灯
14	开发机硬件到位	—	—	—	—	→			××××	50%	70%	××××	绿灯
15	开发系统环境安装完成								××××			××××	未开始
16	各组外围系统接口/功能性开发清单确定								××××			××××	未开始
17	各组接口/功能性开发详细设计								××××			××××	未开始
18	各组数据对象清单确认								××××			××××	未开始

说明： **绿灯** - 状态正常或完成　**黄灯** - 有问题或进度延迟，但不严重　**红灯** - 有关键问题或延迟严重　**未开始** - 按计划未开始状态

图 11-3　本周项目计划总体进度

各项目小组的汇报内容要简明扼要，从问题入手寻找解决方案和支持，如

图 11-4、图 11-5 所示。

●○○ 状态正常或完成
○○○ 有问题或进度延迟，但不严重
○○● 有关键问题或延迟严重

进度状态概览		状态
1	现状调研	
2	蓝图设计	
3	系统配置	
4	系统开发	
5	接口开发	
6	数据管理	
7		
8		
9		
10		
11		
12		

关键问题 TOP 5		行动计划	责任人	到期日	状态
1					○○○
2					
3					

主要潜在风险		风险应对计划	责任人	到期日	状态
1					
2					
3					

待决策事项		决策者	到期日	状态
1				
2				

图 11-4　×××组状态汇报 1/2

●○○ 状态正常或完成
○○○ 有问题或进度延迟，但不严重
○○● 有关键问题或延迟严重

项目	本周任务进度更新	计划进度	实际完成进度	备注
1				
2				
3				
4				
5				

项目	下周任务计划	计划进度
1		
2		
3		
4		
5		
6		

图 11-5　×××组状态汇报 2/2

（8）ASAP 实施方法与过程。

ASAP，即加速的 SAP 系统实施方法。它是 SAP 公司为使 SAP 系统实施更简单、更有效而搭建的一套完整的实施解决方案。最早在美国试行，后来推广至全球，在实施过程中对时间、质量和资源等各种实施因素进行有效的控制，从而保证整个实施过程得以成功。

根据 ASAP 的路线图（见图 11-6），实施方法分为五个步骤：项目准备、业务蓝图、系统实现、上线准备、上线及上线支持。与本书前面讨论的略有不同，本书对实施过程细分为开发过程和测试过程，主要是考虑周期因素。不论是哪个阶段，最终都是需要输出高质量的文档，这个是所有步骤的要求。

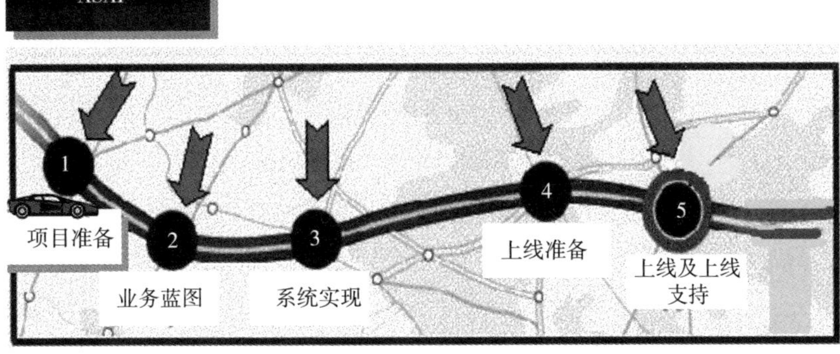

图 11-6 ASAP 步骤

资料来源：SAP 系统公开宣传资料。

这五个步骤的具体内容如图 11-7 至图 11-11 所示。

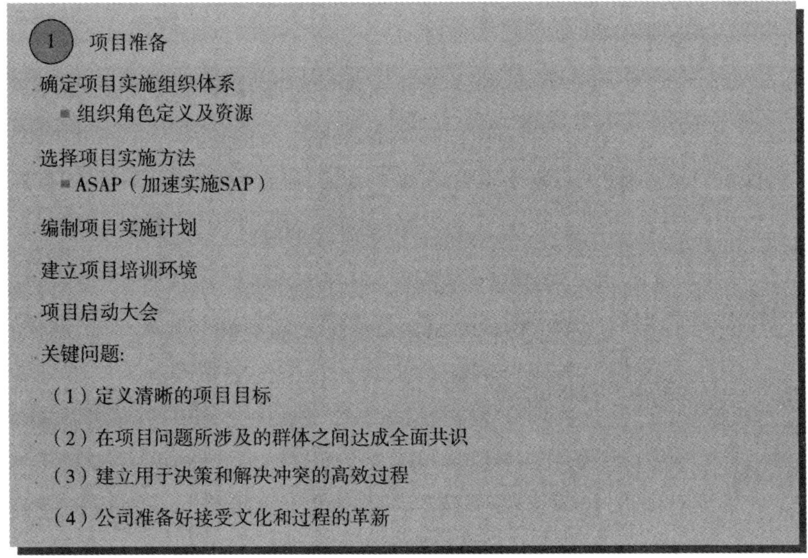

图 11-7 项目准备

资料来源：SAP 系统公开宣传资料。

SAP 系统也提供了一些“SAP 工具包”。例如，ASAP 的“估算师”工具使用户能够精确测算实施中所需的资源、成本和时间；ASAP 的“实施助理”可以指导用户每一阶段的具体实施步骤，包括调查表和项目计划。ASAP 工具箱

2 业务蓝图

- 通过对现行业务需求调研，设计出未来业务蓝图
- 未来组织结构设计
- 角色定义
- 主数据定义策略及实施方案
- 报表
- 数据接口策略定义
- 关键问题：变革管理

- 现行业务调研文档(AS-IS)[签字]
- 实施范围[签字]
- 未来业务蓝图文档(TO-BE)[签字]
- 未来业务流程文档
- 未来业务流程管理文档
- 组织结构文档及编码方案
- 主数据编码方案及接口方案

图 11-8　业务蓝图

资料来源：SAP 系统公开宣传资料。

系统实现

主要活动:

- 给项目小组提供预先培训
- 建立系统管理策略及建立物理系统
- 职责定义
- 配置及原型测试
- 开发数据转换程序
- 对R/3不支持的功能（必须的业务）进行开发
- 配置及系统最终验证（由原厂商QA人员完成)
- 报告系统的建立
- 准备最终用户文档和培训教材
- 最终的集成测试

- 配置文档
- 集成测试文档
- 最终用户培训手册

关键问题:全面测试系统，最终确认流程

图 11-9　系统实现

资料来源：SAP 系统公开宣传资料。

图 11-10　系统实现

资料来源：SAP 系统公开宣传资料。

图 11-11　上线及上线支持

资料来源：SAP 系统公开宣传资料。

里还有建模、实施、改进和建立技术文件等工具。企业可以利用企业模型和行业模板有效地加速对企业的管理。

3. SAP 系统操作界面

安装好 SAP 系统的登录软件后，点击 SAP NetWeaver，会出现如图 11-12

所示的登录界面。具体因客户的电脑操作系统存在差异。

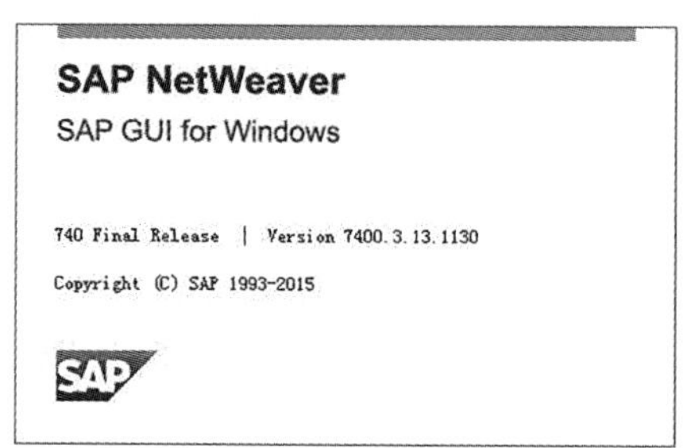

图 11-12 SAP 系统登录界面

资料来源：SAP 系统公开宣传资料。

此时会看到 SAP Logon，界面右边有“S4 生产环境”（见图 11-13）。如果处于测试过程中，界面右边还会有测试环境。

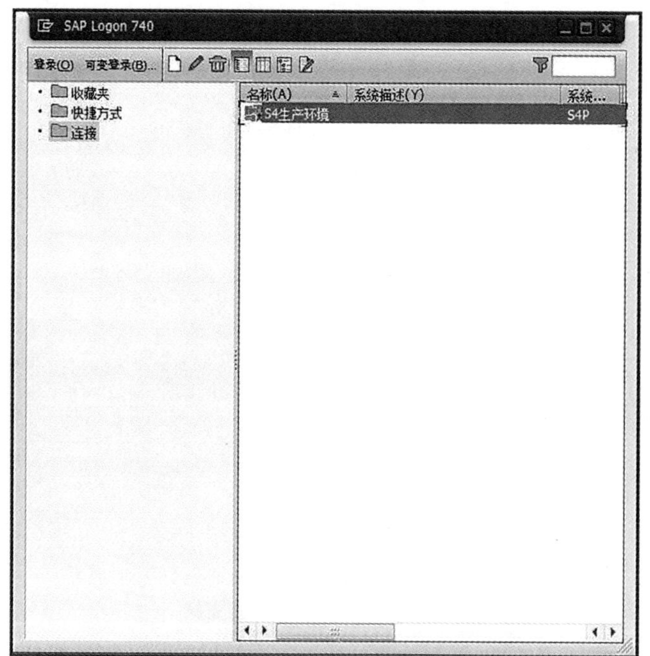

图 11-13 SAP Logon 界面

资料来源：SAP 系统公开宣传资料。

点击 S4 生产环境，这时会看到一个界面，这个界面是登录者的几个账号，选择其中一个进行相应的操作，如图 11-14 所示。

图 11-14　SAP 账号管理界面

资料来源：SAP 系统公开宣传资料。

以下这个界面就是应用界面。SAP 系统有很多事物代码，用户可以直接在事务代码框中输入后回车，也可以点击收藏夹中的命令，进入具体的事物代码界面（见图 11-15）。本书以“xk03”（查看供应商信息）为例。

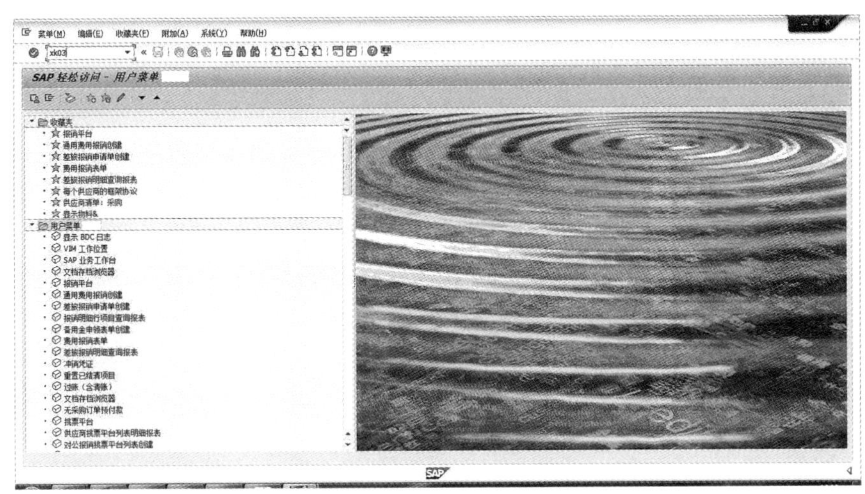

图 11-15　SAP 应用界面

资料来源：SAP 系统公开宣传资料。

输入“xk03”回车，进入供应商的查询界面（见图 11-16），然后输入相应的供应商编码或点击输入框旁边的小方块查找，接着输入相应的公司和采购组织以及想要查看的供应商信息类型，最后按回车键。

图 11-16　供应商查询界面

资料来源：SAP 系统公开宣传资料。

这就进入供应商的主数据界面。供应商主数据包含的内容十分广泛，在 SAP 系统中以页签的形式展示，如“地址”“地址概览”“标识”“控制”“付款事务”“状态”“法律数据”“一般数据”“税务数据”“文本”，如图 11-17 所示。

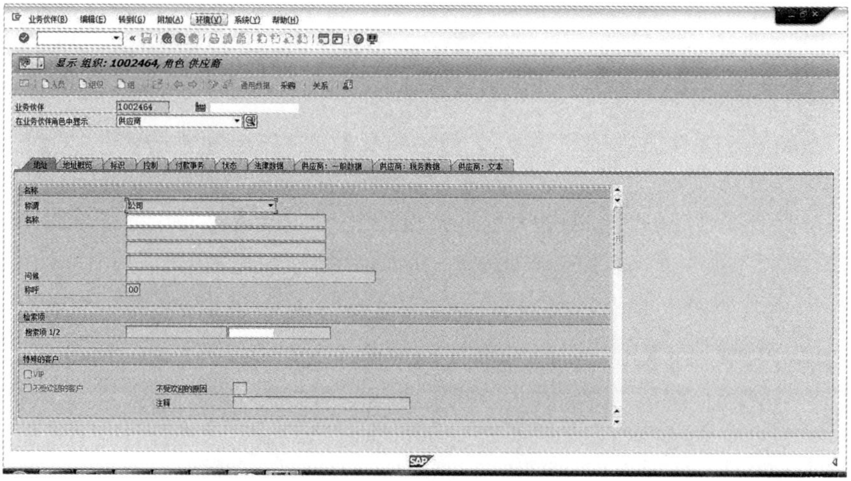

图 11-17　供应商主数据界面

资料来源：SAP 系统公开宣传资料。

SAP 系统的事务代码很多，常用的有 300~400 个，其中根据用户所在岗位的职责和组织架构，每个用户常用的事务代码有 10~20 个。熟悉这些事务代码，对于实时掌握供应商、物料、生产、库存信息是十分必要的。SAP 系统的培训手册对这些事务代码所代表的功能有详尽的介绍，有兴趣的读者可以找来看一看，勤加练习以熟练掌握。

三、用友 NC 系统

用友 NC 是用友公司发布的系列产品，这是一款专注于企业管理的 ERP 产品。用友公司全称为用友网络科技股份有限公司，成立于 1988 年，目前是中国最大的人力资源管理、商业分析、内审、小微企业管理软件和财政、汽车等行业应用解决方案提供商，并在金融、医疗卫生等行业应用及企业支付、企业通信、管理咨询、培训教育等领域快速发展。中国及亚太地区超过 200 万家企业与公共组织通过使用用友软件和云服务，实现精细管理、敏捷经营、业务创新。其中，中国 500 强企业超过 60%是用友的客户。用友公司于 2001 年在上海证券交易所 A 股上市，股票简称为“用友软件”，股票代码为 600588。公司于 2015 年初将原名称“用友软件股份有限公司”改为“用友网络科技股份有限公司”，这次修改表明用友管理层将今后的战略发展方向转向互联网模式，开启其互联网的发展阶段。

第一代 NC 产品诞生于 1997 年，当时主要是针对集团财务的管理软件。2000 年之后，第二代 NC 产品逐步扩展了人力资源、供应链等职能，形成了集团企业完整的企业管理解决方案。在此之后直到 2010 年的 V5.7 版本，才基于客户的经营理念，将 NC 产品扩展成为平台化集成和全程化电子商务相结合的产品系列。当前，根据用户对于互联网技术、移动应用技术、云计算技术的管理要求，NC 产品不再只是针对集团内部企业的管理要求，而致力于建立一个更多考虑客户成长的电子化商务运营信息平台，全面且深入地满足集团管理层对于产业链管控的要求，这个最新系列的产品即 NC6，是 NC 系列的第三代产品，于 2011 年 11 月 30 日发布了第一版，2012 年 9 月发布了 V61 版。经过了多年的沉淀和积累，用友 NC 系列产品已经成为国内知名的优秀管理软件产品。

1. 用友软件产品介绍

用友软件产品可以按照服务对象分为以下四类：

（1）面对大型企业和集团公司的产品。

用友 NC 系列是为集团与行业企业提供的全线管理软件产品，采用 J2EE 架构和集团级开发平台 UAP，按照“全球化集团管控、行业化解决方案、平台化应用集成”的设计理念和思路，汇聚行业和领域经验，深化应用，为 15 个大行业、68 个细分行业，提供涵盖财务、供应链、制造、营销、人力资本等七大领域、23 个细分领域的行业实践。目前 NC 系统的最新产品是 NC6。

用友 U9 是基于 SOA 架构的企业管理软件。这套软件主要针对快速发展与成长的中大型制造企业，其设计理念基于“实时企业、全球商务”，适应多组织的供应链管理协同、多工厂的制造管理协同、产业链协同等业务需求。

用友智能工厂，针对企业由传统制造向智能制造转型的需求，结合近年来在互联网等领域持续研发形成的技术积累，为企业提供深入车间现场的应用系统，为现场管理的信息化应用升级提供新的选择，同时也为客户提供自上而下直达生产现场的全面完整解决方案。

用友 HCM 主要是为企业提供人力资本管理解决方案，覆盖信息化服务、咨询、人力资本云服务等人力资源管理的业务需求。

用友 BQ 商业智能软件是集多企业的数据中心、分析中心、控制中心和挖掘中心于一体的全方位 BI 软件。BQ 帮助企业将各类数据快速整合，并根据不同业务人员的需求，通过丰富的展示分析手段，将正确的信息传达到正确的业务人员和管理层，为企业搭建一套完善的辅助决策分析体系。目前，随着智能手机的推广，BQ 也推出了移动版来满足客户的需求。

用友 iSM 智能服务管理器，是新一代大型企业 IT 服务管理产品，为企业内部多层次的运维服务管理提供了平台，提供全方位、实时的、智能的、穿透式运行维护与管理，并且通过互联网与用友公司提供的厂商服务支持实现了全面对接。iSM 既能独立部署又能把常用功能镶嵌入管理软件系统，从而保障企业能够灵活部署、快速应用。

（2）面对中型及成长型企业的产品。

用友 U8+集成了用友的 PLM、CRM、BI、HR、分销零售、协同办公等产品功能，帮助中小企业实现完整的经营管理需求，覆盖八大行业的 200 多个细分行业以实现企业的信息化。

用友 PLM 通过运用一系列企业应用系统，支持跨部门、跨组织，从产品的概念设计开始，直到产品使用生命结束整个过程，对过程中的产品信息进行协同创建、分发、应用和管理。PLM 还为 ERP 提供准确的产品结构和工艺信息数据源，并一起形成企业产品生命周期的信息化全面解决方案。

用友 TurboCRM 是客户关系管理系统，以客户为主要管理对象，按照客户的生命周期管理思路，从发生到发展，以“一对一营销”和“精细营销”的方法，帮助企业建立“以客户为中心”的经营理念、组织模式、业务规则及评估体系。此外，TurboCRM 已采用互联网的应用模式，可以支持电子商务的业务管理需求。

（3）面对小微企业的产品。

面对小微企业，用友公司开发了畅捷通系列产品，其中 T1 是单向级应用，T3 是部门级应用，T6 是企业级应用。不同的 T 系列产品满足不同范围的需求，企业可以根据自身的发展阶段、经济能力、业务需求，针对性地选择最适合目前业务的 T 系列产品软件。

（4）针对移动端需求的企业的产品。

用友 MERP 是通过移动互联网将 ERP 的应用场景，从桌面电脑延伸到手机；通过短信和 WAP 的应用，帮助企业实现对异地终端的实时监控、重要信息的实时推送和重要审批业务的实时处理，真正实现“随时随地”，提高企业管理效率。

2. 用友 NC 系统和 SAP 系统的比较

SAP 系统和用友 NC 系统，一个是全球顶级的 ERP 管理软件，一个是国内知名的本土 ERP 管理软件。面对这两个软件，国内企业究竟该选择哪一种软件作为企业的 ERP 应用软件？根据笔者及众多使用者、信息专业人员的总结，两种软件各有利弊。总体来讲，企业在选择哪一种软件时，需要综合考虑企业的发展阶段、业态模式、竞争情况、经济状况等，最终选择一款最适合自身发展的软件。在此我们不做选择，只是将业内专业人员、终端用户的意见反馈出来，以便为大家做一个客观的参考。

SAP 系统优于用友 NC 系统的方面：

（1）SAP 系统软件设计逻辑严密、管理理念领先、产品成熟可靠。

SAP 公司的客户包含了全球财富 500 强中 80%以上的企业，SAP 系统也已经成为中国企业选择 ERP 的标杆。SAP 系统的架构设计、性能表现均非常出色；SAP 公司的管理理念领先，为企业提供了完整的解决方案，基本上所有专业人员均会对其产品持肯定态度，SAP 公司产品本身的出色是毫无疑问的。

（2）SAP 公司有众多合作伙伴，即 SAP 系统实施服务商。

SAP 公司拥有很多的软件实施商，他们能够更加充分地理解企业的业务痛点，帮助企业明确其业务需求。从实施而言，SAP 系统实施服务商能够将企业的需求更加明确，并给出相应的指导建议，SAP 公司的“最佳案例库”也为企业提供了更好的选择。

（3）可维护性、可扩展性强。

SAP 系统运作数十年，不仅成为企业管理软件的标杆，其公司也为这个行业培养了大量兼具信息和业务的复合型人才，因此很多企业在实施 SAP 系统时，也很容易招聘到拥有 SAP 系统实施乙方经验的人才来做甲方，这些人才和 SAP 实施顾问的通力配合，使整个系统的运营变得更容易。另外，众多的其他软件厂商，也对标 SAP 系统，提供接口服务，让 SAP 系统具有更强的可扩展性。而 NC 系统由于其自身的底层架构，较难应对大量数据的业务需求，在使用的强度和深度上有所限制。

另外，大部分企业随着业务发展必然走向世界，而目前最好的 ERP 软件就是 SAP 系统，这也是很多企业想要“一步到位”的客观选择。

用友 NC 系统优于 SAP 系统的方面：

（1）易于上手，二次开发灵活。

对于很多使用了 SAP 系统的企业来说，它们往往都会有一种“浪费”的感觉。这是因为很多企业发现，尽管 SAP 系统功能强大，但很多功能用不上，企业需要为多余功能买单。实用主义者觉得“够用就好”，这也是他们支持用友 NC 系统的理由。用友 NC 系统的实施过程极为灵活，这种积极为客户服务的态度相比于 SAP 系统“这不能改，那不能改”的限制而言，本土企业未免会觉得德式的这种“富含仪式感的坚持”是毫无意义的。而且 SAP 的操作界面相当复杂，远不如用友 NC 系统容易上手，因此很多业务人员觉得“我只要吃个便餐加一双筷子，你却给了我一桌满汉全席和一堆用餐工具，太折腾人了”。

（2）用友开发和实施 ERP 一条龙服务，能更好地发挥 ERP 软件的作用。

尽管不少人认为 SAP 系统实施服务商可以帮助企业更好地实施 SAP 软件，但支持用友 NC 系统的人觉得由用友公司专业人员实施和定制 ERP 项目，能更好地发挥企业管理软件的作用。因为他们觉得用友可以自行实施 ERP 项目，这样可以帮助企业更深层次地应用 ERP 的功能。对于 SAP 系统的实施来说，选择合适的实施商可能比软件厂商更重要，而如果使用 NC 系统，则可完全避免这一问题。正如前文所述，SAP 系统实施服务商在实施过程中大量使用自由顾问，而自由顾问的业务能力存在差异，这样很难保证质量。此外，SAP 系统实施服务商自身的开发人员能力有限，也不能满足客户的所有需求。在项目交付的压力下，强势的 SAP 系统实施顾问压制用户，这些都影响了蓝图的质量和适应性，最终影响实施效果。

（3）价格便宜，维护费用低。

用友NC系统相比于SAP系统，还有一个关键的优势，那就是价格。用友NC系统的价格相比SAP系统来说非常低廉。如果企业的业务模式较为简单，处于发展初期也不需要太多深层次的分析应用，那么SAP系统显然是远超需求了，选择用友NC系统就更加合适。即便对于较大型的公司而言，如果IT人力资源有限，采用用友NC系统也是一个不错的选择，这是因为NC公司会为其配备专业的人员服务该公司。SAP公司每年会收取数额不菲的服务费用，对资金有限的初创企业而言，这是一笔不小的费用。

企业供应链信息化之路的一点思考

正如我们常听说的，企业供应链管理主要是对物流、资金流和信息流的管理。通过这三条流的协同和控制，企业最终提升了供应链的管理绩效。相比于物流和资金流的单向流转不同，信息流贯穿始终且双向流动，同时引领物流和资金流。因此，供应链管理首先要关注的就是信息流。如何能保证信息流更准确、更便捷、更全面地在整条供应链中流转和共享，就是企业管理者最应该关注的问题。

企业的信息化建设，正是在这样的背景下出现产生的。通过将现代信息技术与先进的管理理念相结合，通过转变企业的生产方式、经营方式，优化业务流程，改进管理方式，整合企业内外部资源，共享整个供应链管理中的物流、资金流和信息流，实现“同一平台”上协同运作，最终实现提高企业效率和效益，增强企业竞争力的目标。

随着国内企业的发展壮大，越来越多的企业开始走出国门，开拓海外市场。为了能更好地适应客户的各种需求，通过ERP系统来实现供应链信息化建设，也成为众多企业的首选。本书在本章中也介绍了一些优秀的ERP系统，这些系统也都有应对各个行业的最佳案例。但在实施过程中，即便是经验丰富的实施顾问，也难免碰到实际的业务场景与成熟的功能模块之间的差异问题。那么这个时候，如何才能更好地结合起来呢？

先思考两者的区别。成熟的ERP系统的行业经验，大多是之前的项目积累而来，通过模块开发，按照严谨的业务流程形成一套固定的功能模块，虽然这些模块会有一些扩展性，但业务底层的逻辑还是比较固定的。反观众多企业实际的业务场景，尤其是近二三十年来发展起来的本土企业，大多有一个“野蛮成长”的过程，即“一切为业务服务，一切向业务看齐”。在这样的一个成长过程中，能够生存下来并发展壮大的，一定是最适合当时市场环境和客户群体的企业。在相似的业务大逻辑下，就有着各种各样的成功案例。而这些案例，与 ERP 成熟模块的差异，有些是相差较大的，这样的情况下，也绝不是简简单单一句“套用最佳案例”就可以解决的。

供应链的信息化建设最应该做的，是对企业自身业务模式的梳理，如本书中提到的寻源管理、采购流程与制度建设、物料管理、供应商管理、供应链协同等。在对自身的业务梳理之后，再通过 ERP 系统的严谨逻辑设定，就可以最大限度地将“优秀业务方法”固化下来，降低业务风险的同时，也提高了业务效率。可惜当前很多企业的信息化建设，往往是两步并作一步走，本来最应花费时间仔细琢磨的业务梳理，在信息化系统上线的时间框架限定下，来不及做足够细致的分析，要么强套“最佳实践”，导致业务人员怨声载道；要么颠覆 ERP 系统成熟模块，大面积的“二次开发”。业务本身不做梳理和优化，只是业务场景“搬了个家”，从线下换到线上，甚至从 A 系统换到 B 系统，除了折腾业务人员外，并没有什么改进。

信息化建设，从来就不只是信息部门的事情。有信息化需求的供应链部门，平时就应加强自身的业务模块梳理，不断改进和优化。信息化建设，归根结底是将供应链部门的业务逻辑展现出来并固化在系统中，而业务逻辑梳理本身，并不是信息部门的工作范畴。这项工作也不该是为了上线而上线，即便没有 ERP 系统，成熟完善的线下业务模式，也会优于“赶鸭子上架”后的线上操作模式。

第十二章　物料管理

相比前面章节，本章的内容是通过专题讨论的方式来阐述。在企业的采购实践中，物料管理是一个无法绕开的话题。这里的物料管理，不仅是物料的“进销存”，还包括物料的编码申请、变更、归类等。物料的编码管理本质上是对采购需求类型的精准描述，而物料管理模式对于后续的采购管理、供应商管理、寻源管理等都有十分重要的影响。因此，本章以专题的形式加以讨论。

物料管理，这个概念最早起源于航空工业领域。对于生产飞机这个超大型的工程而言，其需求从数量、种类上都是极其巨大的，供应这些零部件的厂家也是千差万别，并且来自不同的国家或地区，如果没有一个完备的物料管理方法，可以想象这样巨大的工程是很难完成的。因此，在这样的环境下，物料管理才被管理层重视。

总体来说，物料管理就是从集团/公司/项目整体的角度来解决物料问题，包括如何协同本公司人员和供应商配合工作，如何协调不同供应商之间的协作，如何匹配不同物料的性能和业务需求从而符合设计要求，如何利用“互联网+”更好地为整体的物料管理服务，等等。物料管理是对企业生产经营活动所需各种物料的采购、验收、供应、保管、发放、合理使用、节约和综合利用等一系列计划、组织、控制等管理活动的总称。除此之外，本章探讨的物料管理还包括对物料分类的规则制定和落实，即物料编码管理。

对于物料管理中的“物料”，本章也对其范围进行了延展，其不仅包括企业生产经营活动所需的各种物料，还包括与生产活动并不直接相关的产品、工程建设、服务等。本章对“物料”范围延展的原因在于，随着采购职能越来越受到重视，不仅其在组织架构上被给予更独立的地位，同时采购的范围也逐渐扩大，原本属于各个职能部门的采购现在均由采购部门负责，并在采购业务的专业性上给予指导和监督。现代企业中的物料管理，早已超越了之前仅限于生产物料管理的范畴。简言之，除了人力资源中涉及员工薪酬福利之外的部分，所有“花钱”的业务都将纳入物料管理的范围中。

物料管理需要对物料编码进行管理。需要注意的是，这里的编码管理，是对企业所采购的物料类型进行管理，对“物料”分门别类，按照不同物料的类型、特点、市场状况等，分别制定采购策略。物料管理，是采购业务的基础，也是从根本上规范和提高效率的基础。如何有效地分门别类？该问题的答案是标准化管理。标准化管理的目的就是将各种各样的物料按照一定的规则罗列，将其中的同一需求、相近需求、相似需求归纳统一起来。如果说集团采购中常常提及的“集中采购”是汇总不同采购数量的同一需求，期望在供应商那里“以量换价”，那么将“物料”统一标准化也是“以量换价”的另一种表现形式。

为了更好地帮助大家理解，这里举例说明。集团在未梳理物料编码前，有些区域购买的是“移动电脑”，有些区域则购买的是“笔记本电脑”。所谓的物料管理，就是将这些原本类似，甚至相同的采购物料，以同一套规则来分类、命名、规范，通过这样的操作，将若干采购业务合并整合。当然，这个例子可能有些简单，但在规模很大的集团企业中，这种现象并不少见。因此，统一规范使用物料编码体系对于企业后续的采购是很有帮助的。

计算机和互联网的发展为标准化管理提供了可实施的手段。物料管理通过引入编码体系，用数字代替汉字，减少了重码率，大大提高了业务效率。管理高效的企业都会建立一套完备的物料编码体系，通过企业管理系统的实施，让从一线操作人员到高层管理者都基于这套编码体系完成各自职位要求的职责。

物料管理体现的是业务管理，每一个物料背后都是某一个具体的“业务”。企业在经营活动中，业务需求会随着市场情况、公司战略进行调整，因此物料也会随着业务的调整而调整。物料体系不是一成不变的，本章关于物料管理的探讨就按照“生命周期”的逻辑来介绍。

一、物料管理部门

物料管理作为企业经营管理中的一个重要环节，多个部门都会参与其中。对于生产物料而言，技术或研发部门按照生产需要在构建物料清单时就要对涉及的物料进行新建，包括该物料的性能参数等指标。如果是非生产性物料，如某项服务需求、工程建设需求、行政需求等，则需要需求部门新建，包括对业务需求的描述、要求等。物料编码的构建会涉及各个部门。在物料的使用过程中，各个部门也会参与。与生产物料相关的部门一般包括计划、采购、生产、仓储部门，而具体的服务类需求相关部门则包括采购部门和各需求部门。在物料编码的整合过程中，也需要请相关部门配合，对于编码的整合给出明确的意见。因此，物料的管理几乎涉及公司各个部门，如果物料编码存在问题，则会影响到各个使用部门。

由于涉及各个部门，所以每个部门都会基于自身的业务需求对物料管理给出自己的建议，各部门会尽可能地让物料的申请最大限度地方便自身部门的使用。但物料体系的构建，往往要基于一定的业务和逻辑规则，与各部门自身使用的需求会存在一定的差异，因此物料管理是一个长期且艰巨的协调过程。如果各个部门都有管理权限，那最终的结果便是各部门相互推诿扯皮，即便最初设计的物料体系多完美，都会随着时间推移在不受节制的“滥用”下崩溃，最终对各个部门及整个公司产生极为负面的影响。对于物料的管理，企业应明确负责的部门。部分企业会设立技术总部对生产物料进行全面的管理，设立工程部门对工程建设业务进行全面的管理，但对于更多“难以统计”的物料需求，很多时候是采购部门管理。在管理的过程中，“体系规范”和“配合业务”往往是一对矛盾体，因此对于物料体系的重视必须从企业最高层开始。

二、物料编码体系简介

对于业务简单、物料种类极少的企业而言，物料编码并非是必须的，但当集团发展到一定阶段，所涉及的物料多达上百种、上千种甚至上万种时，物料编码就变得非常必要了。物料体系的构建需要一套指代物料的编码体系，编码可以是数字、字母、汉字等。考虑到重码率、后期分析、业务数据导览等需求，一般来说编码体系常常是基于数字和字母，也就是说，将企业现用的物料以及将来可能用到的物料，按照一套完整的编码来指代。那么如何构建这样一套编码体系，则是物料管理最先考虑的问题。

之所以说编码体系，是因为这套体系拥有一套严格的编码规则。如果对企业的物料不做分析，直接编码001、002、003、004等，那后续如何对相近物料、相似物料进行统计和业务分析？因此，这种简单的编码是不能满足后续业务需求的。编码体系的构建基础，就是基于对企业物料需求的全面分析，从业务、逻辑、适用性等各个层面统筹考虑，来满足当前和未来的业务需求。

一套严格的、适用的物料编码体系应当具备以下八项基本原则：普适性、简单性、闭环性、可延展性、层级分明、唯一性、规则统一、需求完整。

（1）普适性。

普适性就是说每一个业务需求都可以在编码体系中找到对应编码，不存在另外一套编码体系或者其他“游离”的业务需求。这样的管理要求取决于企业对于采购需求的整体把控，凡是纳入这个体系的物料都需要遵循该体系的规则。如果企业暂未将此业务纳入其战略中，可以先不包括，避免同一体系下不同规则造成的管理混乱。

（2）简单性。

简单性就是说编码要明确且易读。物料编码申请成功后，对集团所有部门都是开放的，因此明确且易读十分必要，不需要重复解释。编码体系是企业长期发展战略下的配套体系，因此编码规则应具备稳定性。如果前期人员在申请时过于随意，很容易造成后期人员使用过程中的“误读”，从而“误操作”引入不合适的供应商，破坏整体体系架构的最初设计。

在实操案例中，很多企业的编码体系由于使用时间较长，当初的申请人可能已经离职，而最初的编码申请理由往往考虑得不是很充分，所以出现编码的描述较为模糊的情况。对于这种情况，即使是专业人员也无法解释，最终结果就是早期的物料编码会被错误地使用，达不到最初设计者的目的，起不到后续有效管理的作用。

（3）闭环性。

闭环性就是说编码的设计必须是闭环的。所谓闭环，就是在最初的设计规则中，当出现新的物料或业务需求申请时，应用原有的编码体系规则，而不是新建另一个编码规则。闭环性要求体系内的一级目录应涵盖所有的业务需求。如果最初的设计疏于考虑，那么这种开环的编码，不仅会破坏原有的体系架构，在使用上也会“游离”于原有体系之外。在开环下，随着类似的申请越来越多，新编码和老编码混合，原有的架构逻辑不适用新编码，新旧编码的逻辑若不一致，久而久之，这套体系就不再具备管理功能了。

在实操中，的确存在一些情况，比如公司的业务发展很快，甚至跨越不同的行业和领域，这个时候原有的体系不再适合，需要及时对现有编码体系进行调整和扩展。闭环性的要求，并不是想阻碍公司的业务发展，而是为了更好地适配业务发展。

（4）可延展性。

一个良好的编码体系，必须考虑到一段时期内企业的发展，也就是说，这个编码体系要有一定的适应能力。在编码目录的设计中，要考虑到一定时期内新物料、新需求的申请，这就是物料编码体系的可延展性。高速发展的企业对这一点的要求尤其高，一方面要配合业务的迅速开展，另一方面不能阻碍将来的业务，这就需要编码体系设计者全面考虑问题。

可延展性和闭环性看似有些“矛盾”，设计者要在这两个要求之间寻求一个良好的平衡。因此，编码体系的建设，一直就是企业高层需要考虑的事情。

（5）层级分明。

层级分明指编码的多级分类要有明确的区别，而不是粗浅地简单分级。企业面对的需求是多种多样的，过细或过粗的分级都不利于业务的开展。过细的分级会导致此类物料的层级过多，进而物料编码长度过长，不利于后续的管理。

一般来说，当前很多企业的层级分类多为 2~3 位数字，整个编码多以3~4 层级为主，即 7~10 位数字编码；集团级的会增加一层，最多到 12 位数字编码。这些取决于公司业务需求的“复杂度”和管理的“颗粒度”。对于使用者和管理者来说，肯定是数字编码越简单越好。例如，表 12-1 中主材的编码分类 010101001，明确指明了某一具体的主材，而不是一个类别。

表 12-1　编码分类

一级分类	分类名称	二级分类	分类名称	三级分类	分类名称	三级分类	分类名称	名称规范	规格型号规范	主计量单位	自由项	备注
01	主材	0101	主材某类别	010101	某类别细类	010101001	具体主材	主材名称	具体规范 1 具体规范 2 具体规范 3 具体规范 4	KG	自由项要求参数保持一致	

（6）唯一性。

唯一性很好理解，就是这个编码所指代的物料或业务具有唯一性。例如，48%液碱（包括具体微量元素含量）的编码描述中必须包含这个物料的精确信息，以确保在发给供应商的时候，不会产生歧义。供应商会根据这个描述提供一样的产品或服务。有时考虑到具体产品的差异巨大，企业也可能会通过特征值的方式来进一步明确，而特征值是物料编码的主数据之一，这样的方式也可以达到编码的要求，同时不会增加编码的长度。

（7）规则统一。

规则统一就是编码时所使用的规则必须是一致的。例如，物料的分级分 4

层，分别是 2 位编码、2 位编码、2 位编码、3 位编码，那么这个规则就要适用于每个类别。不能这一类物料是按照 2+2+2+3 来编码，而另一类则按照 2+2+3+2 来编码。但具体每一层的分类方法，可以根据各自类型的特点来分类。例如，有的根据自然特征来分类，如材质、型号等。如果相关部门出台了类似的分类规则，企业在编制编码规则时要尽量与部门的规范相一致。

（8）需求完整。

需求完整是指在编码过程中，对于业务部门和使用部门的人员要充分调查，以免设置出有差异的物料编码体系。体系构建之初，这些差异尚可以通过使用人员的经验来弥补，但后期人员的变动会使这些差异逐渐放大，因此在初期的编码体系构建过程中，调研充分是十分必要的。

三、物料编码体系的构建

物料编码体系的构建，是一个长期且艰巨的工作，而且上线后还需要不断地投入人力、物力去维护，否则这个体系很快就出现前后不一致的情况。虽然构建过程艰巨、维护工作庞杂，但严谨细致的体系所体现出的作用也是十分明显的。数年之后，操作人员逐渐习惯了这样的管理模式，公司从上到下也都形成了这样的工作逻辑，这对企业的管理是十分有效的。

构建一个良好的编码体系，除了对编码进行规范外，还需要对物料名称、计量单位、特征项及特征值等进行规范。物料名称的规范包括：①物料命名需使用标准物资名称，描述要准确、规范。凡有国家标准、行业标准的，使用标准名称；没有标准名称的，尽可能采用准确、正规、行业通用的全称，避免使用简称、俗称、别名、音译名、外文名或分子式等；如果是多家单位都认可的俗称，使用不会出现歧义的，可使用俗称。②物料命名原则上不应含有业务属性的信息，如调试、采购等。③物料命名原则上不应含有界定物料自身属性的信息，如防爆、颜色、轻（重）型等。④给设备配件类物料命名时，应与同一主设备下的其他配件命名维度保持一致。

计量单位的规范包括：①体系中的细类，原则上只设置一个基本计量单位。②一般来说，在企业管理系统中，物料的基本计量单位是高于所有组织级别的，即一条物料编码只能使用一个基本计量单位。例如，上述编码 010101001 的计量单位是 KG。通常情况下，物料的基本计量单位与其他三个计量单位（销售单位、订单单位、发货单位）相同。表 12-2 中列举的是一些常用的计量单位。

表 12-2 常用的计量单位

计量单位	计量单位名称	计量单位	计量单位名称
KG	千克	M^3	立方米
ST	件	PCS	片
EA	个	TO	吨
KUA	块	ZI	只
M^2	平方米	ZHA	张
KM	千米	BOT	瓶
M	米	KAN	罐
GEN	根	BAG	袋
ZHI	支	g	克
TIA	条	HE	盒

注：以上计量单位并非法定计量单位，是为区分体系内的细类，企业根据业务需求制定的计量单位代号。

特征项是为了对同一物品名的物料进行再区分，特征项设置可参照物料相关的产品特征参数，如通用特征、材质特征、尺寸特征、形状结构特征、工作方式特征、性能特征、工作环境特征、其他特征。细类可以不设置特征项，也可以设置一个或多个特征项，一般来说，最多不超过 8 个特征项，且设置的所有特征项均为必填项。特征项及特征值的规范如下：

（1）细类可以不设置特征项，并不是所有的特征项都是必须的。

（2）特征项设置按照实际需求的主次排列。

（3）特征项设置的颗粒度以使用上可替换为原则，对于生产物料建议细化，对于生活及办公物料建议简化。

（4）特征项设置应准确、直观，原则上不能设置含有多个信息的模糊定义，如型号、规格。

（5）标准件特征项设置参照国家标准或行业标准。

（6）不允许将厂商信息或品牌信息设置为特征项。

（7）特征项与特征值必须完全对应。例如，特征项中的“型号”和“规格”是两个不同的概念。“规格”特征项下不能填写型号，“型号”特征项下不能填写规格。

（8）在同一特征项下，特征值填写应遵循同种表示方式，且填写维度尽量统一。

(9) 由两种或以上信息组成的特征值，各信息之间可用左斜杠“/”隔开，任何情况下，右斜杠“\”均不允许在特征值中出现。

(10) 特征值中原则上不得出现“生产厂家名”“制造厂家名”等。

(11) 特征值中“乘”的表述，统一采用符号“*”，不采用“×”号。

(12) 特征值中存在不同量级的单位，如V和kV，如果对应数值小于1000，按照（数字+V）填写，如220V；如果大于等于1000，按照（数字+kV）填写，如1kV。此规则同样适用于mA和A、mm和m等。若数量级超过10的立方级差距，如μF和F，按产品标识单位填写，不进行转换。

(13) 因系统的限制，特征值中的所有单位只能与数值平行填写，无上下角标，如立方米用m3表示。

(14) 特征值中带分数的表示方式为在整数和真分数中间加短横，如1-1/2。

(15) 特征值表示工作区间的范围间隔，统一采用半角符号“~”。

(16) 特征值为某一区间时，如前后值单位相同，一般来说只保留后面数值单位，如0~10MPa、0~60℃等；若前后单位不一致，则都需填写单位，如100mA~100A。

(17) 特征值中的数值为小于等于10的整数时，压力值表示为：（整数.0+单位），如3.0MPa；数值大于10的整数压力值表示为：（整数+单位），如11MPa。

(18) 对于已设置“型号”特征项的物资，尽量少设置或者不设置其他参数特征项。

(19) “型号”和“规格”特征项下，原则上不允许出现中文描述的特征值。

(20) 特征项“型号”中可填写图号、部件号、零件号、产品序列号、出厂编号和非国标或行标的自身型号，部分无自身型号的设备配件物资可填写从属主设备的型号。

(21) 型号特征项中的字母必须大写。

(22) 若加工件是按照图纸加工的，将图号作为“型号”；按照标准件加工的，特征值按照相应的标准件填写。

(23) 当标号、牌号用“#”表示时，需填在数值后，如汽油的92#、碳钢的45#。

(24) 规格仅涉及直径和厚度时，须带符号前缀，如φ3、δ6。

(25) 温度、角度、弯度的特征值单位不允许用汉字“度”表示，应以符号“℃”、“°”表示。

（26）特征项仅与压力相关，如公称压力、适用压力、压力等级等，特征值的符号用 Pa、MPa、kPa 等表示，不能用 PN、Bar 表示。

（27）表示交流或直流的 AC、DC 必须写在所有电流值、电压值前，如交流电流 5A 表示为“AC5A”；直流电压 5V 表示为“DC5V”；当交流直流在一个特征值中同时存在时，交流写在前面，表示为“AC4A/DC5A”。

（28）填写时颜色特征项，必须加上“色”字，如黄色。“透明色”统一为“无色”。

（29）特征项要求填写判断值时，如“是否带电机”，应写“带电机”或“不带电机”，不能填写“是”或“否”。

（30）特征项表面处理方式填写范围如下：普通、发黑、镀锌、镀铝、镀镉、氮化、磷化、钝化等。发蓝、氧化统一归为发黑；热镀细分为镀锌或镀铝等。

（31）材质为金属与非金属复合时，金属材质写在前面，如 45#/石墨。

（32）同一细类下，不允许同时将牌号和品名写入材质特征值，如同一物料的材质不能碳钢和 45#并存。

（33）金属类材质允许按照多种标准填写，无须转化。

（34）钢材牌号 Q235、Q345 等，需分 ABCD 等级，如 Q235A、Q235B 等。

（35）橡胶类材质填写均使用汉字，如氟橡胶、硅橡胶等。

（36）执行标准特征项中填写执行标准号时，标准号不加年份信息。

（37）单位按照国际标准填写，特征值中，除长度单位 mm 需要省略外，其余单位必须填写。

（38）特征值中填写的符号、字母、数字等，全部采用英文半角格式。

（39）对以上说明中未包括的填写规范，参考分类体系中的特征项说明或已有的填写示例进行填写。

物料编码体系的构建，是企业管理的一项重大工程，绝不是简单派几个人协调一下就可以完成的。编码体系的构建，需要最高管理层给予充分的重视，各层级各部门全力配合，人力、物力、财力全方位的投入，并经过多次反复的评审，才可以构建一套对于企业长期发展至关重要的数据基础。

四、物料申请

经过对集团物料的全面梳理，构建了一套严密的编码体系后，接下来就需要对物料的申请制定严格的规定。如果集团对后续申请不加以控制，则很快会因为新增物料不合规范的泛滥，导致原有体系的混乱。因此，编码体系出台的同时，需要制定一套严格的编码申请规范与之配套。

物料编码体系体现的是企业的采购需求，那么对于编码所代表的需求，必须要有专业的人员来控制，这样才会实现良好的效果。例如，对于生产中涉及的物料，技术研发人员是最了解的，同时也能对相似的物料做出最专业的判定。因此，当生产物料新增申请时，技术人员是适合的审核人员。在编码体系出台时，对于不同类型的编码申请，需要配备专业的审批人员，并将这个审核流程配置在系统中，从系统上实现编码体系的更新和维护。之所以要求专业人员担任编码申请的审批人员，目的在于使他们对新增的物料进行专业的判断，当物料越来越多时，新申请的物料是否需要使用新的编码，这需要专业的人员来判断，这一步对于系统的有序扩张十分有效。很多起初设计很好的系统，由于不注意日常的更新和维护，导致系统越来越臃肿和庞杂，最终彻底沦为一个垃圾数据遍布的记录系统。

对于物料体系的更新和维护，多部门共同管理是不可行的，必须指定一个部门统管物料体系并最终负责。考虑到物料的使用，需求部门一般更关注对进度的控制、业务的开展，因此会对物料的新增持“较为宽松”的态度，但这样势必会增加采购寻源的难度。从集团的长远发展和物料体系的长期发展来看，严谨的态度更加有利一些。因此，采购部门是最适合承担起更新和维护物料体系责任的部门。

物料编码申请的审核，由采购部门来主导，但仍然需要多个部门共同参与，有时还需要公司高层参与，最终形成一套完整的物料审批流程，并通过 ERP 系统实现。在物料编码审批设置中，可以将采购部门设置为最后节点。采购审批人员，必须根据前面申请和审批人员的意见，汇总、分析、判断后给出专业意见，以备公司高管审批。

五、物料使用

1. 物料计划

物料计划，是指为了配合生产的运作，事先对物料的使用情况进行的规划，也常常称为物料需求计划。当前最常见的 ERP 就是从物料需求计划发展而来的，可见物料计划对于企业运营的重要性。物料计划工作的优劣，直接影响到企业运营的方方面面。如果物料计划不足，就会造成工厂断料和停工的现象；而物料计划过多，则会造成仓储库存太多从而积压大量资金，不仅占用仓储，还严重影响库存周转率。因此，制订一个优秀的物料计划对企业运作至关重要。

制订一个优秀的物料计划，绝不仅是物料管理人员就可以独立完成的。以按订单生产（Make-to-Order，MTO）的模式为例，即物料的计划基于销售订单的情况而定，俗称拉式生产，这期间需要统筹考虑销售计划、成品库存计划、生产计划、物料清单分解、物料库存、物料在途，最后才会制订出物料需求计划。物料管理人员根据物料需求计划，将物料需求订单发送给采购员从事采购活动。

按照这样的业务逻辑，企业就可以制订一套“完美”的物料计划了吗？当然不是。我们用之前的“不间断地问为什么”的方法来探究一下这个原因。

问：为什么缺料？

计划人员答：因为 ERP 系统运算出的物料需求计划不足。

问：为什么物料需求计划不足？

计划人员答：因为物料需求计划是根据销售计划，按照固定的物料清单进行分解，并考虑当前的物料库存、在途，以及相关安全库存后由系统直接运算得出的。此次物料需求计划不足是由于前期的销售计划不足造成的。

问：为什么销售计划不足？

销售人员答：为进一步增加市场占比，最近发起了大范围的促销活动，短期内产生很多订单，所以尽管最初的销售计划也考虑了增量的部分，但最终仍然不足。

问：为什么仍然出现销售计划不足？

销售人员答：已经考虑了，只是没想到这次的促销效果这么好，比原计划的需求翻了好几倍。再者说，销售计划本来就是一种预测。

通过上述一连串的问题追溯，我们找到了这次缺料的原因，是由于短期内销售人员对促销预测的不准确而造成的。但这个是销售人员的责任吗？部分责任是，但客户对促销的反应程度是很难预计的。在基于订单的生产模式下，物料需求计划是基于销售业务的预测制订出来的。以上分析的只是经过简化的案例，我们尚未考虑其中各项计划制订过程中各部门自行预判的冗余量，如果考虑进来，这个差异就会更大，物料需求计划不准确的程度就更加严重。这种现象，也是市场营销中的常见现象，即“牛鞭效应”。

在当前的社会竞争中，企业为了给客户提供更好的服务，以期获得更多的附加价值，鉴于交货时间是一项很重要的指标，所以经过企业的不断努力，产品交付时间越来越短，这也对物料计划提出了更高的要求。

如果是备货式生产（Make-to-Stock，MTS），那么输入端物料计划的准确性可以得到提高，但输出端成品库存就很可能面临着积压的风险。物料计划的难点并不在于计划本身，事实上从物料的输入端到成品的输出端，其中的逻辑规则是很清晰且稳定的，其难点在于对外部市场的预测，以及客户突发的要求，这才使物料计划的准确性越来越低。

2. 物料采购

在获得物料需求后，采购部门会根据现有的物料情况，运用不同的采购方法进行采购，以保证生产部门对于物料的要求。详细内容这边不再赘述，请参考采购技能篇中的相关内容。

3. 物料验收

物料验收是指向供应商采购的物料在交付时，对该物料的数量、外观、品质、交期及其他协议中的要求进行逐项查对并做出接收、让步接收和拒收的过程。

验收工作涉及以下内容：①确认厂商，即与合同对比后确认为本公司供货厂商；②确认交货时间或竣工完成时间符合合同要求；③清点数量和外观，确认没有缺少数量，外观上未发现明确不合格的情况；④请品质部门或需求部门查验产品质量；⑤ 根据查验结果，入库接收、让步接收或拒收，并将结果写在物料的验收单上；⑥入库登记并通知物料管理部门；⑦财务部门审核所有单据后，按照合同规定制订付款计划。

在品质验收中，如果是生产所需的物料，品管部门需要对供应商的物料进行检验。对物料的检验有多种方法，包括全检和抽检。全检适用于批量很少，或全数检验较为简单，或不允许有不良品存在的情况，而大部分情况下企业常采用抽检的方式。抽检一般适用于检验的方法属于破坏性检验，进货的物料数量很大，逐一检验效率太低等情况。抽检也有多种方法，如单次抽样检验、双次抽样检验、随机抽样检验。抽样要符合均匀抽样的要求，针对物料的不同批次，均有一定的抽取比例，以保证抽样的客观性。针对抽样的检验结果，要对不同生产批次的物料做出接收、让步接收和拒收的决定。

物料的进货检验，也是供应商履约能力评价的重要指标。供应商供货的品质问题，需要进行相关记录，并由参与检验的部门给出打分结果，作为供应商供货品质的衡量依据。若供应商在短期内发生多次品质检验不合格的情况，参与检验的部门需联系品管部门、采购部门人员，对供应商的履约能力重新评价，以保证入库物料的质量。

4. 物料发放和领用

物料验收入库后，按照生产部门制定的生产计划，仓储部门发放物料以保证生产的需要，这就是物料发放。为了配合物料发放的有序性，企业会制定相应的发（领）料制度。对于不同的物料类别，其发放过程也有所不同。一般而言，生产所需的物料，由仓储部门是按照生产计划发放到生产部门，这种方式高效且清晰，仓储部门对物料的使用情况也十分了解。还有些物料由于使用场景和时间并不固定，所以采用领料的方式较好，但会造成仓储人员整天忙于领料工作，因此企业可在制度中对领料的时间做出限制，如固定在每天早上，这样可以大大提高领料效率，仓储人员也可以有更多的时间处理其他业务。

物料的领用一般由使用人员发起，经过各个部门领导审批后才能领取，从审批到领取需要一定的时间，因此需求人员领用时，有可能存在领用不成功的情况。这种情况通过 ERP 系统可以解决，ERP 系统中物料的实时库存信息可以在整个企业内部共享，从而避免此类现象的发生。

5. 物料存储

由于生产计划会随着销售预测的变化而变化，因此绝大部分情况下企业都需要存储物料。另外，适量的物料存储也可以避免因物料价格剧烈波动而增加成本。从采购角度而言，集中采购可以获得较大的折扣，从而降低物料成本。从生产的角度而言，一定量的库存可以保证生产的连续性，使企业不至于出现停工断料的情况。从计划的角度而言，大部分物料的供应都需要前置时间，就是从下达订单到货物入库以备生产的时间，因此计划人员要考虑库存数量。

既然物料的存储这么重要，那是不是越多越好呢？答案显然是否定的。从日常的生产情况来判断，存货过多至少有以下不利之处：①占用资金量大；②货物的存储成本高；③货物的损耗、过期概率也会相应增大；④仓储的利用率低。那存储是不是越少越好呢？答案显然也是否定的，断料停工会对企业造成极大的人力、财力、物力的浪费。因此，物料的存储必须有一套行之有效的管理办法，在保证生产的前提下，最大程度提高仓库的利用率，减少无效存储带来的成本过高和损耗过大的问题。

ABC 分析法是存储管理中常用的分析方法，其管理思想是基于“分类管理”，将物料按照工艺（或业务）重要性、采购金额分为 ABC 三类，并以 A 类作为重点对象。一般来说，ABC 的分类如下：

（1）A 类物料：价值高、品种少的物料，重点管理控制，依生产方式制定物料需求计划。一般，此类物料数量占比 10%，采购金额占比 70%。

（2）B 类物料：价值较高、品种较少的物料，重点关注，依生产方式制定物料需求计划。一般，此类物料数量占比 20%，采购金额占比 20%。

（3）C 类物料：价值较低、品种较多的物料，常规关注，制定存量管理标准，集中定量/定期补充。一般来说，此类物料数量占比 70%，采购金额占比 10%。

具体分类根据实际业务情况而定，占比也可以适当调整，并且该物料分类也不是一成不变的，当引入新业务，ABC 的物料划分会有一定的变化。因此建议企业每年定期对物料分类体系进行更新，以适合当前的业务需求。

在制定好物料的分类之后，接下来需要解决的一个关键问题就是库存的设置。从最理想的状态考虑，理想最低库存=前置时间×每日耗用量，这样当库存为零时，正好供应商送货到厂，实现库存和生产的完美对接。但这种做法风险太大，一旦断供，造成的损失会远远超出库存的准备成本，因此大部分实际的库存都是按照以下方式设置的，即：

实际库存=前置时间×每日耗用量+安全库存

一般情况下，前置时间和每日耗用量是相对稳定的，所以每种物料的实际库存主要在于对安全库存的设置。这个设置，就要根据 ABC 物料的分类标准来考量。首先是对于生产的重要性，是否该物料一旦断供就会导致所有生产线停工，不同的物料断供对于整个企业的损耗是有差别的，影响的范围也有大有小；其次是物料的库存成本，如何设置安全库存则更多地依赖于对历史数据的分析和现场人员的经验；最后是考虑替代物料和替代供应商的情况，对于核心物料，一般都需要寻找“备选物料”和“备选供应商”。

在制定每种物料相应的安全库存后，再进一步综合考虑所有物料及供应商的情况，制定经济订购量和最佳订购点。具体内容可以参考物料管理方面的相关书籍。

6. 物料盘点

物料盘点，是通过清点的方式，明确仓库内或其他场所现存物料的实际数量。在生产过程中，因物料的验收入库和发料领料，在长期内难免会有一些物料的损失，导致账面上的数量与实际数量不符。因此，仓储部门需要定期对现存物料进行盘点，掌握企业物料存储的情况。

一般而言，物料的盘点分为以下四个步骤：①盘点计划的制订；②人员培训；③盘点过程实施；④差异原因追溯及处理。盘点计划的制定就是根据企业要求制订盘点时间和工作计划以及盘点的方法，常用的有定期盘点制和连续盘点制。前者是在生产结束后进行全面物料的清点和盘点，这种方法得到的结果虽然准确，但耗时长，工作量大；后者在盘点时不必关闭工厂与仓库，可以减少仓库的损失，但必须有专业盘点人员利用熟练的经验连续盘点，否则会造成物料盘点的准确性欠佳。人员的培训主要分为两个部分：一是人员要熟悉物料；二是确保盘点人员在盘点过程中熟练应用盘点方法。接下来是盘点工作的开展。如前文所述，日积月累难免存在实际与账目上的差异，那么对于差异原因的追溯就十分重要。盘点人员找到相应的原因后给出后续改进方案。对于部分物料因长期存放造成呆料，则须由上级主管认定后，填写相应的盈亏增减更正表更正。

7. 呆料预防和处理

呆料就是“呆滞”的物料，有些企业也称为慢动（Slow Moving）物料，形容其在仓库中“慢悠悠”地移动。按正常生产计划，物料本应该按部就班地进进出出，可却总有那么一批物料长期占据仓库某个角落，从“流水的兵”变成了“铁打的营盘”。呆料和废料不同，废料是报废的物料，其不具有价值，处理还需要成本；而呆料其本身具有价值，只是在现行的生产计划中没有用到，长期处于一种“待用”状态。

呆料的产生，归根结底还是与计划有关。企业在发展过程中，难免会对市场的判断出现错误，造成前期的物料储备过多，而这个问题在短期内很难扭转。对于“呆料”的处理，大多是以降价的方式销售。“呆料”时间太长会变成“废料”，处理起来就更麻烦了，所以要做好市场的预判，防止呆料的产生。研发部门、生产部门、采购部门、销售部门应定期举行“碰头会”，沟通物料的使用情况，这样才能有效地预防“呆料”的发生。

六、物料整合

随着企业规模的不断扩大，所涉及的物料品类和数量越来越丰富。为了更好地配合业务部门的发展，并进一步深化采购管理的内容，其中一项重要的工作就是对物料进行定期整合和处理。

物料盘点，是对物料数量的重新清点；物料整合，则是基于新的业务模式，对物料的分类规则进行梳理。在这个梳理过程中，曾经的关键物料可能由于业务、市场方面的原因，不再是企业核心的物料，那么重新分类就会将其与其他物料进行整合，符合企业发展的物料则会被编入核心物料，并在资源上给予更多的倾斜。因此，物料的整合，归根结底是为了配合业务的发展。

物料整合不宜过于频繁，毕竟物料背后连接的是合格的供应商，以及相关的供应商管理办法。频繁的整合会使供应商的管理规则发生改变，规则的频繁变动会造成一线操作人员的混乱，进而对集团管理规则的稳定性产生怀疑。

1. 物料整合的准备

一是要组建项目团队。项目团队一般由物料管理部门牵头，生产、计划、研发、采购及需求相关部门人员组成。这个项目团队不是临时的兼职团队，核心团队人员需全职参与，辅助人员可以通过兼职的方式参与。二是要制定相应的管理制度和考核办法。

物料的整合是一个任务相当繁重、难度相当大的项目。企业发展的规模越大，整合的难度也就越高。该任务不仅要求参与人员足够专业，而且还要求员工了解物料的来龙去脉。由于这些人员都是各自所在部门的精英，本身职责就很多，全职参与会对原部门的人力调配具有影响，所以需要各下属企业、总部职能部门领导全力配合。为了体现公司管理层的重视，该项目一般都需要集团核心管理成员负责。

除了对人员的选择要求严格之外，物料整合项目对时间进度也有要求，这是因为物料整合工作基本上会涉及集团所有下属企业的所有部门。有些子公司已经制定了一些关于物料整合的规则，有些则没有，如果整合汇总这些不同规则的物料需求工作过细，会导致项目工作量太大而无法保证进度；工作太粗糙，则会流于形式，最终影响整合质量。因此，从一开始就需要明确物料整合内容的细化程度，以免耽误时间。

物料整合，是构建企业后续 10 年甚至 20 年发展的基础，也是对“采购需求”的全面梳理，是企业的核心底层主数据，其质量的优劣会直接影响后续的采购管理、供应商管理、生产管理等各个方面。在这个过程中，企业不仅需要专业的员工，还需要这些员工深入学习大量新的专业知识，这样才能应对物料的分类梳理，因此为了保证项目质量，企业要制定相应的奖惩制度，并且分阶段及时兑现。

在做好充分的人力、物力、财力的准备之后，项目的启动需要集团核心管理成员发起，各下属企业领导、总部职能部门领导亲自参加，以表现集团对该项目的重视。

2. 物料整合的实施

首先，制订调研计划。核心团队成员及辅助配合人员按照计划分派，走访每一家下属企业、每一个相关部门，并以集体讨论、个人访谈的方式获得最真实的第一手资料。

其次，建立例会制度。定期跟踪项目对于质量的保证至关重要，例会制度应成为一种常态。在定期举行的例会上，每个调研小组汇报所在小组的调研情况，并与其他小组沟通，涉及跨小组、跨部门、跨企业的问题，应集中力量加以解决。每次例会必须撰写相应的会议纪要，明确决策事项和待决事项，设定待决事项的完成时间并专人跟踪完成。

再次，定期汇报。项目在每个关键节点，必须及时向集团管理层汇报进展，关键事项向领导请示，遇到的困难向管理层反馈，并寻求进一步支持。遇到紧急事项，不在汇报时间节点上，但对后续的工作开展至关重要的，需通过紧急沟通方式，以保证未决问题不搁置，不耽误后续工作的开展。

最后，构建物料体系。按照新的业务模式和发展战略，以及在调研过程中了解到的业务实际情况，设定物料体系分类、特征项及特征值，并保留原物料编码与新物料编码的对应关系，为后续体系的追溯奠定基础。

3. 物料整合的复查

物料整合完毕后，复查工作是必不可少的。除项目团队人员对整合结果进行全面核查外，还需要聘请之前被调研的专业人员来进行复查。由于各个下属企业、业务模块的专业人员对自身所使用的物料很清楚，但未必对整个物料整合体系了解，因此这个阶段的沟通是非常关键的。由于物料整合的数量巨大，无论是项目团队人员，还是下属企业的专业人员，很难保证所有的规范和设置都准确，所以该阶段难免出现争论。总体来说，最终的结果需要双方反复沟通，但在沟通的过程中应遵循以下原则：①业务匹配原则。物料的整合是为了更好地服务业务的开展和使用效率，不能为了“完美的整合”而忽略业务需求。②整合规范原则。集团动员这么多的人员来进行物料整合，一个很重要的目的就是规范其使用，为后续的进一步工作开展打下基础。所以在满足业务的原则下，物料整合要符合集团物料管理的整体规范。

4. 物料整合的培训

经过反复的沟通和确认，物料整合完成。由于前期的沟通多是以项目团队人员和专业人员为主，仍有大量会用到物料的人员未能充分了解物料整合过程，因此对物料整合结果的讲解就应提到日程上。培训可以加快人员对整合结果的认可，因为在培训中，使用人员会提出问题，这需要培训人员不仅要回答和解决这些问题，还要细致和耐心地辅导使用人员。

为了提高培训效果，项目团队需要撰写相应的培训手册、操作指导书等培训材料，并安排多次全面和专题讨论，必要时可采用“培训+考试”的方法来操作。

5. 物料整合的上线跟踪

物料整合上线之后，需要配备专门的客服人员，以解答物料整合后下属企业各部门的各种问题。一般来说，这个时候整合后的物料体系会比较明显地影响部分业务人员的工作效率，业务人员需要适应和熟悉新的物料体系。同时，物料整合工作也会出现一些前期考虑不到位的情况，因此实时跟踪并逐一解决业务人员提出的问题，对于项目质量是很关键的。

6. 物料整合的评估

物料整合后对业务的区分度是评估物料整合效果优劣的重要衡量指标。前期需要进行物料整合的原因之一就是原有的物料中出现了很多相似、重复或相互包含的物料，在整合之后，这种情况便大大减少。整合后的物料体系对应的供应商情况也是衡量整合效果的指标。物料整合，可以将原先分散的供应商整合起来，甚至可以有针对性地挖掘供应商的供应潜力，这样就大大扩展了现有的合格供应商库，并且这些供应商基于相同或相似的物料，为后续的采购寻源、供应商管理打下良好的基础。例如，企业原先有物料 A 和物料 B，物料 A 有 3 家合格供应商，B 物料有 5 家合格供应商。由于原先各家使用人员的不同，其对该物料的称呼不同，导致各自企业仅使用各自的合格供应商，现在经过整合，物料 A 和物料 B 整合为新物料 C，那么和原先的供应商沟通后，C 物料就可能有 8 家合格供应商，这样大大降低了采购员的寻源工作，也提高了供应商的彼此竞争。

七、物料管理绩效评价

对于具体的物料管理而言，如何来衡量管理绩效的优劣？一般可以从两个指标来衡量。

第一个指标是废料率，即废料原价值与物料总值的比值，用公式表示为：

$$废料率=废料原价值/物料总值\times100\%$$

废料太多会影响企业经营的绩效，因此废料率是判断物料管理有效的指标之一。企业可以通过加强研发、生产、采购、销售等部门的沟通，降低废料率，提高公司的业绩水平。

第二个指标是物料库存周转率，即物料从入库到出库的时间。周转率越低，说明企业的经营水平越差，不仅使资金积压，也间接提高了成本，造成了企业利润的损失。周转率越高，说明企业经营越顺畅，产品的成本也相应较低。

衡量周转率还有其他一些指标，如物料周转率和周转天数。

物料周转率=年度物料采购金额/[（期初物料金额+期末物料金额）/2]×100%

物料周转天数=360/物料周转率

以上都是能客观反映物料周转的一些指标，这些指标可作为同行对标参数，也可作为衡量物料管理人员的绩效考核指标。

第十三章　供应商管理

供应商管理是现代企业采购管理制度中的一项重要职能，同时也是大多数企业相对薄弱的职能之一。由于多年来对供应商的定位仅是产品或服务的提供商，导致了企业与供应商的合作，归根结底都是对利润的争夺。企业经营全球化和客户需求的改变，使企业已经无法单独应对这样的需求和压力，只有和供应商、供应商的供应商、客户、客户的客户组成一条坚实的供应链，才能够面对这样的竞争。

一、如何看待供应商

1. 从尊重供应商开始

曾经在一次公司组织的采购人员内部培训中，部门的一名采购同事，作为多年的资深优秀业务代表，向大家传授其“极为自豪的”供应商管理之道时，讲述了一个案例。当时他负责公司一个核心产品的采购，该产品需求量属于行业内 TOP 级的需求，其主要的供应商有 3 家，每年的份额分配规则由该采购同事决定。该产品主要的三家供应商都在湖南。他说他在定份额前，特意跑到湖南约见了这 3 家供应商，还专门安排了一个饭局请他们一同入席。待这 3 家供应商入席后，他指着他们各自面前的一盘辣椒说，“听说你们湖南人都爱吃辣，来来来，你们 3 个比赛一下，谁先吃完，我就把明年更多的量给谁”。当讲到这里时，他很开心地说，这些供应商都特别怕他，他可以易如反掌地管理他们。当时他的下属也很兴奋，还专门表态，觉得这样的管理方式太有效了。

采购员手中的权力或许可以决定供应商利润的多少。但需要明白的是，这样的权力并不是采购员自己与生俱来的，而是企业赋予的。企业赋予这样的权力，是希望采购员能够运用专业的手段，为公司创造更大的价值，这是基本的“职业操守”。退一万步讲，即便作为个体“人”而言，彼此之间的尊重也是必要的。因此，作为采购员，首先请尊重你的供应商。

2. 买的不如卖的精

采购员总是免不了和供应商进行价格谈判，他们最常听到的便是“价格太低了，我们实在是没钱赚了”“这个价格我们是亏本的”。如果采购员相信供应商所说的，那就显然太幼稚了，这是因为这里存在着信息不对称。供应商可以详细地计算出他们的成本到底有多少，而采购员呢？即使采购员足够专业，在谈判前也做了大量的分析、对比，那也只是对供应商的成本有个“近似”的了解。因此，采购员在做购买决定的时候，更多的还是凭借自己的经验，这难免会出现失误。如果谈判价格达不到供应商的预期，供应商还可以去找别的客户。永远不要相信供应商的各种托词，只要他留下来和采购员谈判，那便证明他有利润可赚。

采购员在对待供应商的态度上似乎是矛盾的，但其实是统一的。企业和供应商的关系，就是在防范下进行合作的。采购员不能完全相信供应商，同样也不能完全不相信供应商。供应商在和采购员解释他们的成本为何这么高时，可能会有一些理由是真的，而这时采购员要做的，就是搞明白哪句是真的，哪句是假的，这就需要采购员不断地学习。采购员只有对产品的成本结构、市场状况、供需结构充分了解，才能有自己的独立判断，不至于被供应商“牵着鼻子走”。

二、供应商管理部门及其演变

在当前的企业组织架构中，供应商的管理部门往往是和负责采购的部门一致的。这很容易理解，是因为采购部门是直接面对供应商的，与其沟通交流也是最多的，虽然供应商产品的质量检验和交付等都有相应的部门与之对接，但最后的归属都是采购部门。因此作为重要的“沟通窗口”，采购员要明白供应商管理不仅只是针对供应商本身，也包含着对企业内其他部门的协调。供应商管理作为一项越来越被重视的工作，已经逐渐成为采购部门的基本职能之一。

早期的采购活动还不存在供应商管理。那时，企业和供应商的关系仅是单纯的交易关系，即“一手交钱，一手交货”。但随着现代企业的不断发展，采购品类不断丰富，简单的“钱货交易”已经完全不能满足真实的采购业务需求，这是因为“钱货交易”只适用于那种标准化程度高、交易周期短、需求明确的交易类型。对于采购周期长、个性化需求高的交易，供应商在采购前和采购后的表现，也是评价供应商绩效的关键。因此，如今企业与供应商的合作不再是“一手交钱，一手交货”，而是“一把搂过来”的合作方式。

供应商管理进入“拥抱模式”，是指拥抱供应商，以相互协助的方式，降低因彼此之间的“隔阂”带来的绩效损失。笔者的另一本书《基于信任风险下的产能决策协调机制研究》就对这种绩效损失做过量化研究，也发现通过一体化机制，即共享双方的需求、产能等信息，可以有效弥补绩效损失。而一体化机制在企业中的说法，就是“战略合作”。战略合作就是建立与供应商的合作档案，按照生命周期的方式来管理和供应商的合作模式。合作方式不仅限于产品和服务，还包括双方在研发、管理、运营、市场等各个方面的共享和学习，将战略供应商看作企业的核心资源。

三、供应商的沉淀与积累

供应商沉淀被用来表述与供应商合作逐渐加深的过程，就好比河流中的泥沙，一开始悬浮在水流上层，但随着水流的流动，渐渐地就会有一些泥沙沉淀到河床。这个过程就好比企业与供应商的多次合作，最终合作越来越紧密的供应商会“沉淀”下来，成为企业“供应商库”中的重要组成部分。

构建一个良好的“供应商库”，是供应商积累的过程，这对于企业的发展至关重要。多年的合作，可以让采购员分得清哪些供应商是“优质”的，哪些是“普通”的，哪些是“劣质”的。激励优质供应商，扶持普通供应商，淘汰劣质供应商，良性流动的“供应商库”会不断加强企业的核心竞争力，使企业形成稳定的供应链优势。

这里要避免出现两个倾向：第一个倾向是流动性过低。如果企业不引入新的竞争供应商，原有的供应商会逐渐“安逸”于现有的业务，不能积极改进业务流程和效率，降低业务成本。因此，采购员必须不断发掘新的供应商，其目的就在于对于现有供应商进行激励，同时也提高采购员对技术先进性的敏锐度。第二个倾向是流动性过高。为了激励现有供应商，不断地引入新供应商，替换远多于培养，常常为短期利益而轻易地替换供应商，这样做的后果就是企业采购员和供应商都会抱着“短视”的态度来看待彼此间的合作，因为合作时间太短，供应商管理更是无从谈起。企业难以成为供应商的重要客户，因此供应商提供的相应资源和服务也有限，而提供有限的服务又加强了企业替换供应商的决心，这样便陷入“恶性循环”。

什么是良性流动的供应商库呢？这个取决于产品或服务本身的市场状况。技术垄断的供应商独此一家，这个时候考虑“流动性”是不现实的。标准化程度高、供应商数量多，则“流动性”就高，但流动性太高也不见得是好事。因此，企业应针对产品或服务制定相应的“流动性”要求。同时，市场是发展的，技术垄断的产品可能会因为某项技术的突破就变成大众产品，所以“流动性”是可变的，采购员需要定期或不定期地对市场分析，实时更新，以便与市场需求相匹配。

四、供应商的寻找、初筛与考察

1. 供应商的寻找

供应商寻找是采购员的基本工作。互联网的发展最大程度上降低了买卖双方构建联络的成本，也精简了中间的各个环节，是需求方和供应方以“最小成本”达成交易的基础。这个“最小成本”不仅是货币成本，还包括时间、人力、物力等各种隐性成本。

采购员如果想找到自己需要的供应商，要通过什么样的办法呢？假设所有的公司都在一个大礼堂中，其中混杂了各种各样的供应方和需求方，那如何能用最短的时间和最简单的方式找到目标供应商呢？首先，可以观察是否有类似的行业组织或团体。成熟的市场会形成一个有规模和实力的行业组织或平台，这些组织会定期举办一些论坛活动，供方和需方大多会参加，参加该论坛便可以找到合适自己的供应商。其次，高举信息牌，在上面写上关键信息以供相关人员查看。当然，也可以通过互联网查询。供方和需方都会在互联网上发布自己的产品和需求，通过搜索引擎也可以找到合适的供应商。再次，通过业务人员或客户的推介。寻找那些和采购员有相同需求的客户，通过他们的推荐也可以找到合适的供应商，而且这种推荐是有“先验”经历的，因此找到靠谱的供应商概率较高。最后，通过采购员的人脉，如前同事、朋友、同学等。通过他们寻找合适的供应商。

2. 供应商的初筛与考察

在联系到多家潜在供应商后，接下来就是向供应商发布产品或服务的详细需求。具体的指标来自企业内部的需求部门，要求列得越详细，就越能迅速排除不合适的供应商。一般来说，供应商初筛关注以下几个方面：

第一，供应商基本信息。一般包含供应商名称、企业类型、企业性质、经营地址、联系方式、法人信息、联系人信息、企业网址等。在初筛阶段，重点筛查该供应商及法人、主要股东是否存在失信、被执行等法律违规记录。企业的经营地址有助于帮助采购员判断业务的可行性。假如采购的是危险化工品，而对方生产基地距离公司很远，路费高昂，那么大概率这个供应商是不具备竞争力的。如果该供应商是上市公司，可以查看该供应商是否有停牌、违规等原因，以便对其经营情况有所判断。

第二，经营概况。一般包含注册资本、总资产、上年营收、上年净利润、经营范围、重要业绩及项目、主要客户、供应商等。了解这些信息是为了帮助采购员判断企业是否有相应的业务能力。例如，有些项目是需要一定的资金准入门槛的，如果注册资金与其经营范围的要求差异过大，也可以排除该供应商。采购员可以要求供应商提供近 3 年的经会计师事务所审核的，或盖公章财务报表，含资产负债表、利润表和现金流量表，主要判断供应商的经营状况。重要业绩一般是近 3 年的业绩，包含供应商和其他客户的合同复印件。查看这些主要是为了进一步明确供应商的业务能力，如有需要的话也可以和其他客户求证。因此，这个部分的信息是判断供应商生产该产品或提供该服务的能力。

第三，银行信息和资信信息。一般包含供应商银行开户行、账号信息、开户企业名称等。这个信息是用来核查该银行账号是否发生过违规和失信记录，因此在审核时，要确保其提供的银行信息与营业执照一致，有些供应商会有其他的运营账号，也可以纳入监管中来。资信信息是由银行或可靠的第三方机构出具的，采购员可根据该信息对供应商的社会信誉度做出评价，这也从侧面确保了企业的合规性和社会认可度。

第四，产品或服务的资质信息。一般包含行业内认可的资质证书、国家认定的资质证书、地方的奖励证书等。通过该信息，采购员可以对供应商的业务供应能力核查。如果说运营概况是核查供应商供应的能力，那么这个部分就是核查供应商供应能力的强弱，以及社会认可度。由于部分行业是存在资质门槛的，当采购员在该行业寻源时，这个门槛可以节省采购员初筛供应商的时间。

第五，样品的送检与测试。并非所有的供应商都需要打样，如工程类供应商就不具备打样的可能性，但部分采购需求是需要供应商打样的。例如，对于化工品、印刷品、包装材料，这些产品是需要与企业现有的生产线配合一致方可使用，因此样品的送检必不可少。企业可以根据自身的情况选择自检或第三方检测，并在打样检验通过后小批量试运行，检查产品的稳定性和质量的可靠性，部分产品还需经过中试后才能确认是否符合企业要求。这一系列谨慎的操作都是为了保证最终产品的质量。尤其在精细化工品领域，某个核心原料的替换，必须经过非常严谨和细致的测试后才能被认可。

以上信息可以通过“供应商信息表”和“供应商自评表”收集，将这两个表发送给供应商填写后回收，或者创建企业供应商门户网站，让供应商登录网站自行填写。前者的好处在于方便，但受众面有限；后者的好处是面向公众，所有供应商都可以填写相关信息，这大大扩展了选择范围。当前，很多知名企业均构建了集团的“供应商门户”网站，并将其作为对外交流的一个窗口。

从业务的角度而言，有些业务的采购时间较短，并且业务金额较小，完全按照以上流程执行，效率会很低。因此，业务人员可根据实际情况，在以上初筛过程中有所侧重地选择，结合业务需求和供应市场的情况，做出最优的操作选择。

某些行业，或者为了进一步提高供应商的整体质量，企业需要供应商提供相应的体系认证，这时被体系认证就会成为被纳入供应商的初筛中衡量标准之一。有些制造类企业对主要装备机具的要求很高，那么供应商就需要提供“主要机具”来证明自己的生产能力。人员资质有要求的企业，则需要供应商提供“人员配置”情况表，尤其对于咨询行业而言，这是体现其业务能力的重要指标。不同行业有不同的要求，需要业务人员区分对待。

除此之外，以上初筛在执行过程中，常常会由于供应商的强势而难以执行，如垄断供应商拒绝提供相关信息等。在这些特例情况下，采购员需要具体问题具体分析，不能一概而论。供应商初筛的目的在于降低供应的潜在风险，并非消除风险，大部分情况下，为了业务的顺利开展，企业承受一定的风险也是必须的。

经过供应商初筛之后，采购员会确定一个供应商短名单。接下来，采购员需要对供应商进行现场考察，进一步考察供应商的生产能力、经营能力、仓储能力、物流能力等。对供应商的现场考察不是采购员到供应商工厂“走马观花”，采购员要按照考察流程对供应商进行检查。

（1）发送供应商考察计划。

由需方提前一周向供应商发送一份正式的供应商考察计划，包含考察时间、考察地点（适用于多工厂的供应商）、考察内容（此项内容众多，一般以附件形式）、考察人员组成（含各职务名称），并设置考察组长。考察组长一般由采购员担任。

（2）供应商回复。

供应商收到考察计划后需正式回复是否同意需方的考察要求，如同意的话需在考察时间内安排相应人员与考察人员接洽工作。

如前文所述，考察内容众多，其中涉及的各项要求绝不仅是单个部门单个人员就可以应对的，需要不同部门的业务人员配合沟通，所以供应商在回复中，需明确其应对人员。

（3）现场考察的执行。

现场考察一般由首次会议、考察过程、末次会议组成。首次会议主要是介绍双方人员、明确考察目标、分配考察任务、约定考察进度。考察过程分为资料审核和实地审核，资料审核是按照考察内容区分，分组进行沟通和逐项问答，并提供相应证书文件原件以兹证明。实地审核一般在资料审核结束后，由供应商派专业的人员带领，对原料入库、原料仓储、生产车间、品保部门、监控系统、厂内物流、半成品/成品仓储、厂外物流等各个环节进行介绍，需方人员重点核对与审核内容中的相关项，如产能产线、品质检验、仓储物流，从而确保其真实可靠的供应能力。如果供应商提供的是服务，则关注的是服务的产生过程，具体情况需审核人员采用具体方式。末次会议则是各分组考察人员总结考察结果，向供应商传达考察初步结论，并约定在一周内出具正式考察报告，以及后续双方的工作安排，最后宣布现场考察工作结束。

（4）考察内容的制定。

考察内容的模板一般由考察公司制定，主要针对的是供应商的生产能力、物流能力、仓储能力、品控能力、研发能力、安环保障（危险化工品等），根据考察需求制定的。考察公司应事先应将该模板发给供应商，以便供应商做准备。若事先没有明确考察内容，现场会大大影响考察的效率。考察内容基于供应商的种类进行设置，业务较为简单的以商务、质量、仓储、物流考察为主，有技术要求的需要增加研发创新的考察，对环保有要求还要增加安环保障的考察。考察内容应设置否决项，即该项不满足则直接弃用，否决项的设置为供应商的准入设定最低门槛。

（5）考察结论的认定。

现场考察结束后，考察人员针对供应商实地情况，各职能人员独立打分，最终由采购员汇总并核出最终得分，列出整改点和不符合项，并经内部沟通会议讨论后形成最终结论，上报管理层审批通过后方可认定。结论一般有三种：审核通过、需整改后再确认、审核不通过。审核结论一般需在一周内发送给供应商官方联系人员。对于第二点，需供应商限期内整改，整改后或再次实地考察，或提供照片视频等证明，以便做出审核通过或不通过的决策。

（6）档案的留存和记录。

以往的供应商考察，往往不太重视档案的留存，多是以纸质保存，经过人员多次变动后，很多资料已不可考。因此，在供应商现场考察之后，相关的资料除需制作成电子版外，相关的信息还需要以“结构化”的形式输入管理系统，以便形成可持续、可追溯的记录。目前，已有很多成功的管理系统工具可以完成这个功能，具体在后续部分会有介绍。

供应商现场考察的四项原则：①正式原则，确保供应商和需求方认真对待；②多部门多人员共同参与；③阳光化原则，考察结论和依据要明确，不能模棱两可；④参与人员留痕，每个人都需要签字确认所负责的内容。如图 13-1 和表 13-1 所示，下面以 G 集团供应商考察报告及评分表为例，给大家展示供应商考察的具体内容。G 集团管理部门通过对供应商汇总分析后，整合规划了不同的考察评分表，以应对不同类型供应商的考察需求。考虑到篇幅，这里仅以材料设备类供应商考察评分表为例。

G 集团供应商考察报告

<table>
<tr><td>供应商名称</td><td></td></tr>
<tr><td>标的描述</td><td></td></tr>
<tr><td>考察时间</td><td></td></tr>
<tr><td colspan="2">
报告正文
1. 供应商考察安排：
项目公司：
考察人员组成：(姓名+所属部门)
考察性质：□准入考察　□验证考察　□履约考察　□回访考察
考察方式：□通知供应商　□未通知供应商
考察类型：□现场　□非现场
考察对象：□供应商本部　□实施项目　□其他
2. 供应商考察内容：
1）供应商基本情况
企业性质：□上市　□非上市公司
□国有　□民营　□合资　□外资　□其他
企业成立时间：××年××月
员工数量：　管理人员__人，技术人员__人，生产人员__人
设备情况：(可附清单)
企业执照及资质正本查验情况：(详细列明有效期内证照、资质名称及等级)
管理体系认证：(列明在有效期内的体系认证)
其他荣誉及证书：
2）企业经营管理状况
管理制度执行情况：(安全、质量、采购、检测、仓储等企业管理标准及执行情况)
现场管理情况：(办公、生产或施工现场管理情况)
采购及仓储管理情况：(相关标准流程及执行情况)
财务状况：企业负债率　应收账款占营收比率　净收益率
财务状况分析：(若财务评分为0，报告中需对财务状况进行分析及说明申报理由)
主要业绩：(对比近3年业绩状况，核实主要业绩清单及用户反馈情况)
3）技术情况描述：(技术特点，所处行业水平等)
4）实施项目考察描述：
3. 支持性文件或图片：
4. 考察结论：
(供应商考察汇总的平均得分，供应商考察的综合评价及最终结论)
</td></tr>
<tr><td>考察人员签名</td><td></td></tr>
</table>

图 13-1　供应商考察报告模板

资料来源：笔者历年经历汇总得出。

表 13-1　供应商考察评分表（材料设备类生产商）

供应商全称					标的描述			
考察部门/考察人		××部门×××			考察时间	20××年××月××日		
考察地点								
评分内容	评分项目	评分标准				对评分项目的说明	评分结果	
		满分值	满分标准	扣分标准	分值		该项得分	得分小计
企业基本情况（160）	成立时间	2	成立时间5年以上	5年以内每少一年	1	扣完为止		
		3	我方目标产品生产历史3年以上	小于：3年/2年/1年	1/2/3			
	企业规模	3	总体占地面积符合生产、办公、仓储、运输中转之需要	不满足生产/办公/仓储/运输中转	3/1/2/2	累计扣分，扣完为止		
		5	目标产品稳定单位时间生产能力在我方最高单位需求量3倍以上	小于：3倍/2倍/1倍	2/4/5			
		3	稳定技术人员、熟练工人、一般工人数量满足稳定产量需要	酌情扣分	1~3			
		5	主要设备相对先进，且服役时间在5年以内	设备先进性不足/平均服役时间超过5年	3/2	累计扣分扣完为止		
		5	完全独立法人，有产销自主权	直接受上级公司控制，无自主权	5			
	主导产品	5	第一主导产品为我方目标需求产品	第二主导产品/第三主导产品/非主导产品	2/3/5			
	财务管理	5	财务指标合理，风险受控	负债率>40%/应收账款占营收比率>10%/财务综合风险高（各项指标每增10%扣1分）	1/1/中止考察	总分5分，扣完为止（财务得分为0，报告中需分析及说明申报理由）		
	生产管理	5	主要原材料有相对固定的采购渠道，验收及出入库手续齐全，保管场地合理，措施齐全	无固定采购渠道/无验收制度/出入库手续不齐全/保管场地不符合要求/保管措施不当	2/2/1/2/1	累计扣分，扣完为止		
		5	生产区功能分区明确且有足够的面积，各种原材料、成品、半成品分类摆放有序，卫生管理良好	生产区功能分区混杂/面积狭窄不能满足场内运输和生产管理需要/物料摆放混乱/卫生管理较差	4/2/3/2	按应扣分最高项目扣分		
	销售状况	10	在我方项目所在地有固定自有销售及售后服务机构，且有足够的规模和实力	自有实力不足/有完善的代理经销体系，有足够的销售及售后服务能力/代理人实力不足/既无自有机构，又无完善代理经销体系	5/3/6/8	按应扣分最高项目扣分		
		4	近两年销售业绩稳定，增长显著	销售业绩增长不显著/销售业绩萎缩明显	2/4			

续表

<table>
<tr><td colspan="3">供应商全称</td><td colspan="2"></td><td colspan="2">标的描述</td><td colspan="2"></td></tr>
<tr><td colspan="3">考察部门/考察人</td><td colspan="2">××部门×××</td><td colspan="2">考察时间</td><td colspan="2">20××年××月××日</td></tr>
<tr><td colspan="3">考察地点</td><td colspan="6"></td></tr>
<tr><td rowspan="2">评分内容</td><td rowspan="2">评分项目</td><td colspan="4">评分标准</td><td rowspan="2">对评分项目的说明</td><td colspan="2">评分结果</td></tr>
<tr><td>满分值</td><td>满分标准</td><td>扣分标准</td><td>分值</td><td>该项得分</td><td>得分小计</td></tr>
<tr><td rowspan="4">产品质量及性能状况（35）</td><td>生产标准</td><td>10</td><td>高于国家或行业统一标准</td><td>基本接近国家标准/低于国家标准、无标准或技术负责人不了解标准</td><td>5/中止考察</td><td></td><td></td><td></td></tr>
<tr><td>质量控制</td><td>5</td><td>有严格的过程控制及质量验收制度，有数量足够的专职检测人员，有必要的检测设备或工具</td><td>制度不完整/专职质检员数量不足/专职质检员无必要技能/缺少必要的检测设施/无检测设施，不能保证产品质量</td><td>3/2/3/3/中止考察</td><td>累计扣分，扣完为止</td><td></td><td></td></tr>
<tr><td>原料性能</td><td>5</td><td>原材料采用知名厂家产品、渠道稳定、质量可靠、库存与介绍相符</td><td>原材料采用小厂家产品但质量能够满足要求/库存原材料厂家、质量不一，堆放混乱/原材料质量无可靠保障，不满足我方要求</td><td>2/4/中止考察</td><td></td><td></td><td></td></tr>
<tr><td>产品性能</td><td>15</td><td>性能优异，高于市场同类产品</td><td>性能与市场同类产品比较无明显优势/性能低于市场同类产品但能满足我方需求/性能不满足我方需求</td><td>5/10/中止考察</td><td></td><td></td><td></td></tr>
<tr><td colspan="2">合作意向</td><td>5</td><td>认可合作方式，有很强的合作愿望，希望通过合作提升自身品牌</td><td>合作意识一般/合作与否无所谓/不期待合作或不合作</td><td>2/4/中止考察</td><td></td><td></td><td></td></tr>
<tr><td colspan="4">最终得分：</td><td colspan="5">签名：</td></tr>
<tr><td colspan="9">考察否决条件：供应商基本条件不能同时满足“供应商最低等级分级条件”或符合表中“中止考察”的，最终得分为零分，并在考察报告最终结论中详细说明情况。</td></tr>
</table>

注：参加人员需单独评分。该表作为考察报告附表。

在供应商初筛和考察完成后，企业的供应商管理部门会通过企业管理系统进入供应商入库流程，除了将前期收集到的书面资料（基本信息、财务信息、运营信息等）上传以外，还包含现场考察报告、市场分析等。审批流程是根据集团的授权决策体系设定的。同时为了提高审批效率，审批流程中需要增加对审批人员审核内容的说明，以及审批时限，并提供多次提醒功能和移动审批功能。

供应商入库的审批，是基于之前的大量细致工作所做的汇总。企业管理系统分配给供应商编码，这便意味着该供应商正式成为企业的合格供应商，并具备了与企业合作的资格。以往企业对供应商的管理比较疏忽，而如今“合格供应商库”的构建，也是企业将供应商真正看作其核心资源的标志，通过针对性的规范管理，以便发挥供应商的最大潜能。

五、供应商分级与分类

1. 供应商的分级与评价

供应商分级，是企业对其提供的产品或服务根据产品/服务质量、技术先进性、使用重要性及供应能力等要素进行区分，一般分为一级、二级和三级。例如，某供应商 A 的产品 a 是业内质量最好的，那么产品 a 的分级就是一级；而其产品 b 的质量在行业内不是最好，属于第二梯队，那么产品 b 的分级就是二级。以上对供应商的分级是基于产品的分级，但一个供应商可能有多个分级，如基于不同的产品类型和服务标准。之所以对供应商进行分级，是为了便于在后续商务谈判时，确保相同分级的供应商能在同一水准上进行比较。例如，采购员为实验室采购电子天平时，多家国内外不同品牌的供应商竞争，如果品牌的水准差异过大，是很难通过价格比较来判断其报价的合理性，因此供应商分级就是针对此类型的问题而设定的。

2. 供应商的分类与管理

供应商分类是指将供应商作为整体来判断其与企业的合作情况，并据此进行分类，常分为战略供应商、瓶颈供应商、杠杆供应商和普通供应商，如图 13-2 所示。这也是经典的“四分法”。

（1）战略供应商。

战略供应商指采购金额极大，对企业有战略意义的，在价格、质量、交货、产品设计等方面都对企业有重要影响的供应商。该类供应商对公司的业务至关重要，更换供应商的成本很高，本着长远互惠原则，企业应培养并维持与其的长期战略关系。

（2）瓶颈供应商。

瓶颈供应商指采购金额较小，但供应的产品或服务不能或很难被替代的供应商。其提供的产品或服务的同质化程度很低，或者产品具有垄断性质，采购员能选择的余地有限。对此类供应商的管理要求就是降低风险、保障供应。

（3）杠杆供应商。

杠杆供应商指采购金额较大，而且供应的产品或服务标准化程度很高，或供应市场中存在大量可以替代的供应商。采购员可以通过招标竞价的方式节约成本。对此类供应商的管理就是通过杠杆作用获得最低成本。

（4）普通供应商。

普通供应商指采购金额不大，供应风险较低的供应商，如行政办公用品供应商、低值易耗品供应商等。对此类供应商的管理应注重效率，通过精简内部流程，用最简单的方法采购。近年来兴起的电商平台采购模式，便是一个很好的管理模式。

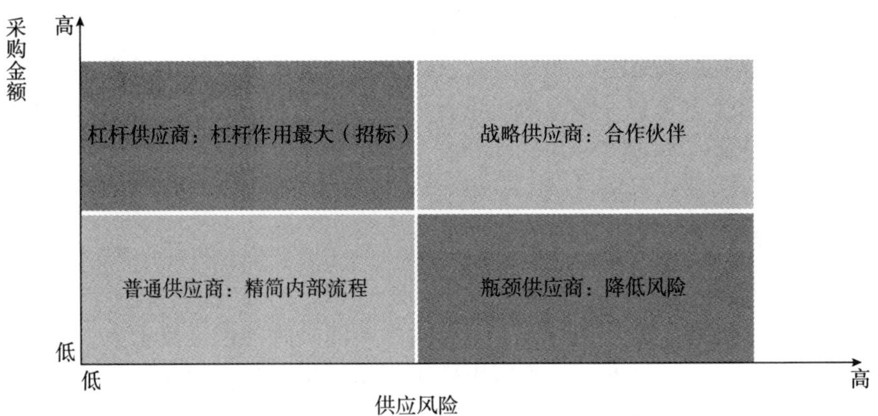

图 13-2　供应商管理分类

六、供应商评估与整改

供应商评估是指供应商和企业签订合同后，企业对供应商按照合同进行履约情况的评估。根据签订的合同类型，如果是框架协议类型，供应商评估常分为日常评估、定期评估，日常评估是以每次订单为准，考核供应商的交付、质量、安全环保等指标，以月度为单位统一评估；定期评估一般是以半年、年度为评估周期，定期考察供应商，以便稽核其持续的供应能力。如果签订的是项目性质的合同，常常以项目节点为评估节点，如项目中期评估，这样可以及时发现项目的潜在问题，如有重大问题则及时止损。

供应商评估的内容，在这里需要注意与供应商考察的区别。这里的评估不是准入性评估，所以评估的重点在于供应商的产品交付是否及时、质量是否合格、安环是否合规、服务是否到位，评估的目的是让供应商更好地理解企业的要求，改进他们的服务质量。

对供应商的履约情况进行打分，可以约定不同的评估分级，如Ⅰ级［90，100］、Ⅱ级［80，90）、Ⅲ级［70，80）和Ⅳ级［0，70）。一般情况下，企业要对Ⅲ级供应商启动整改程序，要考虑Ⅳ级供应商是否具备满足企业要求的能力，否则执行淘汰流程。接下来，笔者以 G 集团材料类生产商的履约评估表（见表 13-2）为例，给大家展示供应商履约评估的具体内容。针对不同类型的供应商，G 集团管理部门规划了 12 个履约评估类，但考虑到篇幅问题，本书仅以材料类生产商为例。

企业在供应商评估中发现的问题，会让供应商针对问题进行整改，一般有以下场景：①企业在现场评估时发现的问题；②在合作过程中发现的问题。问题主要是产品的品质问题，还包括如安全环保、物流、仓储、交付等方面的问题，称为非品质问题。

企业对供应商评估的目的不是淘汰供应商，而是为了让供应商更好地满足企业的要求。作为采购人员，寻找潜在合格的供应商是一件极其复杂耗时的任务，轻易的否定一个供应商，不仅是对之前工作的否定，也不利于企业构建良性的“合格供应商库”。因此，供应商整改就作为一种重要手段，用以提高供应商的业绩表现。

在企业发现供应商的问题后，企业会出具“供应商整改通知书”，告知供应商有哪些方面需要整改。一般来说，发现的问题包括品质和非品质两方面，品质问题常由品管部门发出品质问题通知书，要求针对供应商产品中的问题整改。企业对一般的整改设置时间限制，并要求供应商整改后提供相应的书面证据（照片、新产品等），对于短期内无法整改完成的，则要求提供整改计划和阶段性的整改结果作为证明文件。

表 13-2　材料类生产商履约评估表

供应商全称：				合同编号：				
项目公司：				合同时间：××年××月××日				
标的名称：				合同金额：				
序号	评价分项		评估要素	评分规则	满分	得分	扣分原因	评价人
1	交货期（权重30%）	交付	交货期的准时性。准时性＝准时交货的批次/总交货批次	准时性 100%得满分，90%～99%得 10 分，80%～89%得 5 分，<80%得 0 分	15			
2		交付	交货期的偏差情况。交货期偏差＝1－交货期偏差总计/交货期总计	偏差结果为 1 得满分，0.9～0.99 得 10 分，0.8～0.89 得 5 分，小于 0.8 得 0 分	15			
3	质量（权重40%）	质量	材料规格、型号及材质是否与合同约定一致	每发生一次不符扣 5 分	15			
4		质量	因质量问题或试验不合格，发生退换货	每发生一次扣 5 分	10			
5		质量	材料数量是否与合同或订单要求一致	每发生一次不符扣 5 分	15			
6	服务（权重20%）	服务	应急响应速度及解决问题的执行能力	好为满分，一般为 1～3 分，差为 0 分	4			
7		服务	市场价格下调的配合程度	接受在途合同调整价格得满分，否则得 0 分	4			
8		服务	紧急计划变更的配合程度和效果	好为满分，一般为 1～4 分，差为 0 分	5			
9		服务	配合程度及行业信息的共享情况	好为满分，一般为 1 分，差为 0 分	2			
10		服务	技术服务及现场操作培训情况	好为满分，一般为 1～4 分，差为 0 分	5			
11	价格（权重10%）	价格	品质及服务相当的情况下，设备价格的合理性和竞争力	价格低于行业水平满分，行业水平一致 6 分，高于行业水平 0 分	10			
12	其他（根据实际情况，需要特别评价且不在上述范围，可以提出加减分内容与原则）							
合计得分					100			
否决性条款（发生以下条款之一，总分评价为 0 分） 1. 对甲方造成重大不利影响；2. 在本项目发生重大安全事故；3. 在本项目发生重大质量事故；4. 在本项目发生重大环境污染事故；5. 在本项目出现违法转包情况								
审核： 日期：　　　年　　　月　　　日				所在部门：				

在实际执行过程中，的确存在多次整改仍不能达到企业要求的情况。在这种情况下，企业也不要直接淘汰供应商，先考虑企业的要求是否有不合理的地方，是否能有调整的空间，若企业的要求正当合理，只是由于供应商的能力有限，那多次整改仍不合格的供应商，则需要考虑进入“淘汰”环节。

除此之外，企业还通常会基于一个完整的周期来评估供应商的绩效，一般以年度为项目周期。这与供应商评估的区别在于，企业对供应商的评估是对日常合作情况的考核，而绩效考核则是对整个周期的考核。绩效考核的范围更加广泛，企业对供应商的评估作为供应商日常业务能力的综合体现，在绩效考核中占有一定的权重。除此之外，绩效考核还要对供应商的技术创新、降本支持、战略合作等其他方面进行综合考量。企业根据以上考核项目，结合自身发展战略，最终对供应商评定新的级别，做出升级/降级/维持不变的决定。

七、供应商质量管理

供应商质量管理是供应商管理的重要一环，质量对一家企业的重要性不言而喻，供应商交付产品的质量，对于企业的最终产品有着至关重要的影响，只有加强供应商质量管理产品，质量才有根本的保障。如何才能加强对供应商的质量控制，构建良好的合作关系呢？这个问题已经成为企业管理层必须认真思考的问题。

为了更好地管理供应商，很多企业会设置供应商质量管理岗位，如供应商质量管理工程师（Supplier Quality Engineer，SQE），以做好供应商质量管理（Supplier Quality Management，SQM）。SQM 在现代企业供应链管理中充当重要的角色，一是保证质量达到预期效果从而维持供应商队伍的稳定，二是提升供应链的整体竞争力。SQM 管理人员有较强的专业知识能力，同时还具有良好的沟通表达和协调能力。为了保证有效地管理供应商，SQM 管理人员需要帮助供应商提升品质意识，通过培训供应商，让供应商熟悉企业的质量要求。在质量管理过程中，SQM 管理人员也需要了解有关质量体系方面的内容，运用相关的质量工具和手段，确保供应商的改善提升落地，从而达到供应商和企业共赢的目的。

供应商质量管理，主要包括供应商质量的评估、认证、整改、淘汰等，涵盖供应商整个生命周期。供应商质量管理，是供应商管理的重要组成部分，一般是由企业的品质管理部门负责。采购部门是从商务、市场、供应的角度，评估判断供应商的生产供应能力，而品质部门则是从品质的角度，评估判断供应商的产品是否合乎企业的要求。一般来说，企业在评估、认证新供应商，或老供应商提供新产品时，会由采购部门主导，组织品质、安全环保、技术等部门人员，对供应商现场进行考察来确定供应商是否能为企业提供质量保证的产品，而关于质量检查的内容，就是由 SQM 管理人员负责。

对于已经与企业合作的供应商，企业需要定期对其进行考察和跟踪，以确保供应商的生产供应能力满足企业要求。相比于供应商认证阶段的评估，这个阶段更关注供应商产品质量的稳定性。对供应商产品质量稳定性的评估，避不开运用质量管理体系。所谓“质量管理体系”，是指在质量方面指挥和控制组织的管理体系。质量管理体系是组织内部建立的、为实现质量目标所必需的、系统的质量管理模式，是组织的一项战略决策。这是一种基于过程管理方法进行的系统管理，将资源与过程相结合，一般是以文件化的方式作为企业内部质量管理工作的规范。

质量管理体系因行业的不同，会有不同的体系标准，如食品行业的 HACCP 认证体系、汽车行业的质量管理体系 TS16949 等。但更普遍、更为人所熟知的当属国际标准化组织编制的 ISO 9000 质量管理体系，该标准可以帮助企业实施并有效运行质量管理体系，也是质量管理体系通用的要求和指南。我国在 20 世纪 90 年代将 ISO 9000 转化为国家标准，后续国内各行业也将其进一步转化为行业标准。

对于供应商质量稳定性的考量，当前大多数企业在评估供应商的生产能力时，会要求供应商提供 ISO 体系的相关认证证书；同时也会参考 ISO 体系中涉及的具体要求，将其整合到自身对供应商质量管理的评估文件中。因此，企业和供应商的质量管理人员，一定要熟悉 ISO 等质量管理体系。有关质量管理体系的详细知识，请参考相关书籍。

八、供应商淘汰

供应商淘汰，需要根据淘汰的原因区别处理。一般来说，常见的淘汰原因有以下几个：①品质不合格，经多次整改后仍不合格；②非品质问题，如出现重大安全事故等；③供应商合作意向不积极；④供应商出现失信、违规、欺诈等行为；⑤ 供应商整合和优化。

针对第一个原因，企业应在完成现有订单业务后终止与其合作，如果以后供应商的品质得到了改善，企业还可以与其继续合作。针对第二个原因，企业需要立刻终止合作，并对进行中的订单检验后，尽快结束和供应商的合作，同时启用备用供应商或马上寻找新的备用供应商。针对第三个原因，若企业与该供应商当下如无合作，即可安排相关淘汰流程，转而寻找与企业积极配合的供应商。针对第四个原因，企业需要立刻终止合作，并将该供应商名称、法人、主要股东列入“黑名单”，并查询当前供应商库中是否还有与之关联的供应商，一并找出后全部终止合作。第五个原因常常出自企业自身发展过程中的需求，企业因战略计划，整合和优化现有的供应商库。

供应商淘汰，是对现有供应商库的整合和优化。一方面要避免随意淘汰的倾向，随意淘汰会使良性的“供应商沉淀”很难实现；另一方面要设置红线，触及红线要毫不犹豫地淘汰该供应商，如重大安全事故、失信违规问题。对供应商的淘汰需要在企业管理系统内完成“淘汰”审批流程，在系统内留痕，为后续的查询、追溯、统计、分析奠定基础。

九、供应商关系与动态

传统的企业与供应商的关系，多属于竞争性的“交易关系”和“合同关系”。当然，那时的需求简单，购买周期有限，即使买卖双方想合作也没什么机会。如今，新需求层出不穷，传统的供应商关系已经不足以满足现在的业务需求，买卖双方的关系从竞争性关系逐渐转向相互协作、共同发展的合作关系。

企业的采购种类和数量众多，供应商也各种各样，如果企业对供应商都采用一样的管理方式，既不利于管理效率，也不利于管理绩效。因此，供应商管理部门人员要对供应商进行全面的分析，按照供应商供应物料的重要性、生产规模、经济实力、采购金额等多个方面，综合评估，并结合企业整体战略方向，将现有供应商分为“战略供应商”“优先供应商”“普通供应商”“淘汰供应商”。

对于“战略供应商”，企业应加强高层管理人员的互访频率，定期召开中层管理人员沟通会议，共享双方的生产信息、库存信息、需求信息，保证双方的合作不断深入。对于“优先供应商”，则是关注供应商的潜力，需要有针对性地给予供应商关于技术、产品、服务等方面的指导，培养供应商的忠诚度。对于“普通供应商”，则是维持目前的业务不变，在后续的新业务中继续考察。对于“淘汰供应商”，如果其在整改后仍不能达到企业要求，并且合作意愿有限，则启动淘汰流程。

战略供应商和优先供应商是企业的长期合作供应商，通过不断深入的沟通协作，逐渐成为企业的“核心资源”。普通供应商和淘汰供应商则是停留在“交易关系”上的业务伙伴。企业管理人员应有目的地分配更多的资源和精力在前两类供应商上，而减少对后两类供应商的资源。

供应商不是一成不变的，供应商都有其自身的生命周期、战略发展方向，所以企业应对供应商保持关注。特别是那些战略供应商，企业要关注他们的发展战略是否与企业的战略相一致。相比重新寻找供应商而言，在原有供应商的基础上开发，能够大大提高供应商寻源的效率。

除了企业自身的战略演变外，供应商人员也会有相应的变动，曾经的业务人员则有可能成为高层管理者，所以及时更新供应商的相关信息，对于加深与供应商的良好合作关系也十分重要。供应商的动态管理，必须作为一项长期的、持续的工作进行，对供应商的人员、业务、组织、财务保持关注，做到“未雨绸缪”。

第十四章　供应链协同

供应链协同，指供应链上各节点企业通过各种方式实现协同运作，从而更好地为终端用户服务的活动。具体到主体企业，供应链协同更多的是企业与上游供应商的协同，因此本书中的供应链协同，主要是针对与上游供应商的协同。

本书以简化的供应链为例，如图 14-1 所示，从最初的原料企业到供应商和主体企业，再到客户，直至终端用户。在企业实际运作中，很少有企业能做到整条链的协同，大部分的协同仅是与自己的供应商和客户的协同。本书主要探讨供应商与企业的协同。

图 14-1　供应链协同

一、供应链协同的内容

在早期的商业交易中，企业与供应商之间是不存在“协同”的。随着市场的发展，外部环境、政策因素的影响，迅速应对市场的变化成为企业最关心的事情。因此，协同的目的是更好地应对加剧变化的竞争环境，以获得相对“安全”的位置。

让我们重点关注供应商和企业的协同，其细分如图 14-2 所示。

与供应商的协同，并不仅是采购部门和销售部门之间的沟通。以采购部门为协调部门，其协调内容一般分为两个部分：①内部协同，主要是采购部门与企业内部的技术部门、计划部门、仓储部门、物流部门、品管部门等的协调，采购部门负责协调各个部门与供应商的关系；②外部协同，即采购部与供应商

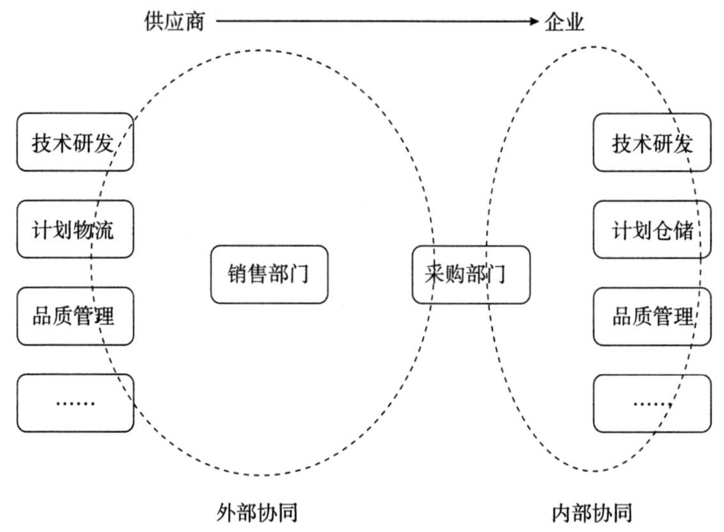

图 14-2　供应商和企业的协同

的销售部门，以及与相关的物流、计划、技术等部门的沟通。

1. 内部协同

内部协同主要是采购部门与企业内部其他部门的协作，如果是与生产业务直接相关的采购，主要是与计划部门、品管部门、仓储部门、财务部门、法务部门、技术/研发部门的协调；如果不是与生产业务直接相关的采购，则与具体的需求部门、采购部门、法务部门等协调。采购业务包含的内容十分广泛，因此采购员必须具有良好的人际关系交往和沟通能力。

（1）与管理层的协同。

采购部门作为市场和供应信息的接收者，一般最先了解到市场的变动、产品的供应等情况，因此及时准确地将相关信息反馈到管理层是十分必要的，以便管理层能够第一时间掌握相关信息，从而做出相应的决策部署。

（2）与计划部门的协同。

一般来说，涉及企业生产业务的采购，沟通最多的部门就是计划部门。采购常常被调侃为“救火队长”，就是指采购经常为了保障物料供应而到处“救火”。但实际上，与采购这个“救火队长”一样紧急的就是计划人员。也许有人说，到处“救火”恰恰说明计划工作不理想，其实这是对计划工作的误解。一个计划人员往往面对的是几十个甚至上百个物料，有时候还负责生产计划、成品、半成品物料的计划等，具体的工作十分琐碎，若碰到履约能力不好的供应商，无上限的催料工作量更会是雪上加霜。而且在计划工作中，最常见也是最难避免的就是计划变更，这可能源于销售部门的临时订单，也可能源于生产线上的某次故障，还可能源于供应商的延期交货，所以在物料供应这方面，采购和计划是捆绑在一起的“难兄难弟”。

所以，采购和计划的充分协同是十分必要的工作，除了持续的沟通外，定期的碰头也是必不可少的，这样双方可以对物料使用的短期、中期和长期情况做到实时了解并共享给大家。关于计划变更，说实话很多变更的确也是前期无法预期的，所以只能企业想办法优化业务流程，缩短反应时间，尽可能提高应对紧急状况的能力。

（3）与品管部门的协同。

与品管部门的协同，贯穿供应商寻源和合作的全过程。了解产品品质，可以在很大程度上帮助采购员在寻源过程中简化不必要的沟通。例如，采购员会从品管部门那边拿到一个物料的规格表，如果采购员对物料规格中的关键指标有所了解的话，那其在和供应商沟通的时候，就可以很快判断出对方是不是潜在的合格供应商。

在供应商履约过程中，品管部门给出的结论一般有三种：“接受”“让步接受”和“拒收”。“接受”和“拒收”容易操作，而“让步接受”则比较模糊。尤其对于化工品，部分含量指标介于边界附近，如果货源紧缺，可能就“让步接受”了；如果货源不紧缺，或者该物料要求很严，可能就“拒收”了。因此，与品管部门的协同很重要，必要时采购员还要与生产部门、仓储部门、计划部门共同协调，给出最合理的方案。

（4）与技术部门的协同。

与技术部门的协同，一般是由采购协调供应商的销售、技术人员，以及企业的技术人员，四方共同沟通获得相应的最佳方案。尤其在沟通过程中对于相关指标的要求，需要供需双方的技术人员逐一沟通。一般来说，为了降低成本，技术规格要求不宜过高，应在考虑供应商现有产品的基础上尽量降低需求产品的特异性，尽可能向供应商的成熟产品靠拢，这样可以最大程度地获得理想的价格，避免供应商定制开发而造成的成本上升。

（5）与财务部门的协同。

与财务部门的沟通，主要是两个方面：货款的支付、对财务情况的了解。货款的支付主要是按照合同要求，及时、足额地支付相关款项。这个部分涉及公司的信誉问题，采购员需要按照财务的要求，在付款之前准备好相应的付款材料，以保证财务付款不延迟。付款及时在很多时候也是供应商愿意让利的重要原因。有时付款延迟一两天看起来没有什么事情，但供应商会降低对企业的好感度，这会大大影响采购员与供应商在后续合同的谈判。因此，能按时付款的尽量按时付款，如有意外，事先和供应商沟通。在部分采购业务活动中，“欠账”成为采购员“能力”的体现，但这种行为提高了彼此信任的壁垒。

对于对财务情况的了解，当财务资金充裕时，可以缩短付款账期以获得更低的采购成本；当资金紧张时，可以通过支付电子承兑、延长付款周期来降低财务付款压力。

（6）与法务部门的协同。

采购员在与供应商进行合同签署时，需要与法务部门沟通。当下很多企业，为了效率的提高，都会让法务部门制定一些合同模板，采购员可以采用不同的模板和供应商签订。但在实际执行中，如果碰到强势的供应商，并且其有固定的合同模板，那采购员如何协调合同签订呢？

一般来说，合同分为两个部分，即商务条款和法律条款。商务条款就是采购人员和销售人员就采购价格、付款账期、送货地点、送货时间、质量标准等进行的约定，是合同执行过程中最常用的信息；而法律条款，多是以违约责任、保密条款、不可抗力、仲裁机构等方面为主。如果供需双方都很强势，那么双方会在细节上纠结。笔者曾组织过一次租赁合同谈判的电话会议，双方法务都极其强势，合同条款逐条审阅，各种极端情况成为彼此争论的焦点，会议进行了两个小时但谈判仍然毫无进展。碰到这种情况，谈判应及时终止，采购员和法务人员需要在风险和业务推进之间寻求一个平衡点。

当然，在实际工作中，采购部门可能还需要和销售部门、生产部门、物流部门、仓储部门沟通。采购部门与销售部门的沟通，主要是获得下游的市场信息，并且对销售进行预测，同时采购员可以将供应商提供的一些有关竞争对手的信息反馈给销售同事，协助他们做好应对策略。采购部门与生产部门的沟通，主要是了解供应商的产品情况，因为有些时候，进货品质并不能完全反映产品的所有特性，采购员在向生产部门询问产品信息后与品管部门的信息相结合，这样便对供应商的产品质量有较为全面的评价。采购部门和物流、仓储部门的沟通，主要是了解库存和运输的情况。对于这部分的信息，采购人员还可以询问计划部门。

与生产业务不直接相关的需求，一般称为非生产物料需求（Non-production Items）或间接物料需求（Indirect Materials），这个部分业务的涵盖范围很广，如工程设备类（Capex）、行政类、广宣品类、服务类、咨询类采购，提出这些需求的部门通常被称为“需求部门”。这个部分往往也是公司最难管理的采购业务，因为各自的需求类型众多，使用又没那么频繁，对供应商的管理难度也很大，因此不容易对供应商提供的产品质量进行评价。该类业务对于采购员协调沟通能力的要求就更高了。

（7）与需求部门的协同。

与需求部门的协同，最难的地方就是明确采购需求。如果采购的是生产性物料，采购员可以与生产部门、品管部门、物流部门沟通；但如果采购的是非生产性物料，则很难确定物料的具体情况，这是因为很多需求部门也难以准确表述出其需要产品的具体信息。例如，某研发部门要买一个设备，研发人员毕竟不是生产设备的制造人员，对于设备的理解更多的来自经验，尤其是一些关键设备，可能只记得品牌。如果是指定品牌的采购业务，那么采购员仅面对一家供应商，市场分析、比价形同虚设，所谓的“谈判技能”，在这种形势下也不能充分发挥作用。如果研发人员只给出“需求”，不定义品牌，那各种层次的供应商纷至沓来，最后会很难买到匹配的设备。因此，对于非生产物料而言，与需求部门的沟通往往是最难的。

在应对非生产性复杂的采购需求时，采购员也需要按照“微积分”的思路来解决，即先“微分”，再“积分”。所谓微分，就是将复杂的需求细小化、分类化处理。针对不同的分类，考虑不同的应对方案，最后合并成一套应对方法，这就是“积分”的过程。例如，当企业处在发展上升期时，工厂的新建、原有厂房的扩建是必不可少的，单纯依靠原有采购部门的工程采购员是远远不够的，所以要成立“工程建设部”，吸纳工程建设的专业人员，与采购部的同事一同负责所有工程类项目。

对于非生产需求，企业也应成立相应的团队。但是部分非生产物料采购的发生频率是极低的，对于此类需求，采购员和需求部门人员必须严格按照采购流程操作，以保证最大限度的合理性。同时，对于此类采购，采购员一定要做好信息保存和记录工作，避免因人员流动而造成的信息丢失，如果后续仍碰到此类需求，这些记录可以帮助需求部门和采购人员“少走弯路”。

综上所述，采购员要对非生产采购需求进行分类，将其中使用频率较高、金额较大的需求汇总，必要时成立团队甚至部门来统一解决此类需求；对于频率较低、金额较少的需求，一方面培养采购员、需求使用人员的专业性，另一方面关注整个采购流程的规范性、合理性，以及后续记录的完备性，逐步提高公司对于此类需求的专业性。

2. 外部协同

采购作为企业与供应商的沟通窗口，在汇总了内部其他部门的各方意见和要求后，后续就是和供应商沟通协同。

（1）与供应商客服团队（以销售人员为主）的协同。

企业应建立定期的沟通机制，辅以日常的随时联系。采购员是企业内部对外的窗口，也是汇总内部相关建议的执行人，当问题发生时，采购员需要联系对方的销售人员，共同讨论和解决问题，要注意避免双方职能部门不经过采购部门的直接沟通，这样容易导致信息有缺失。供应商的履约是一个长期过程，采购员应尽力了解供应商的过往履约情况，掌握供应商当前状况形成的来龙去脉。当前的履约状况往往是双方多个部门经过多次磨合后才达成的一致意见，了解这个过程会有助于双方的合作。采购员与供应商销售人员的沟通也利于帮助采购员发现销售人员的业务“痛点”。例如，付款的及时性、沟通的便利性、销售业务的发展战略等，其中很多信息可以对后续的谈判有帮助。

（2）与供应商品管人员/仓储物流人员的协同。

当供应商的货物质量、物流运输出现问题（品质问题或交付问题），特别是企业核心物料出现问题时，采购员需要与企业品管人员，共同到供应商生产基地去检查，发现并解决问题。对于部分质量不稳定的供应商来说，采购员可以设置“厂辅”人员，长期驻扎在供应商生产基地，由其与供应商的品管、仓储、物流人员实时对接，保证企业关键物料及时、保质的供应。

（3）与供应商安全环保人员的协同。

随着企业社会责任意识的加深，越来越多的企业不仅对自身，也对供应商提出了企业社会责任的要求，最明显的表现就是在供应商的评估体系中，逐步引入了关于供应商安全、健康、环保等的要求，这些要求在企业对供应商的评估考察、履约审核中都设置了一定的比重。

综合来讲，与供应商的外部协调，关注的是价格、付款、质量、交付，以及近年来增加的企业社会责任，供应商供应的物料越重要或供应的金额越大，双方的依赖程度就越高。如果企业是供应商的核心客户，供应商就会全力配合企业的各种要求；如果双方的依赖程度一般，协同程度则取决于企业采购和供应商客服的沟通效率。所以，协同的效果与企业的市场定位、采购员的沟通效率有关。总之，只要能满足企业的质量、交付等方面的要求，供应商和企业之间的理想合作模式就达成了。

二、供应链协同的方法

1. 定期组织汇报会议

组织定期会议，是不同部门之间沟通有效的方式，也是企业高层全面了解经营情况、充分掌握业务痛点、有效协调部门争议的有效途径。组织会议的频率与沟通的层级、业务的重要性、涉及的范围相关。一般来说，在执行层面上的沟通，除了日常的即时沟通外，也可以考虑以周为单位，组织涵盖采购、计划、物流、品管部门的短会，对主要物料的供应情况进行简单分享，让问题尽快得到有效的解决。如果沟通的层级上升到公司/事业部层面，可每月组织一次全面的协同。对于大型集团公司，涉及总部、事业部、职能管理中心等时，以季度为周期进行全面的汇报，各个职能部门、业务部门事先对关注的“痛点”问题进行汇总、分析、总结，以 PPT 的方式与其他部门分享，寻求相关部门/事业部的支持，并设定后续的跟踪计划。

定期的沟通会议，尤其是层级较高的会议，不宜过于频繁，否则会使“重要性”程度降低。所有与会人员，按照会议层级的高低，分享沟通的内容也有所不同。如果是操作层面上的沟通，则以问题本身为主，一个电话会议便可以解决问题。随着层级的升高，汇报的内容必须逐渐提高水准。在集团层级上的汇报，不仅要提出问题，而且还要对问题的成因、建议的解决方案等进行汇报，汇报内容要简明扼要，这也恰恰体现采购员的专业素养。汇报的目的不在于把问题矛盾上交给管理人员解决，而在于寻求高层支持，解决问题的主体仍然是采购员。因此，采购员在汇报时呈现给领导的，不应该是问答题，而应该是选择题。

采购员在与供应商协同时，也可以采用类似这样的定期会议方式，可通过定期和不定期的会议及时沟通解决问题。采购员可根据物料、供应商的重要性，地域的情况，工作的强度来制定沟通的机制。

2. 基于平台系统的信息共享

基于平台的协同是十分有效的，这是因为对于生产、计划、品管人员而言，每天面临临时的、紧急的情况很多，如果都以线下的方式沟通，不仅烦琐，而且很容易出错。举个例子，就文档的格式模板而言，不同的工厂、供应商可能采用不同的模板，业务人员看懂这些表格就要花费不少时间，这样的情况很容易让业务人员产生消极情绪。为了提高沟通效率，需要对相关的模板、流程、操作方案统一，这样的好处在于：①提高沟通效率；②管理难度降低。当前，市场上有不少比较成熟的供应商协同软件，企业可以根据自己的需求选择一款最适合的系统来操作。标准化程度越高，系统二次开发的工作量就越少，这样系统使用和推行的难度也会越低。

平台系统不仅可以用在企业内部，还可以用在供应商和企业之间，但前提是双方达成战略合作意向，供应商和企业可以适度共享一些需求、生产、计划、仓储数据。例如，企业使用的是 SRM 系统，供应商使用的是 CRM 系统，企业只要对两个系统的接口开发，共享部分数据，就可以实现供应商协同。通过系统的联结，再设计相应的“算法”，并结合生产情况、仓储数据、供应商的销售计划，企业就可以根据算法自动发起订单提示，极大程度上降低了彼此沟通的成本，也提高了沟通的效率。这种方法本质上是把供应商看作企业的“生产车间”，正符合供应链协同的本质，即把不同节点企业看作整条链上的“生产车间”“销售部门”。

三、供应链协同的工具

本书以 mySAP SRM（以下简称 SRM）为例来介绍。

SRM 是一套功能非常强大的覆盖采购全流程业务职能的平台软件，涵盖采购业务全生命周期，以及供应商全生命周期管理。采购员可以利用 SRM 在网页上操作，并且与 SAP 系统无缝衔接。供应商协同功能属于 SRM 的基本功能之一，包括订单协同、交货协同、发票协同、付款协同、库存信息协同等，实现供应商和企业的信息实时分享。下面借用 SAP 系统的功能范围来界定 SRM 的范围，如图 14-3 所示。

图 14-3 基本上涵盖了 SRM 的所有主要功能。这些功能大致分为三个层次：最下面的是支撑流程，包括数据结构、分类框架、流程设定、功能集成等；中间部分是业务流程，包括需求计划管理、采购寻源管理、货源管理、合同管理、订单管理、库存管理、验收管理和质量管理；最上面是管理流程，主要针对采购管理人员，通过底层的数据汇总形成业务统计报表，为进一步管控分析、决策分析提供数据支持。

SRM 将所有与供应商有关的流程整合，形成全生命周期的管理概念。如图 14-3 所示，供应商参与的协同主要包含供应商准入、供应商主数据维护、采购过程协同、供应商评估协同、供应商管理系统协同的管理痛点及解决方案。接下来，本书就按照本协同的主要内容，逐一向大家阐述 SRM 系统是如何实现这个协同的。

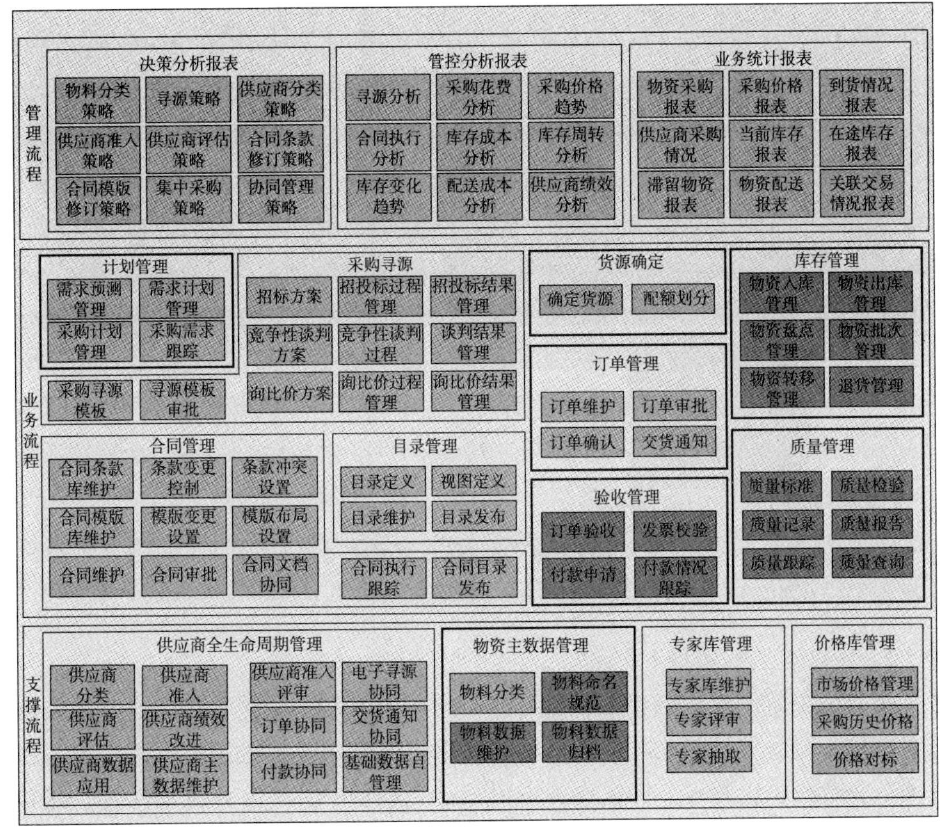

图 14-3 SRM 的范围界定

资料来源：SAP 公开宣传资料。

1. 供应商准入

外部供应商通过 SRM 系统的自助注册平台，自行填写相关数据申请注册成为企业的合格供应商，企业供应商审核部门通过对供应商的基本信息、资质、业绩、财务等情况的分析，结合公司自身业务的需求，决定是否将其纳入企业的合格供应商库。在这个过程中，供应商填写相关信息，并对信息的准确性负责，供应商和企业的沟通通过对外的自助注册平台完成。

当前，企业考虑到供应商库的安全性，会将自助注册平台设置为内网和外网两个部分。供应商注册的界面属于外网（见图 14-4），任何人和公司都可以直接访问，也都可以进行申请和注册。外网上会说明企业对供应商的要求，以及注册流程和相关信息的填写规范。供应商在逐一认真填写和上传相关资质后提交，其注册申请会传到内网。内网只有企业的内部员工可以访问，这样的设置大大避免了网站在遭遇黑客攻击后供应商库信息泄露的风险。

图 14-4 供应商注册界面

资料来源：G 集团公开宣传资料。

2. 供应商主数据维护

供应商主数据维护指供应商登录 SRM 供应商自助注册平台，更新相关信息、资质、联系人、相关附件等信息。企业的供应商库是企业的核心资源。在注册成为合格供应商时，供应商的资料往往是最新的，不存在过期问题。随着供应商库的不断扩大，以及与供应商合作的不断加深，早期合格的供应商有大量的信息需要更新。定期对现有供应商的信息复核，不仅可以避免资质过期等造成的履约风险，还可以通过供应商的成长（增加新的业务资质）找到更多的合作机会，这也是一种“寻源”，甚至是更为可靠和高效的“寻源”。

供应商主数据维护涉及大量的沟通工作量，并且这部分工作并非紧迫，很多时候采购员都是用到的时候才去更新，甚至是出现问题后才沟通。例如，对于供应商的联系人变动，如果供应商不主动告知，或者供应商的内部管理机制有问题，就可能存在“挂靠”等现象，给企业带来潜在的风险。因此，供应商对于其填写的主数据负责，一是这样可以降低采购人员的工作量，二是也可以保证信息修改的准确性。那如何来保证信息修改的及时性呢？当前的自助注册平台，都具备二次开发的功能，对过期的信息、附件提供预警，或者企业与一些第三方合作机构（如“启信宝”“企查查”等）的合作，这些机构对企业的供应商信息更新提供预警服务。这样就可以保证供应商信息的实时更新，降低企业的潜在风险。

3. 采购过程协同

采购过程协同包括计划、订单、交货、发票、付款的协同，是整个采购具体执行过程的协同。企业在 SRM 系统中下达订单后，供应商登录 SRM 系统，同步接收到订单并确认，则启动订单执行，双方的后续操作在系统中对彼此同步可见。成为合格供应商后，尤其是框架协议供应商，常用物料的供货是很频繁的。供应商在确认订单后，安排生产和物流，并在约定时间前预留发货时间，保证货物按时到厂。如果是企业负责物流运输，那么供应商需要通知企业何时去工厂或仓库提货。货物到厂后，企业的品管部、仓储部、安全环保部等，负责货物的接收、验收（或拒收）和入库工作，并在系统中完善相关信息。在收到供应商寄过来的发票，并完成发票校验、预制和记账后，SRM 系统基于合同或订单、发票校验及预制、入库单等信息，发起付款申请，完成付款流程。

4. 供应商评估协同

在供应商入库阶段，供应商评估的目的在于考察供应商的供应、质量、物流等业务能力；在成为合格供应商后，供应商评估通过日常每次订单的评估，或阶段性的项目节点评估，考察供应商的履约能力。评估的内容和要求，也可以在 SRM 系统上与供应商共享，让供应商明白自己履约能力的不足之处。

供应商发现履约过程中的问题后，根据企业提出的改进意见和要求，在限定时期内进行整改，整改结束后上传整改结果（如照片、流程制度等），或邀请企业人员再次现场考察确认。如果履约过程发生费用方面的问题，则启动索赔流程，先对索赔的范围、金额约定，最后以财务确认结束（在货款中扣除或收到付款等）。以上的协同流程都是通过系统来完成，实质上就是将之前与供应商的线下沟通，全部移植到系统上来，用“无纸化”的方式进行管理。

5. SRM 系统协同的管理痛点及解决方案

通过 SRM 系统来协同，主要的痛点在于两个方面：①沟通内容的规范性；②培训。在实际业务执行过程中，由于不同部门、不同公司的操作习惯、业务模式存在差异，往往对同一个问题的表述是不同的。因此，系统线上的内容，必须以一个双方都认可的模板为主。对于系统而言，规范的基础就是数据字段的一致性、流程的规范性、模板的针对性。这个规范一般由集团采购总部发起，在征求各个下属企业的实际需求后，制定并公布。

系统协同的另外一个痛点就是培训。当前的系统，由于要适用于多种不同的业务需求，所以界面设计相当复杂，初学者看到这样一个充满着“字段”“信息”的界面，免不了觉得太庞杂；即使是经常使用的业务员，对于那些操作频次并不太多的业务，也需要重新学习。为了提高操作效率，企业一方面要准备足够细致的培训文档，最好能放在网上共享；另一方面要采取多种形式来培训业务人员，鼓励“传帮带”。

四、供应链协同的展望

本章所提的供应链协同，是企业与供应商之间的协同。企业可以在供应链协同平台上建立完整的采购执行系统，通过设置供应商账号准入来实现在线采购业务的协同。与供应商协同的目的，是通过充分整合企业和供应商的资源，实现实时高效的业务协同，不断提高整体供应链的竞争力。这样的协同方式，既保障了企业数据与供应商数据的实时性和一致性，在系统二次开发的基础上，也实现了企业特异性的管理需求。同时，这样的协同方式也大大提高了现代企业的沟通效率，体现了“互联网+”的应用，因而越来越多的企业都加入构建适合自身发展的供应链协同平台中来。

第十五章　采购组织结构设计

组织的设计和建设是基于企业的发展战略的。企业制定不同的战略，会影响其组织架构的设计和配置。在企业确立战略后，战略的执行必须要有一定的人员配置，以及工作职责和分工。同样地，对于采购这个职能而言，首先基于企业的整体战略制定采购职能的战略，然后通过建立合适的采购组织机构来保证采购目标和战略的实现。

一、采购组织的内容

1. 采购组织的定位

在采购组织的结构设计中，最需要首先明确的是组织定位。试想一下，当企业初创时，如果核心竞争力来源于研发技术、销售渠道、生产能力，那么采购的职能主要是为了满足研发、销售和生产的供应需求，所以这项职能往往由研发、销售、生产部门代为执行；如果公司规模较小，甚至连专职的采购员都不会设置，而由相关的业务人员兼职处理。这个时候，企业就不存在所谓的“采购组织结构设计”。明确采购组织的定位是非常重要的，也是公司发展到一定规模之后的必然要求。本书强调的采购组织定位，不仅要满足“供应需求”，还要对公司的业务发展、利润增长等重大战略决策提供支持。

采购组织的定位，在不同行业中的差异是很大的。在市场竞争充分的行业中，供应商的成本结构已经非常清晰，那么采购员的谈判优势越大，对于销售而言就越有利。在研发技术成为核心竞争力的公司中，采购员也需要具有研发的背景，这样才能充分了解公司的采购需求。图 15-1 表示在不同类型的企业中，采购角色的不同地位。

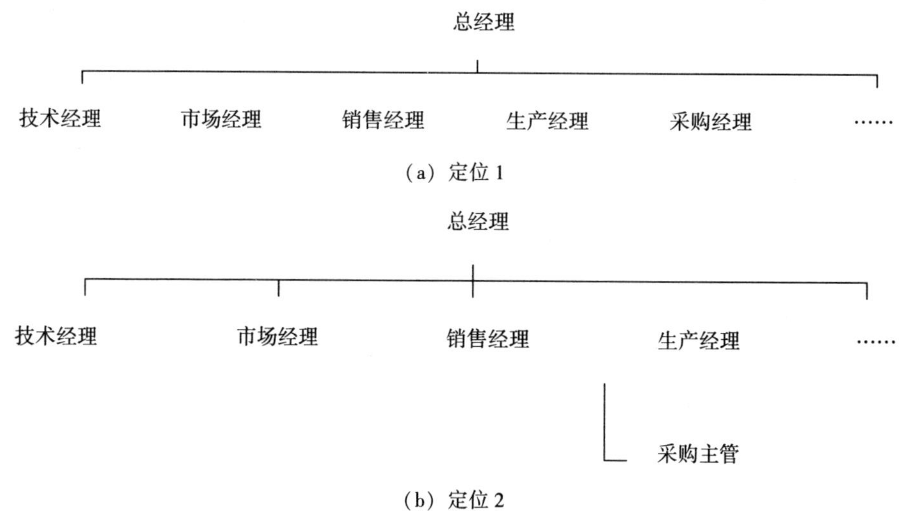

图 15-1 采购组织的定位

2. 采购组织的规模

采购组织有以下三种规模：

(1) 仅以供应职能存在的采购组织。

对于初创企业，公司人员有限，很多人员都是"一人多岗，一岗多能"，采购的职能往往隶属于某一个更大的职能部门，如运营部门、生产部门。此时的采购并无具体组织形式，更多的是以个体存在，如采购员，来执行有关采购的相关职能。对于某些以运营维护为主的行业而言，采购员更为有限，采购职能可能只会作为某些岗位的部分职能存在。在这种情况下，采购组织的实体其实是不存在的，采购的职能集中于某个具体的采购业务人员，而相关的审核、管理权限也是由其直接领导代为执行。

(2) 单一公司的采购组织。

当企业初具规模时，采购职能不断增加，公司就有必要组建专门的采购部门，并制定相应的汇报机制。汇报的层级越高，表明公司管理层对采购业务越重视。

组建采购部门之后，企业要对采购部门负责的业务范围进行界定。例如，采购部负责公司所有与生产相关的物料采购工作，那么采购部的业务范围就是生产性物料的采购。采购部门需要对所有生产性物料进行全面的梳理，分门别类，然后按照一定的规则分给若干个采购小组，采购员各司其职。同时，对于采购业务过程中的各个环节，采购部门要和人力资源部门制定相应的岗位。例如，采购寻源、订单下达、催单、合同、交货、付款，这些都是采购的具体业务，从订单下达到付款，一般归为采购执行。对于采购寻源和采购执行是由不同岗位完成还是由一个岗位完成，需要公司根据其业务工作量、采购物料的复杂度等来判定。关于这些划分的依据和规则，本书会在后续的组织划分中介绍。

总之，成立专门的采购部门后，与采购相关的业务、范围，需要根据公司的战略要求、管理层的年度规划，分给相应的职能小组，并对采购业务和范围进行区分，将职能分解到组，业务落实到岗，形成有效的组织机制。

(3) 集团化的采购组织。

随着企业规模的进一步扩大，企业形成了以众多公司/事业部为基础的板块、事业群，甚至是集团，这时采购职能进一步加强，成为集团的核心职能之一。在当前众多的上市集团中，很多集团都会组建专门的物资公司，或者采购总部，来统一管理企业的采购业务，这表明在集团进入超大规模的发展阶段以后，采购业务的稳定性对于集团长远发展至关重要，集团最高管理层必须从顶层设计来规划采购业务的发展方向。这其中的一个原因就是整合上游供应商以获得成本优势；另一个原因是通过集团的统一规划，降低单家公司的采购风险，避免“不当决策”造成的潜在损失。

集团层面上的采购管理内容会更细致和更全面。供应商为集团的核心资源，集团需要对其统一管理，按照集团的业务规划，构建成熟、稳定的供应商库；不断挖掘供应商的潜能，提高和供应商的合作强度，加深了解，遴选核心的战略供应商资源。这时，供应商管理已经成为一个独立的业务职能，成为集团采购管理的职能之一。

对于采购业务，要按照“最专业的人做最专业的事”原则，整合人力资源。在很多企业的实操案例中，采购寻源和采购执行往往是分开的。寻源部门往往需要更高的专业性，对于供应商的生产、技术、市场都要有十分深入的了解，以给出更加有效的采购策略。

集团化的采购总部，不仅要在专业度上进行整合，也要对业务流程进行整合。同时，为了解决好总部和区域采购的分工问题，需要明确界定采购的范围，这些界定的划分不是以人为单位，而是以岗位为单位。在人员管理上，为了保证集团的要求、规范能在区域得到有效的落实，双线管理也是最常用的管理模式，即每个区域的业务经理需同时向区域总经理和总部业务副总裁汇报。图 15-2 显示了集团化的采购组织方式。

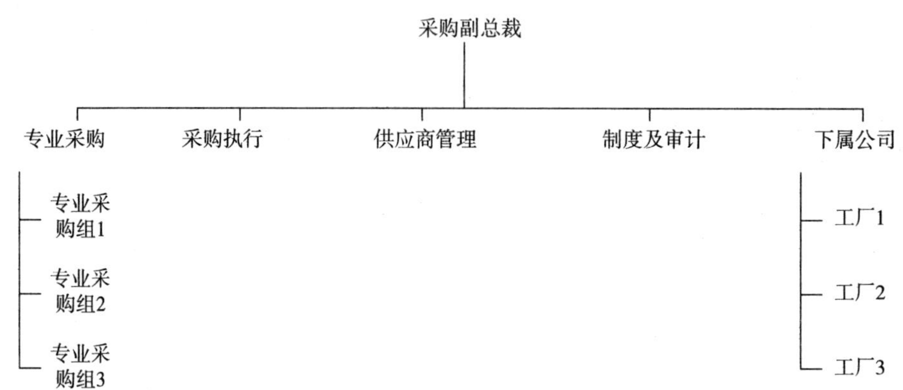

图 15-2　集团化的采购组织方式

专业采购，基于对物料的专业性分类，由专业人员对接生产、技术人员，一般包括生产性物料采购、工程采购、非生产采购，几乎包括了集团绝大部分的采购业务。这部分采购需要最专业的采购员，其主要的职责是寻源，为集团找到最好的备选供应商。采购执行，则是指下达订单及后续跟催入库的业务，该部分工作内容易于规范，需要操作人员实时跟踪。供应商管理，是对集团的所有供应商进行全面统一管理，解决区域之间供应商资源无法共享的“痛点”，采购员要充分利用供应商库这个集团核心资源。制度及审计，即采购内部的风控和监察角色，对采购的制度、规范进行实时监督和管理。采购部门主要负责各下属公司各自独立的采购业务，以及按照上级采购总部的要求执行具体采购业务。

集团化的采购组织，分为总部和区域两个层级。区域采购部门，类似于前面提到的“单一公司的采购组织”，而采购总部则是在多家公司的采购部门基础上，进行统筹和规划，合并部分职能形成的更高一层的采购组织。该组织结构基于集团的整体发展战略，兼顾专业性、系统性、规范性等特点，是当前集团采购管理中最常见的一种组织形式。

3. 采购组织的划分

采购组织有以下五种划分方式：

（1）按采购需求属性划分。

类别采购（Category Management），即按专业类别划分的采购业务。这个划分是基于物料的原始属性，或以物料的用途为准，将物料划分为多个不同的物料组。各个物料组彼此有明确的区别，如原料组、设备组、行政办公用品组、工程建设组。基于这样的物料组，分别设定对应的采购组，各采购组负责不同物料组的采购寻源、采购执行、合同管理、付款等操作。在这样方式划分下的各个业务团队不会出现职责不清的问题，这种划分方式也是最为有效的区分采购岗位的方法。

（2）按部门组织划分。

如前文所述，当前的采购职能除了包括采购寻源及谈判、采购执行外，还增加了诸如供应商管理、制度审计、系统平台等辅助职能。为了更好地支持业务，企业开发相应的采购平台，将制度中涉及的管理要求，通过系统平台的方式落地实现，这也催生了相应的职能。不过，这些职能对于单一公司而言，其工作量并不大，因此在单一公司中体现得尚不明显，可能由相应部门代为执行。在集团化的采购组织中，不同部门要根据不同的职能进行区分，集团也要划分出相应的采购辅助部门。

（3）按采购金额划分。

在当前的采购组织中，为了将人力资源投入最关键的物料采购中，企业常常将所有的物料按照年度采购金额从大到小排序，计算每个物料的采购费用占所有采购金额的比例，占比达65%的前N个物料定为A物料，占比为25%的物料定为B物料，其余的物料统一归为C物料。我们往往会发现，A、B、C三类分别在总物料数量上的占比顺序似乎和在总物料金额上的占比顺序相反，即A物料的数量占总物料数量的10%，B物料的数量占总物料数量的25%，而采购金额最小的C物料，却往往占总物料数量的65%，如表15-1所示。

表15-1　A、B、C物料金额与数量占比

物料组	金额占比（%）	数量占比（%）
A	65	10
B	25	25
C	10	65

在部分公司，根据采购金额对物料A、B、C进行分类后，就将其分别对应到不同的采购组。这样的划分可以有针对性地对物料进行分类管理，在流程审批、业务模式上区别对待，以达到最佳的管理效果。

(4) 按区域组织划分。

对于有一定规模的集团，由于其下属公司的采购员往往分散在各地工厂而ABC划分规则隐藏的一个前提就是采购员的办公地点需要接近，以便开会沟通并能够完全按照采购总部的要求工作，因此有必要设定区域性的采购组织。根据业务的需求，集团赋予区域采购组织部分或全部的采购职权。集团要根据其发展战略，具体问题具体分析。

(5) 混合式划分。

企业的组织划分不仅限于某种单一的形式。企业可能会有多种业务模式，并且各种业务模式的物料分类也是千差万别，单一的组织划分有时不能满足企业的生产和发展需求，因此要根据企业的战略、行业的特点、物料的特点，实时做出相应的变化。如果企业在组织建设时对以上的所有组织划分规则都有涉及，那么便是建立了混合式的采购组织。当然，采购组织也不宜变动太频繁，一是不利于人员熟悉业务，二是不利于对业务人员专业性的培养。

4. 采购组织类型的特点及适用性

不同的组织类型适用于不同情况的采购业务需求。总体来说，以上的采购组织划分依据大致有如下的特点：

一是按照物料属性划分方式常常适用于集团化的采购需求。因集团下属公司有较为相似的采购需求，因此采购业务易于统筹和整合。这样的需求经过整合，不仅在数量上会有较大的增加，也会对物料的质量进行标准化，从而提高采购效率。需要注意的是，这种划分的前提是基于众多相同、相似业态的整合。如果不属于相同的业态，强行整合是没有效果的，不能实现标准化，最终还是以各下属公司为主进行采购，难以起到整合业务后的效果。

二是按照组织职能划分也是采购组织发展到一定程度后集团才会考虑的。如果企业的规模有限，便谈不上供应商资源共享，或者集团下属公司的供应商完全属于不同领域，那么整合的“供应商库”其实也只是若干个不同类型子库的组合，并不能形成真正的资源共享。对于信息平台的开发也是同样的道理，对于不同业态，如果没有先期的整合工作，那最终开发出来的平台不过是拼装了若干个独立的小平台，物料和供应商的编码规则都不通用，除了增加了不必要的工作量，没有任何意义。

三是按照采购金额划分常常适用于单一公司的采购需求。由于单一公司的采购总量有限，进行物料A、B、C类的划分，可以将最优质的资源分配给最有价值的物料，所以按金额划分的效果也十分明显。对于A类物料，公司需要管理的供应商数量也不多，公司可以进行有效的管理，这样更容易将其发展成为战略供应商。

四是按照区域划分一般都是针对集团企业，但具体划分的区域也有所不同。对于业务成熟、稳定的区域，其管理权应归属于集团；而对于那些新型业态、探索期的业务，则需要集团放权，将权力下放给子公司，集团提供必要的业务支持。这样的采购组织建设更为灵活，具体的操作根据业务领导的安排决定。

综上所述，采购组织的建立是随企业的发展而改变的。其中一个大的原则就是，基于采购的业务支持职能、管理职能、监督职能，在不同的阶段下，各种职能的重要性要有所侧重，同时也要根据集团、市场的改变而发生转换。“最合适的才是最好的”，采购组织的建立应因地制宜、统筹考虑。

二、采购组织的岗位、编制及职责

企业根据自己的发展战略，确立了采购组织的定位、规模和划分依据后，还要确定采购组织的部门整体职能并划分具体的业务团队，进一步将整体职能分解到各个业务团队，根据分解后的团队职能，制定具体的岗位、说明及编制，这便是“定岗定编”。采购组织的职能，根据其管理的范围有所不同，在这里以某工厂的采购部职责为例做一个简单的介绍。

采购部门的职能主要包括：

（1）及时掌握所需要的采购信息，保持良好的内部沟通。

（2）调查和掌握生产所用物料的供货渠道，寻找物料供应来源。

（3）建立供应商档案，与供应商联络，以防止紧急状况时找不到替代的供应商。

（4）参考原料市场行情，要求供应商报价。

（5）对供应商的供应价格、材料质量、交货期等做出评估，了解公司主要物料的市场价格走势，制作采购文件，采购所需的物料。

（6）按照采购合同协调供应商的交货期。

（7）协助质量部门检查进厂物料的数量与质量。

（8）协助物料控制部门对呆滞料与废料进行预防和处理。

1. 定岗定编的主要内容

定岗定编，是企业或部门管理的一项基础性工作，主要分为两个部分：定岗和定编。定岗是按照企业或部门职能，划定实现这些职能所需要的岗位；定编则是针对每个岗位，设置多少人员来与之匹配。定岗定编是根据企业或部门的发展战略，结合当前的业务和规模，以最经济的方式设定最适合的岗位和配备最合格的人力资源。这是一项重要的基础性工作，对企业和部门的后续发展有很大的影响。

2. 定岗定编的设计原则

定岗定编的设计应遵循以下四个原则：

（1）“因事设岗”原则。

岗位的设置不是凭空而来，是因为企业或部门有这样的业务需求，才需要设定对应的岗位，因此定岗定编的第一个原则就是“因事设岗”。岗位和人员应该是先有岗位再有人，是设置在先和配置在后的顺序。如果岗位尚未明确就先配置人员，便容易造成与现有岗位的职能混淆。当然在某些情况下，企业为了吸引人才，会在岗位尚未明确时，先将人员配置起来，待有合适岗位再进行配置。

（2）权责清晰原则。

岗位的设定，必须有明确的工作要求。负责、主导、协助、配合等词汇在岗位设置中需要有明确的解释。只有权责清晰，岗位和岗位之间才能有效协调，员工才能发挥最佳的工作效率。

（3）标准化原则。

岗位本身就是一种标准化管理规则的体现，因此岗位的新建、合并、删减、修改，也需要有标准化的操作模式。一般来说，岗位职责包括两个方面：①职位职责，主要指该岗位所要求的工作内容及应承担的责任范围。②任职资格，主要是符合该岗位的人员应具备的能力，包括但不限于教育背景、专业能力、专业资质、语言能力、工作年限、工作经历等。

（4）最优化原则。

这里的最优化不仅是配置的人员数量最优化，同时也需要考虑效率、成本最优化。人员数量尽可能少，过多的人员既不利于企业降低成本，还容易造成人员之间的职责混淆。对于职能较少的岗位而言，可以考虑采用兼职或兼岗的方式来完成，满足最优化原则。

3. 定岗定编的操作步骤

在确定岗位和编制后，就是对岗位的职责进行描述。岗位职责的描述要有针对性和唯一性，避免与其他岗位的职责产生混淆。在确定好岗位职责后，就要为该岗位找到最合适的员工，一般可以通过内部招聘和外部招聘的方式来寻找合适的人员。这个部分的内容更多的属于人力资源管理，感兴趣的读者可以阅读相关书籍。

4. 岗位职责和要求的参考案例

类似的岗位职责和要求，在很多招聘网站上都可以找到，本书以前程无忧招聘网上，查阅的采购总监、采购经理、采购专员的岗位描述和招聘要求为例。

一、采购总监

1. 岗位职责

（1）根据公司的发展战略、研发目标和销售目标，策划和制定全年采购策略方案并组织实施和监督，保证采购任务的完成，以确保能为公司提供足够的物资供应。

（2）全面统筹采购、仓储、外包（项目和人力）和硬件外包加工等相关工作，制订公司采购策略及风险预防计划，不断降低采购成本。

（3）有效控制运营成本，制订落实成本控制计划和目标。

（4）优化并实施内部工作过程管理。

（5）规划供应链团队：采购、仓库和 SQE，管理与培训指导，提升团队成员操作与工作技能。

（6）建立并完善采购管理制度、流程和体系搭建供应链管理部人员培训和作业体系。

（7）负责供应链管理部的日常管理及全盘采购工作，建立内部监管机制、供应商及合同管理机制。

（8）主导公司重点或重大采购项目谈判，跟进合同的执行及落实情况。

2. 任职资格

（1）本科及以上学历，10 年及以上×××相关领域工作经验。

（2）具有年度采购总量 1 亿元+规模的项目管理经验。

（3）具备良好的谈判能力及相关法律法规知识。

（4）良好的职业道德、领导力及团队协作能力。

（5）具有良好的沟通能力、统筹规划、组织协调能力。

（6）具有对总成本的把控能力，掌握采购技巧；具有分析判断、决策能力。

(7) 具有一定的商务英语沟通能力。

二、采购经理

1. 岗位职责

(1) 负责执行集团采购计划，监测采购过程，如发现问题及时汇报及解决。

(2) 定期分析销售计划和内部生产计划，结合市场供给状况，制定采购物料长远计划。

(3) 配合研发、生产部门做好材料选购，降低生产成本。

(4) 完善供应商开发流程，提高工作效率；负责采购物资标准及价格体系建立。

(5) 及时协调解决采购物料、生产使用、客户服务过程中所产生的供货及质量问题。

(6) 负责参与大批采购商品的商务谈判，采购合同的签订，把控采购工作的时间节点。

(7) 负责与供应商对账及付款事宜，协助开发、维护、优化采购渠道。

(8) 上级交办的其他工作。

2. 任职要求

(1) 熟悉物料采购流程、供应商管理流程和岗位分工设置。

(2) 有良好的职业道德，较强的领导能力、组织管理能力、沟通能力。

(3) 具有对总成本的把控能力，掌握采购技巧，具有谈判能力。

(4) 性格开朗、细心稳重、富有耐心、责任心强。

(5) 熟练运用办公自动化软件。

(6) 同行业工作经验。

三、采购专员

1. 岗位职责

(1) 询价，采购、质量管理，交货期管理。

(2) 开发、评审、管理供应商，维护与其关系。

(3) 独立处理异常产品问题能力。

(4) 填写有关采购表格，提交采购分析和总结报告。

(5) 执行并完善成本降低及控制方案。

(6) 完成采购主管安排的其他工作。

2. 任职资格

(1) 专科及以上学历，化工化学类等相关专业。

(2) 熟悉采购流程，良好的沟通能力、谈判能力和成本意识。

(3) 工作细致认真，责任心强，思维敏捷，具有较强的团队合作精神，英语能力强者优先考虑。

(4) 有良好的职业道德和素养，能承受一定工作压力。

(5) 一年或以上相关工作经历。

以上是社会招聘中对于采购总监、采购经理和采购专员的岗位要求及任职资格，虽然这些岗位所在的行业不同，但还是可以看出处于不同级别的采购专业人员在职责和任职要求上的差异。仔细研究其中的差异，也可以帮助刚刚进入采购岗位的新人明确自己未来要改进和发展的方向。

三、组织岗位的权限配置

对于大型集团的采购组织，岗位的设置往往比较复杂。采购总监、采购经理、采购专员，更多的是从采购员的级别上划分，但具体到采购品项上，不同的采购经理所担负的职责和工作内容也是千差万别的。例如，负责原料某类别A的采购经理和负责非生产固定资产类别的采购经理，所需要的专业性有很大差异，因此仅用一个采购经理的岗位是不够的。这时就需要按照具体的采购品项，细分不同的采购岗位。按照这样的思路，结合采购级别，企业就会划分出多个采购岗位。

以SAP系统为例，SAP系统针对用户分配的岗位要求对不同用户配置了相应的角色权限。这里解释如下：用户是指岗位人员在SAP系统中的账号；角色则是指某个职能，一般包括若干个事务代码，如ME01/XK01等。SAP系统会根据每个账号的岗位职责，统一分配一个或分别分配若干个角色，对应一组或多组事务代码。每个事务代码，相当于一个“功能”，能够实现某项业务职能，如修改供应商主数据（XK02）、创建物料主数据（MM01）等。其他ERP系统也是基于其所实现的各项业务职能模板，根据岗位职责进行全部或部分分配的。当前大多数企业为了提高工作效率，均安装了企业管理系统。为了更规范地开展业务，针对企业不同的岗位，企业IT部门往往也有相应的权限管理规范。采购部门按照业务需求，如前文所述已经设置了多个不同的采购岗位，接下来就是针对这些岗位设置相应的权限。

权限在分配过程中，分配的精细度要根据业务而定。权限分配不是越细越好，也不是越粗越好。细分便于管理，但替代性较差；同时分级层数过多也不利于管理。权限分配较粗则替代性较好，但在管理上就不够细致。因此，粗细程度要根据业务需要来决定，每个细分后的功能是相对独立的。

四、采购组织岗位设置的实例

为了便于大家更好地理解在岗位权限设置上的实操，这里笔者以 N 集团采购总部的 SAP 系统权限配置为例，来给大家展示一下。

这个项目最初是源于 N 集团内部的精进优化项目，旨在解决采购总部和区域采购之间的职责范围。虽然在此之前，采购内部已经对总部和区域的工作范围做了多次界定，但在实际执行过程中仍然存在职责混淆问题，其主要原因就在于并未对 SAP 系统上的权限进行梳理和区分，业务人员在实操过程中也未必能了解职责的详细界限，因此出现了不少问题。虽然问题根源后续可以通过 ERP 系统的追溯功能发现，但根据当时集团采购总部的精细化管理要求，即需要做到“事前”管理，采购总部规划部门分析后，决定启动这项工作。

正如所有的咨询项目一样，第一步是对 N 集团现有所有采购业务的全面梳理，换句话说，就是弄清楚总部和区域的采购员都在做什么。注意，这里不是简单的工作职责罗列，而是要明白每名采购员的工作内容，要细化到表单、模板、系统操作等。第二步是将所有的工作内容，按照其内在的逻辑，组成一个个小的岗位职责，然后形成一个个小的工作岗位。例如，对于非生产采购来说，部分基地工厂，由于业务量较大，每个细分类的非生产类别都会有专人负责；较小的工厂，由于业务量较少，可能只有一个采购员负责所有相关的非生产采购。那么如何划分相应的岗位呢？当然是以较大工厂为准，将每个细分类采购都设置成相应的岗位，而较小工厂的采购员则是同时兼任这些岗位。第三步是根据每个岗位及其职责，在 SAP 系统中设置权限。SAP 系统常用的事务代码有 300~400 个，每个事务代码都代表着一项功能，根据采购总部和区域的职责划分，对不同的岗位设置不同的权限配给。例如，供应商的申请和修改职责统一由总部收回，那么 XK01/XK02 就不会配置给区域的任何采购岗位，只会赋予 XK03（查看）权限，这样就从根本上杜绝了总部和区域的权限混淆。第四步是对总部和区域的采购员进行针对性的宣贯，最终安排正式上线。

最终 N 集团的采购业务，经过四个多月的努力，按照各项细化后的工作内容，一共细分了 80 个岗位。这些岗位的设置，充分考虑了与现有及未来业务的匹配，也考虑了总部和区域的差异，区分了基地工厂和分厂的岗位，甚至还设置了其他部门中执行部分采购职能的岗位（兼职采购员）。可以这么说，N 集团中任何一个从事某项采购职能的人员，都可以找到一个对应的岗位与之对应。综上所述，针对此项目，N 集团先通过“微分”展开现状详细蓝图，再通过“积分”形成一整套方案。

完成上述工作后，既可以对这些细分的工作岗位，制定相应的工作描述和任职要求，具体可参考表 15-2。这个职位表包含了该岗位所在的部门和职位描述，包括八个方面的内容，即岗位目的、主要职责、重要的绩效衡量标准（KPI）、主要挑战、组织结构图、主要工作联系、岗位范围和任职资格要求。该职位表不仅可以用于岗位招聘的工作描述，也可以对应聘人员进行资格预审。

岗位及相应的描述确定之后，为了便于任职人员开展工作，企业需要为其配置相应的系统权限，包括但不限于 ERP 系统、邮件、办公 OA 系统等。在这里本书以 SAP 系统的权限设置为例来介绍。对于一个采购业务人员而言，其所需要的权限并不仅仅是采购模块，所以在规划采购业务人员的 SAP 权限时，需要根据其实际业务涉及的范围来考量。以 N 集团为例，采购业务人员需要用到 MM 模块、PM 模块、PP 模块、QM 模块、SD 模块、WM 模块、CO 模块、FI 模块、基础模块等，因此 N 集团按照不同采购岗位的要求，制定采购岗位——SAP 系统权限矩阵，如表 15-3 所示。考虑篇幅问题，表 15-3 仅罗列部分岗位的部分 SAP 权限。

采购组织的岗位，根据业务的情况实时匹配，定期进行调整，然后分配给相应的采购员。根据权限—岗位矩阵，并结合 ERP 系统报表功能，企业能够了解各岗位的工作情况，便于随后建立量化指标，这一点在后面的管理需求中会用到。

表 15-2　标准职位申请表

申请部门	采购总部	申请职位名称	采购专员	申请日期	
职位适用部门	采购总部 XX 采购部				
职位描述	详情如下				

一、岗位目的

二、主要职责

主要职责		工作活动	责任角色	汇报主管	时间比例
1					50%
2					30%
3					20%

三、重要的绩效衡量标准（KPI）

考核项目	考核指标（KPI）	考核岗位

四、主要挑战

五、组织结构图

采购经理

部门其他同事　　采购专员

六、主要工作联系

	联系对象	频率	沟通内容	
集团内沟通				
集团外沟通				

七、岗位范围

业务范围	
财务范围	
人事范围	

八、任职资格要求

教育和专业资格	具有大专及以上学历
工作经验及年限	依据所属部门业务需要
专门培训	具备采购培训的优先
专业技能/证书	具备 SAP/SRM 操作技能的优先
能力素质要求	具备良好的沟通能力和项目管理能力

任职者签名：　　部门负责人确认：

日期：　　日期：

资料来源：笔者历年经历汇总得到。

表 15-3 采购岗位——SAP 系统权限矩阵

系统权限			系统职位	一级部门					
				二级部门					
				三级部门					
				四级部门					
				五级部门					
				六级部门					
				职位名称					
				职位编码					
模块	功能	权限代码	权限描述						
	主数据	DGP3	显示 DG 物料主数据		✓	✓	✓		✓
		ME01	维护货源清单		✓	✓	✓		✓
		ME03	显示货源清单		✓	✓	✓		✓
		ME04	更改货源清单		✓	✓	✓		✓
		ME05	生成货源清单		✓	✓	✓		✓
		ME06	分析货源清单		✓	✓	✓		✓
		ME07	重组货源清单		✓	✓	✓		✓
		ME0M	物料的资源清单		✓	✓	✓		✓
		ME11	建立采购信息记录		✓	✓	✓		✓
		ME12	更改采购信息记录		✓	✓	✓		✓
		ME13	显示采购信息记录		✓	✓	✓		✓
		ME14	改变采购信息记录		✓	✓	✓		✓
		ME15	为删除标记采购信息记录		✓	✓	✓		✓
		ME16	要删除的采购信息记录		✓	✓	✓		✓
		ME1A	归档的采购信息记录		✓	✓	✓		✓
		ME1B	重新确定信息记录价格		✓	✓	✓		✓
		ME1E	报价价格的历史记录		✓	✓	✓		✓
		ME1L	每个供应商的信息记录		✓	✓	✓		✓
		ME1M	每种物料的信息记录		✓	✓	✓		✓
		ME1P	采购订单价格历史记录		✓	✓	✓		✓
		ME1W	每种物料组的信息记录		✓	✓	✓		✓
		MK03	显示供应商（采购）		✓	✓	✓	✓	✓
		…	…		…	…	…	…	…

资料来源：笔者历年经历汇总得到。

第十六章　采购绩效管理

采购作为一项现代企业管理中的重要职能，已经越来越受到企业管理层的重视，接下来本书将要讨论采购绩效管理。如今企业对于采购的要求，早已不仅是及时供货之类的基础要求，随着采购职能的不断扩展，采购已经成为企业的核心职能之一，而供应商也成为企业的核心资源之一。在这样的经营要求下，如何判定采购的绩效，如何衡量采购业务“好不好”，如何改进采购的绩效，包括对采购组织的评价、采购业务的评估、采购人员的考核，都已提到了企业管理层的议事日程上来。

采购绩效管理，需要基于采购这个企业核心职能，在控制采购成本、提高产品质量、降低运营成本，以及提高利润指标方面，评估采购对企业的价值。通过采购绩效管理，企业与供应商的深度合作，加强企业坚实的竞争力，持续改进企业内部各部门及供应商的绩效。因此，对于采购绩效管理，本书给出这样一个定义：采购绩效管理，是对企业采购工作的一种全面且深入的评价过程，为企业持续改进整体绩效、构建核心竞争力提供可靠的管理依据。

一、采购绩效的管理内容

涉及采购组织和业务的均在采购绩效管理范围之内。一般来说，采购绩效管理内容包括组织绩效、个人绩效、供应商绩效，以及采购价格（成本）、产品质量、交货及时、企业社会责任等。与供应商相关的绩效内容在前面的“供应商管理”章节中已有提及，因此这一章本书主要讨论的是与组织和人员相关的绩效，即组织绩效、人员绩效。组织绩效和人员绩效是息息相关的，组织是由人员组成的，因此组织的绩效在很大程度上来源于人员的绩效。人员绩效相当于组织绩效的职能细分，可以分解的需要落实到团队、岗位和人员；难以细分的或者需要作为整体考虑的，则需保留在组织绩效中。

作为一个职能部门，企业对采购部门的定位，决定着该部门的绩效指标。

企业管理层对采购部门的绩效预期，大致可以分为四个阶段。

1. 文秘服务阶段

记得笔者刚参加工作时，很多资深的同事及领导，在指导和协助笔者工作时常提到的一个词就是“Paperwork”，翻译过来就是“纸面工作”，用以形容经验缺乏的采购员不能充分分析采购业务中的关键内容，而只是“走走流程”和准备 Paperwork，即充当了“文秘”角色。这个阶段的采购员对于业务的贡献是有限的。

如何确定供应商和如何确定价格，是体现采购员专业度的重要衡量标准。在业务发展还不是很成熟的阶段，采购业务是为了保证企业物料供应，很难有机会体现“Smart Buy”。例如，在企业初创期，研发部门为了尽快实现技术领先，申请购买的设备型号、品牌都是指定的，这种情况下采购员的谈判空间是有限的。这个时候为了“保供”，采购员就只能“走走流程”，准备合同文件罢了。因此，此时的采购员很难体现其岗位要求的价值，也就很容易变成“文秘”角色。

对于这个阶段下的采购员和采购组织，其绩效考核要求是什么呢？无外乎保证供应、跟催物料到厂、快速走完流程，以及其他的一些相关杂事。这样的角色对人员有什么要求吗？学历要求可能是公司内部最低的，专业基本上无要求，经验也不需要多么丰富，熟练使用电脑、有点责任心即可。此外，公司内部其他岗位都很容易转岗过来，岗位门槛很低，自然其职业发展也是企业内最没竞争力的。

2. 专业建议阶段

随着企业规模的扩大，业务的增加，采购的“文秘”角色越来越不能适应公司的需求，随之而来的便是企业管理层对采购组织绩效的预期提高。“以量换价”不再是简单的“文秘”人员就可以担任的，需要采购组织提供专业的采购意见，要足以证明采购决策是最优的，这需要采购组织及人员提高其专业素养和拓展业务能力，适应企业的发展。

这种专业素养，便是企业管理层对采购组织的新要求。根据采购的需求进行分析，采购组织要提供对市场、物料供应的专业性意见，要能对技术指标给出合理的建议，避免因技术部门的质量过度要求而使采购价格过高。对于杠杆物料，采购员要善于运用成本比较，多轮谈判，以成本分解为依据，压缩供应商的供应价格。对于复杂的工程采购、服务采购、咨询采购，因价格和品质差异较大，采购组织要采用招标方式，邀请最合适的评委组成评标小组，获得最合规、最合理的最低报价。

总之在这个阶段，采购组织的绩效就能用来衡量采购业务职能部门的专业性。无论是流程上的专业性（如招标流程的严谨和执行），还是对于核心大宗物料的市场、成本、价格的分析，抑或在各种谈判场合中的灵活应用，都是采购组织的“价值”所在。因此，对于采购组织的绩效考核，就围绕着这些方面逐步展开。这里可以借鉴平衡计分卡（BSC）的考核方式，即从财务、客户、内部运营、学习与成长四个角度来评估组织绩效。

对采购员绩效的管理，来源于组织总体考核绩效的分解，然后针对性地对每个采购团队、每名采购员制定相应的考核指标，定期汇总数据进行考核。此时企业对采购员的要求会比之前大大提高。以比较知名的化工公司为例，负责大宗化学物料的采购员基本上都是化工专业本科或硕士以上学历，而且企业对工作年限、系统使用技能、语言技能等方面都提出了更高的要求。

3. 主导业务阶段

随着采购组织专业性的进一步提高，企业管理层会发现，很多业务的痛点能否解决并不是由单个部门的绩效高低决定。例如，采购业务的痛点往往来源于需求的不确定性、供应市场的弱势等，这些问题并不是单个部门就可以解决的。为了提高效率，企业内部会成立跨部门项目团队，集中解决某一项问题，采购作为与各个部门沟通最频繁的部门，就会作为总协调方来负责跟进。为了更好地推进项目，采购部门需要主导整个业务流程的改进，包括物料管理、需求管理、采购执行、招标方式管理、品质管理、物流管理、仓储管理、付款管理，优化整条采购业务链，设置合理机制提高整体业务效率。此时，对采购组织的绩效考核，就不再只是提供“专业化”的建议，而是打通业务流程，提高业务效率。这时的采购组织扮演整个业务逻辑模块的“领导者”角色。

该阶段对采购员也提出了更高的要求。一名优秀的采购员，不仅要熟悉采购流程、物料市场、采购策略、谈判技巧、招标方式，同时为了更好地和其他部门沟通，也需要了解财务、生产、计划、仓储、物流、市场、销售等各个业务。这需要采购员不断地学习，具备处理问题的能力。围绕这些方面，这个阶段的考核要求，就更注重业务的流程优化和协调管理。

4. 决策支撑阶段

这个阶段的采购组织的最高领导已经是企业的核心决策成员。企业对于采购员的看法，早已摆脱了“文秘”的角色，而是把采购员看作是企业核心的职能部门，是企业关键决策的重要支撑。此时的采购组织，需要站在企业的整体战略上来考虑问题。例如，以往采购部门是收到其他部门的采购需求后才开展业务，以保证供应。但在这个阶段，对于表现不佳的业务或者是新业务，采购部门能够根据市场的趋势、成本的核算、未来的供需判断，给出“自制”“外包”，甚至是“放弃”等决策建议。

对于采购员的绩效考核，企业会增加对企业战略的支撑、流程的效率提高、业务的快速响应、市场信息的共享等方面的考核。应该说，这个阶段的考评指标，客观成分会相应减少，主观成分会相应增加。对于采购员的资质要求，也会是公司内部最高的，不仅包括专业素养、沟通能力、责任心，还会对采购员的处理问题能力、工作经验有相应的要求。

二、采购绩效的考核方法

采购绩效的考核是采购管理制度中非常重要的一个环节，考核可以表明公司“赏罚分明”，因此考核对公司和员工来说意义重大。公正且有效的考核，不仅对公司的战略达成、组织高效、员工凝聚力有重大作用，而且对员工个人也是意义重大。与其和员工畅谈未来，有步骤、有阶段的激励手段则更加有效。采购绩效的考核，正是为了这个目的而设。

谈到考核，首先讨论的是考核的主体，即“谁来考核”。一般而言，不同岗位的考核主体是不同的。提到考核主体，最先想到的就是直属经理，换句话说就是“向谁汇报”，就是谁来考核，这种考核方式常适用于基层岗位。比较大的集团公司，往往会设置“双线”的汇报机制，即直线和虚线汇报机制，直线领导有决定权，虚线领导有建议权。目前还有一种考核方式，即“360 度全方位考核方式”，通过匿名的方式将被考核人的上司、同事、下属、本人、外部人员作为考核主体，综合评估。

一般而言，越基层的岗位，考核主体越单一，考核方式也就越刚性。对于中高层的岗位，考核主体的组成往往来源众多，除了直线、虚线领导外，企业内其他部门的满意度往往也是重要的考量之一。但不论考核方式如何变化，考核权基本上可以分为两种：决定权和建议权。一个考核机制清晰的组织架构，决定权是唯一的，而建议权则可能来源众多。绩效考核最关键的，就是考核决定权的归属。

三、采购绩效的考核原则

要想做到“赏罚分明”，采购绩效考核时需要遵循以下五点原则：

（1）“阳光”原则。

所有的绩效考核指标、实施方法都需要公开透明；考评的标准、程序、责任都应当明确，并在考核过程中严格遵守。

（2）“客观”原则。

考核内容一般分为主观考核内容和客观考核内容，对于客观考核内容，企业需要根据最初拟定的规则，将数据作为考核依据，“用事实说话”，避免主观评价。这个原则相对“刚性”，也是最容易度量的。

（3）“可操作”原则。

考核内容要具备可操作性，就是说要基于各个岗位的特点、职能、配置的资源，提出可以实施的要求，而不是提出一些不切实际的要求。

（4）“认可”原则。

考核的过程、要求及结果，都要得到被考核人的认可。如有异议，双方应进一步沟通协商，而不能强行执行。这个原则在实际执行中难度较大，尤其在最终的考核结果“不那么令人开心”时更难执行。因此，在最初制定考核要求时，双方就要对考核内容充分理解，并给予一定的接纳时间。

（5）“分级”原则。

考核就一定会出现差别。好比考试，如果大家都是 100 分，那么这种考试也就没有意义了。考试卷（考核内容）的设计是关键，考核人和被考核人都需要认真对待考试卷，一旦确定下来就要严格执行。考核内容不可能一次就制定得非常完美，不完美的考核可以在下次改进。考核的分级差异，既是对优秀员工的激励，也是对懈怠员工的警醒。

四、采购绩效的考核周期

根据目前国内大部分企业的现状，一般来说，考核都是以年为单位的。但一年的周期对于某些市场变化较快的行业而言可能较长，笔者之前就职的企业会在半年左右进行一次评估，并适当调整相关内容。当然，如果变化过于剧烈，企业要充分考虑考核人和被考核人的意见。当市场变化剧烈，考核内容需要做出不定期的调整时，还需要得到企业高级管理层的同意。

采购绩效的考核是一件十分严肃的工作，如果考核内容变动频繁，也许短期内能够达到效果，但长期来说并不是好事。年初对于考核内容的规划，如果日后变化太快，那么大家对于考核的重视程度也会有所下降。因此，企业需要严肃对待考核内容，或许这种“严肃”性会损失一些灵活性，但有利于树立考核内容的权威。

五、采购绩效的考核指标

正如前文所述，采购绩效的考核指标，一般包括主观和客观两个部分。对于主观部分，其设置与岗位的重要性、级别、难易度有关，这里主要讨论的是客观部分。

SMART 原则：Specific，绩效指标必须是具体且明确的；Measurable，绩效指标必须是可以度量的；Attainable，绩效指标必须是可以达到的；Relevant，绩效指标要与其他目标具有一定的相关性；Time-Bound，绩效指标必须具有明确的截止期限。SMART 原则与采购绩效的考核原则有些类似，只是这里的 SMART 更多的是客观指标的考核原则，对于采购团队和采购员的考核，都需要符合上述原则。

既然有考核，就一定会有结果，结果的后续做法，决定着绩效考核的权威性。考核的结果要与员工最关心的指标挂钩，如奖金、晋升、培训机会、精神激励等。考核的结果是员工晋级、调整、解聘的基础，也是其绩效工资的依据。根据员工的个人倾向，给予员工再培训、精神激励，可以充分调动起员工的工作积极性，也可以激发其他员工的竞争意识。

六、采购绩效的管理痛点

在企业实际的管理实践中，采购绩效的落地往往是个难点。一方面，绩效考核需要客观的量化指标，这样可以使员工信服；另一方面，绩效考核也不能唯数字论。大部分情况下，很多指标并不那么易于量化，尤其对于中高层管理者的考核，难以量化的指标则更多。对于采购员而言，企业很多时候把降本作为采购绩效的一个重要指标，但实际情况是，很多大宗物料的价格随行就市，如果市场行情利于买方时，可能采购员 3 个月就达到降本目标了；如果行情不利于买方，即使采购员多么努力，也不能完成指标的一半。因此，在采购绩效考核中主观指标也是很有必要设置的。

采购绩效的管理痛点，往往是外部情况变化后的应对方案，既要照顾到客观的业务能力评价，也要考虑到业务人员的实际工作难度。这才是对管理者管理水平的真正考验。一般来说，管理者除了对部门业务有深入的了解外，还需要有选人、用人、育人、留人，以及部门平衡管理的能力。这才是采购绩效管理的难点，但同时也是优秀管理者的魅力所在。

七、采购绩效的管理实例

接下来，笔者开始介绍采购绩效管理在企业的实操案例，以便大家能够对绩效考核的设置规则、设计细节，以及岗位的工作量分析有个比较直观的了解。

以N集团为例，其采购组织由采购总部和工厂采购部组成，其中，采购总部设置了生产物料采购部、非生产物料采购部、规划服务部及各区域工厂采购部。生产物料采购部负责对生产过程中的主要物料进行分组；非生产物料采购部负责对非生产物料按照类别分组；规划服务部负责流程规划、市场分析、运作支持等；各区域工厂采购部与总部对接，人员配置2~5人。从职责上划分，采购总部负责的物料主要是与生产息息相关的生产类物料，包括生产过程中的不同种类化工物料、包装材料、辅料等，同时也包括与生产物料无直接关系的非生产统购物料。非生产统购物料是具备统一管理属性的非生产物料，而不能纳入统一管理的则由各区域自行采购。因此，总结起来，所有的生产物料和统购的非生产物料由采购总部组织负责，非生产物料中不能统购的物料则由区域工厂采购部负责。

基于以上的物料分类、组织架构、职责分配，采购总部配置了相应的采购人员。为了便于管理各品类物料的采购绩效，采购总部按照采购组织的整体部门绩效，结合各品类自身的特点，来规划各级采购员的绩效考核要求。依据N集团对于采购总部的整体绩效要求，集团采购总部将其整体要求细化到具体要求，包括采购降本、运营支持、合同管理、系统推广等方面，由规划服务部详细制定相应的具体指标。

以运营支持这一项采购职能而言，为了提高效率和满意度，采购总部将运营支持过程中的业务场景进行细分，分门别类各个阶段的工作，分别在各个阶段提出相应的考核办法。例如，对于需求分析和管理，采购总部要求定期对各个岗位所负责的物料进行梳理，整合相似或相近的物料，并完成旧物料的淘汰和新物料的新建。对于供应商寻源，采购总部要求年初对于单一货源的物料，制定相应的考核方案，划定时间界限，降低单一货源的物料数量或百分比，引入更多的有效货源，在保障物料供应的同时，也提供了降本的可能。对于运营服务类岗位，采购总部要求对于采购过程中设计的订单下达、跟催、到货等，开发相应的报表，可以用数据来衡量每个岗位的工作量。

图 16-1 显示了 N 集团的采购组织架构，该组织架构并非一成不变，也会定期或不定期地主要基于集团的高层战略和发展方向进行调整，这里只展示了组织结构的大致分类，并未细化到具体的岗位。实际上，每个团队内部均有相应的岗位与细分职能一一对应，它们之间可能是一对一或一对多的关系，但不会出现相同职能多人负责（即多对一）的情况。此外，采购总部还要对每个岗位的绩效考核进行细分，这样就可以将采购组织的部门职能细化到岗、责任到人、实施跟踪、及时完善，将集团的管理实践真正落地。

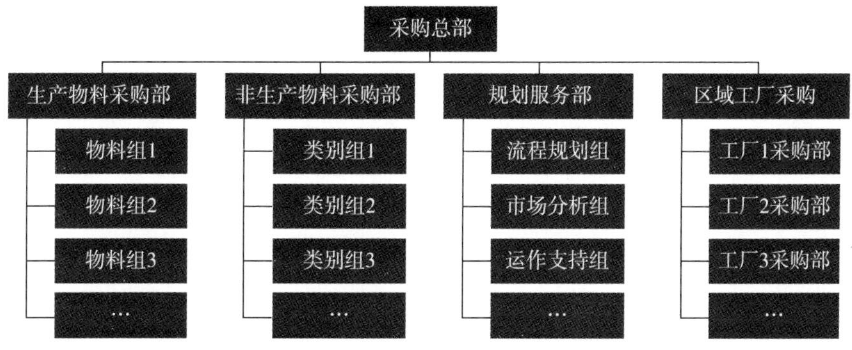

图 16-1　N 集团采购总部组织架构

考核绩效的设定思路要基于集团对采购组织的绩效期望，在这个期望前提下逐步将总体的绩效指标细分到具体的绩效指标。为了让考核指标的针对性更强，企业在设定前需要对采购现状进行调研，这一步十分重要。以 N 集团某年底的绩效考核指标设定为例，当时经过内外调研并汇总统计后，发现四个比较突出的问题。①文本合同缺失问题，有很多供应商未签订文本合同，造成纠纷后仅凭订单中的条款无法解决问题。②流程制度规范混乱问题。新老制度规范混合，已作废的规范仍在使用，造成一线人员实操差异巨大。③平台推广不足问题。集团组织开发的系统平台，不少工厂未能及时执行，培训和上线均有漏洞。④单一货源过多问题。由于早年技术指标没有规范，造成相当多的物料只有唯一供应商。针对这四个重点问题，随后企业在制定采购经理的考核指标时均考虑了这些问题，经过第二年持续不断的跟踪，这些指标大大得到了提高。本书以生产物料采购经理、非生产物料采购经理和工厂采购经理的考核指标为例来向大家介绍，如表 16-1 所示。

表 16-1　N 集团采购经理考核指标

考核对象	KPI 分类	KPI 细项	权重	考核方法
生产物料采购经理	成本减少	商务降本	20%	详见降本计算规则
		技术降本	20%	详见降本计算规则
	货源改善	单一制造商物料减少个数	10%	定期以系统导出的单一货源供应商清单为准
		供应商付款条款改善（含承兑比例的提高）	10%	以上年底列入改善的供应商清单为准，改善一家统计一家
		供应商交货周期改善	10%	以上年底列入改善的供应商清单为准，改善一家统计一家
	文本合同管理	合同完整性	10%	已签合同的供应商总数/需签订合同的供应商总数×100%
	运作改善	货源维护的准确度（错误个数）	10%	定期统计维护错误个数
		货源维护的及时度（错误个数）	10%	定期统计维护不及时个数
非生产物料采购经理	成本节约	统购物料首次采购成本节约	20%	Σ［（最低报价-最终成交价）×当月采购数量］÷Σ（最低报价×当月采购数量）×100%
		统购物料重复采购成本节约	20%	Σ［（上年度最后一次采购价格-当月价格）×当月采购数量］÷Σ当月采购金额×100%
	采购升级项目管理	流程、制度编写及更新状况	10%	以项目蓝图及项目推进计划的要求为准
		系统开发与测试推进状况	10%	以项目蓝图及项目推进计划的要求为准
		项目宣导、培训、推广状况	10%	以项目蓝图及项目推进计划的要求为准
	文本合同管理	合同完整性	10%	已签合同的供应商总数/需签订合同的供应商总数×100%
	采购运作	货源维护的准确度（错误个数）	10%	定期统计维护错误个数
		货源维护的及时度（错误个数）	10%	定期统计维护不及时个数

续表

考核对象	KPI 分类	KPI 细项	权重	考核方法
工厂采购经理	成本节约	工厂物料首次采购成本节约	20%	详见降本计算规则
		工厂物料重复采购成本节约	20%	详见降本计算规则
	文本合同管理	工厂管理的合同完整性	10%	已签合同的供应商总数/需签订合同的供应商总数×100%
	项目配合与制度执行	配合总部采购升级项目的实施与推广	10%	以项目蓝图及项目推进计划的要求为准
	货源管理	货源维护的准确度（错误个数）	10%	定期统计维护错误个数
		货源维护的及时度（错误个数）	10%	定期统计维护不及时个数
	供应商管理	交付及时率	5%	以采购管理系统导出的数据为准
		质量合格率	5%	以采购管理系统导出的数据为准
	采购运作改善	配合总部的降本项目执行	5%	按各大类在该区域所立项目的实际需要进行统计
		采购订单与寻源结果的符合度	5%	使用首选货源下单数/总订单数量×100%

管理是一项越来越精细化的工作，随着管理的颗粒度不断提高，企业对管理的维度、深度、广度就都提出了新的要求。以前常常“拍脑袋”的决策，现在均依赖于对数据的分析和汇总。在这里，本书再用另一个案例来说明。

区域某工厂采购部向采购总部提出增员一人的需求，该申请需要有一个合理的工作量评估后，才能给出明确的决定。当时集团的人员编制比较紧张，但基于采购总部之前的基础工作，采购总部经过仔细的分析、比较，将最终的建议给到部门主管，帮助其决策。

这项工作得益于采购总部和人力资源总部之前共同发起的基础性工作，是对现有采购岗位全面梳理和再定义的项目，即本书第十五章提到的案例。采购总部在对集团所有采购工作进行全面梳理后，针对总部、区域工厂的所有工作类型，重新划分了 80 个岗位，上到采购总部主管，下到采购专员，针对每个类型的岗位重新制定职位描述，并按照人力资源的规则对职位重新编码，确保每个岗位的职能不重复。同时，采购总部也给每个职位配置了相应的 SAP 系统权限，如果后续发生系统操作问题，都能迅速且准确地追溯到操作人员。

基于以上工作基础，首先计算当年该工厂采购部所有岗位的工作量，在系统中通过数据报表导出该部门已完成的工作量清单，统计需细化到如完成了多少个订单、发票预制等。其次以类似管理模式的上海工厂为对标，即将上海工厂相应岗位的工作量定为 1，来计算该工厂相应岗位的工作量。对于不同类型的岗位，经过仔细调研及与一线员工的沟通，还需要考虑工作量的细分差异，来设定比例系数。最后在这番仔细、严谨的分析后，按照上海工厂的现有人员编制，便得出了该工厂的“建议人员编制”。这个结果得到了采购总部主管和工厂采购经理的认可。这种方法适合岗位标准化程度较高的组织，但对于非标部分的差异，企业也需要酌情考虑。

上述这个案例是在制度、系统、岗位高度标准化的基础上，对采购绩效管理方式的一次深入探索。优秀的绩效管理需要多方面的工作支撑，包括系统的支持、数据的翔实、人员的努力，这样才可以从纷杂的数据中提取出有说服力的依据。这些工作并不是短期就可以立竿见影的，需要长期磨合、不断推进、持续改善，假以时日才能实现。

第十七章　员工培训与轮岗

人力资源是现代企业重要的资源之一，是企业核心竞争力的重要“武器”。人力资源管理由来已久，现代企业要求改变以往“粗放式”的人力资源管理现状，提升其在企业中的战略地位，为企业创造最大化利益。员工培训一般分为在职人员培训和新员工入职培训。前者着重于挖掘现有人员的潜力，既能提高企业人员的整体素质，也能有效控制人员成本。后者则是为了帮助新入职人员尽快熟悉业务模式、组织架构，从而快速进入工作状态，成为企业和部门的重要一员。

一、员工培训的必要性

现代企业管理层已经逐步认识到员工培训的重要性。当企业的关键员工离职后，用人部门需要向人力资源部门申请编制，再发布招聘信息来招聘合适的员工。从前期的招聘费用，到新员工入职后的融合，再到能够替代原有员工，即使整个过程很顺利，也会降低采购组织的整体绩效，因此很多组织都会把员工离职率作为考核的指标之一，这充分说明了留住关键员工的必要性。

二、员工培训的主要内容

员工培训主要有两种：新员工入职培训、员工在职培训。新员工入职培训内容主要是常规培训，而员工在职培训则更多的是技能方面的培训。常规培训，主要是介绍企业概况、经营业务、成长历史、组织架构、薪酬制度、报销流程等，是新入职员工需要了解的基础知识，企业常常会制定“员工手册”分发给新入职员工。另外一个培训就是业务技能培训，这个部分是本章着重介绍的内容。

对于采购组织内部岗位而言，针对性的技能培训是十分必要的。如前文所述，企业对采购员技能的要求越来越高，除了采购职业所需的技能外，还需要了解产品工艺、技术等方面的知识。如果在外企，采购员还需要加强英文沟通能力的培训。

三、员工培训的主要形式

1. 企业内部交流

从培训成本的角度分析，深度挖掘企业现有员工的能力是培训成本最低的，而且同事之间沟通也方便很多，因此企业常常组织内部人员的沟通分享会。例如，采购组织需要了解财务相关的知识，完全可以先从企业财务部门入手，寻找一位资深的财务人员，给采购同事来一场针对性很强的财务培训。这种部门间的沟通分享会，既能提高与会人员的知识广度，又能加强部门间的沟通交流，可谓是一举多得。

以上是针对群体人员的培训。针对个体人员，企业可采用“导师制”的方式培训有潜力的员工。前些年在校园招聘中很火的“管理培训生”（Management Trainee，MT）方式就是典型的例子。员工进入企业后，企业会安排内部“导师”，这位导师要么是资深员工，要么是入职人员的直线领导或更高级别的领导。这种“导师制”培训方式，很受企业年轻、有潜力的员工的欢迎，如果得以充分执行，无疑也是提高员工个人能力和忠诚度的有效方式。

2. 引入外部培训

如果培训仅局限于部门、企业内部，难免有“闭门造车”的嫌疑，因此采购部门需要利用外部资源来改善提高组织及人员的整体业务能力，如到行业内知名企业访问学习，聘请行业内知名的专家给员工培训等。学习行业内知名企业的工作方法和经验有时候可以改善企业内部的痛点问题。但这种方式的难点在于，企业的组织架构存在差异，企业的市场地位也不同，导致同样的方式可能并不适合企业自身。邀请业内知名行家，以“知识付费”的方式学习对方多年来积累的经验，也是很有效的办法。

针对有潜力的员工，将其外派出去学习也是很好的做法。企业人力资源部门的职责之一是发掘企业内部有发展潜力的员工，将这些员工外派出去作重点培养。企业这种前期的投入，一般会需要企业和员工签订“培训协议”，约定一个“服务期限”。此做法不仅能帮助员工能力进一步提高，也能有效提高其忠诚度，对企业和员工是双赢的。

四、员工培训的主要问题

1. 效率问题

培训除了要花费资金之外，还要耗费一定的时间。应该说，大部分员工都对培训持积极的态度。但同时也产生了一个问题，就是如何保证培训的效果？有些企业，为了让员工安心学习，专门抽出几天工作时间，选一个僻静的地方，组织部门员工培训。但不少员工把这样的企业福利当作一次休闲放松的机会，最终使培训的效果不尽如人意。因此，要转变员工对培训的态度，培训不应该是休闲度假，而应是一项“工作”。培训要有效果，要设立考核要求。课中要保证员工积极参与，课后需要员工及时反馈效果。有效的培训，绝不仅是培训本身，必须与考核、反馈结合起来，制定相关制度和跟踪机制。

2. 周期问题

企业要想将培训制度固定下来，就需要定期和不定期的培训课程来支持。定期的课程可以由内部人员兼任，加强组织内部人员的学习意识。不定期的课程，则根据部门的年度战略，有针对性地对员工的薄弱方面进行弥补。例如，最近企业的战略是开拓海外市场，需要引入优质的海外供应商，那么与海外供应商的沟通、报关知识、国际商务条款等可能就是当前员工的薄弱之处，企业就可以针对性地加强这些方面的培训。当然，这些培训需求也可以由员工自己提出，经采购组织高层核准后再行安排。总而言之，培训要有持续性，需要员工明白的是，不断的学习也是工作的一部分。知识是需要不断更新的，否则很快就会被市场淘汰，这不仅是对员工本人的要求，也是对组织能力发展的挑战。

3. 培训方式

之所以提到培训方式，主要是因为目前常用的有现场培训、电话培训和视频培训，而这些方式的效率大不相同。据实际操作情况，现场培训方式效果最好，电话培训方式效果最差。培训后的应用也很重要，如果不能应用所学知识，那么培训工作就白做了。培训效果的优劣，说到底与员工个人的勤学程度、培训方式的有效性、与员工工作的匹配性相关。抛开员工自身的原因，企业若想达到好的培训效果，可以在方式和匹配性上下功夫。除此之外，除了现场的面授培训，撰写相应的培训手册也十分必要。这里需要注意的是，培训手册不宜长篇大论，要力求简单、直接、形象。当前有不少软件可以使用，如录屏软件，将整个操作过程录制下来，这个比单纯文字介绍要好得多；还有在线课程的开发，也可以很好地帮助员工，员工可以暂停、回看，便于在最短的时间内掌握基本操作。

五、轮岗制度

轮岗制度，也是企业人力资源部门常常考虑的重要管理制度。首先，轮岗制度不仅可以为岗位提供更多的“后备”人员，提高业务人员的全面素质，也可以为后续企业选拔高层管理人员提供更多潜在目标。其次，在职人员的岗位轮转，本身也能激励人才成长，提高人才忠诚度，使人才更好地认同企业文化，也是留住人才的重要手段。最后，轮岗制度也能有效制约腐败现象的产生，有助于打破垄断，也是净化企业风气的有效手段。

在上述提及的轮岗制度中，轮岗人员的范围是从高层到基层，岗位的跨度也多是以跨部门为主。就本章而言，本书讨论的轮岗制度的范围则相对有限，主要是采购组织内部的轮岗制度，并不涉及采购组织之外的轮换。由于是采购组织内部的岗位轮换，相比跨部门的轮换，这种轮岗的人员培训成本、管理成本会较低，员工转换职位的速度会较快。另外，这样的轮岗制度是面向所有采购组织员工的，并不限于中高层或基层员工。

1. 岗位的标准化

如果要在采购组织内部推行轮岗，首先要做的是岗位的标准化，换句话说，就是要先梳理采购组织究竟有哪些岗位，每个岗位的工作内容是什么，岗位对人员的要求是什么样的。这些都是岗位的基础数据，也是推行轮岗制度的前提。

要想做好轮岗工作，要先明白采购组织中各岗位的特异性。企业不同的采购需求，其需要采购员具备的采购技能、采购知识都是不同的。如果事先没有弄明白这些，那就无法判断岗位和岗位之间的替代性。轮岗制度常常被人提及，但实际执行中却是漏洞百出，其最根本的原因就是不能给出一个合理的人员替代方案，使基层人员一头雾水，中层人员左右为难，但业务不会因为轮岗而停滞不前，因此轮岗方案必须要考虑到业务的顺利交接。

2. 员工的简历汇总

岗位标准化后，下一步就是梳理现有采购组织员工的简历，可以设置几个关键字段，如学历、专业、工作年限、采购相关年限、司龄、年龄、现任职位等。对采购组织员工的简历分析，只是为了大致了解其能够从事的岗位。例如，某员工目前从事的是行政品类采购，无任何技术专业背景，那么对于某些技术类需求的专业采购岗位，他可能就不是很适合去轮岗。因此，对员工的背景汇总分析，相当于是为轮换的岗位进行一次“面试”，评估其胜任能力。

3. 岗位的替代性分析

这一步是轮岗的关键，如果前期对岗位分析不够，岗位的描述仅是泛泛而谈，那么管理者便可能会做出“岗位都可替代”的误判。这样误判下的岗位轮换不能充分发挥各个采购员的专长，损失了效率，虽然这样做也满足了“轮岗”的要求，但结果却是对企业不利的。因此，岗位的替代性分析，就是要明确采购组织中不同岗位之间的替代性，从完全可替代到完全不可替代，分解出几个层次，为下一步工作打好基础。

4. 轮岗的推进

当企业发展到集团规模后，采购组织的业务复杂度也会越来越高。轮岗是影响业务的关键环节，如果太激进容易造成物料供应危机，因此轮岗的幅度不应过大，而是要循序渐进地深入。此外，如果要轮岗的岗位难度很大，完全不可替代，在没有合适替代人员的情况下，企业就需要在轮岗和业务之间统筹考虑。在企业实操中，轮岗还需要考虑岗位的办公地点，如城市的变更；或者轮岗的内容变化较大，如从原料采购员转为工程采购员，这些都需要和轮岗人员加强沟通，毕竟这些会影响员工的家庭生活、职业发展路径。总之，轮岗不是为了轮岗而轮岗，取决于企业推进轮岗制度的目的，否则轮岗不仅达不到最初的目的，还会使员工怨声载道，这就得不偿失了。

六、采购认证证书介绍

对于志在从事采购这个职业的人员来说，很多人都会问一个问题：从事这个职业需要什么资格认证证书？采购类岗位，似乎没有什么专业要求，因此从事人员的背景也是五花八门。截至 2018 年 12 月，国内仅有八所本科院校开设采购专业，其中，公办院校仅有北京物资学院，其他的多是一些职业学院。

据笔者了解，大部分采购类职业资格认证都已被取消。例如，《国务院关于取消一批职业资格许可和认定事项的决定》取消招标师、采购师的认定资格；《国务院关于取消一批职业资格许可和认定事项的决定》取消了中国物流职业经理资格和中英合作采购与供应管理职业资格。中国物流与采购联合会直属的分支机构采购与供应链管理专业委员会，开发了一个新的供应链管理专家认证项目，即 SCMP 项目，也可以作为职业人员的参考，在这里本书做简要介绍。

1. SCMP 项目

中国物流与采购联合会（以下简称中物联）是国务院政府机构改革过程中，经国务院批准设立的中国唯一物流与采购行业综合性社团组织，总部设在北京。其直属的分支机构采购与供应链管理专业委员会（以下简称采购委），致力于传播、推广采购与供应链管理理念，推动我国采购与供应链管理专业领域的发展。采购委于 2013 年组织国内供应链领域权威专家历时 5 年开发出一套兼具国际视野与本土特色、理论知识与中国实践相结合的自主供应链管理知识体系，即供应链管理专家（SCMP）认证项目。

SCMP 教材共分四册，对应四个考试模块，分别是供应链管理运作、供应链管理规划、供应链管理环境、供应链管理战略与领导力。采购委在全国范围内统一考试的时间为每年的 3 月、7 月和 11 月，考试的形式为机考。学员需在两年内通过四个模块的考核，即可申请认证，认证通过后由中物联颁发“供应链管理专家”SCMP 证书。SCMP 认证体系非终身制，每次认证时间为 4 年，申请再认证需要提交在 4 年内接受不低于 60 个学时的供应链管理领域继续教育（含在线）证明。

采购是一个实践性很强的学科，所涉及的知识范围较广，“获得一个证书”并不只是为了找到一份工作，后续的持续学习才是加强专业的保障。接下来，本书简单介绍目前国际上比较流行的采购认证证书，即 CPSM 和 CIPS。

2. CPSM 项目

美国供应链协会的认证项目（CPSM）是由美国供应管理协会于 2008 年发起的关于供应链管理专业人员的认证项目。该项目的前身是 CPM，是美国供应管理协会（ISM）于 1974 年推出的采购职业资格认证项目。自 2008 年以来，已有数千名供应链专业人士获得 CPSM 认证。

ISM 成立于 1915 年，是美国最大最权威的采购管理、供应管理、物流管理等领域的专业组织。ISM 是一家非营利机构，主要致力于促进供应管理的专业技能和知识拓展，如今注册会员 60000 多人，分布在 30 多个国家和地区。ISM 自 1931 年以来，每月定期公布的商业报告是美国重要的经济指标之一，报告中包括采购经理人指数 PMI，该指数极具权威性，被所有财经机构及新闻媒体广泛引用。

CPSM 的认证需要满足两个条件：①本身需至少 3 年全职在供应管理方面的工作经验（非行政和助理角色）且拥有国家认可的学士学位；若无学士学位，则至少有 5 年全职在供应管理方面的工作经验（非行政和助理角色）。②通过 CPSM 的三个模块考试。申请人满足以上条件后，可以登录 ISM 官方网站进行在线申请并提交学历证明和工作经验证明文件。证明提交后，ISM 会审核资质，并对审核通过者颁发认证。CPSM 有效期为 4 年。

ISM 要求已获得 CPSM 认证的人员，每 3 年再认证，以保证申请人员的终身学习，否则 CPSM 证书的有效期不再延长。对于再认证人员，ISM 要求申请人需获得至少 60 个继续教育学时，其中至少 2/3 的学时来自正规教育课程，1/3可以通过对于专业的贡献来计算。再认证需要在证书到期不早于 120 天提交申请。

接下来，笔者重点介绍一下 CPSM 三个模块的考试情况。以 CPSM 2018 版为例，三个模块分别是供应管理基础、高绩效供应管理、供应管理领导力。CPSM 的考试题型均为选择题，其中第一个模块考试时长为 3 个小时，共 180 道题；后两个模块考试时长均为 2 小时 45 分钟，各 165 道题；这三个模块均包括 15 道不计分的题目。其中，供应管理基础的考试范围包括供应商寻源（50 题）、物料类别管理（10 题）、谈判（14 题）、法律及合同（21 题）、供应商关系管理（43 题）、成本及定价管理（18 题）、财务分析（9 题）；高绩效供应管理的考试范围包括供应链战略（25 题）、需求计划（10 题）、预测（25 题）、产品及服务（15 题）、质量管理（14 题）、物流及物料管理（53 题）、项目管理（8 题）；供应管理领导力的考试范围包括发展战略（18 题）、相关利益人参与（25 题）、人员开发和培训（39 题）、系统能力和技术（11 题）、风险与合规（33 题）、企业社会责任（24 题）。

CPSM 考试使用的教材共有 7 本英文的，此外还有一本实践诊断。CPSM 的考试时间为每年的 3 月、7 月和 11 月，考试地点包括北京、上海、深圳、苏州。目前考试采取计算机在线考试，考试语言可以采用英文或中文。CPSM 强调的是终身学习，因此即使获得了 CPSM 认证证书，仍需要每年定期学习，才能保证证书的有效期不断延长，这从时效性上强制保证了认证人员知识体系的不断更新和完善，对于长期从事采购的职业人士来说，也是不断敦促自己持续学习的动力。

3. CIPS 项目

英国皇家采购与供应学会（CIPS）成立于 1932 年，并于 1992 年获皇家特许资格；目前有 9 万多名会员，分布在 150 多个国家和地区；是欧洲最大的采购与供应专业组织，同时与 CPSM 一样也是一家非营利机构。CIPS 总部设在英国，在全世界设有 12 个地区办事处，包括中国、美国、新加坡、意大利、澳大利亚、瑞典等。

CIPS 认证是由英国皇家采购与供应学会发起的采购与供应管理职业认证体

系，目前已得到世界许多国家和地区官方职业认证当局的认可，如新西兰、澳大利亚、南非等，与世界银行、联合国及其他世界性专业组织都有深入的合作。

2013 版的 CIPS 认证体系共分为六级，具体如下：

（1）CIPS1 级，采购与供应运作基础证书。

（2）CIPS2 级，采购与供应运作证书。

（3）CIPS3 级，采购与供应运作高级证书。

（4）CIPS4 级，采购与供应文凭。

（5）CIPS5 级，采购与供应高级文凭。

（6）CIPS6 级，采购与供应专业文凭。

每一级都有相应的课程、教材及报考要求，CIPS4 级及以上报考条件及考试课程如表 17-1 至表 17-3 所示。

表 17-1　CIPS 4 级报考条件及考试课程

报考条件	应当具备下列条件之一：①CIPS 证书或高级证书持有者；②具有两年以上采购相关工作经验；③具有大专以上学历	
课程与考试	《采购与供应的组织环境》	闭卷，3 小时，4 道论述题（4×25 分），50 分通过
	《采购与供应策略》	
	《采购与供应中的谈判与合同》	
	《采购与供应中的合同与关系管理》	
	《供应源搜寻》	闭卷，3 小时，案例分析题*，50 分通过

注：*考试案例约 500 字，考试时随试卷同时发放；包括 5 个针对案例的论述题，每题 20 分。

表 17-2　CIPS 5 级报考条件及考试课程

报考条件	CIPS 4 级（采购与供应文凭）持有者		
课程与考试	必考课	《采购与供应中的管理》	闭卷，3 小时，案例分析题*，50 分通过
		《供应链风险管理》	
		《提高供应链竞争力》	开卷，3 小时，案例分析题**，50 分通过
	选考课	《采购与供应中的分类管理》	任选两门，闭卷，3 小时，4 道论述题，50 分通过
		《供应链中的可持续性》	
		《供应链中的运作管理》	

注：*这两门课程的考试案例约 500 字，考试时随试卷同时发放。**这门课程的案例一般 15~20 页，在考试日期之前数周发给各考生，而针对案例的 4 道考题则在考试时发给考生。

表 17-3　CIPS 6 级报考条件及考试课程

报考条件	CIPS 5 级（采购与供应高级文凭）持有者		
课程与考试	必考课	《采购与供应中的领导力》	闭卷，3 小时，案例分析题*，50 分通过
		《企业战略》	闭卷，3 小时，论述题（4×25），50 分通过
		《战略供应链管理》	开卷，3 小时，案例分析题**，50 分通过
	选考课	《供应链环境》	任选两门，闭卷，3 小时，论述题（4×25），50 分通过
		《项目管理》	
		《采购与供应中的法务》	

注：* 这门课程的考试案例约 500 字，考试时随试卷同时发放。** 这门课程的案例一般 15~20 页，在考试日期之前数周发给各考生，而针对案例的 4 道考题则在考试时发给考生。

报考人员可根据自身教育情况及报考标准直接报考 CIPS4 级或以下考试，CIPS4 级以上则只能逐级报考。考试结束 3 个月后，成绩会由 CIPS 发出。通过了某级别所要求的考试科目后，报考人员可以获得由 CIPS 颁发的相应级别证书。

第十八章　采购职业操守

之所以给本章命名为“采购职业操守”，是因为该题目更能反映本章要讨论的主题。最初也想过用“职业道德”，但“道德”一词内涵过于主观，外延也过于宏大，如果作为本章主题来讨论，难免出现捉襟见肘、失之偏颇的情况。职业操守，一般是人们在从事职业活动中必须遵从的最低道德底线和行业规范。从定义可知，职业操守来源于道德底线和行业规范，道德底线有更加广泛的社会认知，行业规范也是一种可控的制度约束，因此从提出问题的角度而言，这样的主题是相对容易讨论的。

一、采购是一项十分敏感的工作

采购岗位之所以敏感，根本原因就是一个字：钱。相比于财务和销售，财务虽然管理资金，但资金的使用并不是他们的职责；销售是销售产品赚取利润的，也与资金的使用没有关系。采购部门与财务部门和销售部门不同，其需要资金去采购企业所需的物料，因此采购是一项十分敏感的工作。

如前文所述，供应商寻源是采购的基本职能之一，外部销售人员最先接触到的往往就是采购人员。当前，大部分产品的市场还是买方市场，采购方（买方）往往拥有更多的选择权，因此销售人员想要在竞争中取胜，获得更多的订单，势必要拉近与采购员的关系。销售人员期望能与采购员建立私人关系以助于其获得订单，也会通过各种层出不穷的手段来拉拢采购员。如果采购员定力不够强、道德底线较低，就会出现违反职业操守的行为，如吃回扣、拿干股，这些行为会直接影响公司的利益和形象，也会直接影响采购员的职业生命，这种行为必须坚决制止！

综上所述，内部部门拿着“放大镜”观察采购业务和采购员，而外部销售人员又采取各种方式拉近与采购员的关系，因此采购想不敏感都难。

二、"自由裁量权"

自由裁量权，原是指税务机关或其他行政机关及其工作人员在法律事实要件确定的情况下，在法律授权范围内，依据立法目的和公正、合理原则，自行判断行为条件、自行选择行为方式和自由做出行政决定的权力，其实质是行政机关依据一定的制度标准和价值取向进行行为选择的一个过程。例如，对于罚款中的"2000 元以上 10000 元以下"，处罚机关就可以酌情决定具体数额。

本书提到的"自由裁量权"，是指采购在业务实操过程中拥有的部分权力。让我们思考一个业务场景：买卖双方正在价格谈判，双方不存在非法交易（吃回扣、索贿等），买方报价 A，卖方报价 B，前期比价过程已做，这是和目标供应商最终的磋商，最终价格是 C（一般情况 A≤C≤B）。试想，如果买方再坚持一下，或者时间更充裕一点，再或者采购员对成本多熟悉一些，或许最终的 C 就能更偏于 A。因此，价格 C 的最终敲定，有很大的主观成分，而这一点是很难设定衡量标准的，在实际执行中通常也是"酌情决定。"

"自由裁量权"在业务操作层面上是无法完全避免的。流程、制度规定得再细，也不可能完全考虑到业务的方方面面，况且过于细致也不利于业务的开展，所以在实操层面上，业务人员还是有很多发挥余地的。在这里需要说明的是，"自由裁量权"绝不仅是采购岗位独有的，不同岗位都有或大或小的"自由裁量权"。

"自由裁量权"在不同的场景下有不同的表现方式。例如，研发部门在设定物料的具体规格时，有时会对一些微量元素的含量做限制，这些限制是会直接影响潜在供应商选择的，而当采购员询问加入此要求的原因时，常常会得到"降低不可预见的风险"这种模糊回答；在质量检验过程中，接收、让步接收和拒收范围的判定也有很多可操作的空间。再例如，当采购员遇到强势品牌销售人员，几乎没有任何谈判空间时，销售人员的一句"公司规定"就会把物料价格"锁死"，随后采购员会为价格磨好久，这时品牌销售人员可能会象征性地降点价，称"帮你交差"。所以说，"自由裁量权"的表现形式多种多样，存在于众多职能岗位中。影响"自由裁量权"的因素很多，成本结构的不透明、市场未能充分竞争、缺乏行业价格标准等，都会很大程度上影响后续供应商寻源、考察、谈判等一系列过程。在这个过程中，采购员不可能"万事通"，而大家都想当然地认为采购员是整个过程中的"关键先生"，理应对整个采购业务的结果负责，那采购员应该如何应对呢？

既然我们知道了“自由裁量权”的存在，那么就要考虑如何能比较好地控制其不被滥用。真正管理优秀的公司，都会尽最大努力细化制度要求，提高管理的“颗粒度”。“自由裁量权”既然不能完全避免，就要尽力压缩其闪展腾挪的空间，这对于公司来说是一件好事，长期坚持下来一定会看到明显的变化。只有将“自由裁量权”控制到一定程度，采购业务的透明化、阳光化才能更容易实现，采购员业务操作的规范性也会进一步提高。

三、流程和制度其实是保护采购员的工具

流程和制度是规范采购行为的第一步。但企业在撰写和推行的时候，往往得到的反馈却不都是积极的，普遍得到的反馈是认为流程制度往往不够“接地气”，和实际业务存在差异。从制度制定人员角度来说，流程制度不是工作手册，尤其是对于集团层级的制度，必定是在更高的维度上阐明采购的基本要求，而细致的工作手册需要下属公司或部门给出更为详细的解释。

对于采购人员而言，如果没有流程制度，那如何证明自己的工作是合规合理的呢？例如，当没有制度规定三方比价时，采购员如何证明其选择的供应商和价格是合理的？三方比价就够了吗？为何不找 10 家供应商来进行比较？在大多数企业中，采购业务都需要面对内部审计。如果没有流程制度，每个采购员又都有自己的采购方法，其工作细节也都不尽相同，那么采购员如何能证明自己的工作方法是合规的呢？因此，流程制度应该是采购员最希望出台的，这是因为有了制度，采购员做事的方式才有了依据。

明白了这个道理，那我们要考虑的就是如何让流程制度“接地气”。集团有集团层面的流程制度，工厂或部门也可以制定自己的管理办法和操作手册，明确且有层次的制度和规范，对采购员的工作开展有百利而无一害。如果操作手册存在不足的地方，持续地改进以便更加准确地贴近真实业务；如果业务量太多就用“穷举法”逐条列举。这样的规定，不仅符合集团层面的管理要求，也是对自身工作的总结和梳理。因此，流程和制度，本质上是保护采购员的工具。采购员一定要懂这个道理。

四、要想人不知，除非己莫为

在企业经营过程中，总有一些采购员架不住供应商的“进攻”和自身欲望

的贪婪，做出了违反职业操守的行为，不仅损害了公司的利益和形象，也为自己的职业生涯种下了祸根。这样的采购员，往往以为自己做的事没人知道，或者以为自己能力强，不会有事。这种想法是很幼稚的，这是因为供应商的圈子，尤其是细分行业圈是很小的。工作了多年的资深员工，会发现很多同事的同事、朋友的朋友都是互相认识的，供应商也是如此。有过这种劣迹的行为，不可能不被传播，而且这种行为往往不是一时的，多是长期的、持续的。我们不妨做个简单的数学模型：假设每次劣迹被传播的平均概率是5%，就算是个小概率事件，即进行一次恶劣行为被传播的概率是5%，那10次、20次呢？进行10次恶劣行为至少有一次被传播的概率是$1-(1-5\%)^{10}=40\%$，进行20次恶劣行为至少有一次被传播的概率是64%。

这种损害公司利益和自己职业生涯的行为，应该被坚决杜绝！这种劣迹行为只有0次和无数次，采购员职业生涯很长，余生更长，不要为了蝇头小利而去冒险。

五、阳光化采购流程和数据

在职场中有个词叫“Under the Table”，泛指拿不上台面的、只能暗中进行的业务，所以也被翻译为“非法交易、私下交易”。如果让人看见了呢？那就不是“Under the Table”了，因此把流程和数据“On the Table”，就是阳光化。

阳光化采购流程和数据，就等于把做事的过程和结果展示给别人，这样做的目的就是公开。对于采购中的“自由裁量权”部分，阳光化是“自证清白”的有力武器。如果想在交易中牟取好处，那么前后数据总会出现差异，采购员对差异的解释也很难服众。

企业管理系统的“留痕”功能对于数据记录和保留是十分有效的。对于数据这块，有些可能是企业的核心数据，并不方便公开。目前，企业大多使用了企业管理系统，可以通过权限的分级设置，实现对不同层级人员的数据公开。企业还要定期对报表进行分析，如价格对比分析报表，纵向和横向对比价格，如果存在问题则需要采购员给出合理的解释，这样的做法提高了不道德采购的难度。

六、实行轮岗制度

本书在前文已经讨论过轮岗制度，轮岗制度对于预防采购员腐败也是很有效的。如果一个人长期任职于一个岗位，那么在专业性提高的同时，也会了解其中的漏洞。随着采购员对业务的日益熟悉，其在应对公司内部审计方面也有更加成熟的手段，职业操守不强的采购员就有可能做出不道德的采购行为。此时变换岗位，无异于将这种萌芽扼杀在摇篮之中。对于有抱负有操守的人员，轮换岗位会带来更多的学习机会，了解更多的公司业务。因此，轮岗无论从专业性上的培养，还是对不道德采购行为的规避，都是有效的。

当然，轮岗的缺点也很明显，尤其是对于替代性很低的岗位，采购员需要一定的时间去适应，重新学习新的采购业务，这对于公司的供应，的确存在一定的风险。因此，企业要对轮岗保持“谨慎”的态度，多以内部小范围轮岗为主，在不会大范围影响现有业务的前提下制定相应的轮岗步骤。企业应从一开始就要向采购员说明企业的轮岗制度，以便让采购员树立起“不会长期坚守同一岗位”的意识，尽可能地让轮岗制度发挥预防作用。

七、加强内部审计

如果说轮岗是事前的预防手段，那么审计就是事后的稽核办法。审计分为内部审计和外部审计，在这里本书重点讨论内部审计。外部审计一般由第三方主导，但对于采购这样的业务操作层面的审计，有时会因为审计人员本身不熟悉业务的具体过程而不能一针见血地发现核心问题所在。笔者之前负责过集团的采购内部审计工作，同时也是应对外审专家的核心人员，因此对其有所了解。

不道德的采购行为只是审计内容的一部分，审计内容还应包括公司制度规范的执行情况、审批情况等。不道德的采购行为，是从这些审计内容中逐步发现，并经多方确认后才能判定的。对于审计，切忌一开始就抱着“抓贼”的态度来进行，否则会使业务人员反感审计工作的执行，也不利于企业对员工忠诚度的培养。

按照企业的制度，一般来说，审计内容主要包括以下几方面：采购预算、采购申请、供应商寻源、供应商入库审核、供应商合同、供应商履约执行、供应商淘汰和采购过程执行（订单下达、跟踪、验收、入库、付款）。审计重点稽核采购人员是否按照企业规定和既定的审批程序严格执行。其中，采购预算、采购申请、供应商寻源、采购过程执行是着重关注的审计要点。审计的相关节点都需要相应的审批流程和附件佐证。同时，审计人员也会将采购的几项指标与历史、市场的价格做横向纵向对比，对于其中疑问点，需要采购员给出合理的解释。另外一个审计人员特别关注的地方，就是紧急订单的处理。大部分企业考虑到市场的临时多变，都会设置紧急情况下的“绿色通道”，这个部分的监管难度很大，也很容易产生“私下交易”，因此对紧急订单的统计、审计，常常也是审计人员的重点工作。

以笔者内部审计的经验来说，部分审计老师会直接从问题入手，一路追查，往往会在最短的时间内找到问题所在，这就要求企业的采购员严谨认真对待工作，不能马虎。采购员在工作中遇到想不清楚的地方，要想清楚了再继续，如果盲目行事，不仅是对企业工作的不负责，在面对专业审计人员的质疑时，给不出合理的解释，对自己的职业生涯也是不利的。

八、举报热线与“疑罪从无”

设置举报热线，也是防止采购腐败的有效手段之一。目前，大多数企业都会设置举报热线，通过供应商的外部力量，对企业内部的人员腐败问题进行监督。不少企业也会有专门的监察部门，会及时处理相关的举报线索。在这里需要提醒的是，在没有查清楚事情真伪的时候，调查工作应本着“疑罪从无”的原则，否则对在职员工工作热情的打击是很大的。有一点需要在职员工明白：企业会通过企业管理系统对整个业务过程记录，而员工自己，也应该对自己的工作定期整理、汇总，按照企业要求完成各项工作内容。正如前文所述，流程和制度其实是保护采购员的工具，那么制度中规定的内容并不是给工作带来麻烦，而是帮助采购员梳理自己的工作，从而提高自己的工作质量，也更好地面对各方质疑。

九、采购员失信库

针对有不道德采购行为的员工，除解除合同外，企业还需将其列入“失信人员信息库”，避免再次招聘该人员的情况发生。行业内几家公司联合起来将各自企业的失信信息共享，这样的一个名单可以帮助企业在甄选人才时减少试错成本。通常来说，这样的名单一般只针对高层人员，对于基层人员并不适用，毕竟高层人员薪资高，影响更大。另外，名单不限于采购方面的腐败行为，其他损害公司利益、违反职业操守的行为也会纳入监管之中。采购员失信库是一种事后监管的办法，通过提高不道德采购行为的成本来杜绝这些行为的发生。

十、谨防采购员的“不作为”

为了避免采购中的腐败行为，企业会制定相应的管理和惩罚措施。这里需要留意的是，在众多的限制之下，采购员的操作可能会越来越“谨慎”，他们总是倾向于用“最保险、最安全”的方法来行事。在实际业务操作中，有时会引发另一种极端，就是采购员的“不作为”。

集团在管理供应商时，对于各种各样的供应商入库申请，通过采用一套严格要求的管理办法对供应商进行筛选，大大提高了入库供应商的质量，并对供应商的申请来源进行记录和梳理。随着管理的推进，企业在部分业务中出现一种趋势，就是采购员不再考虑外部寻源，仅使用企业供应商库中的供应商。当然，我们也的确鼓励过这种做法，以帮助库内供应商的业务升级，但长时间不引入新的供应商，是很不利于库内供应商的管理的。

针对这样的情况，企业需要管理的进一步细化。针对供应市场竞争充分的采购需求，应定期要求一定的供应商寻源数量和比例，以促进库内供应商的良性互动和健康发展；针对供应市场相对垄断的采购需求，更多地需要企业内部各部门的通力合作，加强供应商的管理，不用强求一定的供应商寻源比例。因此，加强管理的颗粒度，才是避免采购“不作为”的有效办法，让有热情的员工充分发挥其主观能动性。

十一、避免踏入灰色地带

灰色地带，在实际业务工作中是很难完全避免的。例如，采购员去供应商那里考察，由于时间较长，难免会碰到午饭时间，供应商也会邀请采购员吃饭。这个时候如何处理呢？尤其是部分供应商工厂非常偏远，周围基本上没有吃饭的地方，回到县城再赶回来是不太可能的。据笔者了解，几乎所有企业都会对“供应商请吃饭”这种业务场景有规定，有的规定非常刚性，有的则认为“工作餐”之类的是可以接受的。这是一个“度”的问题，很多业务在执行过程中难免会碰到“人之常情”的情况，但把握“度”非常重要，而这个“度”就是灰色地带。

对于“度”的把握，采购员应有一些原则：①普通原则。例如，采购员考察正好在午饭时间，工作餐本身就是很普通的，供应商的员工也是一样的待遇，并没有显示出供应商对采购员的特别优待。如果供应商请客的地方是高档饭店，那就不普通了。②低费用原则。这里的低费用是指这样的费用不会让采购员产生任何“愧疚”的感觉，对方也不会因为这些费用就对业务人员产生什么诉求的想法。③礼尚往来原则。针对上述一些场景，在相应的场景下，如供应商来公司拜访，可以请供应商吃工作餐等。④能免则免原则。即使存在上述几个原则，但还是能免则免。例如，对供应商进行现场考察，在计划安排时尽量错开吃饭时间，这样考察的效率也会提高一些。

十二、不忘初心，方得始终

任何流程制度和监管手段都不可能完美解决所有问题。“上有政策、下有对策”也是制度推进过程中的常见现象。业务与合规总会发生冲突，所以“法无定法，然后知非法法也”。在管理学上，结构化的问题往往容易解决，而非结构化问题往往只能“Case by Case”。因此，在制定规章制度的同时，加强采购员的职业操守素养也是非常重要的。

我们有理由相信，每位初入职场的采购员，都是有职业操守的。随着工作年限的增加、社会阅历的丰富、经济收入的积累，那种初入职场的稚嫩已经消失，取而代之是游刃有余的处理各类问题。如果采购员在业务执行中有了一定的“自由裁量权”，而且对监管制度也熟悉到足以质疑其本身的可操作性的时候，那么企业仅凭制度来监督的难度会是很大的。专业与脱管并存，慎独共初心做事。员工的职业操守就是最终的底线。因此，采购员要多想想当初刚入职场的自己，那个打酱油的小孩，以保持初心不变。职业本身就是一种契约关系，既是契约就要有所遵守；不逾矩，对得起自己也对得起企业。

不忘初心，方得始终。否则，本书给出的职业建议是：莫做采购。